哲學門 第十五卷（2014年）第一册

总第二十九辑　Vol.15 No.1, 2014
Beida Journal of Philosophy

CSSCI 来源期刊（集刊类）

北京大学出版社
PEKING UNIVERSITY PRESS

图书在版编目(CIP)数据

哲学门.总第29辑/王博主编.—北京:北京大学出版社,2014.6
ISBN 978-7-301-24844-7

Ⅰ.①哲… Ⅱ.①王… Ⅲ.①哲学—文集 Ⅳ.①B-53

中国版本图书馆 CIP 数据核字(2014)第 221406 号

书　　　名：哲学门(总第二十九辑)
著作责任者：王　博　主编
责 任 编 辑：吴　敏
标 准 书 号：ISBN 978-7-301-24844-7/B·1222
出 版 发 行：北京大学出版社
地　　　址：北京市海淀区成府路 205 号　100871
网　　　址：http://www.pup.cn　新浪官方微博:@北京大学出版社
电 子 信 箱：pkuwsz@126.com
电　　　话：邮购部 62752015　发行部 62750672　出版部 62754962
　　　　　　 编辑部 62752499
印 刷 者：北京宏伟双华印刷有限公司
经 销 者：新华书店
　　　　　787 毫米×1092 毫米　16 开本　24.25 印张　373 千字
　　　　　2014 年 6 月第 1 版　2014 年 6 月第 1 次印刷
定　　　价：55.00 元

未经许可,不得以任何方式复制或抄袭本书之部分或全部内容。
版权所有,侵权必究
举报电话:010-62752024　电子信箱:fd@pup.pku.edu.cn

目录

论坛：朱子经学

《周易本义》中的卦变说 …………………………………… 杨立华(1)

朱熹《仪礼经传通解》对《礼记》经、传的界定 ………… 叶纯芳(11)

朱子论《程传》之失 ………………………………………… 吴　宁(37)

朱子论"大德必受命" ……………………………………… 赵金刚(47)

论　文

试论《老子》中"无"的性质与特点 ……………………… 郑　开(63)

"绝学无忧"所属章节考 ……………………… 周　耿　罗　琴(75)

上博楚简《民之父母》思想析论 …………………………… 孟庆楠(89)

"心之体即是易体"

　　——湛若水心学《易》说的思想总纲 ………………… 张　沛(103)

从丧服制度看儒家的亲情

　　——以母子之情为中心 …………………………………… 黄　铭(119)

再论关于《阴符经》的两个疑问 …………………………… 田智忠(135)

佛教的法类别论与胜论派的句义论比较 …………………… 姚卫群(147)

作为灵魂问题的理念学说

　　——对于《理想国》"两个世界"论述的灵魂论考察 …… 汪　力(161)

亚里士多德《形而上学》中的 λόγος 和 ὁρισμός ……… 葛天勤(189)

"怒观"、"治怒"与两种"不动心"

　　——儒学与斯多亚学派修身学的一个比较研究 ……… 陈立胜(203)

笛卡儿的意志概念
　　——理解 Cogito 的另一条线索 …………………… 陈　涛（235）
休谟历史研究中的政治科学 ………………………………… 尹景旺（265）
有限理性的哲学
　　——伽达默尔的解释学 …………………………… 鲁　路（287）
正义社会的民族性：米勒论罗尔斯
　　——基于《论民族性》 …………………………… 姚选民（319）
Fine 有穷公理化定理的一个注记 ………………………… 裘江杰（335）

书　评

章启群：《星空与帝国——秦汉思想史与古星学》 ……… 贾祯祯（345）
彭国翔：《儒家传统的诠释与思辨——从先秦儒学、
　　宋明理学到现代新儒学》 ………………………… 李　卓（351）
张文良：《"批判佛教"的批判》 …………………………… 杨祖荣（357）
徐龙飞：《形上之路——基督宗教的哲学建构方法研究》 …… 王　梓（367）
朱清华：《回到源初的生存现象》 ………………………… 吕纯山（374）

书　讯

〔以〕尤锐：《展望永恒帝国：战国时代的中国政治思想》 ………（10）
〔宋〕朱　熹撰，〔宋〕黄　榦编：《影印宋刊元明递修
　　本仪礼经传通解正续编》 …………………………………（35）
〔英〕斯蒂芬·霍尔盖特：《黑格尔导论：自由、真理与历史》 ………（46）
〔美〕顾史考：《郭店楚简先秦儒书宏微观》 ………………………（88）
〔美〕托马斯·内格尔：《理性的权威》 ……………………………（118）
〔美〕汉娜·阿伦特：《康德政治哲学讲稿》 ………………………（134）
〔德〕奥特弗利德·赫费：《政治的正义性》 ………………………（146）
〔清〕许富宏：《慎子集校集注》 ……………………………………（188）
〔清〕王梓材、冯云濠编撰：《宋元学案补遗》 ……………………（318）

Contents

Forum: Study of Confucian Classics by Zhu Xi

The Doctrine of Guabian in *The Original Meaning of Zhou Yi*
.... Yang Lihua(1)

Distinction of the *Jing* and *Zhuan* of *Li Ji* in Zhu Xi's *General Commentary of Jing and Zhuan of Yi Li* .... Ye Chunfang(11)

Zhu Xi's Comments on the Faults of Cheng Yi's *Commentary of the Book of Zhouyi* .... Wu Ning(37)

Zhu Xi on "Those of Great Virtue will be Appointed" .... Zhao Jingang(47)

Articles

On the Concept Wu (Nothingness) and Its Characters in *Tao Te Ching*
.... Zheng Kai(63)

The Reattribution of "Juexuewuyou" in *Laozi* .... Zhou Geng, Luo Qin(75)

On the Thought of *People's Parents* in the Chu Bamboo Slips of the Warring-State Period in the Collection of Shanghai Museum .... Meng Qingnan(89)

"*Xin Ti* is *Yi Ti*": The Major Principles of Zhan Ruo-shui's Research on the *Yi* from the Heart-ology .... Zhang Pei(103)

Discuss the Family Relationship in the Mourning System
——Focusing on the Relationship between Mother and Son ....
.... Huang Ming(119)

A Further Discussion on Two Questions about *Yinfujing* ...... Tian Zhizhong(135)

A Comparison between Dharma Theory of Buddhism and Padārtha Theory of Vaiśeṣika .... Yao Weiqun(147)

Theory of Forms as Psychology
——A Psychological Investigation about the "Two-World" Theory in Plato's *Republic* .... Wang Li(161)

Λόγος and Ορισμός in Aristotle's *Metaphysics* ·················· Ge Tianqin(189)

Views of Anger, Anger Control and Two Kinds of the Undisturbed Mind
　　——A Comparative Study on Self-cultivation between Confucianism and Stoicism ·· Chen Lisheng(203)

Descartes' Concept of Will
　　——A Reinterpretation of the *Cogito* ························· Chen Tao(235)

Political Science in Hume's Historical Studies ················ Yin Jingwang(265)

The Philosophy of Limited Reason
　　——Gadamer's Hermeneutics ·································· Lu Lu(287)

On the Nationality of Justice Society: Miller's Remarks about Rawls' Theory
　　——Based on *On Nationality* by David Miller ············ Yao Xuanmin(319)

A Note on Fine's Finite Axiomatizability Theorem ············ Qiu Jiangjie(335)

Book Reviews

Zhang Qiqun: *Starry Night and Empire: The History of Thought in Qin and*
　　Han Dynasty and Astrology ·································· Jia Zhenzhen(345)

Peng Guoxiang: *Interpretation and Contemplation on Confucius Tradition:*
　　From Pre-Qin Confucianism, Lixue of Song and Ming Dynasties to Modern Neo Confucianism ·· Li Zhuo(351)

Zhang Wenliang: *Criticism of Critical Buddhism* ·············· Yang Zurong(357)

Xu Longfei: *The Way to Metaphysics: A Study on the Constructive*
　　Method of Christian Philosophy ······························ Wang Zi(367)

Zhu Qinghua: *Back to the Original Phenomenon of Existence*
　　·· Lü Chunshan(374)

Book Information

〔Israel〕Yuri Pines: *Envisioning Eternal Empire: Chinese Political*
　　Thought of the Warring States Era ································ (10)

〔Song〕Zhu Xi: *General Commentary of Jing and Zhuan of Yi Li* ············ (35)

〔Britain〕Stephen Houlgate: *An Introduction to Hegel: Freedom,*

Truth and History ·· (46)
[USA] Scott Cook: *Macro and Micro about Confucian Texts*
　　of Guodian Bamboo in Pre-Chin ······················· (88)
[USA] Thomas Negal: *The Last Word* ······················ (118)
[USA] Hannah Arendt: *Lectures on Kant's Political Philosophy* ············ (134)
[German] Otfried Höffe: *Politische Gerechtigkeit* ························ (146)
[Qing] Xu Fuhong: *Collected Revises and Commentaries On Shenzi* ········ (188)
[Qing] Wang Zicai, Feng Yunhao: *Appendix to Song Yuan Xue An* ········ (318)

《周易本义》中的卦变说

杨立华[*]

提　要：本文详细疏解了朱子的卦变说及其理论基础，借以阐明朱子释《易》体例与其哲学思想之间的关联。在朱子的《易》学思想中，《先天卦序图》与《卦变图》构成以《先天卦序图》为《易》之体，《卦变图》为《易》之用的体用关系。

关键词：朱熹　卦变　先天卦序图　卦变图

朱子《周易本义》以卦变释《彖传》之辞，《本义》卷首九图亦列《卦变图》[①]，并以为："《彖传》或以卦变为说，今作此图以明之。盖《易》中之一义，非画卦作《易》之本指也。"[②] 对于朱子《卦变图》的来源，朱伯崑先生指出："宋明时期的易学家和哲学家，都不否认卦变说。其说法，虽不尽同于虞翻，但其根源则出于荀爽和虞翻。朱熹于《周易本义》中，取虞翻义，作卦变图，补五阴五阳之卦各六，自夬剥而来，是对虞翻说的发挥。"[③]

卦变说在《周易本义》的解经系统中，有着不容忽视的重要作用。然而，朱子在具体卦象中言及的卦变与《卦变图》之间的关系，却有颇多令人费解

---

[*]　杨立华，1971年生，北京大学哲学系教授。
[①]　王懋竑以为"《易》九图非朱子之作"，但理由颇为牵强，与《文集》中明确涉及《易》图的资料不符。参见王懋竑：《朱子年谱》，北京：中华书局，1998年，第335—340页。
[②]　《朱子全书》第一册，上海：上海古籍出版社、合肥：安徽教育出版社，2010年，第23页。
[③]　朱伯崑：《易学哲学史》第一册，北京：昆仑出版社，2005年，第244页。

之处。本文将详细疏解朱子的卦变说及其理论基础,借以阐明朱子释《易》体例与其哲学思想之间的关联。

一　程子的卦变说

关于《程氏易传》的卦变说,朱伯崑先生论之甚详:"程氏提出卦变说,解释卦爻辞的内容。王弼于《周易注》中,曾依荀爽乾升坤降说,解释《彖》文的刚柔往来说,如其对贲卦的解释。程颐吸收了这一观点,提出卦变说。其释贲卦《彖》文'柔来而文刚故亨。分刚上而文柔,故小利,有攸往'说:'下体本乾,柔来文其中而为离。上体本坤,刚往文其上而为艮,乃为山下有火,止于文明而成贲也。'(《易传·贲》)贲卦䷕,艮上离下。下体离卦,为乾卦二爻变为阴爻;上体艮卦,为坤卦上爻变为阳爻,程氏认为此即'柔来而文刚'和'分刚上而文柔'。此说本于王弼注。但他不赞成爻有往来升降说,而主乾坤卦变说。"①

在对《贲》卦《象传》的解释中,程子详细地阐发了他的卦变说:

> 如刚上柔下、损上益下,谓刚居上,柔在下,损于上,益于下,据成卦而言,非谓就卦中升降也。如《讼》、《无妄》云刚来,岂自上体而来也?凡以柔居五者,皆云柔进而上行,柔居下者也,乃居尊位,是进而上也,非谓自下体而上也。卦之变,皆自《乾》、《坤》,先儒不达,故谓《贲》本是《泰》卦,岂有乾坤重而为泰,又由泰而变之理?下离,本乾中爻变而成离;上艮,本坤上爻变而成艮。离在内,故云柔来,艮在上,故云刚上,非自下体而上也。乾坤变而为六子,八卦重而为六十四;皆由乾坤之变也。②

在六十四卦由来的问题上,程子主张的是由三画卦的《乾》《坤》变而为《震》《兑》《离》《艮》《巽》六卦,再由三画卦重叠而为六十四卦。在此基础上所说的卦变,强调的就是卦的由来,因此说"卦之变,皆自《乾》《坤》"。值得注意

---

① 朱伯崑:《易学哲学史》第一册,北京:昆仑出版社,2005年,第203页。
② 《二程集》,北京:中华书局,2004年,第808—809页。

的是"凡以柔居五者,皆云柔进而上行,柔居下者也,乃居尊位,是进而上也"这句话,《周易》六十四卦,以阴爻居五位的共三十二卦,其中仅有《噬嗑》《晋》《鼎》等卦的《彖》辞有"柔进而上行"的说法。所以,这里的"凡"不应理解为所有包含六五爻的卦,而是指有可能需要以卦变说来解释《彖传》的卦。

虽然在《程传》中,程子坚持了自己的《乾》《坤》卦变说,而且对于有卦变意味的卦象都给出了自己的解释。但很多地方还是有回避牵强的嫌疑。比如对于《讼》卦《彖传》的"刚来而得中",程子解释说:

> 二以阳刚,自外来而得中,为以刚来讼而不过之义,是以吉也。①

按照程子的理解,"自外来而得中"一定不是自上卦而来,这样一来,"自外来"在卦象上便完全没有了着落。

正因为《程传》在解释体例和原则上的种种问题,所以朱子对其评价也颇为复杂:"《易传》义理精,字数足,无一毫欠阙。他人着工夫补缀,亦安得如此自然!只是于本义不相合。"②

二 朱子的卦变说

"卦变独于《彖传》之词有用。"③而"彖即文王所系之辞。……传者,孔子所以释经之辞也"④。朱子认为卦辞为文王所作,而《彖传》则为孔子所作。在朱子看来,《周易》显然是由不同的文本层渐次发展而来的:"孔子之《易》,非文王之《易》;文王之《易》,非伏羲之《易》。"⑤《彖传》虽然是为解释卦辞(朱子有时亦称为《彖》)而作的,但也不尽合卦辞原意。比如《乾》卦《彖传》以"四德"释"元亨利贞",朱子就认为"其文义有非文王之旧者"。⑥但总体看来,朱子更多时候还是强调《彖传》与卦辞的一致。

---

① 《二程集》,第 728 页。
② 《朱子语类》,北京:中华书局,1986 年,第 1651 页。
③ 《朱熹集》,成都:四川教育出版社,1996 年,第 2731 页。
④ 《朱子全书》,第 90 页。
⑤ 《朱子语类》,第 1648 页。
⑥ 《朱子全书》,第 91 页。

在很多情况下,不用卦变说是难以建立起《彖传》的解释与卦辞之间的统一性的。这一点,我们从朱子对程子的批评中可以清楚地看到:

> 伊川不取卦变之说。至"柔来而文刚","刚自外来而为主于内",诸处皆牵强说了。王辅嗣卦变,又变得不自然。某之说却觉得有自然气象,只是换了一爻。非是圣人合下作卦如此,自是卦成了,自然有此象。①

朱子的卦变说,只是彼此相邻的阴阳爻之间的升降。这样的升降变化使得《彖传》中"刚自外来而为主于内"之类的解释很自然地得到了落实。朱子这种"只是换了一爻"的卦变说是对朱震的《汉上易》的修正和发展:"汉上《易》卦变,只是变到三爻而止,于《卦辞》多有不通处。某更推尽去,方通。如《无妄》'刚自外来而为主于内',只是初刚自《讼》二移下来。《晋》'柔进而上行',只是五柔自《观》四揳上去。此等类,按汉上卦变则通不得。"②

《本义》言及卦变者凡十九卦,除掉其中不能确定的《咸》《恒》二卦,共有十七卦,即《讼》《泰》《否》《随》《蛊》《噬嗑》《贲》《无妄》《大畜》《晋》《睽》《蹇》《解》《升》《鼎》《渐》《涣》。这十七卦的《彖传》中,大都有需要用卦变来解释的文字。比如,《讼》卦的"刚来而得中",《随》卦的"刚来而下柔",《噬嗑》卦的"柔得中而上行",《贲》卦的"柔来而文刚",《无妄》卦的"刚自外来而为主于内",《晋》卦的"柔进而上行"等等。其中有些卦并不一定要用卦变说才解释得通,比如《随》卦。《随》卦《彖传》曰:"随,刚来而下柔,动而说,随。"朱子在解释此卦卦辞时说:"以卦变言之,本自困卦,九来居初;又自噬嗑,九来居五;而自未济来者,兼此二变,皆刚来随柔之义。"③单就此卦《彖传》"刚来而下柔"来说,《随》䷐震下兑上,震为阳为刚,兑为阴为柔,完全可以用上下二体义来加以解释。当然,朱子解《易》特别重视义例的统一,对"大""小""上""下""往""来""进""退"等语汇皆有一致的理解。所以,统一用卦变说来解释,是有其一贯的考虑的。

但是,《泰》《否》二卦也要用卦变来解释,不能不说是一个例外。以

---

① 《朱子语类》,第1666页。
② 同上。
③ 《朱子全书》,第46页。

《泰》卦为例,其《象传》云:

>"泰,小往大来,吉亨",则是天地交而万物通也,上下交而其志同也。内阳而外阴,内健而外顺,内君子而外小人,君子道长,小人道消也。①

很明显,《泰》卦的《象传》并没有必须用卦变才能解释得通的字句。此卦䷊乾下坤上,为地在上而天在下之象,因此说"天地交而万物通",而内阳外阴之象,正是阴阳消长的趋势的体现,故曰"君子道长,小人道消"。而朱子在解释《泰》卦卦辞时却说:"又自归妹来,则六往居四,九来居三也。"②

从《泰》《否》二卦的解释来看,朱子的卦变说并不仅仅是用来疏解《象传》中的相关解释,而是不可或缺的"《易》中之一义"。而具体这"《易》中之一义"的内容,则需与所谓先天之学和卦变图联系起来加以考察,才能得到确解。

三 卦变与先天卦序图

关于《周易》六十四卦的来由,朱子在《易学启蒙·原卦画第二》中有概括性的论述:

>《大传》又言包羲画卦所取如此,则《易》非独以《河图》而作也。盖盈天地之间,莫非太极、阴阳之妙,圣人于此仰观俯察,远求近取,固有以超然而默契于其心矣。故自两仪之未分也,浑然太极,而两仪、四象、六十四卦之理已粲然于其中。自太极而分两仪,则太极固太极也,两仪固两仪也。自两仪而分四象,则两仪又为太极,而四象又为两仪矣。自是而推之,由四而八,由八而十六,由十六而三十二,由三十二而六十四,以至于百千万亿之无穷,虽其见于摹画者,若有先后而出于人为,然其已定之形、已成之势,则固已具于浑然之中,而不容毫发思虑作为于其间也。程子所谓加一倍法者,可谓一言以蔽之;而邵子所谓画前有易

---

① 《朱子全书》,第93页。
② 同上书,第41页。

者,又可见其真不安矣。世儒于此或不之察,往往以为圣人作《易》,盖极其心思探索之巧而得之,甚者至谓凡卦之画必由蓍而后得,其误益以甚矣。①

朱子此说完全是对邵雍《易》学的继承和发明。以一奇一偶为序,自下而上叠加,最终形成六十四卦,也就是程子所说的"加一倍法"。依此先奇后偶的顺序,至八卦成象,则自然形成《乾》《兑》《离》《震》《巽》《坎》《艮》《坤》的次第。而依这一次第推演至六十四卦,而形成《伏羲六十四卦次序》。按照这一次序,自初爻至上爻之间按顺序选取三爻,比如初爻至三爻或二爻至四爻,我们都能看到《乾》《兑》《离》《震》《巽》《坎》《艮》《坤》的排列。朱子强调这样的画卦由来是自然而然的,其中有不容或已的"已定之形、已成之势",并非出于人的主观发明。

由于六十四卦是由两仪、四象渐次叠加而成,自然也就不存在某一卦象从别一卦象变转而来的问题。对此,朱子有详尽的阐发:

> 太极、两仪、四象、八卦者,伏羲画卦之法也。《说卦》"天地定位"至"坤以藏之"以前,伏羲所画八卦之位也。"帝出乎震"以下,文王即伏羲已成之卦而推其义类之词也。如卦变图刚来柔进之类,亦是就卦已成后用意推说,以此为自彼卦而来耳,非真先有彼卦而后方有此卦也。古注说《贲》卦自《泰》卦而来,先儒非之,以为《乾》《坤》合而为《泰》,岂有《泰》复变为《贲》之理?殊不知若论伏羲画卦,则六十四卦一时俱了,虽《乾》《坤》亦无能生诸卦之理。若如文王、孔子之说,则纵横曲直,反覆相生,无所不可。要在看得活络,无所拘泥,则无不通耳。

> 《易》中先儒旧法皆不可废,但互体五行、纳甲飞伏之类未及致思耳。卦变独于《彖传》之词有用,然旧图亦未备。顷尝修定,今写去,可就空处填画卦爻,而以《彖传》考之,则卦所从来皆可见矣。然其间亦有一卦从数卦而来者,须细考之,可以见《易》中象数无所不通,不当如今人之拘滞也。②

---

① 《朱子全书》,第217—218页。
② 《朱熹集》,第2730—2731页。

这里的"先儒非之",指的是显然是程颐。朱子将《说卦传》的"天地定位"一节理解为伏羲的八卦位序,与《伏羲六十四卦次序图》同属先天之学。这是继承了邵雍的《易》学思想。在朱子看来,伏羲画卦,是"六十四卦一时俱了"。如以体用概念来区别,这是《易》之体。而伏羲画卦,只有卦象而无卦爻辞,卦爻辞为文王、周公所系。文王、周公之所以作卦爻辞,其目的在于"教人卜筮而可以开物成务"。① 此为后天之学,可以算是《易》之用。② 卦变说所论卦与卦之间的生变,显然是《易》之用的范围。

四 卦变与《卦变图》

《周易本义》卷首《卦变图》,其中列"一阴一阳之卦"至"五阴五阳之卦"等五种情况,并指出"凡一阴一阳之卦各六,皆自复、姤而来"、"凡二阴二阳之卦各十有五,皆自临、遁而来"等。然考之《本义》中具体卦象的卦变解释,大都不合。首先,《本义》中的卦变,基本上都不是从《临》《遁》(二阴二阳之卦)或《泰》《否》(三阴三阳之卦)而来。其次,彼此之间有卦变关系的卦,在《卦变图》中也并非都彼此相邻,比如《涣》卦自《渐》卦而来,但在《卦变图》中,中间却隔了《咸》《旅》两卦。

考察《本义》中明确用到卦变说的十七卦的分布情况,我们会发现,它们都属于二阴二阳(或四阴四阳)和三阴三阳的卦。一阴一阳之卦以及《乾》《坤》《震》《巽》《坎》《离》《艮》《兑》等卦的解释,皆未涉及卦变。此外,除《泰》《否》两卦,《复》《临》《大壮》《夬》等十二月卦,也都没有运用卦变说来加以解释。由此我们可以推测,卦变说是用于理解阴阳变动趋向不够明朗的卦的。由于很多二阴二阳和三阴三阳的卦,不能明确地表现出阴阳变动的趋势,所以,通过卦变说的引入,可以在静态的卦象中看出刚柔往来的变化。这一点,我们从《讼》卦的卦变中即可得到印证:

且于卦变,自遁而来,为刚来在二,而当下卦之中,有有孚而见窒,

---

① 《朱子全书》,第30页。
② 朱子在论及《文王八卦方位》时,引邵雍的话说:"此文王八卦,乃入用之位,后天之学。"《朱子全书》,第22页。

能惧而得中之象。①

朱子认为,《讼》卦☰☵自《遁》卦☰☶而来,《遁》卦九三下至九二,而六二上为六三。《讼》卦卦辞为"有孚窒,惕中吉",九二居中,为"有孚"之象,但"窒"字却无着落,通过卦变的解释,则九二为《遁》卦九三"刚来在二",九三阳爻,不进反退,故有"见窒"之意。

《泰》《否》二卦之所以要用卦变来解释,应该也是因为两卦皆三阴三阳之卦,而仅从静态的卦象看,阴阳的变动趋势不甚明朗。而引入卦变说以后,"小往大来"和"大往小来"这样的卦辞也就更能落在实处了。

朱子的卦变说,都是由彼此相邻的阴阳爻互换而来,朱子认为这样的说法有"自然气象"。但朱子在《卦变图》中所说的"凡一阴一阳各六,皆自复、姤而来"、"凡二阴二阳之卦各十有五,皆自临、遁而来"等又如何理解呢?

详考《卦变图》,我们会发现,如果去掉《乾》《坤》二卦,那么《卦变图》从"一阴一阳之卦"至"五阴五阳之卦",皆自十二月卦而来。由中,我们可以看到汉代"卦气说"的痕迹。朱子认为"《易》中先儒旧法皆不可废",那么,"卦气说"当然也在"不可废"之列。朱子显然是接受十二月卦的观念的,比如《姤》卦,《本义》中说:"决尽则为纯乾四月之卦,至姤然后一阴可见,而为五月之卦。"②这种说法与孟喜的十二月卦正相吻合。当然,与汉代卦气说不同,朱子并不试图将《周易》六十四卦与历法勉强附会,而是展现出了一种更为广泛的阴阳消长的图式。这一图式使得卦气说的适用范围得到了极大的拓展。

由上述分析可见,在朱子的《易》学思想中,《先天卦序图》与《卦变图》正构成了一种非常明确的体用关系。而在这种体用关系当中,我们又可以清楚地看到《太极图说解》当中阴阳五行关系的映像。在解释《太极图说》"阳变阴合,而生水、火、木、金、土。五气顺布,四时行焉"这句话时,朱子写道:

有太极,则一动一静而两仪分;有阴阳,则一变一合而五行具。然

---

① 《朱子全书》,第37页。
② 同上书,第70页。

五行者,质具于地,而气行于天者也。以质而语其生之序,则曰水、火、木、金、土,而水、木,阳也,火、金,阴也。以气而语其行之序,则曰木、火、土、金、水,而木、火,阳也,金、水,阴也。①

这里,很明显,五行之质为体,而五行之气为用。五行之气的运行,自然形成四季的变化。而这样一个模式,也正体现出了《先天卦序图》与《卦变图》之间的关系:《伏羲六十四卦卦序图》为《易》之体,而《卦变图》为《易》之用,《易》之用的阴阳消长变化才使得的《易》的"因占设戒"的功能成为可能。由此我们可以看到,朱子的《易》学哲学还是以周敦颐的《太极图说》为根柢的。

The Doctrine of Guabian in *The Original Meaning of Zhou Yi*

Yang Lihua

Abstract: This paper explained Zhu Xi's doctrine of Guabian and its theoretical basis, in order to reveal the relationship between his principles in interpretation of *Zhou Yi* and his philosophical thoughts. The Xian Tian Gua Xu Graph and the GuaBian Graph, being Ti and Yong of Yi respectively, have a Ti-Yong relation.

Keywords: Zhu Xi, Guabian, Xian Tian Gua Xu Graph, GuaBian Graph

---

① 《周敦颐集》,北京:中华书局,1990 年,第 4—5 页。

《展望永恒帝国:战国时代的中国政治思想》

〔以〕尤　锐　著　孙英刚译　王　宇校

上海:上海古籍出版社,2013年5月

  自公元前221年秦的统一至上世纪初的末代皇帝退位,一直以来包含众多差异性以及面临种种危机的中华帝国为何能够延续不坠,这一问题无论是对于进入现代世界的中国还是对于异域的文明,都是比较突出的,历来的研究或从整体的政治、社会架构,或从制度变迁,或从某一思想家入手进行探讨。而在本书的作者尤锐看来,虽然历史上中华帝国经历变迁、危机乃至崩溃,但这种体系本身始终被认同而并没有受到怀疑,因而这种意识形态的"霸权"是如何建构起来的,就需要关注了。尤锐以为,中华帝国在实现之前,已经被众多的思想家所展望和规划,因而他将目光投向宗周礼乐崩塌至秦统一这一新旧交替的战国时期:面对旧秩序的危机,思想家们寻求通向未来的方案。在这一视野之下,尤锐展开对战国政治思想的整体性勾画。

  也是在这样的前提之下,尤锐对文本的处理并不采取家、派的模式,也不采取对任何的家、派或思想家个人进行专门研究的模式,而是以文本所共同讨论的政治元素、话语为中心。这一方法,使得作者不需要过多地面对一些细致的文献学问题,而能够有效地将存在差异的文本统合起来,关注其中的共同关注与一般看法而非纠缠于差异当中。这在该书的结构当中也清晰地显现出来:全书分为《君主》《士:知识精英》与《民》三编。君、士、民也是作者所认为的战国时期政治思想文本所不得不讨论的主题。在《君主》部分,作者讨论作为概念的君主的建构,以及对现实君主的规导方案;在《士》部分,作者讨论士阶层的独立性及对社会政治的参与;在《民》部分,则关注讨论统治管理阶层关注平民但又排除平民对政治的参与这一紧张。作者以为,君、士、民三者之间的互动直接影响到中华帝国体系的稳定程度,而中华帝国体系又能够容纳和吸收其中的变化。

  该书属于上海古籍出版社"早期中国研究丛书"系列。(白辉洪)

朱熹《仪礼经传通解》对《礼记》经、传的界定

叶纯芳*

提　要：《仪礼经传通解》中，"经"指的是《仪礼》，"传"指的是《礼记》《周礼》等其他经书。在此前提下，朱熹将《仪礼》的〈冠礼〉等篇，分别以《礼记》的〈冠义〉各篇作为主从关系配附。但《仪礼》佚失颇多，所存多为士礼，能将二礼整整齐齐相配合的情况有限。然朱熹心目中的礼书蓝图，不仅仅着眼于士礼，而是涵盖家、乡、学、邦国、王朝各个层面的礼仪。《仪礼》经文的不敷使用，迫使朱熹不得不转向寻求其他各经的内容以弥补《仪礼》经文的不足。其中，以《礼记》使用最多、拆分最散。朱熹在《通解》中如何定位《礼记》一经？界定《礼记》经、传的标准是什么？当研究焦点都放在朱熹如何整理《仪礼》的同时，笔者以为，在《通解》中，朱熹如何处理《礼记》，也是探讨其礼学非常根本的问题。本文将《通解》所使用到《礼记》的内容与《礼记》原文比对，发现朱熹不仅忽视《礼记》作为经书的地位，对《礼记》做了相当大程度的删改、合并、调整顺序的工作，从实用礼学的角度出发，以经书为基础，重新制作一套新礼仪的理论根据。

关键词：朱熹　《仪礼经传通解》《礼记》　实用礼学

---

* 叶纯芳，1969年生，北京大学历史系副教授。

一　前　言

朱熹对于礼学,着重实践的功能,他虽然认为"大抵说制度之书,惟《周礼》《仪礼》可信"①,但《周礼》的制度多无法施行:

> 礼学多不可考,盖为其书不全,考来考去,考得更没下梢,故学礼者多迂阔,一缘读书不广,兼亦无书可读。如《周礼》"仲春教振旅,如战之阵",只此一句,其间有多少事? 其阵是如何安排? 皆无处可考究。其他礼制皆然,大抵存于今者,只是个题目在尔。②

且当朱熹弟子问学《周礼》,他说:

> 不敢教人学。非是不可学,亦非是不当学,只为学有先后,先须理会自家身心合做底,学《周礼》却是后一截事。而今且把来说看,还有一句干涉吾人身心上事否?③

《仪礼》虽亦非全书,然所述礼仪及仪节的进行,一举一动,犹可依循,也都干涉自家身心上事,是朱熹更重视《仪礼》的原因。

《仪礼》为古经,是礼之根本;《礼记》是汉人裒集讲说以解释《仪礼》,为其枝叶。不论《晦庵集》或《朱子语类》中,朱熹都明白表达这个想法。这个想法,落实到《仪礼经传通解》(以下简称《通解》)中,"经"指的是《仪礼》,"传"指的是《礼记》《周礼》等其他经书,是大家都确知的体例。在此前提下,他将《仪礼》的〈冠礼〉〈昏礼〉〈乡饮酒礼〉〈乡射礼〉〈燕礼〉〈聘礼〉分别以《礼记》的〈冠义〉〈昏义〉〈乡饮酒义〉〈射义〉〈燕义〉〈聘义〉作为主从关系配附,但《仪礼》佚失颇多,所存多为士礼,能将二礼整整齐齐相配合的情况终究有限。朱熹心目中的礼书蓝图,不仅仅着眼于士礼,而是涵盖家、乡、学、邦国、王朝各个层面的礼仪。《仪礼》经文的不敷使用,迫使朱熹不得不退而求其次——转向其他各经的内容以弥补《仪礼》经文的不足。其中,被

---

① [宋]黎靖德编,王星贤点校:《朱子语类》,卷八十六,北京:中华书局,1986 年,第 2203 页。
② 同上书,卷八十四,第 2177 页。
③ 同上书,卷八十六,第 2203 页。

他视为"枝叶"的《礼记》,使用最多、拆分最散,又《礼记》内容忽而为经、忽而为传,违背朱熹自己所说"《礼记》为传"的大方向。究竟他如何区别经、传的内容?界定《礼记》经、传的标准为何?是研究朱熹礼学最根本的问题,故试以此文探讨之。

二 《仪礼经传通解》的经、记、辞、传

先秦典籍中的"记"与"传",都是相对于"经"而言。《仪礼》部分篇末附有"记",《仪礼疏》云:

> 凡言"记"者,皆是记经不备,兼记经外远古之言。①

皮锡瑞《经学通论》云:

> 汉所谓《礼》,即今十七篇之《仪礼》,而汉不名"仪礼"。专主经言,则曰"礼经";合记而言,则曰"礼记"。许慎、卢植所称"礼记",皆即《仪礼》与篇中之"记",非今四十九篇之《礼记》也。其后"礼记"之名,为四十九篇之《记》所夺,乃以十七篇之"礼经"别称《仪礼》。②(〈论汉初无三礼之名仪礼在汉时但称礼经今注疏本仪礼大题非郑君自名其学〉)

又〈丧服〉一篇不仅经文下有传文,记文下亦有传文。则记文、传文,皆记经文所不备,同时,传文也承担解释记文的工作。

朱熹对《仪礼》经文的处理,首先分章,各章之下,罗列与经文相关之记、辞、传。最初,他在回答余正甫有关编纂礼书的方式时,希望对《仪礼》经、记、传作以下的处理:

> 今所定例,传、记之附注者低一字,它书低二字,《礼记》则以篇名别之。记之可附经者,则附于经;不可附者,则自仍旧以补经文之缺。③

这里所说的"记之可附经者",指的是《仪礼》各篇末之"记"文。虽然引用他

---

① 《重刊宋本仪礼注疏附校勘记》,台北:艺文印书馆,1985年,据清嘉庆二十年江西南昌府学刊本影印,〈士冠礼〉,卷三,第33页。
② [清]皮锡瑞撰:《经学通论》,卷三,北京:中华书局,1995年,第1页。
③ 陈俊民校编:《朱子文集》,卷六十三,台北:德富文教基金会,2000年,第3168页。

书最后都混入记、传中，没有做"低二字"的处理，但经文顶格、传、记附注低一格，正如今日我们所见到此书的体例。分层次的编排方式，对阅读《仪礼》有莫大的帮助。同时，说明"记文""传文"对朱熹来说，性质相同，都是为理解经文而作。《仪礼》记文不足以说明者，则以《礼记》内容补之，如〈士昏礼〉"妇见"一章，第一节记文为《仪礼》记文，第二节记文"妇见舅姑，兄弟姑姊妹皆立于堂下西面北上，是见已"，则为《礼记·杂记》文。

记、传文之外，又有"辞"。"辞"为礼仪进行时，各个动作者说话的内容。朱熹从《仪礼》记文中分别出来，置于每一节礼仪记文后，如：〈士昏礼〉"问名"一节：

〇记，问名，主人受雁，还，西面对宾，受命乃降。

〇辞，问名，曰："某既受命，将加诸卜，敢请女为谁氏？"对曰："吾子有命，且以备数而择之，某不敢辞。"

"辞"字为朱熹所加，"辞"字下的文字皆为动作者说话的内容。不仅经、记、辞层次分明，一目了然，且具有礼仪的实践价值，动作、说话，可依此进行。这是朱熹实用礼学的表现。

若大致分别，《通解》对经、记、辞、传的选择有以下处理方式：

一、《仪礼》、《礼记》可相配附者，分上下篇，上篇为经，下篇为传。 如〈士冠礼第一〉（家礼一之上），以《仪礼》为经，〈冠义第二〉（家礼一之下），以《礼记》为传等前文所列诸篇。《朱子语类》所言：

《礼记》乃秦汉上下诸儒解释《仪礼》之书。又有他说附益于其间，今欲定作一书，先以《仪礼》篇目置于前，而附《礼记》于后，如〈射礼〉则附以〈射义〉，似此类已得二十余篇。（卷八十四，页2186）

二、《仪礼》无文，以《礼记》各篇作为经文，其他各书作为传文者，单独成篇；各篇之中，又分经、传。 如〈内则第五〉（家礼三），以《礼记》〈内则〉为经文主体，〈曲礼〉、《左传》《国语》《孔子家语》等为传。《朱子语类》所言：

若其余，〈曲礼〉、〈少仪〉又自作一项。（同上）

《礼记》〈曲礼〉、〈少仪〉分别为《通解》〈学礼〉的第三、第四篇。其余如〈投壶〉归入〈乡礼〉；〈学记〉、〈大学〉、〈中庸〉归入〈学礼〉；〈月令〉、〈乐记〉、

〈王制〉则归入于〈王朝礼〉中。

三、《仪礼》无文,鸠合《礼记》各篇相关内容为经文,如〈五宗第七〉(〈家礼五〉),则取自《礼记》〈丧服小记〉、〈大传〉、〈曾子问〉、〈内则〉、〈文王世子〉、〈檀弓〉、〈曲礼〉各篇内容。或为经文,或为传文。又取《白虎通义》《孔子家语》《孔丛子》等书补充传文。

四、《仪礼》无文,鸠合各经相关内容为经文,如〈学制第十六〉(〈学礼一之上〉),取自《礼记》〈王制〉〈学记〉〈明堂位〉〈文王世子〉、《周礼》〈师氏〉〈大司乐〉、《尚书大传》、《孟子》〈滕文公〉、《国语》〈齐语〉等为经文;作为〈学制〉之下篇,〈学义第十七〉(〈学礼一之下〉),取《礼记》〈乐记〉〈礼器〉、《尚书》、《左传》、《国语》等传文。

五、《仪礼》、《礼记》无文,以某经或某书作为经文主体,以他书作为传文者,单独成篇;各篇之中,又分经、传。如〈弟子职第十八〉,则为《管子》〈弟子职〉之全篇。

《礼记》的内容,几乎遍布《通解》全书,可以说,《礼记》是朱熹编纂《通解》最重要的数据源。那么,就朱熹而言,什么样的内容可以作为经文,什么样的内容只能作为传文,想要了解朱熹,就必须将《通解》处理《礼记》的情况作一全面的调查。

三 《仪礼经传通解》对《礼记》经、传的界定

《礼记》四十九篇,除去能与《仪礼》各篇两两相配的六篇以及有关〈丧礼〉、〈祭礼〉的内容之外①,《通解》②收录了《礼记》③以下各篇:

(一)〈内则〉

《通解》作"内则第五"(〈家礼〉三),《仪礼经传目录》云:

---

① 笔者认为黄榦〈丧礼〉与杨复〈祭礼〉,是贯彻朱熹的礼学思想编纂而成的。不过,在这里我们主要讨论朱熹如何处理、取舍《礼记》经文与传文的具体问题,只能以朱熹手定的《通解》正编作为讨论对象。

② 本文《仪礼经传通解》使用《影印宋刊元明递修本仪礼经传通解正续编》,北京:北京大学出版社,2012 年,共三册。

③ 本文《礼记》使用《重刊宋本礼记注疏附校勘记》,台北:艺文印书馆,1985 年,据清嘉庆二十年江西南昌府学刊本影印。

此《小戴》第十二篇，盖古经也。郑氏以为记男女居室、事父母舅姑之法，以闺门之内礼仪可则，故曰"内则"。今按此必古者学校教民之书，宜以次于〈昏礼〉，故取以补经而附以传记之说云。

此篇，朱熹以为"盖古经也"。不过，即使认定是"经"，他也作了一些更动。首先，将〈内则〉分为九章，再依照各章的主旨与顺序分别插入相应的内容：

1. 事亲事长（❶-❿为朱熹拆分《礼记》各篇内容作为各章记文）

【经】自"后王命冢宰"始，至"必复请其故，赐而后与之"，为第一章。但删去"男不言内，女不言外"至"男子由右，女子由左"。

【记】❶〈曲礼上〉"凡为人子之礼"至"祭祀不为尸"；❷〈玉藻〉"父命呼，唯而不诺"至"走而不趋"；❸续〈曲礼上〉"祭祀不为尸"句，接"听于无声"至"不有私财"；❹〈檀弓〉"未仕者不敢税人，如税人，则以父兄之命"；❺〈玉藻〉"亲在，行礼于人称父。人或赐之，则称父拜之"；❻〈曲礼上〉"父子不同席"；❻〈曲礼上〉"父母有疾"至"疾止复故"；❼〈玉藻〉"亲老，出不易方"至"口泽之气存焉尔"；❽续上〈曲礼上〉"不有私财"句，接"为人子者父母存"至"冠衣不纯采"；❾〈内则〉"曾子曰，孝子之养老也"至"而况于人乎"；❿〈祭义〉"曾子曰：孝有三，大孝尊亲"至"不羞其亲可谓孝矣"。

［按］如上文所言，朱熹以为〈内则〉是古经文，但却将〈内则〉"曾子曰"整段内容移入记文中，表示朱熹对于可入经文者，惟圣人孔子之言，故将"曾子曰"从经文中剔除。《朱子语类》亦云：

〈曲礼〉必须别有一书协韵，如〈弟子职〉之类。如今篇首"若思"、"定辞"、"民哉"，及"上堂声必扬"、"入户必下"，皆是韵。今上下二篇却是后人补凑而成，不是全篇做底。"若夫"等处，文意都不接。〈内则〉却是全篇做底，但"曾子曰"一段不是。（卷八十七，页2228）

2. 饮食

【经】自"饭，黍稷稻粱"始，至"实诸酰以柔之"，为第二章。但删去"羹食，自诸侯以下"至"士于坫一"。

【传】无传。

［按］〈内则〉主要记"闺门之内礼仪"，朱熹删去的一段文，为诸侯至庶人之羹食，与闺门之内礼仪无关。

3. 男女之别

【经】自"为宫室辨外内"至"女不出",并将"事亲事长"一章所删去之"男不言内,女不言外"至"男子由右,女子由左"接续于其后。又补〈曲礼上〉"男女不杂坐,不同椸枷"至"弗与同器而食",为第三章。

【传】取自《孔子家语》、《国语·鲁语》。

[按]朱熹依照自己对礼仪的设想,将〈内则〉的内容加以调整,并不依照《礼记》原文。又,对《礼记》不同篇但内容相仿者,亦有所取择,如此章,〈内则〉"女不出"之后,也有"男女不同椸枷"一句,然〈曲礼〉所述更加详尽,故朱熹取〈曲礼〉文而舍〈内则〉。

4. 夫妇之别

【经】自"礼始于谨夫妇"后接"不敢悬于夫之楎椸"至"少事长,贱事贵咸如之",为第四章。

【传】取自《春秋左氏传》。

5. 御妻妾

【经】自"夫妻之礼,唯及七十"始,至"妻不在,妾御莫敢当夕",为第五章。

【传】取自《荀子》、《春秋左氏传》。

6. 胎教

【经】以《列女传》补此章经文,自"妊子者,寝不侧坐"始,至"则令瞽诵诗道正事",为第六章。

【传】朱熹以己意略述《列女传》之义。

[按]"胎教"一章,〈内则〉无文。朱熹补《列女传》一段,《大戴礼记》亦有此文。何以舍《大戴》取《列女传》,无法得知。

7. 生子

【经】❶自"妻将生子"始,至"女子设帨于门右"(页11右);❶"三日,始负子,男射女否"。《通解》于"三日"下加"接子"二字。❷接续前文"大夫少牢,士特豕,庶人特豕,其非冢子则皆降一等"(页12左)。＊略过"国君世子生"至"大夫之妾使食子"一段、"冢子则大牢"、"国君世子大牢"二句(皆在页12左)。❸"异为孺子室于宫中"至"他人无事不往"(页13右);但将后文"大夫之子有食母"至"士之妻自养其子"(页18左)两句插入"他人无事不往"之前。❹"凡接子择日"(页12左)一句、"三月之末"至"夫人,食如养礼"(页13左至15右)一段;＊略过"世子生,则君沐浴朝服"至"礼帅初,无辞"(页16左);❺"凡名子不以日月不以国不以隐疾"至"遂人御"(页17右);＊略过"公庶子生"至"则使有司名之"(页17左);❻"庶人无侧室者"至"礼如子见父,无辞"(页18左至右);＊略过"食子者三年而出,见于公宫则劬"(页18左)句;❼"由命士以上"至"必循其首"(页19右)。以上为第七章。

【传】无传。

[按]此章朱熹在经文排列顺序上,对《礼记·内则》做了较大的改动(括号内页数为本文使用《礼记正义》的页数)。凡略过(前有＊符号者)之内容,皆非"闺门之内礼仪",故朱熹不录。其中"凡名子,不以日月,不以国,不以隐疾",《通解》作"凡名子,不以国,不以日月,不以隐疾,不以山川",朱熹自注云:"此一节文不足,今取〈曲礼〉移入。"此一句两见于《礼记》〈曲礼〉〈内则〉,〈曲礼〉详而〈内则〉略,故朱熹舍〈内则〉文,补入〈曲礼〉文。

8. 教子

【经】此章前补〈曲礼〉"幼子常视毋诳"一句。后接〈内则〉,自"子能食食"始,至"凡女拜尚右手"止,为第八章。

【记】〈少仪〉"妇人吉事,虽有君赐,肃拜;为尸坐,则不手拜,肃拜;为丧主,则不手拜"。

[按]经文只言"女拜尚右手",但如何"拜"未加以说明,故取〈少仪〉文作为记,以补充说明妇人拜之法。

9. 冠笄嫁娶

【经】以〈曲礼上〉"男女异长。男子二十冠而字,女子许嫁,笄而字"(页17右)、"男女非有行媒不相知名"(页13左)至"寡妇之子,非有见焉,弗与为友"二段文以补〈内则〉之缺,为第九章。

【传】无传。

以上各段文字被《通解》略过者,除"羹食,自诸侯以下"至"士于坫一"一段,不再出现于《通解》其他篇目中,余如"国君世子生"至"大夫之妾使食子"一段、"冢子则大牢"、"国君世子大牢"、"世子生,则君沐浴朝服"、"公庶子生"至"则使有司名之"一段、"食子者三年而出,见于公宫则劬"等,皆移

入〈内治第六〉。"内治",朱熹云:

> 古无此篇,今取小戴〈昏义〉、〈哀公问〉、〈文王世子〉、〈内则〉篇,及《周礼》、《大戴礼》、《春秋》内外传、《孟子》、《书大传》、《新序》、《列女传》、《前汉书》、《贾谊新书》、《孔丛子》之言"人君内治之法"者,创为此记,以补经阙。

《通解》之〈内则〉与〈内治〉,虽内容颇有重复,前者为"闺门之内礼仪",后者则为"人君内治之法",为朱熹分为两篇之意,亦符合"由贱以及贵"之原则。

(二)〈学记〉、〈大学〉、〈中庸〉

《通解》作"学记第二十七"(〈学礼〉十)、"大学第二十八"(〈学礼〉十一)、"中庸第二十九"(〈学礼〉十二),《仪礼经传目录》云:

> (〈学记〉)《小戴》第十八篇,言古者学校教人传道授业之次序,与其得失兴废之所由。盖兼大小学而言之。旧注多失其指。今考横渠张氏之说,并附己意以补其注云。

《通解·学记》全录《礼记·学记》文,亦保留郑注,所不同者,若孔疏之疏解不惬其意,则以张载、朱熹自己的说法代替孔疏。又《目录》云:

> (〈大学〉)《小戴》第四十二篇,专言古者大学教人之次第。河南程氏以为孔氏之遗书者也。秦汉以来,儒者既失其传,故其旧文舛错为甚,而训说亦多不能得其微意。今推本程氏,既绪正之,仍别为之章句,读者宜尽心焉,则圣贤之学可渐而进矣。

> (〈中庸〉)《小戴》第三十一篇,程氏以为孔门传授心法,而其书成于子思,而其言大抵与〈大学〉相发明。故熹闻之先君子,常以为〈大学〉者,此篇之户庭;而此篇,则〈大学〉之闑奥也。然道既失传,说者类皆不能得其微指,今亦本程氏,别为章句,读者孰复而深味之,则圣贤传付之密旨,庶乎其有以自得之矣。

〈大学〉与〈中庸〉,程颐以为是孔子之遗书及孔门传授之心法,朱熹自《礼记》抽出,与《论语》、《孟子》合为《四子书》,并为之作章句集注。又将〈大学〉分为经一章,传十章,以为经是"孔子之言而曾子述之",传则是"曾子之意而门人记之"(《通解》,页401);〈中庸〉虽不分经传,分为三十三章,以为

"此篇乃孔门传授心法,子思恐其久而差也,故笔之于书以授孟子"(《通解》,页411)。《通解》所收此两篇,实即以其所撰之《大学章句》、《中庸章句》替换郑注孔疏。

《通解·大学》将《礼记·大学》第一段作为经,经以下内容分为传十章,编排的顺序不同,朱熹认为旧本有错简,故为之"别为序次"。① 以下依照《礼记》的顺序排列,看《通解》的调整:

【经】

"大学之道"至"未之有也",《通解》以此段为经文。

【传】(❶-❿为《礼记·大学》的顺序)

❶"此谓知本,此谓知之至也",《通解》传之五章。朱熹云:

> 右,传之五章,盖释格物致知之义,而今亡矣。间尝窃取程子之意以补之曰:"所谓'致知在格物'者,言欲致吾之知,在即物而穷其理也。盖人心之灵,莫不有知,而天下之物,莫不有理。惟于理有未穷,故其知有不尽也。是以《大学》始教,必使学者即凡天下之物,莫不因其已知之理而益穷之,以求至乎其极,至于用力之久,而一旦豁然贯通焉,则众物之表里精粗无不到,而吾心之全体大用无不明矣。此谓物格,此谓知之至也。"(《通解》,页403)

❷"所谓诚其意者"至"故君子必诚其意",《通解》传之六章。

❸"诗云,瞻彼淇澳"至"此以没世不忘也",《通解》传之三章之二;

❹"康诰曰克明德"至"皆自明也",《通解》传之一章。

❺"汤之盘铭曰"至"君子无所不用其极",《通解》传之二章。

❻"诗云,邦畿千里"至"交止于信",《通解》传之三章之一。

❼"子曰,听讼"至"此谓知本",《通解》传之四章。

❽"所谓修身在正其心者"至"此谓修身在正其心",《通解》传之七章。

❾"所谓齐其家"至"不可以齐其家",《通解》传之八章。

❿"所谓治国"至"此谓治国在齐其家",《通解》传之九章。

---

① 学者多以为古本《大学》有错简,两宋以来讨论者颇多,分别提出自己的《大学》改本也不少,可参考李纪祥撰:《两宋以来大学改本之研究》,台北:学生书局,1988年。

❿"所谓平天下"至"以义为利也"止,《通解》传之十章。

《通解》的经文,实则为〈大学〉一篇之通论纲领,学者所谓"三纲八目"。传文自《礼记·大学》"此为知本"以下,逐一解释此三纲八目之意。

第五章之阙文,朱熹取程子意补之,作低一格处理,未直接置于传文中。与《通解》他篇处理传文的方式稍不同,如〈士相见义第十〉,朱熹说"古无此篇,有刘敞补亡"(页8),将刘敞所补直接置于传文中。推其因,对宋人来说,《礼记》最可贵者,莫若〈大学〉、〈中庸〉两篇,即使〈大学〉经、传文只是"孔子之言曾子述之"、"曾子之意门人记之",补阙文终究只是后人的推测,不可以破坏原有的结构。而〈士相见义〉则本无此篇,故不存在破坏结构的疑虑,"有刘敞补亡",姑且存之,以供备存。

从〈大学〉〈中庸〉两篇,可以明确朱熹取为经的标准,一是孔子所言,一是可确定为孔子所传授者。

(三)〈曲礼〉〈少仪〉

《通解》虽保留《礼记》〈曲礼〉与〈少仪〉之篇名,但处理方式与〈学记〉〈大学〉〈中庸〉等篇不同,在内容上做了极大的改动。《礼记正义》引郑玄《目录》云:

"名曰曲礼者,以其篇记五礼之事:祭祀之说,吉礼也;丧荒去国之说,凶礼也;致贡朝会之说,宾礼也;兵车旌鸿之说,军礼也;事长敬老执贽纳女之说,嘉礼也。此于《别录》属制度。"案郑此说,则此〈曲礼篇〉中有含五礼之义。……此篇既含五礼,故其篇名为"曲礼"。"曲礼"之与"仪礼",其事是一。以其屈曲行事,则曰"曲礼";见于威仪,则曰"仪礼"。

含有"五礼之义",故曰"曲礼","曲礼"实与"仪礼"性质相同,《经典释文》云:

"曲礼"者,是《仪礼》之旧名,委曲说礼之事。

《仪礼经传目录》云:

此《小戴记》之第一篇,言委曲礼仪之事,所谓"曲礼三千"者也。其可随事而见者,已包在经礼三百篇之内矣;此篇乃其杂碎首尾,出入

> 诸篇,不可随事而见者,故合而记之,自为一篇。而又多为韵语,使受者得以讽于口而存诸心,盖《曲礼》之记也。戴氏编礼时已亡逸,故特因其首章之幸存者,而杂取诸书所引,与它记之相似者以补续之。然其文亦多错乱,不甚伦贯,今颇厘而析之。

收录在〈曲礼〉的内容庞杂琐碎,无法"随事而见",所以将这些内容"合而记之",作为独立的一篇。朱熹这段话补充了郑玄"五礼"的解释,又进一步明确提出:从〈曲礼〉首章有"曲礼曰",可知"曲礼"原有经文、有记文。小戴编礼时,〈曲礼〉经文已经亡佚。而今存《礼记》所收录,实则为"曲礼记",在开篇的"曲礼曰"下,朱熹自注:"记引正经之词。"又〈答赵恭父〉:

> 《仪礼疏》云"《仪礼》亦名'曲礼'",又〈礼器注〉云"〈曲礼〉谓今礼也"。礼篇多亡,本数未闻。某谓郑氏所谓"今礼",即指《仪礼》而言,然则可补《仪礼》之阙,似无疑矣。(《朱子文集》,卷五十九,页2919)

《礼记·曲礼》,内容涉及各种礼节,《通解》将之分为"通言"、"容节"、"居处斋洁之事"、"步趋奉持之容"、"言语之礼"、"饮食之礼"、"问遗之礼"、"在车之容"、"仆御之礼"、"从宜"、"杂记"十一章。我们以第一章"通言"为例,此章是《通解》将同一篇的《礼记》内容,区分为经文、传文,并重新排列的典型。

【经】(❶-❾为《通解》的顺序,后面括号内为《礼记·曲礼》的页数)
❶曲礼曰:毋不敬,俨若思,安定辞,安民哉。(卷1,页5右)
❷敖不可长,欲不可从,志不可满,乐不可极。(页5左)
❸贤者狎而敬之,畏而爱之,爱而知其恶,憎而知其善。积而能散,安安而能迁。临财毋苟得,临难毋苟免,很毋求胜,分毋求多。(页6右至左)
❹修身践言,谓之善行,行修言道,礼之质也。(页9左)
❺礼不妄说人,不辞费。礼不逾节,不侵侮,不好狎。(页9左)
❻礼闻取于人,不闻取人。礼闻来学,不闻往教。(页9左)
❼礼尚往来,往而不来,非礼也;来而不往,亦非礼也。(页13右)
❽疑事毋质,直而勿有。(页6左)
❾取〈少仪〉文作〈曲礼〉经文:"不疑在躬,不度民械,不愿于大家,不訾重器"、"不窥密,不旁狎,不道旧故,不戏色"、"毋拔来,毋报往,毋渎神,毋

循枉,毋测未至,毋訾衣服成器,毋身质言语"。

❾博闻强识而让,敦善行而不怠,谓之君子。君子不尽人之欢,不竭人之忠,以全交也。(卷三,页1左至2右)

【传】

❶夫礼者,所以定亲疏,决嫌疑,别同异,明是非也。(页9左)

❶道德仁义,非礼不成;教训正俗,非礼不备;分争辩讼,非礼不决;君臣上下,父子兄弟,非礼不定;宦学事师,非礼不亲;班朝治军,莅官行法,非礼威严不行;祷祠祭祀,供给鬼神,非礼不诚不庄。是以君子恭敬撙节退让以明礼。(页10左至11右)

❷鹦鹉能言,不离飞鸟;猩猩能言,不离禽兽,今人而无礼,虽能言,不亦禽兽之心乎。夫唯禽兽无礼,故父子聚麀。是故圣人作,为礼以教人,使人以有礼,知自别于禽兽。(页11右)

❸人有礼则安,无礼则危。故曰:礼者,不可不学也。(页13右)

❹夫礼者,自卑而尊人,虽负贩者,必有尊也,而况富贵乎。富贵而知好礼,则不骄不淫;贫贱而知好礼,则志不慑。(页13右)

[按]《通解》对〈曲礼〉的经、传的区别,大约有这样的趋势:格言式的语词作为经文,如:"疑事毋质,直而勿有";说解式的、比喻式的语词作为传文,如以鹦鹉、猩猩、人皆能言,但最大的差别在于人知礼、有礼。不过,我们也不得不承认,这样的分法并非绝对,经文的❾与传文的❶,似乎界线较为不明。

《礼记正义》引郑玄《目录》云:

> 名曰"少仪"者,以其记相见及荐羞之小威仪。少犹小也。

朱熹则不以为然:

> 此《小戴记》之第十七篇,言少者事长之节。注疏以为细小威仪,非也。今厘其杂乱,而别取它篇及诸书以补之。

以"少者事长"作为本篇主旨,故非此类内容都得一一剔除。《通解》〈少仪〉分"差等"、"品节"、"洒扫应对进退"、"侍食"四章经文,无记文、传文:

1."差等"未收《礼记·少仪》文。主要由〈曲礼〉、〈檀弓〉内容所构成,为第一章。

2."品节",录"小子走而不趋,举爵则坐祭立饮"(卷35,页22右),及"尊长于己逾等"至"不擢马"(页6左至7右),为第二章。

3."洒扫应对进退",录"泛扫曰扫,扫席前曰拚,拚席不以鬣,执箕膺擖"(页5左);"洗、盥、执食饮者,勿气;有问焉,则辟咡而对"(页25右);"侍坐于君子,君子欠伸,运笏、泽剑首、还屦,问日之蚤莫,虽请退可也"(页8左)。并将此段上句"请见不请退"(页8右)插入"侍坐于君子"之后;"排闼,说屦于户内者,一人而已矣,有尊长在,则否"(页4左),为第三章。

4."侍食"收"燕侍食于君子"至"辞焉则止"(页19左),为第四章。

《通解·少仪》所保留《礼记·少仪》原文,不到十分之一,相当于改编〈少仪〉,大部分内容都移至〈曲礼〉,其他则依据内容的属性,分别移入〈士相见礼〉、〈丧礼〉、〈臣礼〉、〈内则〉、〈王朝礼〉、〈乡饮酒礼〉中。亦有内容不伦或不知该纳入何篇,而不被《通解》全书所采用,如下:

> 君将适他,臣如致金玉货贝于君,则曰致马资于有司,敌者曰赠从者。
>
> 臣为君丧,纳货贝于君,则曰纳甸于有司。
>
> 不贰问。问卜筮曰:义与?志与?义则可问,志则否。
>
> 武车不式,介者不拜。
>
> 贰车者,诸侯七乘,上大夫五乘,下大夫三乘。
>
> 有贰车者之乘马、服车不齿。
>
> 观君子之衣服、服剑、乘马弗贾。
>
> 牛与羊鱼之腥,聂而切之为脍,麋鹿为菹,野豕为轩,皆聂而不切。麕为辟鸡,兔为宛脾,皆聂而切之。切葱若薤实之,醯以柔之。
>
> 衣服在躬,而不知其名为罔。

亦有与〈曲礼〉文字相出入,《通解》混而为一者:〈少仪〉作"执玉、执龟筴不趋,堂上不趋,城上不趋",〈曲礼〉作"堂上不趋,执玉不趋",《通解·曲礼》作"堂上不趋,城上不趋,执玉不趋,执龟筴不趋",而注为〈曲礼〉文。

从〈少仪〉一篇处理的情形而论,朱熹不仅否定郑玄、孔颖达等人的看法,对〈少仪〉内容也重新编排,这是在宋代以前的经学家所无法想象的事情。

(四)〈投壶〉

《礼记正义》云:

> 案郑《目录》云,名曰投壶者,以其记主人与客燕饮讲论才艺之礼。此于《别录》属吉礼,亦实〈曲礼〉之正篇,是投壶与射为类,此于五礼宜属嘉礼也。或云,宜属宾礼。

《晦庵集·答赵恭父》云:

> 某比在侍侧,见余正甫云〈奔丧〉、〈投壶〉两篇可补《仪礼》之阙,心甚喜之。近见《礼记》释文引郑氏篇目注,独此二篇注云"实〈曲礼〉之正篇也",余皆否,某窃详谓之正篇,则非先儒杂记之文。(卷五十九,页2919)

有了郑玄"实〈曲礼〉之正篇也"这句话,朱熹对〈投壶〉的处理也更有把握,共分为"请投"、"就筵"、"请宾"、"作乐"、"请投视筹"、"卒投饮不胜者"、"三投庆多马"七章,自"投壶之礼"至"正爵既行,请彻马"为各章之经文,自"筹多少视其坐"至最后为各章之记文,其间亦以《大戴礼记·投壶》补充为记文。

在此篇,《通解》以前半篇叙述投壶礼仪节的内容作为经文,这部分的内容,与《仪礼》的结构、叙述类似;以说明筭、筹、壶、矢等形制,以及鲁薛击鼓之节等内容作为传文,这部分的内容,则与《仪礼》记文的叙述类似,故朱熹作此等安排。

《通解·王朝礼》,旧题作"仪礼集传集注",是朱熹草定而未来得及删改者,朱在〈识语〉云:

> 其曰"集传集注"者,此书之旧名也,凡十四卷,为〈王朝礼〉,而〈卜筮〉篇亦缺。余则先君所草定,而未暇删改者也。今皆不敢有所增益,悉从其藁。①

这部分有《礼记》的〈月令〉、〈乐记〉与〈王制〉。虽说是草定未删改,然经、

---

① 《影印宋刊元明递修本仪礼经传通解正续编》,"仪礼经传目录"附,第15页。

记、传文的排列已大致底定，需要删改的恐怕也只是顺序稍事调整或抽换不适当的传文，如《孔丛子》，朱熹不只一次表达对《孔丛子》的怀疑①，但是《通解·王制》却收录了许多段《孔丛子》的内容。这是我们阅读《通解·王朝礼》时需要注意的。

（五）〈月令〉

根据《通解》全书的通例，〈月令〉（王朝礼三之下）作为〈夏小正〉（王朝礼三之上）的下篇，说明朱熹将〈夏小正〉视为经文，〈月令〉视为传文。

《通解》全录《礼记·月令》文②，也全录郑注。不过，有一处与全书体例不类者，朱熹以《淮南子·时则训篇》、《吕氏春秋》及"唐本"与《礼记·月令》校勘，并将校勘的结果附在郑注之后。

〈月令〉一篇，宋人多以为摘自《吕氏春秋》，《淮南子·时则训》也有类似的内容。不知撰人《六经奥论·礼记总辨》云：

> 《礼记》一书，〈曲礼〉论撰于曲台而不及五礼之大本；〈王制〉著述于博士而尽失先王之大意；〈月令〉摘于《吕览》而录秦世之官；……〈玉藻〉一篇颠倒错乱且不可以句读；〈内则〉载养老三十余语，其文全与〈乐记〉同。……今《礼记》之〈月令〉，私本皆用郑注，监本〈月令〉乃唐明皇删定，李林甫所注。端拱中（988—989），李至判国子监，尝请复古文本，以朝廷祭祀仪制等多本唐注，故至今不能改。

《事实类苑》录宋杨亿（974—1020）《谈苑》云：

> 《礼记·月令篇》，旧第四，郑玄注，孔颖达作疏，皆依此篇。自开元中，李林甫受诏，学者重加增损，多所改易旧文，升其篇居第一，至今用

---

① 《朱子语类》多处有类似此意者："《家语》中说话犹得，《孔丛子》分明是后来文字，弱甚。天下多少是伪书，开眼看得透，自无多书可读。"卷八十四，第2187页。"《孔丛子》说话，多类东汉人文，其气软弱，又全不似西汉人文。兼西汉初若有此等话，何故不略见于贾谊、董仲舒所述，恰限到东汉方突出来，皆不可晓。"卷一百二十五，第2990页。"《孔丛子》撰许多说话，极是陋。只看他撰造说陈涉，那得许多说话，正史都无之，他却他说道自好，陈涉不能从之。看他文卑弱，说到后面，都无合杀。"卷一百二十五，第2993页。"《家语》虽记得不纯，却是当时书；《孔丛子》是后来白撰出。""《孔丛子》鄙陋之甚，理既无足取，而词亦不足观。"卷一百三十七，第3252页。

② 仲春、季春、仲夏、季夏、仲秋、季秋、仲冬、季冬皆重复孟春、孟夏、孟秋、孟冬之"其日某，其帝某，其神某，其虫某，其音某"、"其数某，其味某，其臭某，其祀某，祭先某"；"乘某路，驾某，载某旗，衣某衣，服某玉，食某与某，其器某"，《通解》皆删去重复处。

之。李至任秘书监日,因召对,言其事。至道末,遂下馆阁议,胡旦草议状,取郑、李二家对驳之,凡数百言,攻林甫之失。兼云:"贡举三礼,所试用孔疏,而文注乃用林甫,甚相矛盾,请复用郑注为是。"宰相吕端不能决,报罢之。后至参政,亦不能厘整其事。(卷十五)

清臧琳《经义杂记》云:

案《唐书·艺文志》:"御刊定《礼记·月令》一卷,集贤院学士李林甫……等注解,自第五易为第一。"开成石经《礼记·月令》用明皇刊定本为第一,以〈曲礼〉为第二。朱子《仪礼经传通解》载《礼记·月令》,亦以〈唐月令〉附注。据郑渔仲语,知宋时国子监《礼记》尚用唐改本,惟私家用郑注本耳。未审何时改复。(卷二十七)

〈唐月令〉由《礼记·月令》所改编,于唐、北宋皆曾施行此制度,则朱熹取"唐本"作为对校本,笔者以为亦出自实用之考虑。

(六)〈乐记〉

《朱子语类》云:

学礼先看《仪礼》,《仪礼》是全书,其他皆是讲说。如《周礼》、〈王制〉是制度之书;〈大学〉、〈中庸〉是说理之书;〈儒行〉、〈乐记〉非圣人之书,乃战国贤士为之。(卷八十七,页 2225)

朱熹以为〈乐记〉为"战国贤士"作品,"非圣人之书",故《通解》中的〈乐记〉,也是作为〈王朝礼〉四的下卷,〈乐制〉的传而存在。

(七)〈王制〉

王制之甲——分土(❶—❿表《礼记》〈王制〉本篇或《礼记》他篇内容;①—⑩表引用他书)

第一章:【经】①《尚书》〈禹贡〉。【传】《左传》。

第二章:【经】❶〈王制〉"王者之制禄爵"至"天子之元士视附庸"。(卷11,页1右至页3右)❷"凡四海之内九州岛"至"以为闲田"(页8左至页11右)。❸"凡九州岛,千七百七十三国,天子之元士、诸侯之附庸,不与。"(页12左)❹"天子百里之内以共官"至"分天下以为左右,曰二伯"(页15左至页16右)❺"天子使其大夫为三监,监于方伯之国,国三人。"(页19右)❻

"天子之县内诸侯,禄也。外诸侯,嗣也。"(页19左)❻"千里之内曰甸,千里之外曰采,曰流。"(页17右)❼"方千里者"至"归之闲田"。(卷13,页26右至左)❽"天子之县内方千里者"至"方十里者九十六"。(页27右至左)❾"诸侯世子世国"至"不世爵禄"。(页28右至左)❿"中国戎夷,五方之民"至"北方曰译"(卷十二,页26左至27右)。⓫《周礼》〈大司徒〉〈职方氏〉。【传】《国语》〈周语〉、《孔丛子》、《左传》、《公羊传》、《韩诗外传》。

王制之乙——制国

第一章:【经】❶《周礼》〈大司徒〉〈量人〉〈匠人〉。【传】《大戴礼》、《礼记·明堂位》、《周礼·内宰》。

第二章:【经】❶《周礼》〈宰师〉〈大司徒〉〈遂人〉〈小司徒〉〈匠人〉;❷〈王制〉"方一里者,为田九百亩"至"为田九万亿亩"(卷13,页24右);❸"自恒山至于南河"至"其余六十亿亩"(页24左至25右)❹"古者以周尺八尺"至"二寸二分"(页25右至左);❺"司空执度度地"至"兴事任力"(卷12,页25左);❹"凡居民财"至"不易其宜"(页26右至左);❺"凡居民量地以制邑"至"然后兴学"(页28左至29右);❻"古者公田藉而不税"至"夫圭田无征"(页23右);❼"田里不粥,墓地不请"(页25左)、"用民之力,岁不过三日"(页25右至左)、"其用之也,任老者之事,食壮者之食"(页25左)。(《礼记》原文作"凡使民,任老者之事,食壮者之食"。)【传】《孔子家语》、《孟子》、《公羊传》、《国语·齐语》、《左传》。

王制之丙——王礼

【经】❶《礼记·经解》"天子者与天地参"至"而无其器则不成"(卷五十,页2左至3左);❷朱熹自组句"是以天子之礼有五门,曰皋门,曰雉门,曰库门,曰应门,曰路门;三朝曰外朝,曰治朝,曰内朝",注解用《周礼·秋官·朝士注》。①以下经文皆取自《周礼》各职官。②《尚书大传》、《尚书·立政》、《史记》(成王桐叶封弟一段)、《孝经》、《周礼·冢宰》、《荀子·王霸》。【传】无传。

王制之丁——王事

【经】❶《尚书·舜典》;❷〈王制〉"诸侯之于天子也,比年一小聘,三年一大聘,五年一朝"(卷11,页27右);❸"天子巡守,问百年者就见之"至"归假于祖祢,用特"(页29左至30左);❹"天子将出,类乎上帝"至"造乎祢"

(卷12,页1右);❸"天子无事"至"以尊于天子"(页2右);①《尚书·周官》、《周礼·大行人》,以下皆取自《周礼》各职官、《孟子·告子》、《淮南子·齐俗训》;❹《礼记·祭义》"昔者天子为藉千亩"至"敬之至也";②《周礼·内宰》、《国语·周语》;❺《礼记·祭义》"古者天子诸侯必有公桑蚕室"至"以祀先王先公敬之至也";《礼记·祭统》"是故天子亲耕于南郊"至"此祭之道也";③《国语·鲁语》、《周礼·太宰》,以下皆取自《周礼》各职官;❻〈王制〉"大史典礼,执简记,奉讳恶"至"制国用"(卷13,页14右至左);④《贾谊·新书》、《国语·楚语》、《谷梁传》、《荀子·大略》;❼《礼记·曲礼》"岁凶,年谷不登"至"士饮酒不乐";⑤《谷梁传》、《周礼》〈膳夫〉〈司服〉;❽《礼记·玉藻》"至于八月不雨君不举"、"年不顺成"至"不得造车马"、"年不顺成,天子素服,乘素车,食无乐";⑥《说苑》、《孔子家语》、《左传》;❾《礼记·檀弓下》"岁旱穆公召悬子而问然"至"不亦可乎";⑦《左传》;❿《礼记·檀弓下》"军有忧,则素服哭于库门之外,赴车不载櫜韔"、"有焚其先人之室,则三日哭,故曰新宫火亦三日哭";《礼记·檀弓上》"国亡大县邑,公卿大夫士皆厌冠,哭于大庙三日,君不举。或曰君举而哭于后上。孔子恶野哭者"。⑧《孔子家语》。【传】无传。

"王事"以下,又分"设官"、"建侯"、"名器"上下、"师田"、"刑辟"。原来的《礼记·王制》内容已被拆散,根据属性分列于各篇之下。"设官"之后,〈王制〉的内容逐渐减少,越来越多其他古籍内容参杂其中。

《礼记·王制》全篇,仅有"天子赐诸侯乐,则以柷将之;赐伯子男乐,则以鼗将之"(卷十二,页2右)一段,作为《通解》"王制之己——建侯"的传文,补充说明天子赐诸侯之器、服、车、弓矢及乐等各项规定。其余内容作为《通解·王制》之经文,或他篇之经文,或删而不用。如朱熹所言,《周礼》、〈王制〉是制度之书,视为经文,理所当然。

又,《通解》"设官"在"唐虞建官"一章,收录〈王制〉"天子三公、九卿、二十七大夫、八十一元士"一段,却在"天子三公"前擅自加入"夏商之制"四字作为经文。郑玄于此段经文注:"此夏制也。〈明堂位〉曰,夏后氏之官百,举成数也。"《正义》云:

> 以《周礼》其官三百六十,此官百二十,故云夏制。……〈王制〉之

文,郑皆以为殷法,此独云"夏制"者,以〈明堂〉殷官二百与此百二十数不相当,故不得云殷制也,记者故杂记而言之,或举夏,或举殷也。(页220)

本来夏商制度谁也说不清,朱熹笼统含糊地说是"夏商之制",郑玄在解释经文的处理上寻求绝对的合理性,较朱熹细致。反过来说,夏制也好、商制也好,对礼学注重实用的朱熹来说,都不是想要关心的事。

至于《礼记》其他诸篇,如〈檀弓〉〈玉藻〉等,全部被朱熹拆分,根据内容所述分布在《通解》各篇之中,以补充经、传文的不足。

四 《礼记》对朱熹的意义

虽说在《通解》中,记、传无别,不过我们仍然可以稍作区分:若《通解》标注"记",内容大约是《仪礼》各篇后所附的记文以及《礼记》的内容;若标注"传",则又可分为两种情形,一种是以《仪礼》为经,《礼记》为传,一种是以某书为经,经书或其他子、史、集为传。

朱熹在编纂《通解》的同时,对《礼记》做了很大程度的删改、合并、调整顺序的工作,大如整段的移除,细如一句一字的调整。例如他对〈内则〉的处理,首先确定篇旨为"闺门礼节",凡不属于闺门礼节之事,全部移除;接着,根据〈内则〉以及自己对此礼仪进程的理解认识,分为"事亲事长"至"冠笄嫁娶"九章,将内容一一安排至所属各章。第八章"教子"第一节补入〈曲礼〉"幼子常视毋诳"一句,足见朱熹对《礼记》内容的掌握,才能做出如此细腻的调整。〈内则〉的处理工作还算简单,更烦琐者如对〈曲礼〉〈少仪〉的调整,从笔者所标示原《礼记》页数的前后倒置情形,不难明白朱熹这项工作的复杂性。

《通解》的编纂分工,"条理经传,写成定本"[①]由朱熹自己负责,其他弟子,则负责将拟好的经传之下"附注疏"。在此之前,笔者以为"附注疏"的

---

① [宋]郑元肃录、陈义和编:《勉斋先生黄文肃公年谱》,北京:书目文献出版社,北京图书馆古籍珍本丛刊据元刻延佑二年重修本影印,第90册。

工作在编纂礼书中是一项大工程,最为烦琐①,朱熹只须察检删节,写成定本即可。经由本文,我们必须承认,"条理经传"的难度,是大大的超越了"附注疏"的工作。我们不能不怀疑,编纂《通解》之前,朱熹已有一个礼仪的规模与蓝图,所有的仪节过程,都在他心里不断地构建,所有的经、记、传文,也都由他精心设计安排。他曾说:

> 若欲观礼,须将《礼记》节出,切于日用常行者看,节出〈玉藻〉、〈内则〉、〈曲礼〉、〈少仪〉看。(《朱子语类》,卷八十七)

朱熹在《通解》所做的工作,不仅超越他所说的"节出",更让《礼记》"节出"的内容发挥了最充分的链结与效用。当然,朱熹也会碰到难题,《礼记》从来就是一部驳杂混乱的经书,遇到不知该如何归类的窘境,或是在他构想之外的小仪节,他只能舍弃不录。

继郑玄之后,在经学史上具有举足轻重、主导学术走向的学者,朱熹是不二人选。但是这两人的治经方法,全然不同。文章的开始,我们曾引《朱子语类》回答学生研读《周礼》的问题,朱熹的回答,恰好可以解释郑玄与朱熹治经的走向。郑玄以注解《周礼》为起点,扩及《仪礼》与《礼记》,他所寻求的,大至三部礼书之间诠释的合理性,小至一段经文与上下经文之间诠释的合理性。目前,几乎所有的学者都达成一个共识,《周礼》中的制度,并不曾在周代实行过。但是郑玄却以《周礼》是周公所作为出发点,说明他忽视现实中的问题,全神贯注在经学的世界里。另一方面,朱熹以《仪礼》为经,《周礼》、《礼记》全被他当作"礼学数据库"使用,虽然拆分得七零八落,但这正是他实用礼学的最大特色。

如果说,郑玄的注解是将原有的《礼记》文本做完美合理的系统诠释,朱熹就是用重新排比、组合、分类的方式,配合他心中设计好的礼学蓝图,来达到他对《礼记》的理解。虽说《通解》是以《仪礼》为主,但透过《通解》对《礼记》的处理方式,更能理会出朱熹的礼学思想与架构。更须注意的是,《通解》全录郑注,表面上是推崇郑玄,但我们也知道郑玄注礼的体系化,正如孔

---

① 烦请参阅叶纯芳撰:〈影印宋刊元明递修本《仪礼经传通解》正续编编后记〉,《版本目录学研究》,北京:国家图书馆出版社,2012年第三辑,第59—84页。

颖达所说"礼是郑学",不容随意拆分,而朱熹对注解经书没有太大的兴趣,在我们毫无察觉的情况下,瓦解了郑玄的经学世界。经学理论与实际礼制的无法融合,在郑玄与朱熹身上得到一个印证。

上文中,我们试着将《礼记》从《通解》中摘出,可以了解朱熹想要区分《礼记》经、传文的大致方向与意图:"孔子之言"为绝对的经文,如〈大学〉的"经一章"者;朱熹在《仪礼经传目录》明白表示为礼古经者,如〈内则〉〈投壶〉等。至若"曾子述之",或是"曾子之意而门人记之",都只能归入传文之列。而朱熹对传文的定义,则为"先儒杂记之文",这样的定义范围非常广泛,导致《通解》所收书驳杂,违背朱熹当初的想法。

实际上,朱熹是将《礼记》视为他编纂《通解》的数据库,而非"经书"。根据自己对礼仪制度的构想,借助《礼记》经文的重新排列,创造出自己的新礼学。不禁令人怀疑朱熹此举对经书的适当性,而朱熹似乎早已为此埋下伏笔:

> 或曰:"经文不可轻改。"曰:"改经文固启学者不敬之心,然旧有一人,专攻郑康成解《礼记》不合改其文。如'蛾子时术之',亦不改,只作'蚕蛾子',云如蚕种之生,循环不息。是何义也?且如〈大学〉云'举而不能先,命也',若不改,成甚义理?"(《朱子语类》,卷八十七)

宋代开始,汉唐注疏不为学者所重,连带波及对经书的质疑。从疑改传文到疑改经文,北宋学者已经开了先例,流风所及,宋元人对此理直气壮,故对朱熹的作法也无多大的异议,元代熊朋来《经说》就曾表示:"要知朱文公《仪礼经传通解》所不采者,皆不堪命题也。"(卷六,〈大小戴礼记〉)这是对朱熹的作为给予极大的肯定。清皮锡瑞也为朱熹缓颊:

> 近人惩于宋儒之割裂圣经,痛诋吴澄,并疑《通解》之杂合经传。平心而论,《礼记》非圣人手定,与《易》《书》《诗》《春秋》不同。且《礼经》十七篇已有附记,《礼记》文多不次,初学苦其难通,〈曲礼〉一篇,即其明证。若加分别部居,自可事半功倍。(《经学通论》)

当然,并非所有人都能接受这样的看法,〈礼记总辨〉云:

> 吁!去一旧事,复一古法,尚重于依违而不决,况《礼记》之全书乎。

> 大抵四十九篇之书，虽杂出于诸儒传记而不能悉得圣人之旨，然其文繁，其义博，……未可以其言非尽出于夫子，而轻议之也。(《六经奥论》，卷五)

清人沈可培亦言：

> 朱子此书亦思便于学者省览耳。其实三礼当分治而得其会通，方见该洽。所有《礼记》诸篇，不尽为发明《仪礼》而设，况《仪礼》每篇之后各自有记，以补正经所未及，唯〈士相见礼〉〈大射礼〉〈少牢馈食礼〉〈有司彻〉四篇不言记，有记者，十三篇。若以《戴记》附入，是记而又记也。即如〈士昏〉一礼，记语之同者多矣。……则《仪礼》每篇之后既有记，何用再附记乎？况大小戴固多格言，而舛讹亦不免。惟《仪礼》尚为原书，先儒谓其文物彬彬，乃周公制作之仅存者，若一附《礼记》，是又杂以汉儒纂掇之文矣，不如分治为得也。(《泺源问答》，卷四)

朱熹之前，学者对经书内容的疑惑，大多为文抒发一己之论，《通解》的编纂，是彻彻底底将对经书的疑惑付诸改造的工作。笔者以为，《通解》不仅仅只是朱熹所说"可为圣朝制作之助"[①]，更重要的，朱熹从实践的角度出发，作为实用礼学的理论，必须有可行性。供圣朝制礼之用的说法只是表面，此语太过谦虚。笔者以为，重新创造一套礼学理论，才是朱熹真正目的，这也才能解释为什么在编纂的过程中，朱熹害怕受迫害，害怕《礼书》(《通解》之原名)文稿被发现烧毁，一再对学生表示"不可语人"、"勿以语人"，"使之如不闻者乃佳"；而于临终前一日，仍致书黄榦，交代《礼书》后续工作，勉其完成；甚至曾对李季章表示，若《礼书》编成，"便可块然兀坐以毕余生，不复有世间念矣"[②]。这么重视《通解》的原因只有一个，是朱熹亲手创造，代表着新的礼学走向。

《礼记》，正是朱熹这项大事业的幕后功臣。从汉唐以来所建立的礼学系统，到朱熹，已经全部瓦解。那些称《通解》是数据汇编的历代学

---

① 朱熹撰：〈乞修三礼札子〉，《影印宋刊元明递修本仪礼经传通解正续编》，"仪礼经传目录"附，第15页。
② 〈答李季章三〉，《朱子文集》，卷三十八，第1594页。

者,太过小看朱熹的意图与能耐。我们在欣赏郑玄所建立的完美礼学体系之余,也佩服朱熹的过人之智。若从《朱子语类·礼类》或《晦庵集》中择取朱熹与弟子友朋们对礼学的讨论,所能看到的只是朱熹的一个粗疏想法,一个大致轮廓,都只是片段呈现朱熹的礼学思想。唯有从《仪礼经传通解》对经文的编排、只有透过对《通解》的分析,我们才能看到朱熹真正的礼学样貌。

Distinction of the *Jing* and *Zhuan* of *Li Ji* in Zhu Xi's *General Commentary of Jing and Zhuan of Yi Li*

Ye Chunfang

Abstract: In the title "*General Commentary of Jing and Zhuan of Yi Li*", "*Jing*" refers to *Yi Li*, and "*Zhuan*" refers to the classical texts *Li Ji*, *Zhou Li*, etc. On this premise, *Zhu Xi* attaches the texts in *Li Ji* such as *Guan Yi* to the texts in *Yi Li* such as *Guan Li*. But much of *Yi Li* was lost, with most of the remaining parts being *Shi Li*, it is not often the case that the two books can be joined neatly, while *Zhu Xi*'s blueprint of the book of *Li* covers not only *Shi Li*, but also the rituals in family, Xiang, Xue, country, and kingdom. The lacking of texts in *Yi Li* forces *Zhu Xi* to seek in other texts, among which *Li Ji* is used and split most. How does Zhu Xi place *Li Ji* in his *General Commentary*? What is the criteria to distinct *Jing* and *Zhuan* of *Li Ji*? While current researches focuses on how Zhu Xi treats *Yi Li*, how *Zhu Xi* treats *Li Ji* in his *General Commentary* is also crucial. In this article we compares the texts from *Li Ji* in the *General Commentary* with the original texts, and finds out that *Zhu Xi*, ignoring *Li Ji* being a classic, did heavy rearrangement to *Li Ji*, and in view of practical *Li Xue*, basing on the classics, created theoretical basis of a new system of rituals.

Key words: Zhu Xi, *General Commentary of Jing and Zhuan of Yi Li, Li Ji*, practical Li Xue

---

《影印宋刊元明递修本仪礼经传通解正续编》
(宋)朱　熹撰,(宋)黄　榦编
北京:北京大学出版社,2012年

　　《仪礼经传通解》重新编排《仪礼》《周礼》《礼记》经文,附以注、音、疏,又以相关古籍记载为辅,规模宏大,条例清晰,为后之学礼者所宗。要研究朱熹经学思想及元明清三代之礼学,都离不开此书。除了本身内容的思想史、经学史意义外,此书又有特别重要的文献意义。如此书所引经、注、疏文,历来为学者校勘之重要依据,明代所有《仪礼注疏》版本之经、注文,实由此书摘录而成,清人校勘《仪礼注疏》,又往往以此书为主要校本。又如《尚书大传》作为汉代经学著作,其重要性无需多说,今有陈寿祺《辑校》便于参考,而其中一半以上内容都只有在此书中才能看到较完整的文本,若无此书,《尚书大传》辑本不成规模。又如中华书局出版《蓝田吕氏遗著辑校》收录宋人吕大临《礼记解》,仅据卫湜《礼记集说》辑录,忽略了此书保存更多逸文,可见研究吕大临等题目也离不开此书。

　　然此书向来无善本,学者可以利用的当代出版品,除了各种《四库全书》本外,只有上海古籍出版社《朱子全书》所收排印本而已。《四库全书》的底本大概是宝诰堂本,而且是抄本,文字并不可靠;《朱子全书》据张钧衡旧藏宋版,然有阙卷、阙叶,也包括大量元、明补版,又经过排印整理,总不可信。若只研究思想史、经学史问题,用《朱子全书》或《四库全书》了解大致内容即可。但学者一旦想要利用此书,研究文献文本,涉及校勘、辑佚等问题,则当代版本均不足据。

　　该书编者有鉴于此,对校东京大学东洋文化研究所所藏市桥长昭旧藏残本、傅增湘旧藏足本及台湾所藏张钧衡旧藏本的所有书叶,分辨原版与不同补版，凡有同一叶之不同印版，无不兼收并录，编成此影印本。这种编辑方法，在影印本编辑出版的历史上尚属首例。编者在编辑过程中得到的有关版本方面的认识，已见本书《编后记》。该书出版后，编者继续调查，又撰《嘉定南康军刊本仪礼经传通解之补修情况》一文（见《中国典籍与文化》2013年第2期）。读者参考该文翻阅本书，则可以跟踪体验一套宋版产生之后，经过元代两次及明代的修补，逐渐变化的过程。

本书所收，只有第十七卷市桥本部分是没有补版的最善本，傅增湘、张钧衡旧藏部分已经包含明代补版，也有不少版面漫漶之处。然而清代以来诸版本如宝诰堂本、《四库全书》本及《朱子全书》本，均以这种明印本为底本。所以本书可以视为所有清代、当代版本的祖本。读者当以本书为基础，若遇问题需要确定文本，再核查《再造善本》影印丁丙旧藏本（仅存正编而且不全）及朝鲜活字本（日本翻刻本可以代替），则当无遗憾。（乔秀岩）

朱子论《程传》之失

吴 宁[*]

提　要：朱子在理学上推尊程颐，但在《周易》经学的理解上却独辟蹊径，对伊川颇有微词。朱子视"易本卜筮之书"之说为《易》之"本义"，并提出只以"易本卜筮之书"为前提，才能恰当地理解《周易》，由此彰显了卜筮和象数在《周易》经学中的重要意义。而若不以"易本卜筮之书"为出发点，即或说理完备如伊川，也必将偏离和失去易之本义。从强调本义的《周易》经学观出发，朱子探讨了程颐易学之得失。

关键词：本义　解易　经学

一

朱子治经与理学建构为一体之两面。朱子治经，尤重经之"本义"，即追问圣人创作经典的目的和意义。对"本义"的探寻和挖掘，为朱子经学的主要特质。这一问题意识贯穿于其解经过程之始终，在《周易本义》《诗集传》《中庸章句》中都有明确的体现。与此同时，朱子本人的理学阐发又与其在《周易》经学上的折中和创见密切相关。折中体现在，朱子将濂溪的《太极图说》《通书》和邵雍的先天之学以及横渠、二程的理一分殊学说甚至卦气说、

---

[*] 吴宁，1975年生，中山大学博雅学院讲师。

卦变说等易学传统纳入到自己的体系中。他又从图书学出发①，力主"易本卜筮之书"，推说《周易》之本义，重新诠释了卜筮、象数和义理之间的关系。

在探讨《周易》经学的过程中，朱子十分重视伊川的相关阐释。程颐解《易》偏于卦、爻辞，推崇"以言者尚其辞"的传统，例如伊川谓，"吉凶消长之理，进退存亡之道，备于辞"，而"至微者理也，至著者象也，体用一源，显微无间。观会通以行其典礼，则辞无所不备"②。朱子比较肯定伊川在该书中所阐发的义理，他认为，"伊川晚年所见甚实，更无一句悬空说底话，今观《易传》可见，何尝有一句不着实？"（《朱子语类》卷六十七）众所周知，《程传》为伊川唯一完整著作，③成书于其六十七岁时，④数年后伊川即去世，故而《程传》可谓伊川易学之定论。

朱子这里的"着实"指的是伊川在《程传》所论，皆为实理与实事。而朱子之所以认为《程传》句句都落在实处，是因为"伊川以天下许多道理散入六十四卦中，若作易看，即无意味。唯将来作事看，即句句字字有用处。"（《朱子语类》卷六十七）可见在朱子看来，《程传》完全结合《周易》六十四卦来阐发义理，而这些义理又都对应着实事，所以不能仅将六十四卦的卦爻辞狭隘化，仅将其理解为"易"之理，而要结合具体事情来加以理解。由此，朱子充分肯定《程传》，他认为，"《易传》义理精，字数足，无一毫欠阙。他人着工夫补缀，亦安得如此自然！"（《朱子语类》卷六十七）不仅如此，朱子还具体说明伊川解易多有极为精妙之处，《朱子语类》卷六十七云：

> 又问："'以功用谓之鬼神，以妙用谓之神'，二'神'字不同否？"曰："鬼神之神，此神字说得粗。如《系辞》言'神也者，妙万物而为言'，此所谓'妙用谓之神'也。言'知鬼神之情状'，此所谓'功用谓之鬼神也'，只是推本《系辞》说。《程易》除去解《易》文义处，只单说道理处，

---

① 《易学启蒙》之"本图书"篇即以图书之学为本，而推演出太极两仪四象五行八卦整个易学体系。
② 见程颐《程氏易传》之《易序》，《二程集》，北京：中华书局，2004年，第689页。
③ 由于《程传》不注《十翼》等内容，所以也有人怀疑《程传》是否真正完成。其实，根据文献记录，《程传》显然是一部完整的著作，如同王弼注《周易》一样，伊川注经而未注传，但伊川也有关于《易传》的说法传世。
④ 《伊洛渊源录》卷四《伊川先生年谱》云："元符二年正月，《易传》成而序之。"载《朱子全书》十二册，上海：上海古籍出版社，合肥：安徽教育出版社，2002年，第970页。

则如此章说'天,专言之则道也'以下数句,皆极精。"

总之,在朱子看来,伊川从辞的角度解《易》,既落在实处,又十分精微,故而从义理的角度,充分肯定了伊川解《易》的成就。数百年后,四库馆臣亦以程颐所著《程氏易传》为以儒理解易之最高典范。①

二

然而,在从义理上肯定《程传》的同时,朱子还从《易》之本义的角度对伊川易学提出了异议。因为,在朱子看来,是否从"易本卜筮之书"这一角度出发去理解《周易》,是能否回溯到易之本义的一大关节。以此而言,尽管《程氏易传》说理充分,但从"易之本义"的角度看来,由于伊川偏重于卦爻辞,完全忽略了卜筮,遑论建立在卜筮基础之上的象数,故而朱子又在肯认《程传》所说之理的同时,对其解易的方式等和对象数的理解,都直言不讳地加以批评。具体而言,在朱子眼中,《程传》的失误之处主要体现在五个方面。

首先,伊川治易从卦爻辞出发以达其理,从而陷于一偏。② 据《语类》记载:

> 易本是卜筮之书,卦辞爻辞无所不包,看人如何用。程先生只说得一理。(《朱子语类》卷六十七)

朱子认为,易本卜筮之书为治易的首要原则,而卦爻辞是无所不包的,故而其中还包涵了比伊川所阐发的理更丰富的内容。可见,即就卦爻辞而言,朱子也不完全同意伊川的说法。职是之故,尽管《程传》中据卦爻辞所讲的义理十分精微,当门人问朱子"《程易》于《本义》如何"时,他的回答是"《程易》不说易文义,只说道理极处好看。"(《朱子语类》卷六十七)伊川所论未

---

① 详《四库全书总目提要·易类》。《程氏易传》也称《周易程氏传》或《伊川易传》,简称《程传》,朱子有时也称之为《易传》。
② 伊川治易特别重视辞的意义,他以"易有圣人之道四"中的"辞"统摄其余三者,其《易传序》云:"吉凶消长之理,进退存亡之道,备于辞。推辞考卦,可以知变,象与占在其中矣。……余所传者辞也,由辞以得其意,则在乎人焉。"(见《易传序》,载于《二程集》,第689页)

曾及易之本义,所言之理自然有问题。

第二,伊川讳言卜筮,只是把《易》当作譬喻之书,从而造成了对本义的遮蔽。《语类》云:

> 伊川只将一部《易》来作譬喻说了,恐圣人亦不肯作一部譬喻之书。……据某看得来,圣人作易专为卜筮。后来儒者讳道是卜筮之书,全不要惹他卜筮之意,所以费力。今若要说,且可须用添一重卜筮意,自然通透,如乾初九"潜龙"两字是初九之象,"勿用"两字即是告占者之辞。如云:占得初九,是潜龙之体,只是隐藏不可用。作《小象》、《文言》,释其所以为潜龙者,以其在下也。诸爻皆如此推看,怕自分明,又不须作设戒也。"(《朱子语类》卷六十七)

是说,讳言易为卜筮之书,是当时许多学者的通病。不独伊川如此,与比朱子稍早和与朱子同时的著名易家如朱震、林栗等人也不例外,他们置卜筮不理而对《易》中所包含如阴阳、互体等问题进行解。在此情形下,朱子以理学家的身份直言圣人为卜筮而作易,不啻石破天惊。此处所言伊川的问题在于,他认定易中卦爻辞所说只是譬喻,而完全撇开《易》中明确提及借卜筮和象数进行占断的用意。故而朱子借乾卦初九爻辞说明了如何用卜筮和象数进行占断,从而指出只要承认卜筮,对易的理解"自然通透",伊川仅以之为譬喻,则其对《周易》的注解和对其中义理的诠释都会比较曲折,此为遮蔽易之本义所致。

第三,伊川言《易》,以经文牵合他自己所说的道理,因而不像是在注释经典,而更像是六经注我,《语类》云:

> 问:"先儒读书都不如先生精密,如伊川解《易》亦甚疏。"曰:"伊川见得个大道理,却将经来合他这道理,不是解易。"(《朱子语类》卷六十七)

如前所述,伊川解经从总体上来说,"义理精,字数足",但门人汪德辅却认为《程传》还有些"疏"。对此,朱子虽然没有表态,结合此条语录以及《程传》"义理精,字数足"的判断可知,他认为《程传》的问题绝不是"粗疏"之"疏",并非与上文"精密"相对而言的"疏"。而暗示《程传》是另一种"疏",即指伊川解易疏离了《易》的本指,因为伊川是从自己所体知的天理为框架来解《易》的。因此,严格地说,伊川绝非以汉人的方式解易,其解易的方式也不是来自《六经》,而是预先有了一套大道理,然后以之解经。朱子还明确提出伊川解经的"大道理"来自濂溪,《语类》云:又问:"伊川何因见道?"曰:"他说求之六经而得也,是于濂溪处见得个大道理占地位了。"(《朱子语类》卷六十七)盖朱子认为他本人对濂溪太极学说的继承和发展也是直承伊川易学的,这种说法在当时就有不同的意见,①后世更是争论不休,此处不赘。

第四,伊川解卦爻辞文义有将其固化的弊病,例如:

> 问:"《程传》大概将三百八十四爻做人说,恐通未尽否?"曰:"也是。则是不可装定做人说。看占得如何,有就事言者,有以时节言者,有以位言者,以吉凶言之则为事,以初终言之则为时,以高下言之则为位,随所值而看,皆通。《系辞》云'不可为典要,惟变所适'岂可装定做人说?"(《朱子语类》卷六十七)

在朱子看来,因伊川讳言卜筮所造成的问题之一在于"装定做人说",即以固定的模式解释卦爻辞的意义,认为三百八十四爻都有特定的指涉对象,即或人或事。实际上,伊川自己也反对过以固定的模式理解卦爻辞的问题,据《二程粹言》载,"或问:'胡先生以九四为太子爻,可乎?子曰:'胡为而不可?当大臣则为大臣,当储贰则为储贰,顾用之何如耳?苟知其一而不知其变,则三百八十四爻止于三百八十四事而已矣。'"(杨时《二程粹言》,卷上)这则记录表明,伊川从学胡安定时,即对以固定的理或事解卦的问题已有所认识,但伊川自己注解《周易》时却也难免此病,他往往将易所言之理固定在人事和事理上,所以从这个意义上讲,可以说伊川违背了自己提出的"随时变易"的解易原则,故而朱子从这一角度提出批评:

> "易,变易也,随时变易以从道。"正谓伊川这般说话难说。盖他把这书硬定做人事之书,他说圣人做这书,只为世间人事本有许多变样,所以做这书出来。(《朱子语类》卷六十七)

---

① 例如象山就认为伊川未曾从濂溪那里继承《太极图说》。

朱子认为易有二义：变易、交易。而"唯变所适，不可为典要"则表达了易的第一种含义，说明变易在《易》中极为重要，同时，易又是广大悉备、冒天下之理的，即易中之理是普遍适用的，因此，易不仅讲人事，也不仅讲君臣关系，还包括从天道到人事之理，易中之理适用于一切方面、一切领域、一切对象。在朱子看来，易中之理是预先存在的，故而易只是悬空说个理，不能完全固定在特定的人或事上。《程传》则以为《易》中所言之道主要是对人事的总结，因此几乎完全从具体的人、事着手，这表明，伊川并未将"随时变易"的主张完全贯彻到注《易》中去，所以才出现了这样的问题。

最后，《程传》在对象数的理解方面也有问题。《程氏易传》尽管不重象数，但多少也有所涉及，王弼亦如此。朱子针对这种情况提出，"《易传》言理甚备，象数却欠在"（《朱子语类》卷六十七）。《程传》所讲象数何以"欠在"或不够充分？这里以朱子解《无妄》卦中的六二爻辞为例加以说明。朱子说：

《易传》亦有未安处。如无妄六二"不耕获，不菑畬"，只是说一个无所作为之意。《易传》却言"不耕而获，不菑而畬，谓不首造其事"，殊非正意。（《朱子语类》卷六十七）

"不首造其事"为伊川增入，以解释爻辞，但爻辞只是强调不可妄动，并未说到"不首造其事"，似乎也无此意，不知伊川有何依据。何况伊川对此爻辞的解释还有自相矛盾之处，例如，朱子认为"'不耕获'一句，伊川作三意说：不耕而获，耕而不获，耕而不必获。看来只是也不耕，也不获，只见成领会他物事"（《朱子语类》卷七十一）。在朱子看来，须从卜筮的角度，分辨爻辞和《象》《彖》的区别，然后根据爻辞中的象数才能作出恰当解释，所以，

《易》之六爻，只是占吉凶之词，至《彖》、《象》方说义理。六二作无妄之时，居中得正，故吉。其曰"不耕获，不菑畬"是四事都不做，谓虽事事都不动作，亦自利有攸往。（《朱子语类》卷七十一）

易要分内外卦看，伊川却不甚理会。如"巽而止"则成蛊，"止而巽"便不同。盖先止后巽，却是有根株了方巽将去，故为渐。（《朱子语类》卷七十一）

总之，朱子以卜筮和象数为着眼点，从五个方面对伊川解易之失提出了批评，这些反驳无疑有其合理性。事实上，朱子对《程传》中所说的义理也颇有微词，同时，关于经传关系，朱子也有不同于以往的看法，于此笔者另有专文论述，此处从略。

三

朱子不仅从易之本义的角度反驳了《程传》之失，还讨论了个中缘由。他认为，之所以产生这些问题，乃在于伊川对"易何为而作"的理解有偏差所致。伊川认为，易"虽言圣人事，苟不设戒，则何以为教？作易之义也"（《程氏易传》卷一）。此是说，圣人是为设戒为教而作易，如此一来，《易》跟卜筮似乎就全然无关了。又，"乾坤，古无此二字，作易者特立此二字以明难明之道，以此形容天地间事"，因此，乾坤等字也都是作易之人为了说明天地间之事所蕴涵的道理而作的，更进一步，"《易》，圣人所以立道，穷神则无易矣"（《二程遗书》卷五）①。总之，在伊川看来，易是为立道而作，并设戒为教。朱子从其所强调的易之本义出发，不会同意伊川对《易》的这种看法。一段朱子和其门人潘时举的一段对话很能说明朱子本人对《程传》的评论：

> 先生曰："易最难看，须要识圣人当初作易之意。……时举云：'向者看《程易》只就注解上生议论，却不曾靠得《易》看，所以不见得圣人作《易》之本意。今日看《启蒙》，方见得圣人一部《易》皆是假借虚设之辞。盖缘天下之理，若正说出，便只作一件用，唯以象言则当卜筮之时看，是甚事都来应得，……未知如此见得否？'先生颔之，因云：'《程易》中有甚疑处，可更商量看。'时举问：'坤六二爻《传》云"由直方而大"，窃意大是坤之本体，安得由直方而后大耶？'先生曰：'直方大是坤有此三德，若就人事上说，则是敬义立而德不孤，岂非由直方而后大耶？'"（《朱子语类》卷六十七，潘时举录）

朱子认为伊川绝口不言卜筮，"所以不见得圣人作易之本意"，从而断定《程

---

① 语出《二程遗书》，但无法区分究竟出自大程还是出自小程。

传》所据并非《易》之本义,而只以理解《易》,并由于对卜筮的忽略,《程传》对象数的理解也出现了一些问题。在朱子看来,如果把握了圣人作易之本意,就知道《易》中所言都是假借虚设之辞,因此在解《易》时不会固定在特定的事理上。唯有如此,才能做到"是甚事都来应得"。

余 论

从经学上讲,伊川和朱子解《易》思路的不同,来自两人的解经原则的差异。钱穆认为,朱子"说经有本义,有推说义。朱子意,先明本义,乃可推说,尽可推说,然非本义"①。朱子苦心孤诣注经,在于探求六经的本义,以实现对六经的客观认知,而程颐之解经则完全不同,故云:"古之学者,皆有传授,如圣人作经本欲明道,今人若不先明义理不可治经,盖不得传授之意云尔,如系辞本欲明易,若不先求卦义,则看系辞不得。"(《二程遗书》,卷二)因此,伊川解《易》的理论前提在于,由于道统不继,今人没有得到古之学者(当指汉人)的传授,所以今人必须先明义理,否则就无法治经。朱子完全不同意这种看法,而是认为,经之本义不仅能够寻求而且必须先行探究,否则解经就会像伊川那样去推说,而所说之理就不能落在实处了。这里的分歧在于:伊川虽然承认圣人作经以明道,但毕竟更强调解经之前先须存个义理,认为自家体贴出来的义理自然会与经义相吻合;而朱子则在追求经义(本义)与主观看法(推说义)的协调一致,仍以为本义为前提。

伊川和朱子的解经观点相去甚远,所以经学史家周予同提出:"就哲学言,朱熹为程颐之继承者,故治思想史者每以程朱并称;故就经学之《易》学言,则程、朱不无敌派之嫌:此学者所当注意也。"②此言甚当。又有学者将诠释方式分为创构和拟构二途,③可以说,伊川的解经理路更接近于创构,朱子的解经理路径则更像拟构。不过,但凡解经,都有创构和拟构的成分,解经原则和解经方式的差异会导致创构和拟构在其中所占的比重也会有所不

---

① 钱穆:《朱子新学案》第四册,北京:九州出版社,2011年,第4页。
② 朱维铮编校:《周予同经学史论》,上海:上海人民出版社,2010年,第99页。
③ 见刘笑敢:《诠释与定向》,北京:商务印书馆,2009年。

同。伊川根据自家体贴出来的天理解《易》,显系推说义和创构,在朱子看来则远非易之本义,故此从本义或拟构的角度对其提出了严厉的批评。但是,如前所述,朱子基本认同《程传》之义理,在他看来《易》中所蕴涵的本然之理与伊川所阐释的天理却也别无二致,因此,从这种意义上讲,虽然程、朱解《易》的经学理论路的差异不可谓不大,但在规范性的结论上却又殊途同归。

Zhu Xi's Comments on the Faults of Cheng Yi's *Commentary of the Book of Zhouyi*

Wu Ning

Abstract: Despite his succeeding Cheng Yi's Neo-Confucianism, Zhu Xi interprets the learning of the *I Ching* in a special way and raises an objection to Cheng accordingly. Zhu argues that the *I Ching* is originally a divination book and only in this way can we understand the book itself appropriately, thus highlighting the importance of *bushi* 卜筮 and *xiangshu* 象数 in the Classical Studies of *Zhou Yi*. Conversely, without the starting point "the *I Ching* is originally a divination book", even as complete as Cheng in reasoning, one will unavoidably deviate from and miss the original meaning of the *I Ching*. From the view of emphasizing the original meaning in the Classical Studies of *Zhou Yi*, Zhu commented on the merits and faults of Cheng Yi's studies of the *I Ching*.

Key words: The Original Meaning, Interpretation of *the I Ching*, Classical Studies

《黑格尔导论:自由、真理与历史》

[英]斯蒂芬·霍尔盖特 著 丁三东 译

北京:商务印书馆,2013 年 11 月

黑格尔素有哲学家的哲学家之称,其哲学以一种非常显著的方式渗透进当代理智生活,既艰深晦涩又极端重要;其广博的著作是对大量现代论题产生重要影响的哲学王国。《黑格尔导论:自由、真理与历史》涵盖了黑格尔成熟哲学体系的各个领域:历史哲学、逻辑学、现象学、自然哲学、政治哲学、美学和宗教哲学,并将黑格尔的思想与路德、笛卡儿、康德、牛顿及库恩等思想家联系起来,对黑格尔作品提供了透彻且独特的解释。霍尔盖特将自由概念作为黑格尔思想的核心,将黑格尔的逻辑学解释为对一种自由的(无预设的)真之逻辑的构想,将黑格尔的自然哲学和精神哲学解释为对自由在自然—人类历史中逐渐实现之历程的揭示。在此视角下,霍尔盖特深入考察了黑格尔对艺术和宗教的构想,更对以往被忽略了的黑格尔自然哲学予以特别的关注。他的研究清楚地表明了黑格尔的思想是一项可行的哲学计划,这些重要理论对我们思考当今诸多争议仍极有助益。

斯蒂芬·霍尔盖特(Stephen Houlgate),英国华威大学哲学教授,《英国黑格尔学会会刊》(Bulletin of the Hegel Society of Great Britain)主编,曾任美国黑格尔学会副会长、会长。著有《黑格尔〈精神现象学〉导读》(Hegel's 'Phenomenology of Spirit': A Reader's Guide)、《黑格尔〈逻辑学〉的开端》(The Opening of Hegel's 'Logic')、《黑格尔、尼采与对形而上学的批判》(Hegel, Nietzsche and the Criticism of Metaphysics)等,编有《黑格尔与艺术》(Hegel and the Arts)、《黑格尔读本》(The Hegel Reader)、《黑格尔与自然哲学》(Hegel and the Philosophy of Nature)和《布莱克威尔黑格尔研究指南》(Blackwell Companion to Hegel)等。(陈东兴)

朱子论"大德必受命"

赵金刚[*]

提　要：朱子结合其理学前辈的思想，在思想框架内对《中庸》"大德必受命"进行了阐释。本文重点分析朱子对于前辈思想的选择性继承及发展，如何在自身"理气"思想的构架下通过气运、常理、非常理等概念，解释大德如何受命、孔子等大德为何不受命，并揭示其阐释背后赋予道德修养的积极意义。

关键词：常理　非常理　气运　命

《中庸》第十七章[①]在谈论舜之德性时如是论述：

> 子曰："舜其大孝也与！德为圣人，尊为天子，富有四海之内。宗庙飨之，子孙保之。故大德必得其位，必得其禄，必得其名，必得其寿。故天之生物，必因其材而笃焉。故栽者培之，倾者覆之，诗曰：'嘉乐君子，宪宪令德！宜民宜人；受禄于天；保佑命之，自天申之！'故大德者必受命。"[②]

在《中庸》的作者看来，像舜这样的"大德"之人一定会得到上天的眷顾，必会得到位、禄、名、寿，会"必受命"。《中庸》在这里蕴涵着某种"德福一致"

---

[*]　赵金刚，1985年生，中国社会科学院哲学研究所博士后。
[①]　分章按照(宋)朱熹：《四书章句集注》，北京，中华书局，1983年，第25—26页。
[②]　朱熹：《四书章句集注》，第25—26页。

的思想。然而,历史上的"大德"之人,并没有像《中庸》所说那样"受命",尤其是儒家的圣人孔子,就没有得到"位",与舜相比,也没有得"寿",颜子等圣贤更是"不幸早死"。《中庸》这一观点似乎本身就面临着儒家历史自身的挑战。

当然,《中庸》这一说法与其同时期很多儒家文献相比,气质并不相同。先秦儒家很多问题并没有那么强的"德福一致"观点,更没有像《中庸》这样提出"必受命"的观点。① 然而,后世的思想家和注释者却不得不面对这一命题,综合"历史事实"和其他儒家文献,对这一问题进行回应②。进入宋代,《中庸》在经典系统中的地位上升,儒者自然不会忽略"大德必受命"这一问题,随着理学的兴起,儒者对这一问题的诠释有了新的向度。朱子对这一问题的解释即是综合了其理学前辈的观点,从其理学思想整体出发的。审视朱子对"大德必受命"的诠释,也有助于丰富我们对于朱子思想一些相关命题的理解。

一 朱子对前辈的继承与发展

《中庸章句》中解释"故大德必受命"这句话时,只是顺应第十七章讨论舜的这一主题注释到"受命者,受天命为天子也"③,至于"大德者"为什么能"受命"以及为何有的大德者没有受天命为天子,朱子在这里并没有展开论述。

《中庸或问》则主要讨论了这一问题。朱子在《中庸或问》中论述到:

> 或问十七章之说。曰:程子、张子、吕氏之说备矣。杨氏所辨孔子不受命之意,则亦程子所谓非常理者尽之。而侯氏所推以谓舜得其常,

---

① 杨泽波在《从德福关系看儒家的人文特质》一文中列举了先秦儒家文献关于"德福不一"的各种论述以及相应阐释,但却没有涉及《中庸》"大德必受命"这一命题。参看杨泽波:《从德福关系看儒家的人文特质》,《中国社会科学》2010年第4期。
② 例如孔颖达在《礼记正义》中,一方面顺承《中庸》的意思讲"中庸之德,故能富有天下,受天之命也",另一方面也不得不用"不应王录"、谶纬等说法解释孔子不得其位,用"勤忧"解释孔子没有舜长寿。孔颖达的解释体现了宋代之前对这一问题解答的特色。参见(汉)郑玄注,(唐)孔颖达疏:《礼记正义》第四册卷五十二,北京,北京大学出版社,2000年,第1677页。
③ 朱熹:《四书章句集注》,第26页。

而孔子不得其常者,尤明白也。至于颜、跖寿夭之不齐,则亦不得其常而已。杨氏乃忘其所以论孔子之意,而更援老聃之言,以为颜子虽夭而不亡者存,则反为衍说,而非吾儒之所宜言矣。且其所谓不亡者,果何物哉若? 曰天命之性,则是古今圣愚公共之物,而非颜子所能专;若曰气? 而其精神魂魄犹有存者,则是物而不化之意,犹有滞于冥漠之间,尤非所以语颜子也。侯氏所谓孔子不得其常者善矣,然又以天于孔子固已培之,则不免有自相矛盾处。盖德为圣人者,固孔子之所以为栽者也。至于禄也、位也、寿也,则天之所当以培乎孔子者,而以适丁气数之衰,是以虽欲培之而有所不能及尔,是亦所谓不得其常者,何假复为异说以汨之哉!①

《或问》的这一段解释"隐藏"了很多信息,我们很难从这段材料中直接看出朱子的观点及其论述逻辑,我们有必要丰富相关材料,把朱子的观点完整的勾勒出来。

(一) 朱子前辈的解释

《或问》主要评述了朱子几位前辈的观点,并结合其前辈的观点,解释舜为何会大德受命,而孔子没有受命。在进入朱子的分析之前,我们有必要来看一下朱子讨论中涉及的程子(此处为伊川)、张子、吕大临、杨时、侯师圣的相关观点。

> 程子曰:"知天命是达天理也,必受命,是得其应也。命者,是天之付与,如命令之命。天之报应,皆如影响。得其报者,是常理也,不得其报者,非常理也。然而细推之,则须有报应,但人以浅狭之见求之,便为差互。天命不可易也,然有可易者,唯有德者能之,如修养之引年,世祚之祈天永命,常人之至于圣贤,皆此道也。"
>
> 张子曰:"德不胜气,性命于气;德胜其气,性命于德。穷理尽性,则性天命,命天德。气之不可变者,独死生修夭而已。故论死生,则曰有命,以言其气也。语富贵,则曰在天,以言其理也。此大德所以必

---

① 朱熹:《四书或问》,朱杰人、严佐之、刘永翔主编:《朱子全书》第六册,上海:上海古籍出版社、合肥:安徽教育出版社,2002 年,第 579—580 页。

受命。"

蓝田吕氏曰:"天命之所属,莫逾于大德,至于禄位名寿之皆极,则人事至矣,天命申矣。天于万物,其所以为吉凶之报,莫非因其所自取也。植之固者,加雨露之养,则其末必盛茂;植之不固者,震风凌雨,则其本先拨。至于人事,则得道者多助,失道者寡助,是皆因其材而笃焉,栽者培之,倾者覆之者也。古之君子,既有宪宪之令德,又有宜民宜人之大功,此宜受天禄矣。故天保佑之,申之,以受天命,此大德所以必受命,是亦栽者培之之义与?"又曰:"命虽不易,惟至诚不息,亦足以移之,此大德所以必受命。"

龟山杨氏曰:"孔子当衰周之时,犹木之生非其地也,虽其雨露之滋,而牛羊斧斤相寻于其上,则是濯濯然也,岂足怪哉。"

河东侯氏曰:"舜匹夫也,而有天下,此所谓必得者,先天而天弗违也。孔子亦匹夫也,亦德为圣人也,而不得者,后天而奉天时也。必得者,理之常也;不得者,非常也。得其常者,舜也;不得其常者,孔子也。"

龟山杨氏曰:"颜跖之夭寿不齐,何也?老子曰:'死而不亡曰寿。'颜虽夭,而不亡者犹在也,非夫知性知天者,其孰能识之?"

河东侯氏曰:"天之生物,必因其材而笃焉,栽者培之,倾者覆之,非谓如孔子者也,孔子德为圣人,其名与禄寿孰御焉?固以培之矣。孟子所谓天爵者也,何歉于人爵哉?"[1]

我们可以看到,朱子认为程子、张子和吕大临的说法充分解释了《中庸》这一章的主要问题。从行文中我们可以判断出,朱子认为这一"充分"体现在两方面,一是有德者为何可能受命,二是像孔子这样的圣人为何没能受命。

程子用"常理"和"非常理"这一对范畴解释上述两个问题。"受命"是"达天理"后得到的上天之响应,是"常理",反之则是"非常理"。程子还认为,在常人看来,可能"达天理"会由于"非常理"没有"报应",但是,如果仔细探求,也是有"报应"的,这个不是一般人浅狭的观点可以认识到的。程子在这里没有指出这种报应是什么,但他强调有德者是可以改易天命的。程

---

[1] 以上引文均出自(明)胡广、杨荣、金幼孜等纂修,周群、王玉琴校注:《四书大全校注》,武汉:武汉大学出版社,2009年,第281—282页。

子的解释十分强调"德"的作用,他虽然没有解释有德者细推之会有什么"报应",但却似乎暗示了会得到一种常人无法体会到的"德福一致"。

张子的解释相比于程子,多了"气"这一维度,他从"德"和"气"两方面入手,认为除了死生修夭是人所不能改变的,其他的都是通过修养可以改变和实现的,大德必受命就在"穷理尽性"之中,通过工夫达到"天命"、"天德"。

吕大临的解释则强调"自取",认为有德者由于对人民有大功,因此会得到上天"雨露"的滋养。但是,吕大临也认为,上天会滋养有德者,但就像树木一样,得到雨露的滋养未必就会茂盛;相反,无德之人由于自身根本不固,也会有所报应,必然会倾覆,即与有德者必受命相呼应的是无德者也必受倾覆之命。在吕大临这里,"必受命"一定会得到上天的滋养,而孔子没有得到禄位名寿,是由于得到上天滋养但没有"茂盛"。吕大临强调"宜受",即"应受",在他的解释系统中,"必"是一种价值的"应然"和天养之实然的结合,这种"必受命"是从天的角度出发来看问题。与程子一样,吕大临也强调有德者对天命的改易,这种有德者"能"改易天命的可能性,也成为"必受命"的一个方面。

杨时的解释则强调了孔子处于"衰周之时"这一特殊"时域",强调"时"对于孔子"受命"的影响,在朱子看来,这点与程子"非常理"的解释是一致的。杨时还讨论了颜子短寿的问题,并用老子"死而不亡曰寿"来讲颜子有所谓的"不亡者"在死后存在。

侯师圣和程子一样,用"理之常"和"非常"来解释舜和孔子的不同。其特色在于他引入了《周易》"先天而天弗违,后天而奉天时"来说明这一现象。在他看来,孔子虽然不得"人爵",但也得到了天的"栽培",得到了"天爵"。

(二)朱子对前辈的接受与批判

我们可以看到,程张等朱子的前辈在解释"大德必受命"这一问题上不是完全一致的,他们是有差别的,那么,朱子在什么意义上说程张吕三人的说法已经完备,又在哪些意义上接受了其前辈的观点呢?我们可以从《或问》这段文字上分析出朱子的逻辑。

一、朱子接受伊川用"常理"和"非常理"来解释这一问题的基本框架,这点我们可以从他对杨时、侯师圣观点的认同方面看出来。"常理"和"非常理"应是朱子在《或问》中解释这一问题的基本立足点,朱子认为"大德必受命"是"常理",而"不受命"则是"非常理"。①

二、朱子引入横渠"气"的观念作为重要的诠释向度,来完善"常理"和"非常理"这一解释系统。为什么这样说呢?

第一,我们可以看到,程子用"常理"和"非常理"来解释这一现象,但是,程子并没有说明为什么会出现"非常理",这点可能也是朱子认识到的。从《中庸或问》中我们可以看出,相比于程子的说法,朱子多了"气"这一向度,作为对这一问题的进一步回答,"适于气数之衰"是朱子解释的一个重要理由。

第二,关于张子的说法,我们需要指出的是,张子自己这一段的含义和朱子对这一段的理解是有差异的:首先,朱子把"性命"看成是两个名词,而不是性为名词,命为动词;其次,朱子认为,通过修养,死生修夭也是可以改变的,在这点上,他和程子的观点是一致的。《语类》中的几条材料说明了这些差异,《语类》言:

> 用之问:"'德不胜气,性命于气;德胜于气,性命于德。'前日见先生说,以'性命'之'命'为听命之'命'。适见先生旧答潘恭叔书,以'命'与'性'字只一般,如言性与命也;所以后面分言'性天德,命天理'。不知如何?"曰:"也是如此。但'命'字较轻得些。"僩问:"若将'性命'作两字看,则'于气'、'于德'字,如何地说得来?则当云'性命皆由于气,由于德'始得。"曰:"横渠文自如此。"②

> 横渠云:"所不可变者,惟寿夭耳。"要之,此亦可变。但大概如此。③

从这些差异中,我们可以作出一个判断,即朱子对张子解释的接受,主要是在张子引入了"气"这样一个向度来说明问题,这点可以进一步补充程子"常理"和"非常理"的说法。

---

① 钱穆先生也指出了朱子和伊川的差异,"伊川言有变始有常,朱子则言有常始有变",见氏著《朱子新学案》第一册,北京,九州出版社 2011 年 1 月,第 277 页。
② [宋]黎靖德编:《朱子语类》第七册,卷九十八,北京,中华书局,1986 年,第 2516 页。
③ 同上书,第 2517 页。

第三,我们可以在朱子对杨时的批评中进一步印证上述这一判断。相比于程子的解释,杨时在谈到这一问题时,用了"时"这一概念,而没用"非常理"来说明问题,而朱子在这里强调杨时用"时"来解释与程子用"非常理"来解释具有一致性,这种"一致性"实际上就已经打开了"非常理"的解释空间,即造成孔子不得位的"非常理"可能和"时"有密切的关系,而"时"背后的解释机制则是"气",这点在《语类》的论述中体现得十分充分。同时,朱子不同意杨时引入老子解释颜子,认为儒家自身的系统足以解释问题,他从"理""气"两个角度对杨时进行了"批驳"。可以看到,"理气"是朱子解释问题的重要框架。

第四,朱子对于侯师圣的批评进一步说明了这一点。朱子不同意侯师圣的说法,因为朱子认为不能用"天爵"来说天已经栽培了孔子。孔子之德是天之栽培,但是禄、位、寿也应在天所栽培的范围之内,是上天应当栽培的方面,是"必受命"的具体内容,但是由于气数的原因,孔子不得其常,朱子在这里明确谈到了"气",而且从分析中我们也可以看到,这里的"气数"是用来解释不得其常的。

从以上几点我们可以看到,朱子对横渠的接受主要取的就是横渠"气"的向度,正是由于"气数之衰"才导致了孔子不受命之"非常理"的出现。

三、朱子强调修德可能会"受命",天对有德者的栽培包含了德、禄、寿、位等方方面面。伊川、横渠、吕大临的解释都强调了德与天命的互动关系,强调了修"德"的积极意义。吕大临的解释把"禄位名寿"纳入"受命"的范围之内,认为这些也是"宜受"的。从天的角度来看,天一定会滋养有德者而倾覆无德者。滋养是必然的,但落实到具体的人身上,则不一定都能"茂盛"。从朱子对侯师圣"天爵"解释的批评可以看出,在朱子看来,有德者应受的命包含"人爵"在内。如果有德者没有得到"人爵",就不能看作是"受命"。朱子的这种强调表达的是修德者获得的"幸福"是整全的,而不仅仅是德性意义上或主体感受层面上的静态的幸福。这点从朱子引用程子、张子诸人的论述中也可以体现出来,朱子本人也强调修德对"命"的改变。把"人爵"看成是受命的必要内容,没有得到"人爵"是"非常理",这样修德获得的才是完整的积极,这点结合我们后文关于"常理"的论述会更加清楚。

我们可以看到,朱子解释"大德必受命"的框架与其思想的基本框架是一致的,即从"理""气"两个方面解释这一问题。从"理""气"两个角度言"大德必受命"这一问题,与朱子对"命"的解释也是相一致的。《中庸章句》在解释"天命之谓性"时言:

> 命,犹令也。性,即理也。天以阴阳五行化生万物,气以成形,而理亦赋焉,犹命令也。①

同时,我们也可以发现,与一般的理气问题不同,朱子在这里引入了"常理"与"非常理"这一对范畴来讨论问题,并用"气"来说明,这点是值得注意的。当然,朱子在这里没有进一步论述"非常理"与"气"的关系,我们也无法从上述论述中判断朱子"常理"与"非常理"的具体含义,以及这一对范畴与"必"的更深一层关系,而这些在《语类》中得到了进一步阐释。②

二 气、常理与非常理解释体系的建构和意义

《语类》中关于"气"与人的现实命运的讨论有很多,其中有很多涉及孔子大德而不受命以及颜子大贤而短命。

(一)气禀状态与人的现实状态

从静态的角度看,气的不同状态决定人的现实生命状态,人现实命运的诸端均与最初禀气之状态相关,圣贤也是如此。《语类》言:

> 数只是算气之节候。大率只是一个气。阴阳播而为五行;五行中各有阴阳。甲乙木,丙丁火;春属木,夏属火。年月日时无有非五行之气,甲乙丙丁又属阴属阳,只是二五之气。人之生,适遇其气,有得清

---

① 《四书章句集注》,第17页。朱子讨论"命"具有多重复杂性,但基本上还是从"理""气"两个角度出发,具体参见钱穆先生《朱子新学案》第二册"朱子论命"。
② 此外需要注意的是,在《大学章句序》中,朱子用自己的语言表达了和《中庸》类似的命题,朱子言:"大学之书,古之大学所以教人之法也。盖自天降生民,则既莫不与之以仁义礼智之性矣。然其气质之禀或不能齐,是以不能皆有以知其性之所有而全之也。一有聪明睿智能尽其性者出于其闲,则天必命之以为亿兆之君师,使之治而教之,以复其性。此伏羲、神农、黄帝、尧、舜,所以继天立极,而司徒之职、典乐之官所由设也。"(《四书章句集注》,第1页。)相比于《中庸章句》解释"大德必受命",这一说法更有弹性,此处没有说"受命为天子",而解释成为"君师"。当然《章句》和《或问》都没有进一步解释"天必命之以为亿兆之君师"的具体含义,而《语类》的相关讨论也是对这一说法的回应。

者,有得浊者,贵贱寿夭皆然,故有参错不齐如此。圣贤在上,则其气中和;不然,则其气偏行。故有得其气清,聪明而无福禄者;亦有得其气浊,有福禄而无知者,皆其气数使然。尧舜禹皋文武周召得其正,孔孟夷齐得其偏者也。至如极乱之后,五代之时,又却生许多圣贤,如祖宗诸臣者,是极而复者也。①

因问:"得清明之气为圣贤,昏浊之气为愚不肖;气之厚者为富贵,薄者为贫贱,此固然也。然圣人得天地清明中和之气,宜无所亏欠,而夫子反贫贱,何也?岂时运使然邪?抑其所禀亦有不足邪?"曰:"便是禀得来有不足。他那清明,也只管得做圣贤,却管不得那富贵。禀得那高底则贵,禀得厚底则富,禀得长底则寿,贫贱夭者反是。夫子虽得清明者以为圣人,然禀得那低底、薄底,所以贫贱。颜子又不如孔子,又禀得那短底,所以又夭。"②

人之禀气,富贵、贫贱、长短,皆有定数寓其中。禀得盛者,其中有许多物事,其来无穷。亦无盛而短者。若木生于山,取之,或贵而为栋梁,或贱而为厕料,皆其生时所禀气数如此定了。③

在朱子的思想之中,气有清浊厚薄长短不同的属性,而这些人、物在初生时禀得的气的属性又决定了人现实当中的状态。清浊与圣凡相关,厚薄与贫富相关,长短与寿命相关。自然之物的生存状态与此相关,一般人的现实机遇也与此相关,同为圣贤但遭际不同,也与此相关。在朱子看来,尧舜孔颜等大德之人,他们的德性是由于禀气"清",气之清明决定了他们同为圣贤。但他们的禄位名寿并不相同,这些是由于他们禀得的气的其他属性存在差异。如孔子多得之气不如尧舜厚、长,颜子所得之气又不如孔子。人之初生所"适遇"的气的状态,直接影响了大德是否"受命"。

(二) 气之流行与人之禀气

从动态的角度来看,个体现实的禀气状态、人之初生所"适遇"的气,又是和气的整体运行相关的。上引第一段材料已经谈到了个体禀气与气数、

---

① 《朱子语类》第一册卷一,第8页。
② 《朱子语类》第一册卷四,第79页。
③ 同上书,第81页。

气运的关系,而下面所引材料则与"大德受命"有更为明确的关系。《语类》言:

> 气运从来一盛了又一衰,一衰了又一盛,只管恁地循环去,无有衰而不盛者。①

> 文王自公刘太王积功累仁,至文王适当天运恰好处,此文王所以言无忧。如舜大德,而禄位名寿之必得,亦是天道流行,正得恰好处耳。②

> 上古天地之气,其极清者,生为圣人,君临天下,安享富贵,又皆享上寿。及至后世,多反其常。衰周生一孔子,终身不遇,寿止七十有余。其禀得清明者,多夭折;暴横者,多得志。旧看史传,见盗贼之为君长者,欲其速死,只是不死,为其全得寿考之气也。③

> 问:"'一有聪明睿智能尽其性者,则天必命之以为亿兆之君师',何处见得天命处?"曰:"此也如何知得。只是才生得一个恁地底人,定是为亿兆之君师,便是天命之也。他既有许多气魄才德,决不但已,必统御亿兆之众,人亦自是归他。如三代已前圣人都是如此。及至孔子,方不然。然虽不为帝王,也闲他不得,也做出许多事来,以教天下后世,是亦天命也。"④

> 问:"'天必命之以为亿兆之君师',天如何命之?"曰:"只人心归之,便是命。"问:"孔子如何不得命?"曰:"中庸云:'大德必得其位',孔子却不得。气数之差至此极,故不能反。"⑤

在朱子看来,流行于世间的气并不是匀质的运动,它的运动是有盛衰变化的。落实到人世的时间向度上,上古时气运盛,而后世(具体说是周衰落之后)气运却衰而反常。这种气的运行的整体状态又影响到个人在当时的禀气状态。我们上文所讲的清浊厚薄长短的各种禀赋即是如此。同时,即使是在同一个时代,气的状况也不是匀质的,时空的不同也会造成个人禀气有

---

① 《朱子语类》第一册卷一,第5页。
② 《朱子语类》第四册卷六十三,第1553页。
③ 《朱子语类》第一册卷四,第79页。
④ 《朱子语类》第一册卷十四,第259页。
⑤ 同上。

所不同。如尧舜之子不肖，正是在当时遇到此气如此。尧舜文王等圣人之所以能够大德受命，从气的角度来看，就是由于得气之流行"恰好"处，而孔子却生于气数之差之极，故虽然禀得清气为大德之人，但是却不能够得到禄位名寿①。朱子在《中庸或问》里承认杨时"时"的讲法，正是从不同时代之不同气运出发。②

上述材料的讨论并没有涉及"常理"和"非常理"，关于气运与"常理"、"非常理"的一致性，我们还需要进一步从材料分析中得出。上述材料也没有说明气运盛衰的根据何在，这也需要我们进一步从朱子的论述中寻找答案。

（三）气与常理、非常理

《语类》中关于常理、非常理③的表述一般都和"气"联系在一起，"气"是阐释"非常理"的重要向度。

分析《语类》中的材料，我们可以得出，朱子在使用"非常理"时主要是用来解释如下两类现象。

一是自然界当中"不正常"的现象，自然当中的不正常现象产生的非常理，是直接与气运的变化有关的，是由于气没有按照正常的样态运行导致的。《语类》言：

> 若论正理，则似树上忽生出花叶，此便是造化之迹。又加空中忽然有雷霆风雨，皆是也。但人所常见，故不之怪。忽闻鬼啸、鬼火之属，则便以为怪。不知此亦造化之迹，但不是正理，故为怪异。如家语云："山之怪曰夔魍魉，水之怪曰龙罔象，土之怪羵羊。"皆是气之杂揉乖戾所

---

① 在《孟子章句》中，朱子也谈到"圣贤之出处，关时运之盛衰。乃天命之所为，非人力之可及。"也是从时运的角度来讲这一问题（《四书章句集注》，第236页）。
② 这里所引材料也解释了朱子在《大学章句序》中的讲法。朱子把为万世之师也看成是一种"天命"，虽然这种天命并不一定就和《中庸》所讲的"受命"完全一致，但是，朱子此处却强调出，德高之圣人所注定具有的历史使命，强调大德之人虽不能为天子，但依旧会得到人心的归附。
③ 常理、非常理朱子有的时候表述为"理之常"、"非理之常"，"非常理"有时又用"变"来表述。常理、非常理这一问题还涉及关于"经权"的讨论，"经"为"常"、"权"为"变"为"非常"。涉及经权的讨论还与现实伦理的具体运用有关。有时朱子的讨论还会用到"理之正"、"非理之正"这一对范畴，这对范畴与"常理"、"非常理"有相关的地方，但又不完全相同。理之正否还涉及禀受的性理的实现状况等问题。

生，亦非理之所无也，专以为无则不可。如冬寒夏热，此理之正也。有时忽然夏寒冬热，岂可谓无此理！但既非理之常，便谓之怪。孔子所以不语，学者亦未须理会也。①

二是人事当中朱子认为"不正常"的现象。这一类又主要分为两类现象，一是典籍当中涉及的"怪力乱神"（上引材料亦为此证据）、生死无常等现象，二是社会历史当中朱子认为与一般价值不合的事情。《语类》言：

> 死而气散，泯然无迹者，是其常。道理恁地。有托生者，是偶然聚得气不散，又怎生去凑着那生气，便再生，然非其常也。伊川云："左传伯有之为厉，又别是一理。"言非死生之常理也。②

> 或问："'大德必得其位，必得其禄，必得其寿。'尧舜不闻子孙之盛，孔子不享禄位之荣，何也？"曰："此或非常理。今所说，乃常理也。"因言："董仲舒云：'固当受禄于天。'虽上面迭说将来不好，只转此句，意思尽佳。"③时举说"履帝武敏歆，攸介攸止"处。曰："'敏'字当为绝句。盖作母鄙反，协上韵耳。履巨迹之事，有此理。且如契之生，诗中亦云：'天命玄鸟，降而生商。'盖以为稷契皆天生之耳，非有人道之感，非可以常理论也。汉高祖之生亦类此，此等不可以言尽，当意会之可也。"④

死生无常、鬼魂现象等"非常理"，在朱子看来正是由于气的聚散不正常导致的，典籍中记载的"怪力乱神"现象也是与此相关。至于圣人大德而子孙不盛、不受命等现象，朱子在这里直接用非常理回答，结合上文对自然现象等的讨论，以及上一部分用气运盛衰解释"大德不受命"的论述来看，我们可以说，正是由于气运不正常、气运之差才导致大德不受命之非常理的出现。自然界的非常理与人事的非常理，究其原因来讲具有一致性。"气"是解释理之常与不常的重要向度。《语类》谈到命的正与变时更直接说道"命之正者出于理，命之变者出于气质"⑤，把非常的命的状况直接与"气质"关联起来。

---

① 《朱子语类》第一册卷三，第37页。
② 《朱子语类》第一册卷三，第44页。
③ 《朱子语类》第四册卷六十四，第1584—1585页。
④ 《朱子语类》第六册卷八十一，第2130页。
⑤ 《朱子语类》第一册卷四，第78页。

（四）"常"与"非常"

朱子在解释自然、社会的不正常现象时一再使用"常理""非常理"这对范畴，那么我们应该如何理解和诠释"常理""非常理"呢？笔者认为朱子"常理"之"常"当理解为"平常"，常理即平常之理，非常理即不是平常之理。这样解释主要有如下几点理由。首先，从朱子解释自然现象和生死现象来看，人们认为非常的现象都是"不平常"的，因为在平常之外，世人才觉得"怪"。其次，朱子《中庸章句》中将"庸"训为"平常"①，《中庸或问》论述道：

> 惟其平常，故可常而不可易，若惊世骇俗之事，则可暂而不得为常矣。二说虽殊，其致一也。但谓之不易，则必要于久而后见，不若谓之平常，则直验于今之无所诡异，而其常久而不可易者可兼举也。……所谓平常，亦曰事理之当然，而无所诡异云尔，是固非有甚高难行之事，而亦岂同流合污之谓哉！既曰当然，则自君臣父子、日用之常，推而至于尧、舜之禅授，汤、武之放伐，其变无穷，亦无适而非平常矣。②

平常与"惊世骇俗"相区分，见于日常日用之中，这种平常蕴涵着"事理之当然"，含有一种应然的价值取向，平常之事即是"合当如此"，在现实当中可以获得验证而无所诡异。我们可以看到，朱子用"常理"时也是强调日常之中经常之事，强调"合当如此"而与"惊世骇俗"相区分。"常理"之常正与把"庸"训为"平常"相呼应，而超越平常即是"非常"，非常理即是非平常之理，是超越平常的"诡异"之事的原因。

如果我们把"常理"解释为"平常之理"，那么我们就会发现，朱子用"常理"和"非常理"来解释"大德必受命"具有深刻的含义。"必受命"是"常理"，是"合当如此"，是"平常之事"，而这种平常包含了禄位名寿等方方面面的获得，修德者得到的幸福是最大的、整全的幸福。修德而至大德，其受命是"平常"的，而不是惊世骇俗之事，而这种"平常"也就意味着价值上的必然和现实当中的常然，价值上的必然就反映于现实当中的常然。相反，修德至于大德而不受命反倒是"不平常"之事，不是修德者应有的结果。通过

---

① 《四书章句集注》，第17页。
② 《四书或问》，第549页。

平常的引入，我们可以看到，朱子实际上赋予了道德修养最高的积极性，在朱子看来，有德者得到禄位名寿才是平常之事，只要我们不断修德，最终的"受命"是平常不易之事，而修德而"不受命"却是"诡异"之事，我们所应考虑的是修德"合当如此"的结果，而不是非常之事。孔子之前的圣人都体现了这一常理，尧舜都是"大德受命"这一原理的"平常"体现，孔子是"非常理"导致的"不受命"，而孔子之后也没有德如孔子之人切实出现，但是只要我们不断修德，我们还是可以达到"受命"，因为受命才是最为平常的。加强道德修养而不会得到幸福，这是让现实当中的人极为沮丧的事情，也是很多人怀疑道德修养作用的理由。但是，朱子却从对这种"不幸"的解释中，建构了道德修养的最高积极性。从上面所引的材料中我们也可以看到，朱子认为气运影响人的命运状态，但又不是绝对必然的，气运衰的时候依旧可以有福德之人，关键还是在修德与否。这也是朱子为何强调修德可以改变"死生修夭"。在朱子的解释框架之下，"德性"是人生状态的关键，而先天的气的要素，虽有所影响，却不会超越价值的必然取向，不会破坏这种必然性的恒久实现和经常实现。朱子把必然性和深切的价值诉求植根于平常之中。

（五）理与气运

如上所述，我们看到了朱子"大德必受命"解释背后含有的积极向度，但还有一个问题没有解决，即气运之盛衰其原因何在。《孟子章句》"予岂好辩哉"章注言：

> 一治一乱，气化盛衰，人事得失，反覆相寻，理之常也。①

在朱子看来，气化的盛衰也是理之常。气化的变化导致"非常理"之产生，但这本身也是理的体现。笔者认为，这点是与朱子思想整体相合的，在朱子看来，气动静的根据就是理，"理有动静，故气有动静，若理无动静，则气何自而有动静乎？"②

---

① 《四书章句集注》，第271页。
② 《晦庵先生朱文公文集》卷五十六，《答郑子上十四》，《朱子全书》第二十三册，第2678页。关于气运动根据是理的讨论，参看陈来先生《朱子哲学研究》第四章"理气动静"的相关讨论，见《朱子哲学研究》，上海：华东师范大学出版社2009年9月，第104页。

这里需要注意一个问题,既然我们说气运的根据在于理,又讲气运导致非常理,这是否存在矛盾?笔者认为,朱子讨论"理"具有不同的层次,导致具体实践不平常的"非常理"与决定气动静的理是不同的"分理"。朱子讲"理一分殊","当朱熹宣称万物之理无差别的时候,他是指万物的'性理',即万物禀受于天而成就的性,并不意味着他认为万物的具体规律,如舟之可行于水、车之可行于陆、大黄附子、厅堂桃李之理都是无差别的"①,朱子承认不同事物的"分理"可能不同。我们可以说,"非常理"是朱子用来解释自然界和人类社会具体现象不正常的"分理",朱子讲"常理"和"非常理"都是落实到"分理"的层面上去讲的,这些"分理"与决定气之动静的理是不同的。如果我们分析朱子关于"理一分殊"的材料,可以发现,之所以会有"分殊",是由于落实到了"流行"层面,而牵涉到"流行"就已经不是纯粹的本体意义上的"理"的问题,而是牵涉到"气"的具体意义上的理的问题。②

上面,我们分析了朱子对于《中庸》"大德必受命"这一命题的讨论。我们可以看出,朱子的讨论立足于其理学思想的基本构架,通过对这一命题的解释,朱子赋予了道德修养以最大的积极性,给予了修德者可能的最大的幸福,在他的思想内解决了"不受命"可能带来的消极影响。当然,这种积极性的赋予也不是其他思想家所说的"以位禄名寿卜德之进否"的主张③,这种积极性强调的是平常性当中的必然。④

---

① 陈来:《朱子哲学研究》,第114页。
② 我们可以从《西铭解义》和《中庸或问》等材料中看出,谈到"分殊"时都已经落实到具体的事、物,而这些具体的事、物的"分殊",又和禀气相关,可见流行层面上的禀气是影响"分殊"的重要原因。如《西铭解义》言:"盖以乾为父,以坤为母,有生之类,无物不然,所谓理一也。而人物之生,血脉之属,各亲其亲,各子其子,而其分又安得而不殊哉!"(《西铭解义》,《朱子全书》第十三册,第145页。)正是由于人物之生,所禀的气不同,其血脉各有所属,才有不同的"分殊"。"分殊"与"气之流行"有复杂的关系,这点还需要深入的分析。
③ "以位禄名寿卜德之进否"是张九成的主张,朱子在《杂学辨》中对其有所批驳。我们可以说儒者都希望通过某种解释赋予修德以积极意义,但其方法不尽相同。
④ 孔子虽然不受命为天子,但在朱子看来,孔子却也是得其"正命"。朱子"命"的阐释,由于受经典系统的影响,涉及的范畴概念颇多,往往相互关联,本文集中在"必受命"和"不得其命"的阐释上,对于"正命"等范畴不再详细进行论述。"正命"这一命题涉及历史中的道义问题,不仅仅是"受命"这个命题就可以涵盖的。

Zhu Xi on "Those of Great Virtue will be Appointed"

Zhao Jingang

Abstract: Accounting the thoughts of his predecessors, Zhu Xi interpreted "Those of great virtue will be appointed" from the *Zhong Yong* within his own framework. This paper focuses on the analysis of Zhu Xi's selective inheritance and development of his predecessors' thoughts, and explanation of how those of great virtue are appointed, and why the Confucius was not appointed, and reveals the positive significance of moral cultivation in his interpretation.

Key words: De, Usual Li, Unusual Li, Qi Yun, Ming

试论《老子》中"无"的性质与特点

郑 开[*]

提 要：本文试图通过讨论《老子》哲学语境中的"无"的概念及其性质与特征，揭示《老子》所谓"无"具有很明确的具体性，即：《老子》中"无"的概念应首先理解为无形、无物、无象、无名、无为、无欲、无心等抽象概念，而单独出现于《老子》的"无"则是上述抽象且"具体"概念的略语而已；其次，《老子》中的"无"的准确含义并不是"什么也没有"，而是语言上的否定词、逻辑上的负概念、哲学上的反向思维。为了阐明上述论点，本稿尝试合理运用文献学和语文学的材料与知识，特别是晚近出土的简帛文献及其释读成果。

关键词：《老子》 无 无的具体性 无名 无心

"无的发现"是老子哲学创造的重要基础，同时也是诸子时期"哲学突破"的重要标尺，舍此，古代哲人对本原的思考与寻找就不可能"从物的世界引入道的世界""从有的世界引入无的世界"。[①]实际上，老子正是通过"无的发现"，并通过"无"创造性地诠释了"道"，从而赋予了"道"以哲学意义。这篇小文章试图在新出简帛材料所提供的文献学和语文学的基础上，分析并

---

[*] 郑开，1965年生，北京大学哲学系教授。
[①] 王博：《无的发现与确立：道家的形上学》，载《老子思想与人类生存之道》，北京：社会科学文献出版社，2011年。

阐述《老子》中"无"的性质与特点;其主要论点是:具体抽象性乃是《老子》讨论"无"的主要特点,换言之,"无"既有抽象性,又具体性,因为《老子》中的"无",或曰"无形",或曰"无名",或曰"无为",或曰"无物",或曰"无欲",或曰"无心",总之,《老子》哲学语境中的"无"多具某种具体意味,几乎没有例外。① 我认为这种性质与特点值得注意,试详论之。

一

首先我们再讨论一个句读问题。自宋儒王安石以来②,《老子》第1章中的下面两句话就一直存在着属读或标句上的分歧:

> 无名天地之始;有名万物之母。故常无欲以观其妙;常有欲以观其徼。

这句话应该读作:

> 无名,天地之始;有名,万物之母。故常无欲,以观其妙;常有欲,以观其徼。

还是:

> 无,名天地之始;有,名万物之母。故常无,欲以观其妙;常有,欲以

---

① 《老子》个别几处单独出现的"有、无",例如第11章末句"有之以为利,无之以为用",似可看作是"无形"、"无名"的简括形式,因为"这里的无和有,都是指具体的事物而言"(王博:前揭文)。
② 王应麟说:"(《老子》)首章以'有'、'无'字下断句,自王介甫始。"(《困学纪闻》卷十)人们称"有"、"无"字断句为"新读",始作俑者就是王安石。实际上,王安石的"新读"开辟了宋代以降的注《老》风气,以至"宋儒多在'无'字断句"(徐梵澄:《老子臆解》,北京:中华书局,1988年,第1页)。蒙文通说,荆公注《老子》,援佛学入道家,是他的创见,"承其流者王雱、吕惠卿、陆佃、刘泾之徒"。此外,苏辙、陆象山亦从王荆公之新读。蒋锡昌说:"详此二句,王弼、孙盛之徒,并以'无欲'、'有欲'为句;司马光、王安石、范应元诸家,则并以'无'字、'有'字为句。"(蒋锡昌:《老子校诂》,成都:成都古籍书店,1988年,第6页。)而且,其影响所及,宋代及其后的不少注释家以及现代研究者都接受了"新读",例如朱谦之的《老子校释》和陈鼓应《老子注释及评介》。王安石"新读"的影响还渗透于宋徽宗《御注》、释德清《憨山注》以及马一浮《老子注》之中,因为他们部分地采纳了王氏"新读"。(柳存仁:《道藏本三圣注道德经合笺》,《和风堂文集》,上海:上海古籍出版社,1991年,第225—227页;释德清:《老子道德经憨山注》,台北:新文丰出版公司,1973年;马一浮:《老子注》,载《学术集林》卷五,上海:上海远东出版社,1995年。)

观其徼。①

以上两种句读的思想意味迥然不同。我们曾做过较为详细的讨论②,同时也论证了王安石的"新读"乃别出心裁,却于古无徵。实际上,王安石"新读"既与多种汉唐以来的传世文献不相吻合,更不同于晚近出土的马王堆汉墓帛书《老子》甲、乙本,且看帛书甲乙本呈现的"关键性的证据":

> 无名万物之始也;有名万物之母也。□恒无欲也,以观其眇;恒有欲也,以观其所噭。(帛甲)

> 无名万物之始也;有名万物之母也。故恒无欲也,□□□□;恒又(有)欲也,以观其所噭。(帛乙)

两本"恒无欲也","欲"下有一"也"字,足以证明古本《老子》以"有欲、无欲"为断而不是以"有无"为读;据此,上两句也应读作"有名、无名"。现在我们确信,《老子》古读为"有名"、"无名"、"有欲"、"无欲",而不是王安石所读的"有"、"无"。可见,"有名"与"无名"、"有欲"与"无欲"确是《老子》古读,而且更重要的是,汉晋以来对老了哲学的理解阐释(包括《老子》古注)皆以"有名"、"无名"、"有欲"、"无欲"诸语词为老子哲学之固有概念,岂容割裂?"无名"、"无欲"虽是双字词,但作为哲学概念,我们还不能把它们看作是两个单字概念的组合,因为"无名"、"无欲"乃相对"有名"、"有欲"而言,就是说,"名"与"无名"、"欲"与"无欲"是对偶概念,在哲学思考中,它们成对出现。③

---

① 王安石《老子注》曰:"无,所以名天地之始;有,所以名其终,故曰万物之母。"又于"故常无欲以观其妙;常有欲以观其徼"句《注》云:"道之本出于无,故常无,所以自观其妙。道之用常归于有,故常有,得以自观其徼。"(容肇祖:《王安石〈老子注〉辑本》;蒙文通:《王介甫〈老子注〉佚文》)

② 许抗生:《再读〈老子〉第一章》,载《道家文化研究》第 15 辑,北京:三联书店,1999 年;拙稿《老子第一章札记》,载《清华大学学报》(哲社版)2008 年第 1 期。

③ 一般来说,双字词概念晚于单字词概念,说详刘笑敢《庄子哲学及其演变》;但这里讨论的"无名"、"无为"、"无形"和"无欲"等,作为哲学概念(而非日常语词)而言,却未必晚于同样作为哲学概念使用的"名"、"为"、"形"和"欲",可谓一般规律的反例。

二

其次,我们借助简帛文献,进而讨论一下《老子》第49章(通行本)中的一个问题。试比较《老子》诸本第49章首句:

圣人无常心,以百姓心为心。(王弼、河上、严遵、傅奕诸本同)

圣人无心,以百姓心为心。(敦煌本)①

□人恒无心,以百省之心为心。(帛乙)

圣人恒无心,以百生之心为心。(汉简)

传世诸本和简帛本的明显区别是:"无"、"常"两字次序颠倒,前者似乎以"常心"为概念,而后者却以"无心"为概念。究竟孰是孰非,严灵峰辩之颇详:"张纯一曰:'当作无心。'张说是也。河上公《注》云:'圣人重改更,贵因循,若自无心。'严遵曰:'无心之心,心之主也。'刘进喜曰:'圣人无心,有感斯应。'李荣《注》曰:'圣人无心,与天地合德。'王安石曰'圣人无心,故无思无为。'王雱注第二章云:'夫圣人无心,以百姓心为心。'正引此文。是临川王氏父子,俱作'无心'矣。疑古本当作'无心'。"②张松如亦曰:"'恒无心',河、傅、王、范以及唐宋以来诸今本,大都误作'无常心',因在'常心'二字上大做文章,焦竑《老子翼》说:'无常心,心无所主也。'高亨《正诂》说:'常心者,固有之心也。'圣人之心,果无所主,且非固有者乎?……独景龙、敦煌、顾欢数本,则无'常'字或'恒'字,全句作'圣人无心,以百姓心为心'。此证'常心'二字,并非老子专用术语,此句正宜从帛书作'恒无心',或依今本作'常无心'。无心者,无私心也。"③这已足以证明传世诸本误倒。从《老子》思想逻辑上说,"无心"说"无形"、"无为"、"无名"都是《老子》讨论"无"的问题时的具体概念。

---

① 木村折一藏敦煌本《老子道德经残卷》,引自木村折一:《禹域出土墨宝书法源流考》,北京:中华书局,2003年,第142—143页。

② 转引自陈鼓应:《老子注释及评介》,北京:中华书局,2009年,第246—247页。

③ 张松如:《老子校读》,长春:吉林人民出版社,1981年,第282—283页;另参看朱谦之:《老子校释》,北京:中华书局,1984年,第194页,其引:"各本'无'下均有'常'字,敦煌本、顾欢本无。"

值得注意的是,传世诸本误作"常心",也不是出乎偶然。因为"常心"就是《庄子》中的重要概念,与"成心"、"机心"相对;而成玄英还以之会通佛学,提出"真常之心"的说法。但我们从正本清源的角度看,"无心"概念不仅证据确凿,而且更符合哲学史判据。

现在我们追究一下"无心"的含义。前引张松如所说"无心者,无私心也",这个解释不能使我们满足。实际上,"无心"概念有着更为丰富的内涵,值得进一步探讨,而进一步探讨的线索正在《老子》第49章后文所说的"浑(其)心":

> 圣人在天下,歙歙,为天下浑其心。(王本)
> 圣人在天下,怵怵,为天下浑其心。(河本)
> 圣人之在天下,惵惵乎,为天下浑心。(严本)
> 圣人之天下,歙歙焉,为天下浑浑焉。(傅本)
> □□之在天下,愴愴焉,为天下浑心。(帛甲)
> □人之在天下也,欱欱焉,□□□□□。(帛乙)
> 圣人之在天下也,歅歅然,为天下浑【心】。(汉简)

问题在于:什么是"浑(其)心"?显然它指的是"昏昏闷闷",而不是相反的"昭(照)昭(照)察察"的意识状态;前者指"无心",后者指"(有)心"。(通行本第20章,汉简本《道经下》第61章)对于这种昏昏默默的"无心之心"(也是某种"无意识状态"),《老子》进一步描述说:

> 澹兮其若海,飂兮若无止。(王本)
> 忽兮若海,漂兮若无所止。(河本)
> 忽若晦,寂无所止。(想尔)
> 淡兮其若海,飘兮似无所止。(傅本)
> 忽呵其若□,望呵其若无所止。(帛甲)
> 沕呵其若海,望呵其若无所止。(帛乙)
> 没旖其如晦,芒旖其无所止。(汉简)

简本中的"没"、"芒"即是"惚(忽)"、"恍"。而我们知道,"惚恍"或"恍惚"在老子哲学语境中常见的概念,既指道不可捉摸、不可思议的相状,又指悟道之际超绝名相、不落言诠的境界。从义理层面看,汉简本可谓最胜,从语文学和文献学角度看,其他诸本都不免有或多或少的文字讹误。

总之,"无心"就是"(有)心"的反面,就是对"心"的否定,而老子所谓"心",就是那种粘滞于"物"的、诉诸于思虑智谋、呈现为机巧伪诈和知识的"心",包括通常所说的感性和理性。同样地,"无名"即"(有)名"的反面,是对"名"的否定;"无欲"、"无为"、"无物"亦然。由此可见,《老子》所说的"无",虽然是抽象的哲学概念,却仍具某种具体性,因为其具体所指往往就是"无为"、"无名"、"无形"、"无欲"、"无心"等等。

三

接下来,我们打算讨论《老子》中"恍惚",因为它涉及了有无关系和道物关系诸问题。"恍惚"在《老子》(以及《老子》以来的道家著作)屡见不鲜,尤其是第21章(通行本)论之甚详:

道之为物,惟恍惟惚。惚兮恍兮,其中有象。恍兮惚兮,其中有物。窈兮冥兮,其中有精。(王本)

道之为物,惟悦惟忽。忽兮悦兮,其中有象。悦兮忽兮,其中有物。窈兮冥兮,其中有精。(河本)

道之为物,惟慌惟惚。慌惚中有物,慌惚中有象。窈冥中有精。(想尔)

道之为物,惟芒惟芴。芴兮芒兮,其中有象。芒兮芴兮,其中有物。幽兮冥兮,其中有精。(傅本)

道之物,唯壁唯物□□□呵,中有象呵。壁呵惚呵,中有物呵。(帛甲)

道之物,唯沕唯望□□□呵,中有象呵。沕呵望呵,中有物呵。(帛乙)

道之物,唯訫唯没,没旖訫旖(也),其中有象旖(也)。訫旖(也)没旖(也),其中有物旖(也)。幽旖(也)冥旖(也),其中有请(精)旖(也)。(汉简第62章)

另外,"恍惚"语词还见于《老子》第 14、20 章,其本身就具有"恍惚不可致诘"即捉摸不定的特点。它究竟意味着什么呢? 王弼《注》解释说:"(恍惚)不可得而定也。"(第 14 章注) 又说:"恍惚,无形不系之叹。……窈冥,深远之叹,深远不可得而见。"(第 21 章注) 顾欢《注》曰:"欲言定有,而无色无声,言其定无,而有信有精,以其体不可定,故曰唯恍唯惚。"(第 21 章注) 唐玄宗《御注》曰:"(恍惚)不可名有,不可名无。"(第 14 章) 又曰:"惚,无也;恍,有也。"(第 21 章) 宋徽宗《御注》曰:"(恍惚)谓之有而非有,谓之无而非无。"又阐发说:"以其无色之中而能色焉"(夷),"以其无声之中独能和焉"(希),"以其无形之中而能形焉"。(第 14 章) 陈景元尤其详尽地疏解了"恍惚"所交涉的"道物"、"有无"诸问题,他说:

> 夫形色之物,皆有涯分,不能出其定方,唯道超然出于九天之表而不为明,存乎太极之先而不为高,使其学者居上与日月齐照而其光不皦,沉没于九地之外而不为暗,流乎六极之下而不为深,使其学者在下与瓦甓同寂而其明不昧,……既而寻本究原,归于杳冥,复于沉默,斯乃道之运用、生化之妙数也。故曰绳绳不可名、复归于无物。……夫归于无物者,非空寂之谓也,谓于无形状之中而能造一切形状,于无物象之中而能化一切物象,欲言有邪,而不见其形,是即有而无也;欲言无邪,而物由之以成,是即无而有也。有无不定,是谓惚恍。惚,无也,言无而非无;恍,有也,言有而非有。故曰惚恍尔。(第 14 章注)

> 夫道杳然难言,故眠听不能闻见,何物之可谓邪? 今言物者,盖因强名以究妙理也。夫大德之人,能从顺于道,道既无形,何从之有? 既无其形,又不可名,当何以为从乎? 唯叩其恍惚者,则可以影响其象周耳。恍,似有也,在有非有;惚,似无也,居无非无。居无非无,即空是色也;在有非有,即色是空也。有无不可测,复假借于象物以明道也。象者气象,物者神物,即庄子之所谓真君,今之所谓性者也。夫道恍惚不定,谓其无邪,惚然自无形之中,恍尔变其气象,将为万物之朕兆也;谓其有邪,恍然自有象之初,惚尔而化归于无有也。……窈,深远貌。冥,寂默貌。夫道,恍惚不能定,象物不能见,又窈兮深远,冥兮寂默,问者

不知其体,应者不明其理。(第21章注)①

可见,恍惚语词所以重要,是因为它用以描摹复杂的道物关系,而道物关系又不能简单地归结为"道"即"无"而"物"即"有",倘若如此,道物之间的联系——即"有生于无"或"有无相生"——就被割裂了。

"见乃谓之象"(《周易·系辞》),"凡见者之谓物"(《性自命出》),可以说表述了古代思想世界中普遍观念,即通过形色描摹事物进而把握之(即庄子所谓"有形有名")。但是,"道"难以摹状,因为它不过是"无状之状,无物之象"而已!显然,把"物"对应于"有"而"道"当做是"无"的说法,失之简单含混。《老子》之所以启用"恍惚"语词刻画道物、有无之间的关系,目的是揭示这种关系的复杂性;从"道之(为)物"(也就是从物的视野观照"道"的话)的角度看,恍惚之中毕竟还有"象"、有"物"、有"精"、有"信",并非纯粹的什么也没有("无")。

现在我们似有必要回过头来重新审视"恍惚"语词了。它的特点是:(1)双声叠韵;(2)《老子》诸本以及各种文献中文字异构特别多②;(3)它是一个视觉语词,更准确地说,是一个摹状词,表示某种模糊的中间状态。前两个特点虽然是语文和文献层面上的,但一定隐含了某种思想动机,值得探究。比起"物"或者"有","道"或者"无"难以摹状,甚至不可框限,"无以名之",故称"无名";然而,另一方面,其性状又不能不诉诸多方描摹,以为标记和提示,"恍惚"语词就是要转达那种出现于哲学思维中的"既是、又不是"的中间状态。如果借用古希腊哲学中的"存在"(to on)来给出一个差强人意的解释的话,可以说,"道"是无形的存在(Being),那么"物"就相当于有形的存在(existent)。那么,从"物"的方面来观察、理解"道"("道之为物"),"道"终究属于恍惚不可致诘的范畴;从"名"的方面来标明、提示"道",只能是"强为之名"、"字之曰道"(《老子》传世本第25章)。如果说,古希腊哲学

---

① 蒙文通:《校理陈景元〈老子注〉》,《道书辑校十种》,成都:巴蜀书社,2001年,第756—757,771页。
② "恍"字或写作"詤"、"荒"、"芒"、"望"和"怳","惚"或写作"沒"、"忽"、"芴"等等。例如《庄子·至乐篇》:"芒乎芴乎,而无从出乎?芴乎芒乎,而无有象乎?……杂乎芒芴之间,变而有气,气变而有形,形变而有生,形变而有生。"又如《楚辞·湘夫人》:"荒忽兮远望,观流水兮潺湲。"《哀郢》:"荒忽其焉极。"《远游》:"意荒忽兮流荡。"《淮南子·原道训》:"忽兮怳兮,不可为象兮;怳兮忽兮,用不屈兮;幽兮冥兮,应无形兮;遂兮洞兮,不虚动兮。"等等。

中的"是"(即"存在")诉诸名言,那么《老子》哲学中的"道"却是那种"什么也不是的 X(那个东西)",亦即"无名"。

四

最后我们还要讨论《老子》的几个例句,出现于其中的"有"、"无"似乎是以单字词形式出现的。这当然需要分析和解释。

第一,讨论一下汉简本《老子上经》第 3 章,传世本第 40 章中的"有""无":

> 天下之物生于有,有生于无。(传世诸本第 40 章)
> 天下之物生于又(有),生于亡(无)。(郭店竹简甲 37)
> 天下之物生于有,有□于无。(帛甲)
> 天下之物生于有,有生于无。(汉简)

关于第 40 章"有生于无",历来的注疏语焉未详,惟李荣《道德经注》最得古谊:"有者,天地也,天地有形故称有。天覆地载,物得以生,故言生于有。无者,道也,道非形相,理本清虚,故曰无。"①《列子·天瑞》曰:"有形生于无形,则天地安从生?"《文子·道原》:"有形产于无形。故无形者,有形之始也","有名产于无名。无名者,有名之母也。夫道,有无相生也;难易相成也"。《淮南子·原道》:"无形而有形生焉,无声而五音鸣焉,无味而五味形焉,无色而五色成焉。是故有生于无,实出于虚。"《淮南子·说山训》曰:"有形出于无形,未有天地能生天地者也。"上引种说法或许就是"有生于无"的注解或阐释,也就是说,"无"即"未形","有"即"有形"。而且,《淮南子·俶真训》明确地说,"有"就是"万物始有形兆也","无"就是"无可名也"。《文子》、《淮南子》诸书的解释启发我们进一步结合《老子》第 1 章"无名,天地(万物)之始;有名,万物之母"解释"天下之物生于有,有无相生"命题:所谓"无名,天地之始"相当于"有生于无";而所谓"有名,万物之母"亦即"天下之物生于有"。可见,老子所谓"有生于无"其实是"有名(有形)生

---

① 转引自蒙文通:《道书辑校十种》,第 618 页。

于无名(无形)"的缩略语。所谓"有""无"不仅意味着"有形""无形",也意味着"有名""无名"。这一点,传世文献中的证据相当确凿。

郭店竹简《老子》曾引起学者的兴趣和讨论,①但郭店竹简《老子》仅是孤例而已,不同于其他简帛和传世诸本。从语文学和文献学规律上看,郭店简脱漏一个"有"字(很有可能是重文符号)。

第二,我们讨论通行本第 2 章(汉简第 46 章)"有无相生"命题。首先我们认为该命题就是表述了"有形"和"无形"、"有名"和"无名"相辅相成的思想。也就是说,"有无相生"意味着"有形(或有名)、无形(或无名)相生。"据此,冯友兰说:"老子所说的'道'的一个意义是'有'和'无'的统一。"②王博亦曰:"它(道)不过就是有无之间的路""道必在有无之间呈现"。他更指出:"有无相生之说,显然是从逻辑上来论有与无之间关系的","无而有、有而无、有无相生,只此便是道。舍有无之说更没有所谓道。"③的确,《老子》第 2 章展现出了相反相成的辩证思维之特点,即从对反者相互对立抗衡的关系中把握"道"的思维方式。

然而,"有无相生"(第 2 章)和"有生于无"(第 40 章)毕竟是有区别的,后者表明了"无"相对于"有"来说更基础、更本质。那么如何理解这两种不同的说法,或者弥合其间的矛盾呢?也许这两个命题涉及了不同层次的问题,对此汪奠基曾分析说,《老子》中的"无",作为语言上的"否定式"、逻辑上的"负概念",既有其绝对本质的一面,亦有相互对待的另一面。④ 这一论断堪称洞见。所谓"绝对本质的一面"可以在"有生于无"那里找到根据,所谓"相互对待的另一面"则可以诉诸"有无相生"加以说明。

第三,《老子》第 11 章:"卅辐共一毂,当其无有车之用;埏埴以为器,当其无有器之用;凿户牖以为室,当其无有室之用。(故)有之以为利,无之以为用。"通常的句读是以"无"为断,然河上公《章句》云:"无有谓空处。"⑤似

---

① 参考陈鼓应:《老子注释及评介》,第 218—219 页。
② 冯友兰:《论庄子》,载《庄子哲学讨论集》,北京:中华书局,1962 年,第 124 页。
③ 王博,前揭文。
④ 汪奠基:《老子朴素辩证的逻辑思想——无名论》,武汉:湖北人民出版社,1958 年,第 45—46 页。
⑤ 钱坫《车制考》引《皇清经解续编》卷 216,然而王卡点校《老子道德经河上公章句》作"无谓空虚",殊不同,未详何故。又朱谦之《老子校释》引曰"空处",高明《帛书老子校注》引曰"空处故",亦不知孰是。

于"无有"为读,这也是毕沅的主张。案《考工记》"利转者,以无有为用也",是应以"有"字断句。朱谦之据毕沅、钱坫说,主张以"无有"为断,高明则援引蒋锡昌驳斥毕说,主张以"无"断句。如果说毕沅引《考工记》以证《老子》不免曲折的话,不妨援引两个"内证"以说明问题:

(1)通行本第43章"无有入无间"。《淮南子·原道训》作"出于无有,入于无间",刘师培、蒙文通以为《淮南》所引即《老子》古本。①

(2)通行本第19章:"盗贼无有。"可见,"无有"乃《老子》常辞,而"无"不过是其略语耳;因此,下文"无之以为用"即"无有以为用","之"或非语助词,疑是代词。

吕思勉说:"古书中语具体者多,抽象者少。"(《经子解题》)《老子》中的"语词"和"概念"也往往是具象而不是抽象的,"有"和"无"亦莫能外。② 换言之,老子所谓"无"既抽象又具体(例如其准确含义往往就是无名无形等),宋儒把它诠释为完全抽象意义上的"无",显然是不确切的。③

拙稿的结论是,《老子》所谓"有""无",首先应该理解为"(有形)、无形","(有)名、无名","(有)为、无为"、"(有)欲、无欲"、"(有)心、无心"等,其实就是"无形"、"无名"、"无为"等具体抽象性概念的略语而已。因此且由此,我们方能理解和把握《老子》所谓"无"的性质与特点。《老子》中"无"的具体抽象性表明,所谓"无"并不意味着"纯粹的无"或"什么也没有",而是意味着哲学上的否定与解构,意味着从反面观照的思维方式;更确切地说,"无"不"是""什么"(所谓"物"),而是那个"什么也不是的 X"(所谓"物物者非物"、"生生者不生"、"形形者不形"),而这种"什么也不是的'是'(所谓存在/Being)"恰恰又通过"无形"、"无名"、"无物"、"无为"具体而确切地呈现出来。

---

① 蒙文通:《〈老子〉王弼本校记》,《道书辑校十种》,第309页。
② 这一点近于古希腊哲学中的逻各斯(logos)、相(idea, eidos)和德性(aretē)——它们也不是后来所说的抽象概念。
③ 蒙文通说:"周秦性、道之辩不议空、有,自印度思想入诸夏而六代议空、有者纷纷。"(蒙文通:《论学杂语》,《蒙文通学记》,北京:三联书店,1993年,第11页。)

On the Concept Wu (Nothingness) and Its Characters in *Tao Te Ching*

Zheng Kai

Abstract: This article tries to discuss the concept "Wu" (Nothingness) and its characters in the context of *Tao Te Ching*, and reveal that "Wu" in *Tao Te Ching* possesses apparent concreteness. It means: "Wu" in *Tao Te Ching* should be understood as invisible, nothing, no image, nameless, inaction, no desire, unintentional and other abstract concepts, so the alone appearance of "Wu" in *Tao Te Ching* is just the shortening of the abstract and concrete concepts above; and the definite meaning of "Wu" in *Tao Te Ching* is not nihility, but linguistic negative, logical negative concept and philosophical reverse thinking. For expounding these issues, the article attempts to reasonably use the bibliographical and philological material and knowledge, especially lately unearthed bamboo-silk literature and interpretation.

Key words: *Tao Te Ching*, Concreteness of "Wu", Nameless, Unintentional

"绝学无忧"所属章节考

周 耿 罗 琴**

提　要：关于"绝学无忧"的归属问题，学界历来有两种看法：一种看法认为归属第二十章；另一种看法以高亨先生为代表，认为归属于十九章。本文从句法、语意、音韵等三个方面对高亨先生的观点进行了分析，认为"绝学无忧"是老子二十章的主旨。

关键词：老子　绝学无忧　分章

"绝学无忧"①属于《老子》十九章还是二十章，学界历来都有争论。其中，高亨先生对"绝学无忧"归属于十九章的论证影响深远，为绝大部分学者采纳。然而，郭店简《老子》及北大汉简《老子》都把"绝学无忧"划归为第二十章。面对这一文献证据，主张"绝学无忧"归属十九章的部分学者改变了以往的观点，承认分章事实，但并没有做出理论上的说明。而另一部分学者在认可高先生的观点与文献事实前提下做出种种调和，从而使得"绝学无忧"的归属问题更加复杂。因此，全面分析高先生的观点，对分章事实予以

---

* 本文得到中央高校基本科研业务费专项资金资助，项目号：2014JBM126；教育部人文社会科学重点研究基地项目基金资助，项目批准号：10JJD720004。

** 周耿，1981年生，北京交通大学人文社会科学学院讲师。罗琴，1987年生，复旦大学中国古代文学研究中心博士研究生。

① 文中所引《老子》原文均出自楼宇烈：《老子道德经注校释》，北京：中华书局，2008年。

理论说明有着重要意义。

基于此,本文从句法、语意与音韵等三个方面对高先生的观点进行了分析,并进一步指出:"绝学无忧"是《老子》第二十章的主旨。

一 研究综述

鉴于"绝学无忧"这一问题的复杂性,我们先对以往学者的观点进行梳理。马叙伦、蒋锡昌、高亨等先生都主张"绝学无忧"属于十九章,其中高亨先生的论证最为全面,他说:

> 亨案:此句应属本章。请列三证。"绝学无忧"与"见素抱朴,少私寡欲"句法相同,若置在下章,为一孤立无依之句,其说一也。足、属、朴、欲、忧为韵。(足、属、朴、欲在古韵侯部,忧在古韵幽部,二部往往通谐。)若置下章,于韵不谐,其说二也。见素抱朴,少私寡欲,绝学无忧,文意一贯。若置在下章,则与文意远不相关,其说三也。《老子》分章,多有乖戾,绝非原书之旧。①

高先生从句法、音韵、文意三个角度全面论证了"绝学无忧"归属于十九章。后来的学者大多接受了高先生的论证,例如张舜徽、高明、陈鼓应、许抗生等先生。

郭店《老子》出土以后,部分学者承认了"绝学无忧"归属二十章的事实,例如裘锡圭、孙以楷、廖明春等先生,许抗生、陈鼓应等先生也改变了先前的观点,承认"绝学无忧"归属于二十章。例如裘先生说:"郭店简中也有相当于今本第十九章的文字(见甲一至二),但与相当于第二十章开头的文字不相接。'绝学无忧'句并不在前者之末,而仍在后者之首。可见此句原属第十九章的说法是难以成立的。"②学者们虽然承认了郭店简的事实,但对高先生的论断并没有进行辨析,于是出现了这样一种现象:部分学者一方面承认郭店简的分章事实,另一方面又赞同高先生的论证,这就造成了文献事

---

① 高亨:《老子正诂》,《高亨著作集林》第五卷,北京:清华大学出版社,2004年,第81页。
② 裘锡圭:《中国出土文献十讲》,上海:复旦大学出版社,2004年,第204页。

实与理论论证之间的矛盾。例如廖先生说:"'绝学无忧'与王弼本《老子》的第二十章并没有直接联系,……但'绝学无忧'与'见素抱朴,少私寡欲'意义与句法确实也有相似之处。"①

鉴于这种矛盾,一些学者做出种种解释以求化解矛盾,主要有两种方法:第一,认为这种矛盾恰好地反映了老子古本的原貌。例如宁镇疆先生引刘荣贤说认为"绝学无忧"是"零碎词句",只是"就近与其他部分合并","今本二十章这样内部文意明显扞格",这正反映了"像简本这样'早期传本'中章内'意义'的不单纯"。② 第二,抛开矛盾,重新论定"绝学无忧"的归属。聂中庆先生认为应把"绝学无忧"归属到简本上章即传世本四十八章。③ 汪涛、谭朴森、戴卡琳等先生也持这种观点。④ 而尹振环先生则把"绝学无忧"单独分章,既否认其归属十九章又否认其归属于二十章。⑤

因此,郭店《老子》的出现并没有彻底地解决"绝学无忧"的分章问题,高先生的论证继续被接受,要解决"绝学无忧"的归属问题还得重新反思高亨先生的论证。

二 对十九章句法与语意的分析

高先生补入"绝学无忧"后解释十九章最后三句说:"使人们推重纯素,

---

① 廖名春:《郭店楚简老子校释》,北京:清华大学出版社,2003 年,第 24—25 页。
② 宁镇疆:《〈老子〉"早期传本"结构及其流变研究》,北京:学林出版社,2006 年,第 122 页。
③ 见聂中庆:《郭店楚简〈老子〉研究》,北京:中华书局,2004 年,第 258 页。
④ 汪涛指出:"他与谭朴森提出了一个问题:郭店《老子》乙组第 4 号简所见'绝学无忧'(B4:8—11)也许与前一节'学者日益,为道者日损,损之又损,以至亡为也,亡为而亡不为'(见今本第 48 章)连读更好一些,而不是接下一节文字,即今本第 20 章的'唯之与阿,相去几何……'"戴卡琳认为:"郭店《老子》抄自一个与今本《老子》相像的本子……郭店《老子》与今本《老子》第 20 章对应的一节,包含了只有用今本《老子》的章序才能解释的一个错误。"也就是说戴卡琳间接地认同了郭店《老子》的章序,把"绝学无忧"归于传世本四十八章。见邢文编译:《郭店老子与太一生水》,北京:学苑出版社,2005 年,第 122 页。
⑤ 尹振环说:"'绝学无忧'句,是有意独立成章的。""但是'绝学无忧'有无可能即是此章(引者注:指二十章)之首句呢?'唯之与阿'、'美与恶',既然如此难以分辨,'学'还有什么用?随大流多保险?如此以来,这成了处世混世之术了。显然这不可能是老聃向君王的进言。"见尹振环:《楚简老子辨析——楚简与帛书〈老子〉的比较研究》,北京:中华书局,2001 年,第 281、285 页。

保持素朴。减少私心,减少嗜欲,弃绝学习,能做到以上五事,就没有忧患了。"①首先,我们看到高先生对"绝学无忧"的解释分割了短语本身。其次,根据高先生的解释,"绝学无忧"是一个条件句,而"见素抱朴"与"少私寡欲"都是由两个动宾结构并列组成的短语,因此不能说是"句法相同"。

现在也有学者出于对"绝学无忧"的不同理解,认为这三个短语句法相同。例如辛战军先生说:"绝止其多思深虑之心。无,同'毋'。……忧,深思,苦思。"②这种解释虽然合乎句法,但没有解释为"没有忧患"直白,转了一个弯,并且根据古汉语训诂的通则,能够理解得通的时候一般不使用通假字。因此,我们认为这三个短语的句法是不一致的。

学者们在高先生的基础上进一步认为"绝学无忧"与十九章最后两句正好是用来分别解释前三句的,并以此作为新的证据,下面列举韩伯禄、李大防、张舜徽、张松辉、冯达甫等先生的解说:

> 长期以来的成见认为,第 20 章的首句应该是第 19 章的末句:即,第 19 章以"绝学无忧"结束。如此一来,第 19 章的末三行则由合仄押韵(pu 朴,yu 欲,和 you 忧)的四字成语构成。而且,此"三文"恰与开头部分(第 1—6 行)的"三文"相呼应。③

> (李大防)案"绝学无忧"句,断不能割归下章。盖"见素抱朴,少私寡欲,绝学无忧"三句,是承上文"此三者以为文不足,故令有所属"句。"见素抱朴"承"绝仁"二句;"少私寡欲"承"绝巧"二句;"绝学无忧"承"绝圣"二句;"此三者以为文不足"句,是统括上文;"故令有所属"句,是启下文。脉络分明,毫无疑义。④

> 见素抱朴,谓不尚文饰也,承上文"绝仁弃义"言;少私寡欲,谓不贪异货也,承上文"绝巧弃利"言;绝学无忧,谓不矜才能也,承上文"绝圣弃智"言。三者相应,前后不乱,乃总结上文之辞。各本多以"绝学无忧"一语,误连下文"唯之与阿"以下文句别为一章,失之。昔贤如归有

---

① 高亨:《老子注译》,《高亨著作集林》第五卷,第 289—290 页。
② 辛战军:《老子译注》,北京:中华书局,2008 年,第 75 页。
③ 韩禄伯:《简帛老子研究》,北京:学苑出版社,2002 年,第 48 页。
④ 朱谦之:《老子校释》,北京:中华书局,1984 年,第 77 页。

光、姚鼐,近世如马叙伦、高亨,皆主此句属上,是也。①

"绝圣弃智"的办法是"见素抱朴",如果人们能够返璞归真,混混沌沌,哪里还会有什么聪明才智呢?"绝仁弃义"的办法是"少私寡欲",正因为有了私欲,人们才会互相争夺,所以不得不用仁义去加以劝说和限制,如果大家都没有私欲,不相争夺,也就无须再提倡什么仁义了。"绝巧弃利"的办法是"绝学无忧",大家都不学习、不思考,各种技巧当然不会产生。三种病症,三张处方,但归根结底仍然是要求人们返璞归真、清静无欲。②

李说是对的,但宜有乙转。不学不忧,焉用圣智;减少私心欲望,何须假仁假义;保持平凡质朴,自然不贵难得之货了。是绝学无忧,所以绝圣弃智;少私寡欲,所以绝仁弃义;见素抱朴,所以绝巧弃利。前后原相对应,末句断在下章是不正确的。③

五位学者都认为"绝学无忧"等三句话对应着十九章开头三句,并以此作为"绝学无忧"属于十九章的证据。但是学者们对于对应的顺序有着不同看法,韩伯禄先生没有具体的分析,我们把其他几位学者的解列成图表,可以更鲜明地看出问题所在:

	李大防、张舜徽	张松辉	冯达甫
绝圣弃智	绝学无忧	见素抱朴	绝学无忧
绝仁弃义	见素抱朴	少私寡欲	少私寡欲
绝巧弃利	少私寡欲	绝学无忧	见素抱朴

我们看到各家对于三种不同的对应关系都有着自己合理的释读,并且,冯达甫先生还根据自己的理解对李大防说提出异议,似乎都说得通,为什么会出现这种情况?我们来仔细分析一下三个短语本身。首先,"见素抱朴"、"少私寡欲"都是由两个动宾结构并列组成的短语,并且,短语内部两个并列的词是同义的:"见素"即"抱朴"、"少私"即"寡欲"。其次,素朴也就是无欲,

---

① 张舜徽:《老子疏证》,《张舜徽集》,武汉:华中师范大学出版社,2005年,第184页。
② 张松辉:《老子译注与解析》,长沙:岳麓书社,2008年,第65页。
③ 冯达甫:《老子译注》,上海:上海古籍出版社,2006年,第46页。

"见素抱朴"也就是"少私寡欲",一正一反,两句话的意思是一样的。而"绝学无忧"意思是要抛弃世俗知识,虽然对世俗知识的追求也可以算是一种欲望,但是究竟没有"见素抱朴"与"少私寡欲"文意联系紧密,并且,"忧"字作为二十章的题眼,突出的是人的情感——忧愁,更与前两句文意疏远。因此,高先生说"见素抱朴,少私寡欲,绝学无忧,文意一贯",是不对的。

老子在提出"绝圣弃智"等三种改造人性的具体措施以后,进一步提出,"此三者以为文不足,故令有所属",以上三种措施作为理论是不够的,还应该有所归属。正如老子自己说:"言有宗,事有君。"老子说自己提出的主张都是有所本的、有所根据的,那么,老子这个本或者说老子核心思想是什么呢?清静无欲。无欲是老子言说逻辑的必然结论,同时也说明任何具体措施最后还是要归结到人性本身去,也只有从人性本身出发才能最后改善社会的道德状况,所以老子把"绝圣弃智"等具体措施落实到清静无欲上去。也正因为如此,我们如果把"见素抱朴,少私寡欲"这两个同义的短语一一对应"绝圣弃智"、"绝仁弃义"、"绝巧弃利",会发现每一种解释都说得通。

以上学者的观点还影响着我们现在的研究,例如任鹏提出,一般文章分为平行结构与回文结构,"《老子》以第一种格式(引者注:平行结构)为基本行文方式",他引用李大防的论断,认为增补了"绝学无忧"以后的十九章"颇适合于老子行文前后呼应、顺向承接的习惯""李大防氏的 A—B—C\a—b—c……完全符合前述通例。"我们看到,根据李大防的解释行文方式应为:A—B—C\c—a—b,并不完全合乎平行结构,因此任鹏"'绝学无忧'句如置于第十九章之末,则完全符合《老子》行文通则"[①]的论断是错误的。当然,若依从张松辉先生的解释则正合乎平行结构的观点。而根据冯达甫先生的解释则合乎回文结构,即 A—B—C\c—b—a。运用行文格式判断老子分章的方法虽然很有新意,但是不合乎老子的文意。

三 "绝学无忧"是二十章的主旨

许抗生、孙以楷等先生已经指出了"绝学无忧"是全章的总结,但并没有

---

① 任鹏:《〈老子〉"绝学无忧"句位置浅探》,《北京大学学报》2007 年第 4 期。

进行仔细深入的分析,因此仍然有不少学者否认这一点,甚至说"绝学无忧"与二十章意思相差甚远。例如聂中庆先生认为:"'绝学无忧'与下文意义不相连属,颇有突兀游离之感,句法、文意、用韵均不相合,正如许多学者指出的那样,不应属于今本二十章之首。"①因此,我们有必要对许抗生、孙以楷两位学者提出的观点进行论证。并且,学者们大多把二十章当作哲理诗来解释,因此造成了许多解释滞碍不通。张松辉先生认为:"《老子》第二十章是一首抒情诗。"②并从抒情诗的角度疏解全章,使得二十章中某些众说纷纭的句子得到了顺畅的理解。根据前辈学者的研究,我们进一步指出,二十章是一首哲理抒情诗,"学"、"忧"二字在全章起着的题眼作用,"学"是文中哲理部分的主题,而"忧"字定下了抒情基调。并且二者有着紧密的辩证关系,老子"绝学(俗学)"是现实之"忧"的原因,同时老子也认定只有"绝学(俗学)"求道,才能真正"无忧"。下面我以"学"与"忧"为线索分节解释全章。

  绝学无忧。

学,在这里指世俗知识。与世俗知识相对的是"真知",真知一词出自《庄子·大宗师》:"且有真人而后有真知。"③"真知"也就是道家所认为正确的知识,其核心内容就是大道。在这里我们用这个概念来分析老子的思想。老子认为自己掌握了真知,也就是道,而世俗人所掌握的不过是世俗知识,即"学"。老子在二十章中处处拿俗人与自己对比,也就是把俗知与真知对比,主张抛弃世俗知识,追求大道,才能没有忧愁,本章开头即点明了题旨。

  唯之与阿,相去几何?善之与恶,相去何若?人之所畏,不可不畏。
  荒兮,其未央哉!

赞成与反对相差有多远呢?善与恶相差又有多远呢?在老子看来,事物都在向相反的方向运动,"其无正?正复为奇,善复为妖"。没有永远正确的东西,正确会变为邪恶,善良会变成妖孽。善恶是人们对事物做出的价值判

---

① 聂中庆:《郭店楚简〈老子〉研究》,第258页。
② 张松辉:《老子研究》,北京:人民出版社,2006年,第440页。
③ [清]郭庆藩:《庄子集释》,北京:中华书局,2004年,第226页。

断,"皆知善之为善,斯不善已"。而价值观念随着社会的变动处于不断变化的变化之中,并且,老子认为,恶这一观念依赖善而产生,自身并不具有实在性。在不知善时,不存在不善。所以,庄子又说:"以道观之,物无贵贱。"①《秋水》从道的角度看,万物没有贵贱之分,同样也没有善与不善之分。这两句是老子对世俗知识进行批判的基础上建立起的真知,是谈哲理,紧扣一个"学"字。这里也隐含着与世俗知识的对比,一般人是非善恶分明,而老子认为是非善恶这些世俗知识不可靠,这就是把俗知与真知对比。

然而老子清醒地认识到在现实生活中必须遵循世俗人的是非标准,别人所害怕的我不能不害怕。正如庄子所说:"擎跽曲拳,人臣之礼也,人皆为之,吾敢不为邪!"②庄子虽然认识到礼的低下,但在现实中仍不得不行礼。同时我们还看到,老子追求真知,以"无是非善恶"为是,采取与世俗不同的是非标准,这导致在生活中处处不得意,充满忧愁。最后,老子感叹说,生活多么漫长啊,像没有尽头!这两句话是老子在抒发自己内心的忧愁、惆怅,"很类似于屈原《离骚》中的'路漫漫其修远兮',充满着对前途渺茫的慨叹和不安"③,紧扣一个"忧"字。

> 众人熙熙,如享太牢,如春登台。我独泊兮,其未兆,如婴儿之未孩。儽儽兮,若无所归!

第一句话的字面意思是说,众人是那样的快乐,就像参加盛大的宴会、春日登台欣赏美景一样。但历来人们多认为这一句隐喻世俗人多欲多闻。例如王弼解释说:"众人迷于美进,惑于荣利,欲进心竟,故熙熙如享太牢,如登春台也。"④"如享太牢"比喻着人们多欲的样子,对世俗知识的追求也是欲望的一种,并且,"如春登台"的意思就是多问多看。因此,我们说这一句主要在讲人们多欲多闻。吴澄解释说:"熙熙,和乐貌。……众人之为学者,徇外以为悦,如享太牢而食,可悦口者甚美;如登春台而观,可悦目者甚备。"⑤吴

---

① [清]郭庆藩:《庄子集释》,第 577 页。
② [清]郭庆藩:《庄子集释》,第 143 页。
③ 张松辉:《老子研究》,第 441—442 页。
④ 楼宇烈:《老子道德经注校释》,第 46 页。
⑤ [宋]吴澄:《道德真经注》,《百子全书》(下),杭州:浙江古籍出版社,1998 年,第 1359 页。

澄认为这一句都是在讲众人对世俗知识的追求,并以徇求外界的知识、多闻多见以为快乐,"如享太牢"与"如登春台"是用来形容人们以世俗知识为乐的。

第二句话的意思是说,只有我很淡泊,我的思想没有任何表现,好像一个还不会笑的无知无欲的婴儿。"其未兆",正因为我不去多问多看,精神内守,因此也没有任何可以表现出内心思想的形迹。总括起来,前一句在讲众人多欲多知,后一句在讲"我"无欲无知,并且,这两句侧重把众人的俗知与"我"的"无知"也即真知对比。此外,还有众人的熙熙之乐与我的淡泊之乐对比,淡泊之乐也就是庄子讲的说"无乐"①,也就是"至乐"②,也可以说老子讲的"无忧"。从大道的层面讲,众人的熙熙之乐是一种"忧",而"我"的淡泊之乐却是一种"无忧"。因此,我们说这两句话紧扣"学"与"忧",比较了众人的"学""忧"与我即学道者的"学""忧"。

以上两句是从道的角度比较"学"、感慨"忧",而最后一句,老子又回到了现实层面,感叹说,我是如此狼狈不堪,就像一个无家可归的人一样。因为道与俗有着不同的是非标准,虽然在大道中可以淡泊,然而一回到现实不免受到层层阻碍,因此老子才发出这番感慨,这又是一种"忧",一种在现实之"忧",与前两句所反映的淡泊之乐或者说得道之"无忧"形成鲜明对比。

> 众人皆有余,而我独若遗。我愚人之心也哉,沌沌兮!俗人昭昭,我独昏昏;俗人察察,我独闷闷。澹兮,其若海;飂兮,若无止。

河上公解释说:"众人余财以为奢,余智以为诈。"③我们认为余作"余智"解更合乎全文的意思。老子说,众人都有着富余的世俗知识,而只有我似乎知识不足。我有一颗笨拙的心啊,好像无知的样子。接下来第二句具体展开俗人有知与我无知的对比。释德清解释说:"昏昏、闷闷,皆无知貌。"④意思说世人是那样明白,只有我是这样昏聩;世人是那样明察,而我却是这样糊

---

① [清]郭庆藩:《庄子集释》,第611页。
② 同上。
③ 王卡点校:《老子道德经河上公章句》,北京:中华书局,1993年,第80页。
④ [明]释德清:《道德经解》,上海:华东师范大学出版社,2009年,第63页。

涂。我们可以清晰地看到,本节的前两句鲜明地比较了众人俗知有余而我似乎知识不足,紧扣"学"字。并且,语气词"哉"、"兮"等语气词以及句子间的韵律表现了老子悠长的感慨。

接下来,本节的最后一句,老子又回到了现实,他感慨说,(我的生活)是那样坎坷多难,就像那动荡不安的大海一样;(我如同)那飘忽不定的长风,不知何处才是归宿。这表现了老子在现实中的"忧"。

  众人皆有以,而我独顽似鄙。我独异于人,而贵食母。

这句话是全章的结尾,老子再一次申说自己与众人不同,众人以为追求俗知而有用,而自己因为坚持抛弃俗知似乎显得冥顽无能,似乎无用。鲜明地提出"我"与众人不同,原因就在于自己重视学习大道。在这里母即大道,二十五章说:"有物混成,先天地生,……可以为天下母。"这里母就是指大道。老子回应了开头"绝学",在老子看来,只有抛弃世俗知识才能获得大道,抛弃俗知的过程也就使获得大道的过程。正如释德清解释说:"然圣人绝学,不是懵然无知,其实未尝不学也。但世俗以增长知见、日益智巧、驰骋无欲以为学;圣人以泯绝知见,忘情去智,远物离欲以为学耳。"[①]因此,他处处强调自己与世俗人不同,其实也就是追求真知与追逐俗知的不同。本章第2节首先讲俗知与真知的不同,第3、4节比较众人的俗知与我的真知,结尾再一次回应开头,开头讲抛弃俗知,结尾讲自己将继续学习大道。全章逻辑严密,以"学"字贯穿整章。

其次,本章每一节都有一个抒情部分,从开头讲"无忧"开始,2、3、4节每节的最后一句话都是老子再抒发自己的感慨。把自己在现实中受阻而无所归依的忧愁抒发出来,结尾处说"我独异于人"可以说是老子在现实中"忧"的根源,但同时老子又表明了自己的立场,他还将继续顽固地坚持学习大道,因为只有学习大道才能获得淡泊之乐,获得至乐,才能真正"无忧"!老子以"忧"贯穿全章。根据本节的分析,高亨先生说"若置在下章,则与文意远不相关"是不对的。

---

① [明]释德清:《道德经解》,第62页。

四 关于据韵分章的问题①

以上从句法和语意两个方面对老子的分章进行了考辨,接下来我们尝试对十九、二十章的用韵进行分析(本文用的古韵归属皆查自唐作藩先生《上古音手册》):

第十九章

绝圣弃智(**支部**),民利百倍(**之部**);绝仁弃义(**歌部**),民复孝慈(**之部**);绝巧弃利(**质部**),盗贼无有(**之部**)。(**倍、慈、有押韵**)

此三者以为文不足(**屋部**),故令有所属(**屋部**):见素抱朴(**屋部**),少私寡欲(**屋部**)。(**足、属、朴、欲押韵**)

第二十章

唯之与阿(**歌部**),相去几何(**歌部**)?(**阿、何押韵**)

善之与恶(**铎部**),相去何若(**铎部**)?(**恶、若押韵**)

人之所畏(**微部**),不可不畏(**微部**)。(**畏、畏押韵**)

荒兮,其未央哉!众人熙熙(**之部**),如享大牢(**幽部**),如春登台(**之部**)。我独泊兮其未兆(**宵部**),如婴儿之未孩(**之部**)。(**熙、牢、台、宵、孩押韵**)

儽儽兮,若无所归(**微部**)!众人皆有余(**鱼部**),而我独若遗(**微部**)。我愚人之心(**侵部**)也哉。沌沌(**文部**)兮。俗人昭昭(**宵部**),我独昏昏(**文部**);俗人察察(**月部**),我独闷闷(**文部**)。(**归、遗、心、沌、昏、闷押韵**)

澹兮,其若海(**之部**);飂兮,若无止(**之部**)。众人皆有以(**之部**),而我独顽似鄙(**之部**)。我独异于人(**真部**),而贵食母(**之部**)。(**海、止、以、鄙、母押韵**)

抛开"绝学无忧(**幽部**)"四字不谈,十九章的用韵是非常明晰的,前六句"倍""慈""有"三字押韵,同为之部。最后四句"足""属""朴""欲"押韵,同

---

① 本节为笔者与罗琴合作撰写。

为屋部字。

二十章中,"阿"、"何"(歌部)押韵,"畏"、"畏"(微部)押韵,"归"、"遗"(微部)押韵。"心"(侵部)、"沌"、"昏"、"闷"(文部)押韵。且这一组,歌微对转,文侵旁转,微文旁转,所以这一组用韵是很近的。另外一组是"恶"、"若"押铎部韵。还有一组是"熙"、"台"、"孩"、"海"、"止"、"以"、"鄙"、"母"(之部)、"牢"(幽部)相押,幽与之是对转关系。

如之前所引,高亨先生认为"足""属""朴""欲"是侯部字,幽侯相通,所以"忧"与"足""属""朴""欲"相押,故"绝学无忧"当归属十九章。不知高亨先生此四字归侯部,依据是什么。而唐作藩先生《上古音手册》、郭锡良先生《汉字古音手册》皆把"足""属""朴""欲"归为屋部字。"忧"是幽部字,侯部字与幽部字同为阳声韵,相通例子多一些,但是屋部字和幽部字,相隔相对较远,相通的例子就很少了。所以,这种观点还是有待商榷的。

又有学者提出,"忧"(幽部)与十九章"倍""慈""有"(之部)乃是遥韵的关系,因为之幽对转,并以此得出"绝学无忧"当属十九章的结论。① 但是,此种说法没有考虑到"绝学无忧"与二十章文本押韵关系。在二十章有"熙"、"台"、"孩"、"海"、"止"、"以"、"鄙"、"母"、"牢"九个之部字,如果上述观点成立的话,那我们当然也可以说"忧"与二十章的九个之部字遥韵。所以,根据"遥韵"一说,其实既可以归属十九章,也可以归属二十章。

其实,由于《老子》用韵本身的复杂性,比如朱谦之先生认为《老子》的用韵是所谓"自由押韵式"②,所以依据用韵对《老子》进行分章本是需要非常谨慎的。宁镇疆先生进一步指出以"用韵"来判断分章的方法的成立需要具备两个前提:"其一,在章内,用韵应该单一,即一韵到底;其二,在章外,两章(相邻)之间用韵应该有变化。但以《老子》用韵而言,这两个前提都很成问题。首先,今本《老子》81章真正一韵到底的章,是很少的。……其二,相邻两章之间有时用韵并没有发生变化,但它们却是实实在在的两章而非一章。……《老子》用韵的灵活多变,使我们很难找到一条相对统一的原则或

---

① 陈广忠:《帛书〈老子〉的用韵问题》,《复旦大学学报(社会科学版)》,1985年第6期。
② 朱谦之:《老子校释》,第324页。

尺度。"①宁先生的看法是十分中肯的。

综上所述,高亨先生从音韵上来论证"绝学无忧"归属老子十九章是没有说服力的,通过十九、二十章的用韵分析,我们得不出"绝学无忧"归属老子十九章的结论。

总结全文,我们从句法、语意与音韵等三个方面对高亨先生的观点进行分析,从理论上对郭店简的分章事实进行论证,并进一步指出:"绝学无忧"是《老子》第二十章的主旨。

The Reattribution of "Juexuewuyou" in *Laozi*

Zhou Geng   Luo Qin

Abstract: Pepole had two views about the belonging of Juexuewuyou ("Discard cultural knowledge and worries will disappear"): Some pepole thought it belonged to chapter 20; the others thought it belonged to chapter 19. Gao Heng was the exponent of the second view. This article analyzed chapter 19 and chapter 20 from grammar, means and phonology, and thought that Juexuewuyou was the main purpose of chapter 20, so Juexuewuyou should belong to chapter 20.

Key words: *Laozi*, Juexuewuyou, belonging

---

① 宁镇疆:《〈老子〉"早期传本"结构及其流变研究》,第98—99页。

《郭店楚简先秦儒书宏微观》

〔美〕顾史考 著

上海：上海古籍出版社，2012 年 10 月

　　湖北荆门的郭店楚简甫一问世，即受到学术界的极大关注。这些文献不仅为重新认识先秦文献，也为填补相关的理论环节提供了支撑。顾史考这本著作集中于其中的儒家文献。在他看来，这部分文献可以作为一个整体来看待，因为其中讨论的一些问题如礼刑、乐论等具有鲜明的儒家性格和一致性。而作者对这些特点的理解，乃是基于学派的影响与时代的变迁，因此对郭店简中的儒家文献的理解，也需要被置回到先秦思想的脉络当中。

　　如题名所示，全书分为宏观和微观两大部分。宏观篇有四篇论文，探讨郭店简中儒家文献的思想关联，包括礼刑、乐论、情义等主题，注重其所处的历史思想背景、与战国诸子间的互动乃至于对后世的影响，并在这一基础上探讨先秦各学派对经典的诠释方式，也就是先秦时期的经典诠释学。微观篇有五篇文章，关注郭店竹简的一些具体问题，如竹简的排序、章节的句读与解释、个别文字的释读，以及出土文献与相关传世文献的相互校读问题。其中最后一个问题是作者在微观篇的关注核心，对前面问题的探讨乃是将相关的看法付诸实践。

　　本书所收的论文是作者在 1996 年至 2005 年期间所写成，皆曾公开发表过，2006 年结集由台湾学生书局出版。今再版为简体字版，收入上海古籍出版社"早期中国研究丛书"中。（白辉洪）

上博楚简《民之父母》思想析论*

孟庆楠**

提　要：早期儒家对《泂酌》诗中"岂弟君子，民之父母"两句的解释，着重从内心情感方面来强调为民父母的意义。这一理解构成了"民之父母"的基本意义。而上博楚简《民之父母》篇则在此基础上，将有关"民之父母"的问题引向了更深层面的思考。该篇不再是简单地强调执政者对于百姓的关爱，而是要将为民父母之法建立在对"礼乐之原"的理解之上。

关键词：民之父母　礼乐之原　五至　三无

自2002年《上海博物馆藏战国楚竹书㈡》出版以来，学者们对其中的《民之父母》一篇进行了广泛研究，在文字释读、文献考证、思想解析等方面均取得了一定的成果。就思想研究而言，学者们普遍注意到了《民之父母》篇的政治哲学主题。这一主题的提出与展开是借由子夏问《诗》这一形式实现的。一般的思想研究往往会忽略问《诗》答对的形式；但如果从解释学或经学的角度来看，这一形式无疑显著标志着孔子解《诗》的《诗》学意义。《诗》学传统为我们探讨"民之父母"观念的理论渊源提供了重要背景。同

---

* 本文为国家社科基金重大项目"出土简帛文献与古代中国哲学新发现综合研究"（11&ZD086）阶段性成果之一。
** 孟庆楠，1982年生，北京大学哲学系讲师。

时,经典解释的视角也使得我们对篇中"礼乐之原"、"五至"、"三无"等概念的分析,能始终约束在"民之父母"这一主题之下。这或许有助于我们更准确地把握《民之父母》篇的思想意义。

一 对旧说的取舍

《民之父母》记述或者编撰了孔子与子夏之间的一场对话。对话从子夏问《诗》开始:

> [子]夏问于孔子:"《诗》曰:'凯弟君子,民之父母',敢问何如而可谓民之父母?"①

"岂弟君子,民之父母"出于《大雅·泂酌》首章。子夏借诗句向孔子请教如何才能成为"民之父母"。这一问题构成了《民之父母》全篇讨论的主题。

所谓"民之父母",如字面所示,就是讲君子为政如父母之教养子女一般。在古代社会,父母对于子女,不仅要生之育之,还要教之伦常道德,使之成人成器。毫无疑问,父母对子女的教养乃是发自于内心的关爱。将这样一种责任与情感移于政事之中,才有所谓"为民父母"。这毫无疑问是一个政治哲学的命题。

就目前所见的文献材料来看,"民之父母"的观念最初就是通过《诗经》获得表达的。但是,这样一种传统的为政理念,在诸子时代并未能获得普遍认可。对"民之父母"观念的接纳并不是一种必然的选择。

以老子为代表的道家,强调权力世界中侯王的无为和百姓的自然。《老子》言:

> 道常无为而无不为。侯王若能守,万物将自化。②

---

① 释文参见马承源主编:《上海博物馆藏战国楚竹书(二)》,上海:上海古籍出版社,2002年,第154页。
② 朱谦之:《老子校释》,北京:中华书局,2000年,第146页。此句北大简作:"道恒无为。侯王若能守之,万物将自化。"(释文参见北京大学出土文献研究所编:《北京大学藏西汉竹书[贰]》,上海:上海古籍出版社,2012年,第162页。)

> 我无为,人自化;我好静,人自正;我无事,人自富;我无欲,人自朴。①

在这样的理念下,统治者或执政者所施行的教化被看作是对百姓自然状态的伤害。因此,老子理想中的圣王并不是"民之父母"。第五章言道:

> 天地不仁,以万物为刍狗;圣人不仁,以百姓为刍狗。②

圣人不仁,圣人与百姓之间是毫无温情可言的。

与道家的无为之治不同,法家主张,君主应定分立禁,并依法规范民众的生活。《管子》书中言道:

> 明主者,一度量,立表仪,而坚守之。故令下而民从。③

在法治理念下,君主无疑对民众是负有责任的。但君主对民众生活的规范与管理受到法的制约,君主为政治国的所作所为都必须依从于法。法具有最高的权威。《管子》和《韩非子》书中都有类似的表述:

> 君臣上下贵贱皆从法,此谓为大治。④
>
> 人主虽使人必以度量准之,以刑名参之。以事遇于法则行,不遇于法则止。⑤

法家的政治思想突出了法的权威,鲜明地抵制"任心治"、"妄意度"的为政方式。这也即是要求在权力运作中杜绝人情的因素。在这样的法治社会里,民之父母的温情显然也是无法获得安置的。

如果说"民之父母"的观念意味着一种附着于权力之中的温情,那么主张兼爱的墨家或许可以接受这一观念。墨者理想中的执政者负有平治天下的责任。但与法家不同,其为政的准则不再是法,而是取决于上位者的政令。《墨子》载:

---

① 朱谦之:《老子校释》,第232页。此句北大简作:"我无为而民自化,我无事而民自富,我好静而民自正,我欲不欲而民自朴。"(释文参见北京大学出土文献研究所编:《北京大学藏西汉竹书[贰]》,第132页。)
② 朱谦之:《老子校释》,第22页。此句北大简同。
③ 黎翔凤:《管子校注》,北京:中华书局,2004年,第1213页。
④ 黎翔凤:《管子校注》,第906页。
⑤ [清]王先慎:《韩非子集解》,北京:中华书局,1998年,第364页。

> 凡闻见善者必以告其上,闻见不善者亦必以告其上。上之所是必亦是之,上之所非必亦非之。己有善傍荐之,上有过规谏之。尚同乎其上,而毋有下比之心。①

里长同一里之义,里长尚同乎乡长,乡长尚同乎国君,国君上同乎天子。上位者的政令即是是非的标准。而政令之所出,则本于执政者的兼爱之心。

> 视人之国若视其国,视人之家若视其家,视人之身若视其身。是故诸侯相爱则不野战,家主相爱则不相篡,人与人相爱则不相贼,君臣相爱则惠忠,父子相爱则慈孝,兄弟相爱则和调。天下之人皆相爱,强不执弱,众不劫寡,富不侮贫,贵不敖贱,诈不欺愚。凡天下祸篡怨恨可使毋起者,以相爱生也。②

兼爱既然是墨家所坚持的一种普遍原则,那么我们可以认为,执政者对于民众也存有某种体贴与关爱。从这个意义上说,"民之父母"的观念与墨家的为政理念是有相合之处的。所以在《墨子》书中确实可以看到将圣王喻为"民之父母"的表述:

> 其为政乎天下也,兼而爱之,从而利之,又率天下之万民以尚尊天事鬼,爱利万民,是故天鬼赏之,立为天子,以为民父母,万民从而誉之曰"圣王",至今不已。③

但必须指出的是,在《墨子》书中"为民父母"之说仅见于此处。实际上,墨家对于这一为政理念是持有充分警觉的。《法仪》篇言道:

> 天下之为父母者众,而仁者寡,若皆法其父母,此法不仁也。法不仁,不可以为法。④

这条材料清楚地指明,父母对待子女的态度与做法不足以为治世之法。墨家之所以会有这样的立场,是因为其所提倡的兼爱并不同于父母之爱。兼爱是无差等的爱,但父母之爱则是自私的。

---

① [清]孙诒让:《墨子闲诂》,北京:中华书局,2001年,第80页。
② 同上书,第103页。
③ 同上书,第60页。
④ 同上书,第21页。

在诸子时代,真正继承"民之父母"观念的还是儒家。除了《民之父母》的专篇讨论外,儒者在各种问题的论说中广泛引用《泂酌》首章诗句以为佐证。而且,儒家对"民之父母"的讨论也并不仅限于《诗》学。在儒家内部,"民之父母"已经成为了一个独立的公共话题。孟子在与梁惠王、齐宣王、滕文公等诸侯国君的对话中,就屡次言及"民之父母"、"为民父母"。① 荀子在讨论王制以及汤武革命的问题时,直接使用了"民之父母"的概念。②《礼记·祭统》也提到:"祭而不敬,何以为民父母矣!"③

二 岂弟君子

"民之父母"一说既源自于《诗经》,儒家《诗》学对"民之父母"诗句的解读与讨论,无疑会集中地反映着儒家对这一观念的理解。因此,在回到《民之父母》篇的讨论之前,我们不妨先来了解一下儒家《诗》学对这一观念的普遍认识。

在《泂酌》一诗中,能为民父母者,就是前句所称述的"岂弟君子"。对"民之父母"的理解,在很大程度上是通过"岂弟"之义体现出来的。毛《传》云:

> 乐以强教之,易以说安之。民皆有父之尊,母之亲。④

毛《传》在训诂《旱麓》"岂弟君子,干禄岂弟"时亦称,"君子得以干禄乐易"⑤。参照来看,毛《传》是将"岂弟"训为"乐易",并进一步规定了乐、易所对应的言行。乐,当以强教之,如父之尊;易,当以悦安之,如母之亲。此说本之于《礼记·表记》。《表记》对此二句有一个简短的论释,其言曰:

> 《诗》云:"凯弟君子,民之父母。"凯以强教之,弟以说安之。乐而毋荒,有礼而亲,威庄而安,孝慈而敬。使民有父之尊,有母之亲。如此

---

① 参见《孟子注疏》,北京:北京大学出版社,1999年,第14、51、135页。
② 参见[清]王先谦:《荀子集解》,北京:中华书局,1988年,第163、324页。
③ 《礼记正义》,北京:北京大学出版社,1999年,第1361页。
④ 《毛诗正义》,北京:北京大学出版社,1999年,第1124页。
⑤ 《毛诗正义》,第1003页。

而后可以为民父母矣。①

如果以乐与易、尊与亲对举来看,"乐"容易导致荒怠,故强调有礼的一面,要"以强教之";而"易"则易造成畏惧不安,故强调慈爱的一面,要"以说安之"。由此而论,"乐"可训为和乐,而"易"或有威庄、令人惕惧之义。这显然与后世将"易"训为"性之和悦"②不同。而《韩诗外传》在有关"恺悌君子,民之父母"的讨论中则给出了另一种解释。其言曰:

见人有善,欣然乐之。见人不善,惕然掩之。③

对照毛《传》来看,韩《传》同样是以"欣"、"乐"之义来理解"恺"字。但是,在对"悌"的训解上,韩、毛则表现出了明显不同。韩《传》此处的"惕然"乃是忧伤、忧虑之意。

尽管毛《传》、韩《传》对"岂弟君子"的解释表现出了明显差异,但如果从大处着眼,我们仍能看到二者的相似之处。二者都将"岂弟"解释为君子面对百姓时的某种内心情感。无论是欣乐,还是惕惧、忧虑,在本质上都反映着父母对于子女、君子对于百姓的关爱。这种内在的情感指示着"民之父母"不同于一般执政者的特征。

这样一种解释倾向,在与儒家之外的《诗》学解释的对比中会变得更为明显。《吕氏春秋·审应览》中有一段材料:

白圭新与惠子相见也,惠子说之以强,白圭无以应。惠子出,白圭告人曰:"人有新取妇者,妇至,宜安矜烟视媚行。竖子操蕉火而钜,新妇曰:'蕉火大钜'。入于门,门中有敛陷,新妇曰:'塞之,将伤人之足。'此非不便之家氏也,然而有大甚者。今惠子之遇我尚新,其说我有大甚者"。惠子闻之曰:"不然。《诗》曰:'恺悌君子,民之父母。'恺者,大也。悌者,长也。君子之德,长且大者,则为民父母。父母之教子也,岂待久哉?何事比我于新妇乎?《诗》岂曰'恺悌新妇'哉!"诽污因污,诽辟因辟,是诽者与所非同也。白圭曰"惠子之遇我尚新,其说我有大

---

① 《礼记正义》,第1483页。
② 《毛诗正义》,第1125页。
③ 许维遹:《韩诗外传集释》,北京:中华书局,1980年,第228页。

甚者"。惠子闻而诽之,因自以为为之父母,其非有甚于白圭,亦"有大甚者"。①

这段材料记述了白圭与惠子的交往,当然也可能只是借托二人之名。其主旨并不是论释《诗》义,只是惠子在引《诗》证言中简要表述了对所引"恺悌君子,民之父母"二句的理解。白圭与惠子初次会晤之后,白圭不满于惠子的劝说之辞,以新妇作喻批评惠子。新妇初至,应该安稳持重。若是一进门就指摘家中之弊,便是"有大甚者"。白圭认为惠子的劝说便如新妇一般,是"大甚"了。惠子反驳认为,新妇初至固然要安稳持重,但自己岂可比于新妇,自己乃是"恺悌君子"。"恺者,大也。悌者,长也。"既然是"长且大者",自然应"为民父母"而"说之以强"。我们看到,这里以"大"训"恺"、以"长"训"悌",完全不涉及内心情感的因素。这构成了与儒家解释传统的显著差异。

三　五至之义

在这样的对比中我们可以看到,早期儒家对《泂酌》诗中"岂弟君子,民之父母"两句的解释,着重从内心情感方面来强调为民父母的意义。这意味着早期儒家接受了"民之父母"一说所固有的内涵。但需要指出的是,儒家对"民之父母"说的接纳绝不仅仅是在重复旧义。在继承"民之父母"观念的同时,儒家也对其进行着改造。儒者对政治、社会问题的思考,会经由对"民之父母"的讨论与运用,融入到对这一观念的理解之中。这也即在很大程度上拓展、深化了"民之父母"的内涵。《民之父母》篇即是如此。

《民之父母》在子夏问《诗》之后,孔子对"何如而可谓民之父母"的问题做出了回答:

> 孔子答曰:"民[之]父母乎,必达于礼乐之源,以致'五至',以行'三无',以横于天下。四方有败,必先知之,其[之]谓民之父母矣。"②

---

① 许维遹:《吕氏春秋集释》,北京:中华书局,2009 年,第 498—499 页。
② 释文参见马承源主编:《上海博物馆藏战国楚竹书(二)》,第 154、156、158 页。

这里不再是简单地强调"民之父母"对百姓的责任与关爱,而是引入了"礼乐之沍"、"五至"、"三无"等一系列概念来诠释"民之父母"的意义。这一回答构成了《民之父母》全篇的纲领。

就孔子答语的次第而言,"民之父母"首要地是必须通达于"礼乐之沍"。关于"沍"字的释读,学界是存在不同意见的。最初的整理者濮茅左先生就给出了两种读法:或释作"苣",读为"沍",并认为"沍"与"汜"音义同;或释作"簾"、"篃",读为"原",此与《礼记·孔子闲居》的用字相合。① 如果从思想意义的角度来看,"沍"、"汜"意为由干流分出又汇合到干流的水。濮先生认为,《民之父母》以此细水之义喻一视同仁。② 此说未免有些牵强。相较而言,"原"所具有的根源、本源之义更契合先秦儒家对礼的关切,而且也与下文论说的"五至"之义相合。

接下来,我们就看一下"五至"的具体含义:

> 子夏曰:"敢问何谓'五至'?"孔子曰:"'五至'乎,勿之所至者,志亦至焉。志之[所]至者,礼亦至焉。礼之所至者,乐亦至焉。乐之所至者,哀亦至焉。哀乐相生,君子以正,此之谓'五至'。"③

学者们早已注意到,这段文字与《礼记·孔子闲居》的相应段落有着明显的差异。《孔子闲居》载:

> 子夏曰:"'民之父母',既得而闻之矣,敢问何谓'五至'?"孔子曰:"志之所至,诗亦至焉。诗之所至,礼亦至焉。礼之所至,乐亦至焉。乐之所至,哀亦至焉。哀乐相生。是故正明目而视之,不可得而见也。倾耳而听之,不可得而闻也。志气塞乎天地,此之谓五至。"④

"是故正明目"至"志气塞乎天地"数句,在竹简《民之父母》中被移至了有关"三无"的讨论中。其不可见、不可闻的语义与"三无"之义十分贴切,就此而论,简本的安排显得更为合理。当然,这里更重要的一个差异在于"五至"

---

① 参见马承源主编:《上海博物馆藏战国楚竹书(二)》,第 157 页。
② 同上。
③ 释文参见马承源主编:《上海博物馆藏战国楚竹书(二)》,第 158—161 页。
④ 《礼记正义》,第 1393 页。

的具体内容与次第。最初的整理者濮茅左先生试图通过释读来弥合简本与《礼记》本的不同。不过,他对简文的释读在很大程度上是以《礼记》本文字为依据的。他怀疑简本"勿"是"志"的误写,但认"勿"读为"物"似亦通。实际上濮先生还是采用了前一种读法。对于"志亦至"之"志",则认为应读作"诗"。① 按照这种读法,简本与《礼记》本的"五至"是相同的,即为"志—诗—礼—乐—哀"。

"志—诗—礼—乐—哀"的次第是有其合理性的。《尚书》有"诗言志"之说。② 在先秦儒家文献中可以见到多处类似的表述。③ 这或许可以印证"志之所至,诗亦至焉"的环节。而孔子的"兴于《诗》,立于礼,成于乐"之辞④又与"诗—礼—乐"的次第相合。尽管如此,我们还是需要注意,"五至"的这种读法存在着一些问题。首先,从文字释读来看,读"志"为"诗"固然可通,但改"勿"为"志"则不可解。"勿"与"志"形、义相去甚远,说"勿"是"志"的误写十分勉强。其次,从思想意义来看,在"志—诗—礼—乐—哀"的序列中,志与礼、乐的联结是以《诗》为中介的。这一安排无疑突出了《诗》的重要性。但是,《诗》的这种纽带作用在《孔子闲居》后续的讨论中完全没有体现。《孔子闲居》更多是在直接论述志与礼、乐的关联,《诗》只是佐证这一关联的依据。

在这种情况下,"五至"的另一种可能的读法就更加值得重视。按濮茅左先生所言,"勿"读为"物"似亦通。季旭升、李天虹、陈丽桂等学者则更加明确地采用这种读法,同时认为"志"应读其本字,不必读为"诗"。⑤ 据此而

---

① 参见马承源主编:《上海博物馆藏战国楚竹书(二)》,第159页。
② 《尚书正义》,北京:北京大学出版社,1999年,第79页。
③ 如上博楚简《诗论》言:"诗无吝志。"(释文参见马承源主编:《上海博物馆藏战国楚竹书(一)》,上海:上海古籍出版社,2001年,第123页;李零:《上博楚简三篇校读记》,北京:中国人民大学出版社,2007年,第11页。)《荀子》言:"《诗》言是,其志也。"((清)王先谦:《荀子集解》,第133页)《礼记·乐记》言:"诗,言其志也。"(《礼记正义》,第1111页)
④ 《论语注疏》,北京:北京大学出版社,1999年,第104页。
⑤ 参见季旭升主编:《〈上海博物馆藏战国楚竹书(二)〉读本》,台北:万卷楼图书股份有限公司,2003年,第7页;李天虹:《〈上海博物馆藏战国楚竹书(二)〉杂识》,载于《武汉大学学报》(哲学社会科学版),第57卷第4期,2004年7月;陈丽桂:《由表述形式与义理结构论〈民之父母〉等篇优劣》,载于上海大学古代文明研究中心、清华大学思想文化研究所编:《上博馆藏战国楚竹书研究续编》,上海:上海书店出版社,2004年,第240—241页。

论,"五至"应改作"物—志—礼—乐—哀"。其中,志所指称的内心活动与礼乐之间的关系无疑是早期儒家的一个核心议题。至于物与志的关系,实际上也是先秦儒者所讨论的一个重点。郭店楚简《性自命出》篇及《礼记·乐记》中都有所涉及。① 总的来说,"物—志—礼—乐—哀"的读法会更为合理。

在这个序列中,前者所至,后亦至焉。这一句式或包含两重含义:第一,先有前者才会有后者,前者构成了后者成立的基础或条件;第二,既有前者就会有后者,前者必然会触发后者的出现。"五至"的每个环节都可以用这样两种意义去理解。"物之所至者,志亦至焉",先有物才有志,与外物接触是情感、志意发生的先决条件。《乐记》言"人心之动,物使之然也"也即是此意。而人一旦与外物接触、受外物刺激,就会有"心之动"。情感、志意的发生是不可避免的。那么,接下来的问题即是如何安顿这种内心的扰动。这也就过渡到了"志之所至者,礼亦至焉;礼之所至者,乐亦至焉"的环节。先有志才有礼乐,礼乐得以成立的基础不在别处,而在于内心的情感、志意。同时,有志就一定会有礼乐,礼乐是安顿内心扰动的必然选择。

"五至"之说勾勒出了由物生志、由志而成礼乐的线索。这就解释了礼乐由何而生以及礼乐成立的条件、基础问题。这一论述也即构成了对"礼乐之原"的说明。礼乐的根源、本源就是志与物。

四 三无之治

"礼乐之原"的问题在先秦儒家思想中无疑具有重要的意义,相关讨论屡见于各种文献材料之中。但必须指出的是,这一问题并不是《民之父母》篇讨论的主题。篇中"礼乐之原"的提出乃至"五至"对其所做的说明,都只是为了解答"何如而可谓民之父母"。在这样的主题之下,一个细微的表述差异就需要引起足够的重视。

---

① 郭店楚简《性自命出》言:"凡人虽有性,心无定志,待物而后作。"(释文参见荆门市博物馆编:《郭店楚墓竹简》,北京:文物出版社,1998年,第179页。)《礼记·乐记》言:"人心之动,物使之然也。"(《礼记正义》,第1074页)

在上述问答中,子夏只是问"何谓'五至'",孔子所答也主要是在解释"五至"的内涵。但在孔子最初的论述中,其所关注的并不是"五至"的含义,而是"致五至"。与之相关,孔子虽然通过"五至"说解释了"礼乐之原",但《民之父母》所关注的则是"达于礼乐之原"。"五至"与"致五至"、"礼乐之原"与"达于礼乐之原"当然是有区别的。了解"五至"以及"礼乐之原"的含义只是第一步,更重要的是将这种知解转化成君主为政教民的理念和举措。这一努力也即是所谓的"致五至"、"达于礼乐之原"。由此而论,孔子对于"五至"的回答,尚未解决"致五至"与"达于礼乐之原"的问题。对"礼乐之原"的知解究竟会导致怎样的为政方式,还有待进一步的论说。

> 子夏曰:"'五至'既闻之矣,敢问何谓'三无'?"孔子曰:"'三无'乎,无声之乐,无体之礼,无服之丧。君子以此横于天下,系耳而听之,不可得而闻也;明目而视之,不可得而见也,而得气塞于四海矣,此之谓'三无'。"子夏曰:"无声之乐,无体之礼,无服之丧,何诗是近?"孔子曰:"善哉!商也,将可言诗矣。'成王不敢康,夙夜其命宥密',无声之乐。'威仪迟迟,[不可选也',无体之礼也。'凡民有丧,匍匐救之',无服]之丧也。"①

面对子夏的追问,孔子进一步解释了"三无"的意义。"三无"指无声之乐、无体之礼、无服之丧。在大多数研究者看来,"三无"强调的是礼乐无声、无体、无服的一面,也即是作为礼乐内在根源的心、志。就此理解而言,"三无"无非是对"礼乐之原"的再次解说。但是,如果结合孔子随后举证的三组诗句来看,这样理解似乎并不十分准确。

"成王不敢康,宿夜其命宥密"两句,出自《周颂·昊天有成命》。"其"字,《诗》作"基"②,郑玄认为是"声之误也"③。《周语》中记载有叔向对该诗的一段解说。其言曰:"成王不敢,敬百姓也。夙夜,恭也。基,始也。命,信也。宥,宽也。密,宁也。""宿夜基命宥密"即是讲"恭俭信宽,帅归于宁"。④

---

① 释文参见马承源主编:《上海博物馆藏战国楚竹书(二)》,第 161—167 页。
② 《毛诗正义》,第 1297 页。
③ 《礼记正义》,第 1394 页。
④ 徐元诰:《国语集解》,北京:中华书局,2002 年,第 104 页。

后人虽然在细节的理解上与《周语》所记有所差异,但都认为这两句诗的主旨在于描述周王勤政安民之行。从表面形式来看,其事与通常意义上的乐并无关联,但孔子却称其为"无声之乐"。之所以如此,是因为二者在无形的层面具有相通之处。声乐之设,在于以乐化民,使民乐于政教;而周王勤政安民,民亦乐之,故为"无声之乐"。①

"威仪迟迟,不可选也"两句,出自《邶风·柏舟》。"迟迟"二字,《诗》作"棣棣",陆德明认为"本或作'逮'"②。《礼记》作"逮逮"。③ 濮茅左先生指出,"'迟'、'棣'、'逮'音可通"④。毛《传》解之曰:"棣棣,富而闲习也。"这两句诗描写君子"有俨然之威,俯仰之仪,棣棣然富备,其容状不可具数"⑤。"凡民有丧,匍匐救之",出自《邶风·谷风》。郑玄笺云:"匍匐,言尽力也。"⑥凡他人有凶祸之事,尽力救之。仅从字面意思来看,所引《柏舟》、《谷风》诗句中并没有出现明确的行为主体。若断章取义,其所言威仪、德行完全可以用于描述不同身份之人,进而被赋予不同的意义。但具体到《民之父母》篇的语境来看,对这两组引诗的理解则有着明确的参照,即"无声之乐"。"无声之乐"指称某种为政教民的方式,行"无声之乐"者乃君主。比照之下,引《柏舟》、《谷风》所取之义也应是如此。"威仪迟迟,不可选也",是言君主行"无体之礼"。其与礼相通者,在于能使百姓心存敬畏、服从其政。言"无体"者,是指此礼不依赖于有形的升降揖让等仪节规范,而是通过自身的威仪富备而使百姓知敬畏。同样的,"凡民有丧,匍匐救之",亦特指君主行"无服之丧"。其合于丧礼者,在于能使百姓对他人的凶祸有恻隐、哀痛之心。其言"无服",是因为此礼不需要缞绖之服的修饰,而是要在尽力救难的行事中,使百姓体会丧事中应有的哀戚之情。

由此来看,"三无"固然是一个有关礼乐的概念,但其对礼乐的思考却有着特定的角度。首先,"三无"与"五至"说不同,它并不是一个对礼乐的抽

---

① 孔颖达疏:"无钟鼓之声而民乐,故为'无声之乐'。"(《礼记正义》,第1394页。)
② 《毛诗正义》,第115页。
③ 《礼记正义》,第1394页。
④ 马承源主编:《上海博物馆藏战国楚竹书(二)》,第167页。
⑤ 《毛诗正义》,第115页。
⑥ 《毛诗正义》,第150页。

象解读,而是针对现实问题的一种思考。其次,在现实领域,诸如经常被讨论的礼乐对于个人修养的意义,也不是"三无"说所关心的内容。"三无"说旨在从君主或执政者的立场阐发礼治之法。只有进入这样的特定视角,我们才能准确地把握"三无"说的思想特色。

就现实的治道而言,君主或执政者往往专注于规范外在的声音、形体,而忽视礼乐所包含的无声、无形的因素。但通过之前"五至"说对"礼乐之原"的澄清,我们已经知道,人心、人情这样的无声、无形者才是礼乐的根源所在,甚至比可闻、可见者更为重要。将这一有关"礼乐之原"的认知落实于治道之中,即要求治理的目标不再局限于建立某种外在的规范,而是应致力于将各种规范植根于人心。一方面,礼乐外在的形式要以人心为依据;另一方面,外在的形式也要实现对人心的引导与安顿。为了实现这一目标,就需要君主或执政者在为政教民的过程中注重对人心的依循与安顿。乐不用钟鼓,礼不用仪节,丧不用缞绖,即体现了这样一种努力。当然,这并不意味着《民之父母》篇会同意在施政教化中放弃对外在形式的规范。实际上,儒家始终对礼的外在形式的必要性有着清晰的自觉。《论语》载:"子贡欲去告朔之饩羊。子曰:'赐也,尔爱其羊,我爱其礼。'"即便对于已经丧失了实际功能的器物、仪节,孔子仍不忍舍弃。这些外在的器物、仪节乃是礼的载体。一旦失去,礼的本质意义也将无从呈现。因此,对"三无"的论述只是在有形者与无形者的对照下,突出无形者的重要性,而非要舍弃有形者。行"无声之乐"、"无体之礼"、"无服之丧",体现着对"礼乐之原"的通达。只有这样,才可称之为"民之父母"。

总的来看,《民之父母》篇围绕《泂酌》诗句所展开的讨论,将有关"民之父母"的问题引向了更深层面的思考。该篇不再是简单地强调执政者对于百姓的责任与关爱,而是要将为民父母之法建立在对"礼乐之原"的理解之上。"礼乐之原"这一儒家所思考的核心观念,经由《诗》学的论述,在政治治理领域中获得了落实。

On the Thought of *People's Parents* in the Chu Bamboo Slips of the Warring-State Period in the Collection of Shanghai Museum

Meng Qingnan

Abstract: Early Confucian interpretation of "Kai Ti Jun Zi, Min Zhi Fu Mu" in the poem *Jiong Zhuo* focused on the emotional aspects of *People's Parents*(Min Zhi Fu Mu), which constituted the basic meaning of the notion. On this basis, the discussion in *People's Parents*(in the Chu Bamboo Slips of the Warring-State Period in the Collection of Shanghai Museum) led to a deeper level of thinking. The article built the way of being People's Parents on "the principle of Li", rather than simply emphasizing the care of rulers to the people.

Keywords: *People's Parents*, Original of Li, Wu zhi, San wu

"心之体即是易体"*

——湛若水心学《易》说的思想总纲

张 沛**

提　要：湛若水以"心之体即是易体，心之几即是爻变"的核心命题，完成了心学与易学的有机融通。简言之，他先通过言、象、意之辨对"意"和《易》之道予以绝对的认肯和突出，继而再将《易》道收摄于人心之上，从而明确赋予了《易》以心学的意义。由是，《易》便可视为一部"注吾心之时"的经典。在这一易学总纲之下，湛若水展开了心学与易学的互诠互显，并对后来的心学解《易》者产生了深远影响。

关键词：湛若水　心　易　时位

湛若水（1466—1560），字元明，初名露，字民泽，避远祖讳改名雨，又名若水。《明儒学案》载："王、湛两家，各立宗旨，湛氏门人，虽不及王氏之盛，然当时学于湛者，或卒业于王，学于王者，或卒业于湛，亦犹朱、陆之门下，递相出入也。其后源远流长，王氏之外，名湛氏学者，至今不绝，即未必仍其宗旨，而渊源不可没也。"① 足可见湛氏心学在当时的巨大影响。在心学学者中，湛若水又是一位易学修养较高的思想家。客观地讲，在陈献章处，《易》

---

* 本文基金项目：教育部人文社会科学重点研究基地重大项目"明清易学研究"（07JJD720041）。

** 张沛，1983年生，北京大学哲学系博士生。

① ［清］黄宗羲：《明儒学案》卷三十七《甘泉学案一》，北京：中华书局，2008年，第875页。

对心学的注解作用还远没有被充分利用和发挥,故明代心学与易学的融通连接,实始于湛若水。然而长久以来,学界对湛若水的研究一直不温不火。至于湛若水的易学思想,更是除朱伯崑先生的《易学哲学史》外,鲜有学者专文论及。事实上,《甘泉文集》和《圣学格物通》留存了湛若水相当丰富的《易》说,这些内容非常值得重视。有见于此,本文不揣浅陋,试对湛若水的心学易学思想作一宏观性的探讨。

一 通论《周易》经传

湛若水曾编《修复古易经传训测》十卷,全书虽已亡佚,但序言得以留存。这篇颇有价值的序言,记录了湛氏整理《周易》经传的思路以及对《易》之书的总体观点。

1. 立象明理、理得象亡

此篇序言开宗明义地指出:"夫《易》,圣人所以顺阴阳之道,明变化之理,而立天地人之极者也。其为文也,盖取诸日月,日月者,阴阳变易之大端也。变易即道也。"①湛氏有取汉人"日月为易"说②,主张《周易》是一部明阴阳变化、立天地人三极的书。这显然受到了程颐《易传》的影响。湛若水强调,圣人作《易》,只是将此自然变化之理道出以示人,并无强加己意的额外增添:"圣人作《易》,全因天理之自然说出示人,以代天立教耳,故因象明义,圣人之心无与焉。"(卷十三《金台答问》)既然如此,则《易》之卦爻象、卦爻辞也无非都是显现、开示这一变化之理的符号和媒介。那么,应如何理解《易》之"意"(道、理)、"象"(卦爻)、"言"(卦爻辞、传文)三者之间的关系呢?他认为:

> 夫学《易》之要有三,一曰学卦画,二曰学《彖》辞,三曰学爻辞。夫是三者,三圣之奥也。伏羲之卦画,以象教者也;文王之《彖》辞、周公之

---

① [明]湛若水:《湛甘泉先生文集》卷十七《修复古易经传训测序》。如无特殊说明,本文所引湛若水思想材料皆出自《湛甘泉先生文集》,《四库全书存目丛书》集部第56册,济南:齐鲁书社,1997年。以下只注卷数及篇名。

② "日月为易"之说见于《易纬·乾坤凿度》、郑玄注、《说文》、《参同契》、《经典释文》等著作。刘大钧先生认为这一说法与《系辞》相符。可参见刘大钧:《周易概论》,济南:齐鲁书社,1988年,第2—3页。

爻辞,以言教者也。夫《易》之道莫深于象,而言次之;学《易》之要亦莫切于象,而言次之。《易》曰:"书不尽言,言不尽意。"言外之意,惟于象焉尽之矣。(卷二十二《约言》)

其为书也,立象以明理,理得而象亡矣……夫可见者,《易》之文;不可见者,易之道。故《易》为不可见者而立也,非为可见者而立也。非为可见者而立,故《易》不在乎多词,明也。昔者伏羲作易,有卦画焉而已矣……由羲、文之上,其说简;由孔子之下,其说长。其说简,所以待上士也;其说长,所以待下士也。世之降也,孔子之不得已也。(卷十七《修复古易经传训测序》)

关于言、象、意三者关系的讨论,远可溯至《系辞》,近可接续王弼。湛氏此间的"立象以明理,理得而象亡"与王弼的"尽意莫若象""得意而忘象"在基本观点上并无不同。二者都表达出这样的意思:《易》所蕴涵的大道(意),无不借助卦爻画(象)加以符示,卦爻画又都通过卦爻辞(言)来加以解说。故学《易》、研《易》、用《易》皆在于对《易》之本义或大道有一透悟①,而"象"和"言"只是寻求达"意"的必要途径。因而,"理得"自然"象亡"、"得意"必然"忘象"。

如果我们突破《周易》本身,把这一命题引申到认识论和逻辑学的视角下加以审视,就可以得出,"理得象亡""得意忘象"的观点蕴藏了这样的深意:卦爻辞因落入言诠,已然获得了相对固定的论域,故在外延上不能容纳卦爻之象所能符示的一切内容;而卦爻象仍属形下层面,不能在更高的意义上等同于易之道。也就是说,"经验对象大于概念词谓,概念词谓不能包容经验对象的全部内容;内在本意(本体)又深于(超越于)经验对象,在经验对象范围内或层面上不能给出本意(本体)"②。

---

① 就解《周易》经传而言,我们应当承认王弼、湛若水的观点有其合理之处。但事实上,在历史和当下的易学研究中,各家对卦象或者卦爻辞的解释却未必符合《易》之本义,也未必一定以探求《易》之本义为最终目的。我们亦不能因此否认其价值。因为易学史上的许多新命题、新观点的创造,都是通过有指向性的歪曲或否定本义的方式提出的,且对后世易学产生了重要影响。当然,这涉及文本"本义"是否存在的诠释学讨论,以及学者是假托还是确信自己所言为"本义"等一系列问题。
② 冯达文:《道家的新发展与魏晋玄学》,见冯达文、郭齐勇:《新编中国哲学史》(上册)第二编第四章,北京:人民出版社,2004年,第277页。

既然《易》之宏旨在于不可见的"《易》之道",孔子作《传》,乃至文王、周公作卦爻辞,都是针对"下士"的不得已的做法,故学《易》之人的用力要有一个主次轻重之分:

> 是故善学《易》者,谓玩辞不如玩爻,玩爻不如玩六十四卦,玩六十四卦不如玩八卦,玩八卦不如玩四象,玩四象不如玩两仪,玩两仪不如玩太极。太极者,大道也。大道行,则吉凶悔吝亡,而廓然大公,易道在我,玩又不必言矣。是故太上玩道,其次玩画,其次玩辞。(卷十八《玩爻轩记》)

"玩道""玩画""玩辞"的渐次排列,显然是"意""象""言"三者重要性递减的直接要求。唯有清楚、透彻地明晓《易》之大道,才抓住了学《易》之根本,才是"《易》道在我"。否则就是本末倒置:"与夫未学伏羲卦画自然之象,而先读文王周公象爻之言;未究文王周公象爻之言,而先附益以孔子十传之文,舍本而求其末者,不亦异乎!"(卷二十二《约言》)

2. 解传明经、经传分离

尽管"《易》之道"为本,但由于其"不可见",学者所能直接面对的依旧是可见的《易》之书,这就意味着学《易》仍需从经传文本入手。对不能抛却经传而直造易理的"下士"来说,学经传之"言"是观"象"从而明"理"之不得已却又十分必要的手段。否则,甘泉之重整《周易》经传也就毫无必要。应当理解,甘泉特出强调《易》之道的终极地位,是为了将探求《易》道作为学《易》的统领和本旨,以此来否定单纯拘限于卦象、文辞的学《易》之法。事实上,甘泉非但不否定《周易》经传的价值,而且对《易传》予以了高度的评价:

> 自孔子之后又数千年,善治《易》者,吾独取费直焉。以孔子十传,明羲、文、周公之经,然而《易》之道,直未之知也。夫《易传》,孔子所以体天地之道,尽人物之理,穷变化之奥也。……由文王、周公之易以穷伏羲之易,由伏羲之易以穷身心之易,由身心之易以穷天地人物之易。是故十传作焉,广大悉备至矣。夫十传所以解经者也。(卷十七《修复古易经传训测序》)

甘泉认为,透过孔子所作的"十翼",学者不但可上达周公、文王、伏羲的三圣之易,更可穷极涵盖身心、人物、天地等一切至理的根本大道,甚至各卦的卦爻、卦德等细致内容都已囊括在《易传》之中。既然《大传》对古经的阐解已然是充分的,因而就没有必要再解经,解传足矣。间或微需补充,湛氏即在传文之下另附"测",即"推测"之义:

"然则子之必主解传而不解经者,何也?""夫十传已解经矣,而又先窃取以为之解说,则又何取于十传乎?是犹床上之床,屋下之屋也。盖后人因汉儒分传附经之讹,而未知古《易》一经十传之大体也。""然则各卦之爻也、德也、才也,可以不释乎?"曰:"此三道者多见于孔子之传矣,其或有未及者,则于本传之下而附测焉,斯已矣。"(卷二十二《约言》)

显然,甘泉对西汉费氏易情有独钟,乃是由于他有取于费直以十翼明经的治《易》路数。然而,湛氏一方面主张解传以明经,另一方面又主张经传分离,明确反对将传附于经。这一点又与费氏古文易的传统截然相反①:

或有问于水曰:"子之于《易》,必取经自为经,而不以孔子传分附之者,何也?"曰:"所以全经也。当孔子作传之时,本自为十篇也。当羲、文、周公作经之时,未有传也。分传附经,汉儒支离附会之陋也。吁!弊也久矣。"(卷二十二《约言》)

湛氏认为,将传文分拆附于经文之后起于汉人,这一做法既是对古经的附会,也使《大传》本身被迫支离。孔子作"十翼"之时,《易传》本是相对独立而完整的十篇;况且伏羲、文王、周公三圣作经之时,并未有传。因而经传相分,既恢复了大传的完整性,也使得古经得以上下通贯。也唯有经传分离,才能顺理成章地解传而不解经:"乃为出羲、文、周公之易,复为上、下经,而取孔子之翼为后人所分附者,复合而为十传。读孔子之传,以明羲、文、周公之经晓然矣。"(卷十七《修复古易经传训测序》)

除却经传相分,甘泉还对旧本《周易》经传提出了一些看法:一是认为

---

① 在易学史上,对以传附经起到关键作用的郑玄、王弼二人,皆主费氏古文易。

《易传》中多有错简。如湛氏认为《系辞上》"亢龙有悔"以下辞句从文意及风格上推断应属《文言》①；二是认为《系辞》文字"重复而意不同,不过要深切著明以勉人之意",不必将文辞一一区分归类为天道人道②；三是认为孔子作传之时,古经还尚未分上下。③ 诸如此类的观点,皆表明了甘泉对《周易》经传的特殊取向。但以平正公允的心态而论,这些的观点虽不失据,但多有臆测独断之风,只可备一家之言。

二 《易》说的心学定位

自先秦以降,儒学即逐步确立了"以述为作、述中有作"的经典解释学进路。身处学术转型大背景下的明代心学家,无疑也同样面临着如何重释儒家经典的问题。究其原因,一是由于明代心学不是割裂前缘、凭空而创,而原本就与远至先秦、近溯宋元的儒家学术文化一脉相承,《五经》等儒家原始经典本来就是其学术赖以生发成长的根源；二是因为只有将明代心学的独特品格赋予经典,才能反过来使得其学在有所革新的同时,又不失却经典根据、理论支撑,从而获得儒家正统的合法性。此一体两面的重大意义迫切要求心学学者从自我立场出发对儒家经典系统的性质和作用进行说明：

> 夫经也者,径也,所由以入圣人之径也。或曰:警也,以警觉乎我也。傅说曰:"学于古训。"夫学,觉也,警觉之谓也。是故《六经》皆注

---

① 湛若水说:"其旧本多有错简,如重出'亢龙有悔'以下十九条,乃《文言》之文,而错简散逸于《系辞》者,今亦因与厘正复归《文言》之后,则庶乎在上、下《系》不杂为全篇,在《文言》辞气为相类。又于十传之篇次,或为后人所讹者,稍加更定而著其义。夫然后《易》为全书也。"(见《文集》卷十七《修复古易经传训测序》)值得注意的是,以今本《系辞》观之,我们无法确定湛氏所说"'亢龙有悔'以下十九条"之确切所指,是否因湛氏当时所见《系辞》与今本尚有出入,有待考证。另：很多学者都曾以《系辞》"亢龙有悔"一段与《文言》完全相同为论据来论证自己的观点。如李镜池：《周易探源》,北京：中华书局,2007 年；刘大钧：《周易概论》,济南：齐鲁书社,1988 年；朱伯崑：《易学哲学史》(第一卷),北京：昆仑出版社,2005 年；郭沂：《〈易传〉成书与性质若干观点平议》,《齐鲁学刊》,1998 年第 3 期。
② 《文集》卷四《知新后语》："《易·系辞》,重复而意不同,不过要深切著明以勉人之意。一一分属,及一一分天道人道,恐无意味。"
③ "《杂卦》从上下经杂而置之,始《乾》终《夬》,自是夫子之易,乾学也。"(见卷二十三《语录》,第 134 页)"上下经之分,非始于夫子。而夫子十传《序卦》未尝及之。其亦备《易》中之一义耳。"(《文集》卷二十三《语录》)

我心者也,故能以觉吾心……觉斯存之矣,是故能开聪明、扩良知。非《六经》能外益之聪明良知也,我自有之,彼但能开之、扩之而已也……故曰:"《六经》,觉我者也。"(卷十八《广德州儒学新建尊经阁记》)

《五经》皆发于心者也,故能以养心……故《五经》之道,圣人之心之精也。今舍圣人精一之心,而惟言语之记诵焉,犹之舍天地生物之元气,而惟其查滓以实腹,其可以养生乎哉?……昔者伏羲出而画卦,其时易始肇而且未备也,而何有乎书?……夫数圣人者之道无二也,而谓数圣人必待《五经》备而后可以为圣学乎哉?(卷十八《五经馆记》)

训"经"为"径",本于《释名》。湛氏之意,是以《经》为学者修贤入圣的途径。又将"经"训解为"警",则《经》之作用即在于使"心"有所警觉。在此基础上,甘泉明确指出:"《六经》皆注我心者也。"概言之,儒家经典系统之所以被尊奉为"经",即在于其对"心"的注解阐释作用:《经》发于圣人之心,是圣人"心之精",故研习之便能"觉吾心"、"养心"。这样一来,湛若水便将《六经》的性质、作用与心学所倡之"心"进行了连接。值得注意的是,在赋予《六经》以心学意义的同时,湛若水又强调了两点:第一,《六经》既然发于圣人之心,则"心"相较于《经》无疑更具逻辑和价值上的优先性。由此可以得出,求之于《经》不如求之于心,欲为圣学不必待《经》而后成。如若舍弃"觉吾心"这一宏旨,也就意味着颠倒次序、本末倒置,只能沦为拘于文字记诵的口耳之学。只有"知圣人之经之精以养心,可以与治经矣"(卷十八《五经馆记》)。第二,《六经》之"注解吾心",所谓的"开聪明、扩良知",并不是外在地填充于我,而是使我之本有得以开扩。这种开扩是"觉我",而非"益我"。显见,此两点既表现出甘泉对孟子"非自外铄,我固有之"的继承,又体现出心学一脉象山、白沙、阳明的一贯传统。

在这一解《经》视野的观照下,"圣人作《易》"也必然被赋予心学的阐发:

《易》道非他也,即人心之天理也。(《格物通》卷一《审几上》)[1]

---

[1] 本文所引湛若水《格物通》的相关文字,皆出自影印文渊阁《四库全书》第716册,台北:台湾商务印书馆,1986年。下不另注。

> 圣人之作《易》原于心也……《易》不作,则圣人之心无以达诸天下。(同上)

前文已言,《周易》之文辞、卦画都应视为达到"《易》之道"的途径和媒介,而此处甘泉又明确以"心之理"来界定《易》道,也就意味着无论《易》之言辞,还是《易》之卦象,本旨皆在于对人心之理有所发明解说。概言之,湛氏是先通过言、象、意之辨对"意"和《易》之道予以绝对的认肯和突出,继而将《易》之道收摄于人心之上,从而明确赋予《易》以心学的意义。

如果把"《六经》皆注我心"视为总前提,那么,每一《经》的价值又各有其不同侧重。关于《易》,湛若水曾指出:

> 《易》以注吾心之时也……故学于《易》而心之时以觉,是能尊《易》矣。(卷十八《广德州儒学新建尊经阁记》)

就"理一"而言,经经皆指向"心";就"分殊"而论,《易》特言"心"之"时"。因而,学《易》之目的在于凭借易之道、《易》之理以寻求"心之时"的觉解。如其所言:

> 蓍卦是易理之形见者也,在卦在心,皆是一理,因卦以感通其理,理见而心邪秽去矣。此即所谓易简之学。观象玩辞,观变玩占,即学《易》以感通此心之理,与"洗心退藏于密"一事。(卷八《新泉问辨录》)

既然《易》之价值在于注我心之时,学《易》便成为"觉"我心之时的必要手段。《易》之书借六十四卦之象而明理,学《易》之人亦须用象辞变占四学以涤除邪思杂念、感通心中之理。所谓"易简"之学,即是学者借此《易》卦之象,在一己之身心上切实体认此理以成就德性。唯有让学《易》与养心息息相关,《易》的价值才得以发挥,即"《易》在我矣"。单纯地探求词句文义的通达连贯,对人没有任何益处:"但求其义之通,无益于学《易》也。观此便须有求人受善自益之学。"(卷十三《金台答问》)这也是湛氏推崇"太上玩道,其次玩画,其次玩辞"之学《易》法的根本缘由。在"道"与"心之理"同一的意义上理解,"玩道"也就等同于"觉吾心之理"。可见,甘泉是在心学的框架内赋予学《易》以功夫论的价值:

> 周冲问:"学《易》如何是功夫要约处?""体认天理,终日乾乾,便是

学《易》。一部《易》只说圣人以此洗心退藏于密,圣人以此斋戒神明其德,夫更有何事?(卷八《新泉问辨录》)

作为学《易》根本指向的"觉吾心之时",详细而论,又可分为"体认天理"和"洗心藏密"两个向度。其中,"洗心藏密"强调"洗心",侧重消极的"剥落";"体认天理"强调"体认",侧重积极的"扩充"。应当指出,对《系辞》中"洗心藏密"一句加以重视,是上本陆九渊下至王门后学一贯的心学传统,湛氏更直指其为学《易》之根本目的。至于对"(随处)体认天理"给予特出强调,则是湛氏心学独具特色之处。

三 对象数之学的批判

当湛若水把学《易》之目的确定为"觉吾心之时"后,其说《易》的方式也就顺理成章地走到心学易的道路上来。"以心解易"的义理路向,决定了心学家们对象数之学多有批评。甘泉对象数学的批判,则是以"理"、"数"之辨为基点展开的:

> 天地间只是一个理,纵他死生荣辱得丧之数不齐,而吾之理未不一也……所遭之数不齐,而吾行道之心一也,又何必论数?圣人知天命,必不如此。(卷十《问疑录》)

湛氏此论针对的,是象数学派往往把人处在无穷流变的时空环境及其他人物的对待关系中所经历、呈现的不同境遇,在根本上归因于"数"的做法。甘泉认为,在不齐的数之上,宇宙天地自有一个不变的常理在;相应地,在起伏的遭遇中,人也应持守葆有一颗不变的行道之心。只要此心不失,顺逆尊卑、荣辱得失,便能泰然处之;同样,既然宇宙天理流行常在,又何必论变化之数?因而,甘泉评价康节易学时说:"能不动矣。以其知数而定也,谓之定则可,谓之知道则不可。知道者,不假数而定。"(卷三《雍语》)在甘泉看来,把人生的起伏得失归结为"数",固然能使心有所定,却缺乏对大道的了悟,无异于舍本逐末。此处,我们既可看到甘泉《易》说对程氏"重理轻数"义理特点的借鉴保留,也可看到湛氏心学对周子"孔颜乐处"以及程朱"理学"的继承吸收。

这种"重理轻数"的取向,决定了湛氏易学总是在"不齐的数"之上强调"理一"。当有学者以"道—天地—阴阳刚柔—八卦"的创生序列来释《系辞》"太极—两仪—四象—八卦"一段时,甘泉明确表示了反对。他认为,天地、阴阳、道皆是一物,故不能理解作"道生天地、天地再生阴阳刚柔"这般二物前后相继的宇宙生成论。《系辞》此段只是就卦画产生而谈。就形上而言,太极之理未尝不一;就形下而论,至上的理又通过八卦"由微而著"地得以显现。①

应当说,湛氏易学之所以如此强调"理一",一方面与其"随处体认天理"的为学宗旨密切相关,同时亦不可否认,甘泉学术确实受到了程朱"理学"相当程度的影响。不过,这并不妨碍湛若水的学术总体上倾向于心学。心学的思想取向,在根本上决定了"理"和"数"都不能使人囿于有限,相反,人应成为"理"和"数"的能动主宰:

> 先师尝云:天地间一气而已矣,一极而已矣。理安在哉?数又安在哉?……是故圣人以一为宰,以数之流行为用,以几之遇为理数合一之功,因时消息,人与天地浑然相安于道而无怨尤畔援之念。盖理数不二,而宰之存乎人也。(卷二十三《语录》)

在甘泉的理论中,"理"即气之中正,"数"则反映气之流行变化,二者不过是气的不同状态而已,皆非终极意义上的实在。以此来观照人生,则"理"、"数"都不能作为限制人的客观因素,故人当积极主动地理解之、主宰之。这就要求为学之人不但要护佑一颗不变的行道之心("理"),把一己之富贵显达或颠沛造次等一切境遇都视作人生经历中的常态("数"),更要把这一要求贯彻于当下每一心性活动的初始之时("以几之遇为理数合一之功"),如此因时消息、相时而动,人便无论何时何地皆能摒除一切怨天尤人的私心杂念,从而达至与道浑然一体的境界。这样,"理""数"便合一不二,而人为

---

① 问曰:"'易有太极'一章,夫子之至言也。推而要之,《周易》尽在是矣。然而读者诵言忘味,容有溺而弗察,混而无别,吾恐仲尼赞易之初意不明于天下后世也。仲尼曰'太极生两仪',非道生天地乎?两仪生四象,非有天地即有阴阳刚柔乎?四象生八卦,非阴阳之往来、刚柔之错综,斯八卦之所由出乎?"答云:"若如此生,是有二物相生也。道一而已矣。天地、阴阳、道,一物也,岂有如此相生之理?此一段只说卦画之生,由一而分为二,二分为四,四分为八而八卦成矣。一是太极。要之,理由微而著也。"(《文集》卷七《答王德征易问》)

主宰。

以此为前提,甘泉对一切象数易学皆有批评。他既不取为朱熹所保留的汉易卦变说——"《易》卦变旧说有以一卦自二三卦来者。朱枫林因晦翁惟十辟卦与《象》传合。十辟卦者,……其亦因卦画已成而推言之。文公知非作《易》本旨,而又每引入卦解。何也?吾于《古易测》俱所未取"(同上),也对邵雍《皇极经世》、蔡元定父子的河洛之学等两宋象数易加以怀疑:"自邵、蔡有数之学出,而后天下又多一岐矣。蔡依九六二五而邵之元会运世因于六十四卦,是非有无不可知,置之不讲可也。天之历数在尔躬。"(同上)在甘泉看来,这些象数内容都是正统易学之外的别说歧途,是非真伪无从判定,故应搁置不讲①。究其根本,《易》所言的天道仍在人之身心,借用《论语》所记孔子之言,即是"天之历数在尔躬"。

在所有象数易学中,甘泉批判最多的是广泛流传于两宋并对后世产生重大影响的图书之学:

> 天地间物皆具奇偶象数,而图书又象数之显然者也。圣人因其象数之显然而至理寓焉,故一见而感触,遂画一奇为"—","—"者阳也;一偶为"--","--"者阴也。因而重之,又重之,三画以成八卦,卦以成易。伊川见卖兔者曰:"此兔亦可以画卦。"知《易》者也。盖兔首尾皆奇,四足画偶,奇偶即具阴阳,亦可画卦,非止图书也。学者宜体《易》理以有诸己而已矣。故图书者,圣人画卦之刍狗也。后儒未能体《易》理,汲汲焉理会图书,分析配合,是求之圣人画卦之刍狗也,岂不误哉!伊川诘尧夫:"知《易》数为知天?知《易》理为知天?"今图书,《易》数之类也,故周、程只是学《易》,未曾理会图书,可知矣。且若以兔画卦,亦将何以分析配合乎?况伏羲河图出于千载之上,不必待洛书而乃著。大禹洛书出于千载之下,不必追征于河图而后明。又况未见图书以前,未有一画,古之圣神何以明道也?故圣人之学,求以明其道而已;欲明其道,求诸吾心而已,不必纷纷之支离也。(卷二十九

---

① 必须强调,从留存下来的资料来看,湛若水并未尽废一切象数。如《格物通》卷八十一《饬百工》第一则即以《萃》卦三至五爻互体之《巽》来解《萃》卦《象》文;《湛甘泉先生文集》卷二十三《语录》又以《损》《益》两卦为《泰》《否》卦变。可见,湛氏以为象数之学亦有可取之处。

《岳游纪行略》）

甘泉虽不反对圣人依图书而画卦的旧说，但同时强调图书并非作《易》之必要根据。他认为，河图洛书易于表现奇偶之象数，故圣人一见而感通，遂以成《易》。非但图书，天地间一切存在皆具奇偶之象数，有奇偶即有阴阳，得阴阳便可画爻，继而重爻以为卦、由卦而成《易》。故图书原本只是圣人画卦的"刍狗"，奇偶阴阳才是内在的《易》理。然而河洛之学一出，周子、二程等理学大儒未曾理会，却有许多学者由是误入歧途，只求在图书之上牵缠附会，不知在体会《易》理上加以实功。并且，伏羲之河图与大禹之洛书年代相距甚久，彼此之间互待互显之说显然是后人所附。甘泉甚至由此质疑河图洛书的真伪："圆图方图出，其初画成只是横图耳，余皆后人添上。"（卷九《新泉问辨续录》）况且，图书卦画未作之前，古圣先贤大道照旧生生不息、心心相传，绝非图书未作所能影响。所以欲求圣学，也不必非赖图书卦画而后可，唯在于明达圣人之道；欲达此道，又不必纷纷落入支离，究其本只在"求之吾心"而已。由此可见，湛氏对图书之学的批判以心学为基本立场，最终仍复归于心学主旨。另外，甘泉此间"未见图书以前，未有一画，古之圣神何以明道"的反诘与象山鹅湖之会时"尧舜之前，何书可读"之辩难有异曲同工之处，同时亦显然受到了其师白沙"此心自太古，何必生唐虞？此道苟能明，何必多读书？"[1]的影响。

《易》本为卜筮之书，《系辞上》更直指"占"为"圣人之道"。在如何看待占卜的问题上，湛若水亦有自己的理解："人谋者，谋诸人，验其理之同然者也；鬼谋者，谋诸蓍，龟验其理之自然者也。盖人心之理，即易也；《易》之理，即吾心也。"（《格物通》卷五《谋虑上》）可见，心之理与《易》理的同一，是占筮得以可能的前提。"古者占吉凶于无心，求吾心天然之本心也。以圣人之心犹恐未尽合于天然，故用占卜以验之。而今乃但以一己之知见自为是而不之察，欲与鬼神合其吉凶，难矣。"（卷二十三《语录》）甘泉认为，古人占卦并不旨在临事预知吉凶祸福，而是求得天然本心的辅助手段。这样一来，占卜之学也被赋予了心学功夫论的意义。应当说，王守仁在此问题上的论述

---

[1] ［明］陈献章：《陈献章集》卷四《增羊长史寄辽东贺黄门钦》，北京：中华书局，1987年，第294页。

与湛若水颇有相近之处,且相较而言更为详细深刻①。

四 重"时位"的解易路数

在圣人"假卦画以作易,继心之时为《易经》"(卷十六《古易经传或问》)的前提下,大到《易》之全书、小至每一卦爻,都旨在注解发明吾心之"时"。与心之"时"相对应,湛氏在解《易》路数上亦特别重视每一卦爻所值的"时位":

> 《易》,随时位者也。如《大畜》六四得位,六五居中,而在艮体,故能自梏、自豮而有喜庆,不必以阳制阴为说。(卷二十三《语录》)

> 或谓:"读一部《华严经》,不如看一《艮》卦。《艮》卦上下敌应不相与,于六十四卦中能自率性为最善。然否?"曰:"乾坤而下,何莫而非率性也?此论在《艮》之时位。《艮》阳在上,为上之主,犹知止定静而各得所自安。《华严》千言万语只以性法真空妙悟为秘密,而不知止者,斯亦荡然无着矣。"(同上)

以上两例中,湛氏以《大畜》之六四当位、六五居中来解爻辞及《象》传,以《艮》之上九阳爻居上位来解《艮》止之义,俱是着眼于爻之"时位"。甘泉更进一步认为,《易》之全部卦爻皆在于"时","时"即是"道":"道全在时字上,时即道也。《易》六十四卦、三百八十四爻,全是时上。"(卷十四《书问》)我们知道,古往今来的许多易学家都高度重视《易》所开启的"时"的智慧。甘泉如此突出"时"的地位和重要性,不单在于继承王弼、程颐义理易学的重"时"传统;更重要的原因,是从《周易》"时"的哲学中可以阐发出湛氏心学"随处体认天理"的核心内容。《易》所讲的"'时',与其说是一个指涉实然世界的范畴,毋宁说是一个在实然世界基础上,着重指涉价值世界的范畴","发轫于古经而成熟于《易传》"的"'时的哲学',乃是以一种特殊的'时'的

---

① 王守仁云:"卜筮是理,理亦是卜筮。天下之理孰有大于卜筮者乎?只为后世将卜筮专主在占卦上看了,所以看得卜筮似小艺。不知今之师友问答,博学、审问、慎思、明辨、笃行之类,皆是卜筮,卜筮者,不过求决狐疑,神明吾心而已。《易》是问诸天人,有疑自信不及,故以《易》问天;谓人心尚有所涉,惟天不容伪耳。"(《王阳明全集》卷三《传习录下》)

智慧和视野,观照、理解乃至回应大宇宙和现实社会人生的哲学"①。依甘泉的理论,人无论是在茫茫天地之间、与他人他物的对待关系中确立价值、挺立自我,还是在当下的经验生活、现实人生之中确保每一行为意念都符合道德法则以培铸造就德性,其根基都在人之一"心"。而"心",必然要随人所在之时间、所处之空间、所对待之事物的变化而变化。唯如是,人才能保证在任何时空环境下的每一心理及行为活动都合乎道德原则。至于"位",甘泉实际上最为看重的是"中正"与否。这更与甘泉以"中正"作为其"合一之学"的核心概念紧密相关②。因而,如同《易》之卦爻因"时位"不同而义有异,随时随位而变易,则道在其中:"一部《易》,只在时与位耳,随时随位即道也。"(卷九《新泉问辨续录》)随时随位而变的体《易》之道,也就等同于因"时位"而动的心学功夫。这一功夫,也就是湛氏大倡的"随处体认天理"。

可见,心学与易学不但可以互诠互显,二者更在甘泉学术思想体系中得以有机连接并融通为一:

> 心之体即是易体,心之几即是爻变。故用《易》全在九六,而学问之功全在几之变处。非变,无功也。(卷二十三《语录》)

综前文,《易》之书即心之注,易之道即心之理,卦爻之"时位"即吾心之"时",故易体与心之体同。而"随时随位即道",又同于"随处体认天理"。《易》卦之变,始于九六;体认天理,原于吾心。《易》九六爻变之象,即对应人心变化之"几"。"几"为心之初动处。"初心"本是天理自然呈露之时,但一念慎与不慎,善恶由此判分。故体认之功,务须在每一"几"之变处,力加分辨整治之功,以确保初心不失、习心不染,人心方能于事事物物上合此天理。因而,就"经"的价值而言,"《易》以注吾心之时";就体《易》之道而言,"随时随位即道";就心学功夫而言,"随处体认天理";就卦爻之象而言,"用《易》全在九六"。此四者,在甘泉心学与易学通而为一的视域下,其实一也。

质言之,"心之体即是易体,心之几即是爻变"明确概括了心与易之间彼此融通、合一不二的关系,实为甘泉心学易学思想的总纲。这一总纲,为湛

---

① 王新春:《〈周易〉时的哲学发微》,《孔子研究》,2001年第6期。
② 限于篇幅,此处不能详及,笔者拟另文专论。

若水以心解《易》、以《易》明心的全部易说奠定了坚实的立论基础,亦为后来的心学解《易》者提供了范本。

"*Xin Ti* is *Yi Ti*": The Major Principles of Zhan Ruo-shui's Research on the *Yi* from the Heart-ology

Zhang Pei

Abstract: Zhan Ruo-shui connected the Heart-ology with the Yi-ology properly by the proposition '*Xin Ti* is *Yi Ti*'. Generally speaking, he accepted and emphasized *Yi* by researching on *Yan*, *Xiang* and *Yi*. Subsequently, he considered *Yi* as the Heart. Therefore, *Yi* was recognized as one of the classics about the interpreting the changing of the Heart. Influenced by this principle of the *Yi* philosophy, Zhan Ruo-shui was engaged in the interpreting between the Heart-ology and the *Yi*-philosophy, which had a great impact on the successors.

Key words: Zhan Ruo-shui; Heart; *Yi*; *Shi* and *Wei*

《理性的权威》

〔美〕托马斯·内格尔 著　蔡　仲　郑　炜 译
上海：上海译文出版社，2013年10月

本书作为"新实用主义译丛"中的一种，是当代西方哲学界政治哲学、伦理学和心灵哲学领域内的领军人物托马斯·内格尔（Thomas Nagel）的代表作品。内格尔认为，如果真有理性这样的东西存在，它一定是普遍的。理性必须反映其有效性不依赖于我们观点的普遍性准则——对于这些准则来说，任何具有足够智力的人都应能够认定它们是真的。但理性的这种普遍性正是相对主义者与主观主义者所力图否定的，主观主义并非仅仅是一种不重要的智力潮流或理论时尚的标记，它被用以歪曲论证并贬低其他论证的主张，而且相对主义思想方式的不断扩展也使得公共话语变得越来越困难、陷入越来越不具有创造性的危险境地。在《理性的权威》一书中，托马斯·内格尔针对主观主义的攻击为理性作了持续的辩护，并从语言、逻辑、科学、伦理学等方面对相对主义的主张进行了系统反驳。他表明就关于任一思想形式的客观有效性的争论而言，理性的权威必定存在于某些关于事物是如何地毋庸置疑这一思想之中，对此我们并不能从外部将其看成仅仅是心理学的倾向。本书为关于这一特别重要问题的争论设定了一个新的标准，并将在哲学界内外引起广泛的关注。

托马斯·内格尔，纽约大学哲学与法学教授、美国人文科学院院士和不列颠学院院士，内格尔出版的其他重要著作包括：《利他主义的可能性》《人的问题》《平等与不公》《他人的心灵：1969—1994年批评文集》等。（陈东兴）

从丧服制度看儒家的亲情
——以母子之情为中心

黄 铭[*]

提 要：儒家所论述的亲情具有丰富的内涵，这些内涵在丧服制度中有着集中的体现。本文试图通过分析父母服制的差异，来揭示主导儒家亲情的两条原则，即尊尊与亲亲，并认为尊尊原则导致了父母服制的差异。这种差异，其背后是由祖宗祭祀的信仰支撑的，由此又衍生出宗法等等制度。然而后世儒家尚质，不断以亲亲原则来挑战尊尊原则，最终导致了父母服制的平等。

关键词：丧服 尊尊 亲亲 宗法 亲情

中国社会是一个伦理社会，至少古代是如此。而伦理社会的特点，就是对于一个人来讲，他首先是家庭的一员，其次是社会、国家的一员，而所谓的个人主义，在古代社会很少见。

古代中国的人伦关系，是极其复杂的。古人对于自己的亲属称谓，甚至有专书加以说明，比如说清代学者梁章钜所撰之《称谓录》，就用整整六卷的篇幅，来讨论亲属关系。虽然亲属关系如此复杂，但是古人对于和自己亲近的亲属关系，有着很清楚的认识，而对于这种亲疏远近的认识，其基本依据就是《仪礼·丧服》。《仪礼·丧服》中所记载的亲属关系，其范围是很广

---

[*] 黄铭，1985年生，同济大学哲学系博士后。

的。具体来说,就父亲这边的亲属而言,上至高祖,下至玄孙;母亲这边的亲属,则有外祖父母、舅舅、姨妈及其子女;妻子这边的亲属则有妻之父母。在现代社会,家庭规模急剧缩小,古代的很多亲属关系日渐消亡,但是父母之于子女的关系,是无论如何无法改变的。所以本文试图通过考察丧服制度中的父子、母子关系,来讨论亲情丰富的内涵。

一 《仪礼·丧服》中父母服制的基本内容

丧服制度包括两个方面:一是所穿丧服的粗细程度,一是服丧的年月。丧服越重,衣服面料就越粗恶,服丧的期限也就越长,丧期最长为三年。相应的,如果丧服越轻,其面料就越精细,服丧期限也就越短,丧期最短为三月。而丧服面料的粗细程度,丧期的长短,是服丧者感情的外在体现。而且古人认为,对于亲人去世的哀伤,一定要在丧服中表现出来。

> 三年之丧,何也?曰:称情而立文,因以饰群,别亲疏、贵贱之节,而弗可损益也,故曰:无易之道也。创钜者其日久,痛甚者其愈迟。三年者,称情而立文,所以为至痛极也。斩衰、苴杖,居倚庐,食粥,寝苫枕块,所以为至痛饰也。①

> 丧礼必制衰麻何?以副意也。服以饰情,情貌相配,中外相应。故吉凶不同服,歌哭不同声,所以表中诚也。布衰裳、麻绖、箭笄、绳缨、苴杖为略及本经者,亦示也,故总而载之,示有丧也。腰绖者,以代绅带也。所以结之何?思慕肠若结也。必再结云何?明思慕无已。②

就本文所要涉及的子女③于父母的丧服,主要有如下几种:为父,服最重的斩衰三年之服,为母则有八种情况——1.父卒为母服齐衰三年;2.父若在世,则为母服齐衰杖期。

仅由上述材料可知,为父,是不论何种情况,都是服最重的斩衰服。其原因,子夏之《丧服传》有解释:

---

① [汉]郑玄注、[唐]孔颖达疏:《礼记正义》,上海:上海古籍出版社,2008年,第2185页。
② [清]陈立:《白虎通疏证》,北京:中华书局,1994年,第510—511页。
③ 女儿,专指在室之女。

> 传曰：为父何以斩衰也？父至尊也。①

而母亲则受到父亲的压制，父卒之后方能伸三年之丧，而且其丧服之布料，也细于斩衰之服。而若父在，为母亲仅服齐衰杖期。压制母亲的原因，《丧服传》亦有论述：

> 传曰：何以期也？屈也。至尊在，不敢伸其私尊也。②

可见父是"至尊"，母是"私尊"，故而两者的丧服有重大的差别。而"至尊"与"私尊"的区别在哪里呢？贾公彦云：

> 父非直于子为至尊，妻于夫亦至尊，母则于子为尊，夫不尊之，直据子而言，故言私尊也。③

> 以父母恩爱等，母则在齐衰，父则入于斩，比并不例，故问何以斩不齐衰。答云父至尊者，天无二日，家无二尊，父是一家之尊，尊中至极，故为之斩也。④

又《丧服四制》云：

> 资于事父以事母，而爱同。天无二日，土无二王，国无二君，家无二尊，以一治之也。故父在为母齐衰期者，见无二尊也。⑤

由此可见，父亲成为至尊的原因是出于对整个家庭领导的需要，所谓"天无二日，家无二主"。可见对于父权的表彰，在某种程度上，是一种出于类似于政治的关系，即家庭的领导权。反过来看，政治关系也可以从父子之情中推演出来。

> 资于事父以事君，而敬同，贵贵尊尊，义之大者也。⑥

> 资于事父以事母而爱同，资于事父以事君而敬同，故母取其爱而君

---

① [汉]郑玄注、[唐]贾公彦疏：《仪礼注疏》，上海：上海古籍出版社，2008年，第883页。
② [汉]郑玄注、[唐]贾公彦疏：《仪礼注疏》，第906页。
③ [汉]郑玄注、[唐]贾公彦疏：《仪礼注疏》，第907页。
④ [汉]郑玄注、[唐]贾公彦疏：《仪礼注疏》，第883页。
⑤ [汉]郑玄注、[唐]孔颖达疏：《礼记正义》，第2353页。
⑥ [汉]郑玄注、[唐]孔颖达疏：《仪礼注疏》，第2352页。

> 取其敬,兼之者父也。故以孝事君则忠,以敬事长则顺。①
> 先陈父者,此章(斩衰章)恩义并设,忠臣出孝子之门,义由恩出,故先言父也。②

我们可以看到,这样一种基于血缘的尊尊关系,是构成古代社会结构的基础,由父权制而引申到宗法制,由此而形成了一张庞大的社会统辖网。在家庭内部诸子之间分嫡子、庶子,在宗族中分大宗、小宗,形成明晰的等级,使得整个社会与国家趋于稳定。更深层次地讲,这些制度背后,有一种信仰的力量在支撑,那就是祖先祭祀。

二 尊尊原则的信仰基础及宗法制

由上可知,父亲之所以高于母亲,其背后是有祖先祭祀的观念支撑的。古人认为己与先祖为"一体",故能祭祀先人。"一体"的概念包括三个含义:

> 父子一体也,夫妻一体也,昆弟一体也。故父子,首足也;夫妻,胖合也;昆弟,四体也。③

父子一体,代表着一种血缘上的延续。夫妻一体,是指在生育上,夫妻胖合生子胤而言。昆弟一体,是因为昆弟各自与父亲为一体,从而同气连枝,故为一体。而宗庙之祭祀,正是靠此父子一体相承之亲来维持。而母亲,就宗庙祭祀的角度来讲,仅仅是嫁过来的女子,父族与其本为路人,因为出嫁,故与男子同奉宗庙之祭祀④,其间的主次关系十分清楚。反过来讲,祖先也一定需要有后代来祭祀他们,如果由外人来祭祀,则是"非其鬼而祭之"。所以无后之鬼,就成了孤魂野鬼,所以从这个角度出发,就显示了男性后代的重要性。所以说从家无二主,以及祖先祭祀角度讲,为父亲所服的丧服,是要

---

① [唐]唐玄宗注、[宋]邢昺疏:《孝经注疏》,上海:上海古籍出版社,2009年,第19页。
② [汉]郑玄注、[唐]贾公彦疏:《仪礼注疏》,第883页。
③ [汉]郑玄注、[唐]贾公彦疏:《仪礼注疏》,第911页。
④ 女子之于宗庙祭祀,亦有重要之作用,但是其重要性,也仅仅是因为宗庙祭祀需要夫妻共祭而已,故而在祭祀中,男女的主次关系还是很清楚的。

重于母亲。同时对于这种尊尊原则的贯彻，又派生出了宗法制。首先是庶子与嫡长子的差别，亦是由祖先崇拜而得来的，诸子虽然与父皆有血缘关系，父子均为"一体"，然而唯有嫡长子才是祖先的"正体"，众子则是"体而不正"。而唯有"正体"，方能在现世中，代表祖先而统领族人，而且族人对于嫡长子的尊重，也就是对于祖先的尊重。反过来讲，正是由于尊重祖先，方使嫡长子有统领族人的资格。所谓"尊祖故敬宗，敬宗者，尊祖之义也"①。故而《丧服》之中，即使族人与宗子并非是同高祖之亲，也要为宗子服齐衰三月之服。这也是尊尊原则的体现。

同时在宗法制度中，尊尊原则与小家庭之亲亲原则，在某种特定情况下会发生冲突，这就是立后的问题。立后的情况是这样的，大宗无子，则需要在同宗的近亲中，寻找一个庶子过继过来，延续宗庙祭祀。被大宗立为后的小宗庶子，虽然与所后之人在血缘上并非是父子，但是在宗庙祭祀的名义上却是父子，故而为所后之人服斩衰服。同时此庶子于本生父亲，却不能服原来的斩衰服，只能服齐衰不杖期，也就是说，本生父母已经降为世叔父母的地位。这就是《丧服传》所云之"持重于大宗者，降其小宗也"②。之所以要这样，是为了"重一本"，也就是要为人后者专注于所后大宗之宗庙祭祀。而且立后问题有更加细致的规定，那就是唯有大宗才可立后，而小宗则不可立后③。大宗之所以能够立后，因为他代表着始祖之世系，同时统领着当时的族人，大宗的作用是"别亲疏，序昭穆"，可以通过对始祖之祭祀，来统领族人。如果大宗绝后了，则小宗就失去了统领，而祖先也就失去了应有的祭祀，故而大宗无子，可从小宗中寻找过继者。可见立后的目的是要承接一族始祖之祭祀，而且只有出于这样的一个目的，方可以始祖之重来压本生之

---

① [汉]郑玄注、[唐]贾公彦疏：《仪礼注疏》，第943页。又曾亦老师以为，宗法制的实质是"以兄统弟"，并认为父子关系中的尊尊，纯乎天然，非有宗法制度才有尊尊，反而这是宗法制度之本。由此我们可以认为，从"尊祖敬宗"的角度讲，"以兄统弟"之宗法制，是将父子之尊尊关系，移植到兄弟之间，即"敬宗"的基础是"尊祖"。故而宗法制是尊尊原则的延伸。详见曾亦：《论丧服制度与中国古代之婚姻、家庭及政治观念》，载曾亦主编：《经学、政治与现代中国》，上海：上海人民出版社，2007年，第121—130页。
② [汉]郑玄注、[唐]贾公彦疏：《仪礼注疏》，第916页。
③ 所谓大宗，指的是"别子为祖"的世代嫡长子，也就是百世不迁之宗。而小宗，指的是自己的祖上并不是始祖之嫡长子的族人，包括继高祖之小宗、继曾祖之小宗、继祖之小宗、继祢之小宗。

亲。而小宗则不可立后。徐乾学云：

> 古礼,大宗无子则立后,未有小宗无子而立后者也。自秦、汉以后,世无宗子之法,凡无子者,即小宗亦为之置后,彼岂尽为祭祀起见哉？大要多为资产尔。不知小宗无后者,古有从祖祔食之礼,则虽未尝继嗣,而其祭祀固未始绝也。①

因为小宗不存在统领全族的职责,不负担始祖祭祀的责任。且小宗之间是平等的,不可以因己之无后,来剥夺其他小宗之骨肉亲情。另外从小宗祭祀的角度讲,只要大宗不绝,则小宗之无后者,可以祔食于祖,而不成为孤魂野鬼。依照这种尊尊的思路,当大宗立后与小宗自身的继嗣存亡发生矛盾时,也是先要顾及大宗的利益。这种极端的情况是,大宗无后,而小宗只有一子,这时就要绝小宗而后大宗。《通典》引汉《石渠议》云：

> 大宗无后,族无庶子,已有一嫡子,当绝父祀以后大宗不？戴圣云:"大宗不可绝。言嫡子不为后者,不得先庶耳。族无庶子,则当绝父以后大宗。"闻人通汉云:"大宗有绝,子不绝其父。"宣帝制曰:"圣议是也。"②

小宗也有其祭祀需要维持,故而《丧服传》规定,应由小宗之庶子后大宗,而嫡子不得后大宗。对于嫡子不得后大宗,有不同的解释,依照戴圣的解释,是认为嫡子不能先于庶子而后大宗。这种绝小宗而后大宗的合法性,亦是因大宗维持着始祖的祭祀,依尊祖敬宗之义,可以用祖先的威严来压制小宗,从而贯彻尊尊之义。

通过对于祖宗祭祀以及宗法制的分析,我们可以看到尊父抑母,有其信仰上的依据。更进一步,我们可以看到,儒家所提倡的亲情,绝对不是仅就慈爱而言的,而是有尊尊和亲亲两条原则来主导的。如果仅就慈爱而言,父母恩爱相等,甚至子女一般对母亲要更加亲近些;同时父母对诸子之慈爱,也应该是均等的,可能对于小儿子要更加疼爱些。然而丧服制度中的尊父

---

① 徐乾学之说,转引自《仪礼正义》。详见[清]胡培翚:《仪礼正义》,南京:江苏古籍出版社,1993年,第1424页。
② [唐]杜佑:《通典》,北京:中华书局,1988年,第2581页。

抑母,以及宗法制,却是贯彻着尊尊的原则。

三 尊尊原则之下母服之其他情况

基于这种"尊尊原则",《丧服》中为母服丧的其他情况,也就可以理解了。

3. 母若被出,则子服母杖期。《丧服传》云:

> 传曰:出妻之子为母期,则为外祖父母无服。《传》曰:"绝族无施服,亲者属。"出妻之子为父后者,则为出母无服。《传》曰:"与尊者为一体,不敢服其私亲也。"①

4. 庶子为父后者,为其生母服缌麻;
5. 为继母之服同于嫡母;

> 继母如母。传曰:继母何以如母?继母之配父,与因母同,故孝子不敢殊也。②

6. (妾子)为慈母之服同于生母;

> 慈母如母。传曰:慈母者何也?传曰:"妾之无子者,妾子之无母者,父命妾曰:'女以为子。'命子曰:'女以为母。'"若是,则生养之,终其身如母,死则丧之三年如母,贵父之命也。③

7. (与庶母不得命为母子者)为庶母慈己者服小功④;

> 君子子为庶母慈己者。传曰:君子子者,贵人之子也,为庶母何以小功也?以慈己加也。⑤

---

① [汉]郑玄注、[唐]贾公彦疏:《仪礼注疏》,第908页。
② [汉]郑玄注、[唐]贾公彦疏:《仪礼注疏》,第901—902页。
③ [汉]郑玄注、[唐]贾公彦疏:前引文献,第902页。
④ 此条按照郑玄的讲法,仅仅是大夫嫡妻之子,方有此庶母慈己者,如果是妾所生之子,或者士阶层,皆没有庶母慈己者之服。而胡培翚认为此条庶母慈己者应该是通行的制度,能够囊括士、大夫两个阶层,是为从小丧母,而由庶母抚养长大的孩子为庶母慈己者之服。具体来说,指嫡妻之子,与和庶母不能命为母子之妾子,为养育自己的庶母服丧的情况。此处我们采用胡培翚的讲法。
⑤ [汉]郑玄注、[唐]贾公彦疏:《仪礼注疏》,第991—992页。

8. 父卒,子年幼而随继母改嫁,则为继母服杖期。

> 父卒,继母嫁,从,为之服,报。传曰:何以期也?贵终也。①

以上八条,大致能够包括《丧服》之中为"母"服丧的情况。前两条上面已经分析过了,并得出了一个结论,就是尊父抑母是出于"尊尊原则",而其背后则是反映了祖宗祭祀的信仰。而后面的这几条,都是"尊尊原则"的推演,下面我们逐条分析。

第三和第四条为一类,其重点在于母亲直接被父亲所压制,而子女不能依照《丧服》的一般规定,而为母服三年之丧。按照第三条的意思,母亲被出,而归于娘家,子仅为母服杖期。而且按照严格的礼家的规定,子为出母②之服,一定要在父亲死后,如果父亲在世,则不服出母,原因是父亲不为其已之出妻服丧,所以子受父亲的压制,父亲不服,子只好不服。胡培翚言:

> 父不为出妻服,则子于父在,自不为出母服明矣。况父在为母期,以父服至期而除,子不敢过之,亦服期而止。岂出母,父所不服者,而子敢服之于父侧乎?然则为母期者,以父在而屈,为出母期者,必父没乃伸。③

按胡氏之意,仅因为母亲被出,与父亲以及父亲的宗族关系已经断绝,故父亲不为其服丧,而子因为父亲在世,为了避嫌,不招致父亲的厌恶,故不得已置母子之情不顾,不服出母,而仅仅在父卒之后,方可伸其母子之情。这虽有点不近人情,但是逻辑上讲,这完全是由"尊尊原则"推出的。顺着第三条的思路,我们还可以得出一个结论,若是母亲改嫁,则子不为其服丧。因为如果母亲先被出,而归其本宗,而父亲还是可以随时将其召回。所以说,出母回归本宗,意味着父母始终有破镜重圆之可能,故母子之情尚在,待父卒则可以伸其情;如果母亲改嫁,则与父亲永无破镜重圆之可能,则母子之情亦不存在了,所以为嫁母无服。再有一种情况,若父卒,母亲改嫁,虽然母亲

---

① [汉]郑玄注、[唐]贾公彦疏:《仪礼注疏》,第909页。此条历来的解释分歧比较大,王肃认为是子因年纪小,孤儿寡母难以维持生存,故子随继母改嫁,为继母所养育,因养育之恩而服继母杖期。郑玄则认为,因为继母已经为父服过三年之丧,故子服继母杖期,不提养育之事。我们取王肃的解释。
② 严格按照《丧服》的讲法,子无出母之义,不可称"出母",本文为了行文方便,姑且采用"出母"之文。
③ [清]胡培翚:《仪礼正义》,第1401页。

并没有被出,但是严格的礼家也认为子为嫁母无服。《通典》引汉《石渠议》云:

> 问:"父卒母嫁,为之何服?"萧太傅云:"当服周。为父后者则不服。"韦玄成以为:"父殁则母无出义。王者不为无义制礼,若服周,则是子贬母也,故不制服也。"宣帝诏曰:"妇人不养舅姑,不奉祭祀,下不慈子,是自绝也,故圣人不为制服,明子无出母之义,玄成议是也。"①

按韦氏之意,父卒为母服齐衰三年,今母改嫁,与父已绝,故不可服三年。同时又不可依父在为母之例而服期,因为毕竟父已没,照例应服母亲齐衰三年,今若服嫁母期,则是有意无意在贬低母亲,故不服之。由此三条可见,由于尊尊原则的贯彻,母子之情的维系,完全决定于父母之间的关系。而母子之间曾经存在亲情,是低于尊尊原则的。关于嫁母是否有服这个问题,历来的争论是相当多的,此处一概不服嫁母亦是不近人情的。因为有一种情况,孤儿寡母难以维持生计,母不得已而嫁人,而子随母而往,得嫁母之养育,这在相当大的程度上,是为亡夫留存了血脉。但是从严格的"尊尊原则"出发,不服嫁母是理所应当的,因为一旦母改嫁,则与父永绝。至于第四条,则是因为母亲本身是妾,地位低下,虽然自己的儿子以庶子的身份继承了丈夫的家业,但是为此,其本来的母子之情也不得不被压制,本来应有的齐衰三年或一年的丧期,也统一改为缌麻三月,此亦是"尊尊原则"对于亲情的压制。

"尊尊原则"在压制部分亲情的同时,也抬高了部分亲情,第五、六、七条就是抬高的例子。比如说继母,本来是路人,因为过来配父,故子为继母之丧服与嫡母同,如果服丧之人是嫡母所生之子女②,则他们对继母之感情,与自己对于亲生母亲之感情是不可同日而语的。但是因为继母嫁给父亲,是作为新的嫡妻,与父亲敌体,且宗庙之祭祀,必须是夫妻共祭,所以出于父权的需要,不得不尊继母,使得为继母之丧服得与因母同。然而仔细分析,虽然丧服相同,其中起主导作用的是"尊尊原则",而非亲情。同时,继母来嫁

---

① [唐]杜佑:《通典》,第2455页。
② 若服丧之人为庶子,则庶子本为嫡母及嫡母之党服,而庶子与嫡母无血缘关系,所以庶子服嫡母这个现象,本身就是"尊尊原则"的体现。至于继母来嫁,则将原本服嫡母之服换到继母身上而已,故比较性不强,此处仅仅讨论嫡子服继母的情况。

父亲,又滋生了一个问题,也就是服不服继母之党的问题。《礼记·服问》云:

> 母出则为继母之党服,母死则为其母之党服。①

可见如果母被出,则不服原来之外祖父母、舅、从母(姨妈)、舅之子、从母昆弟,而服继母之党。这就是所谓的"绝族无施服"。按照常理,外祖父母等人于己都有血缘关系,但是为了尊父权,礼家认为,服母党的前提条件,就是己能为母亲伸三年之丧,而出妻之子为母最多能服到杖期,不能伸三年之服,故连带母党之人,都不服了。更进一步说,不但不服因母之党,更要服继母之党,而继母本身与己没有血缘关系,更不用说继母之党,然而出于"尊尊原则"的考虑,还是要服继母之党而不服因母之党。而如果继母嫁入之前,因母已死,其子女则服原来之母党,而不服继母之党,因为因母并未绝于父。

第六、七条则是慈母的问题,所谓慈母,就是丧子之妾与丧母之妾子,被父亲任命为母子,子称此任命之庶母为慈母,而由慈母养育成人。与慈母相近的概念是庶母慈己者,庶母慈己者其他条件都与慈母相同,唯一的差异就是没有经过父亲任命为母子②。尽管从感情上来讲,慈母与庶母慈己者都有养育之恩,从亲情上讲是相等的,但是依照"尊尊原则",得到父命的慈母,子服之如亲母,即父在为母期,父没为母三年,而未得父命之庶母慈己者,则仅服小功而已。

四 儒家对于亲情的改造以及母亲地位的上升

由上可知,在丧服制度中,父亲与母亲之间的差异,其主要原因是由于"尊尊原则",而且在《丧服》中,特别是在后世严格的礼家,如胡培翚等人的论述中,"尊尊原则"是被彻底贯彻的。而这种贯彻是与母子之天然感情,以及母亲的养育之恩是矛盾的,而后世儒家对于亲情的改造,就是不断强调亲情、感情本身的重要性,这也成了一条亲情流变的线索。下面我们试着

---

① [汉]郑玄注、[唐]孔颖达疏:《礼记正义》,第2160页。《服问》的这条原则,称为"外亲不二统"。
② 不命为母子有很多原因,比如说,妾之前未有子,则不可命为母子,又嫡妻之子不可与庶母命为母子等等。

论述。

首先,先秦儒家对于三年之丧的原因有不同看法,这本身就是对"尊尊原则"的一大挑战。通过上面的分析,我们可以得出结论,至亲是服一年,因为一年是万物成长的周期,所以对于至亲,比如说母亲是本应服一年。而由一年之丧过渡到三年之丧,则是加隆的结果,而加隆的原因是"尊尊"。比如说,父母恩爱等,而为父斩衰三年、父在为母期者,是因为父是"至尊",同时父没服母齐衰三年,其原因为母是"私尊"。所以说,三年之丧是代表亲情的一年之丧,根据"尊尊原则"加隆的结果。荀子就有相关的论述:

> 曰:至亲以期断,是何也?曰:天地则已易矣,四时则已徧矣,其在宇中者莫不更始矣,故先王案以此象之也。然则三年何也?曰:加隆焉,案使倍之,故再期也。由九月以下何也?曰:案使不及也。故三年以为隆,缌、小功以为杀,期、九月以为间。上取象于天,下取象于地,中取则于人,人所以群居和一之理尽矣。故三年之丧,人道之至文者也。①

我们认为荀子的"加隆说",与《丧服》的"尊尊原则"是吻合的。然而儒家对于三年之丧的原因还有另一种讲法:

> 宰我问:"三年之丧,期已久矣。君子三年不为礼,礼必坏;三年不为乐,乐必崩。旧谷既没,新谷既升,钻燧改火,期可以矣。"子曰:"食夫稻,衣夫锦,于女安乎?"曰:"安。""女安则为之!夫君子之居丧,食旨不甘,闻乐不乐,居处不安,故不为也。今女安,则为之!"宰我出,子曰:"予之不仁也!子生三年,然后免于父母之怀。夫三年之丧,天下之通丧也。予也有三年之爱于其父母乎?"②

由此可知,子服父母三年之丧,是报答父母的养育之恩,所谓"子生三年然后免于父母之怀"。这种报恩的讲法,主要强调的是父母对于子女的养育之恩,侧重点在于亲情,而没有提上面所讲的因"尊尊原则"而加隆的意思。而

---

① [清]王先谦:《荀子集解》,北京:中华书局,1988 年,第 373 页。
② [宋]朱熹:《四书章句集注》,北京:中华书局,1983 年,第 180—181 页。

孔子对于三年之丧的这种重情感的解释倾向,对于后世的影响是极大的①。

另外一点,就是由"尊尊原则"所推演出来的不服嫁母,以及为父后者不服出母的观点,难以为后世接受。通过上面第三条和第八条的分析,我们认为,母亲如果改嫁,无论之前被出与否,子无论是否随母改嫁,子都不服嫁母。因为母既然已经嫁了人,则与父亲完全隔绝,故连带着的母子之情也断绝了。如果母亲被出而未改嫁,母子之情犹存,但是子若继承了父亲的家业,则与父为一体,父不服出妻,子亦不服出母。但是这个结论是与《丧服》其他条目矛盾的。比如说《丧服》是服"继父"的,子服继父同居者齐衰不杖期,服异居者齐衰三月:

> 继父同居者。传曰:何以期也?《传》曰:"夫死,妻稚,子幼,子无大功之亲,与之适人。而所适者,亦无大功之亲。所适者以其货财为之筑宫庙,岁时使之祀焉,妻不敢与焉。"若是,则继父之道也。同居则服齐衰期,异居则服齐衰三月。必尝同居,然后为异居,未尝同居,则不为异居。②

> 继父不同居者(服齐衰三月)。③

服继父的原因是因为继父的养育之恩,那么同样有养育之恩的嫁母为何不服?或以为母既然已改嫁,则与夫之宗族隔绝,故子不服之。但是反过来想一想,妻携幼子而改嫁,虽然在名义上与夫族断绝,但是实际的效果,则是保留了夫族的血脉,挽救了夫族的祭祀,所以说不服嫁母,在人情上难以成立。另外一个证据,就是子随继母改嫁,为继母所养育,子尚且服继母杖期,何况子为亲母所养,恩情重于继母,而子能不服嫁母乎?所以从人情的角度讲,子若随母而嫁,为嫁母所养,应该服嫁母;若子未随母而嫁,则可不服嫁母。另一条,为父后者不服出母,亦是难以为后人所接受。因为母虽被出,而回归本宗,并未改嫁他人,父亲可随时将其招回去,所以夫妻之间保有破镜重

---

① 孔子这种重感情而轻"尊尊原则"的倾向,在今文经学家,特别是公羊家看来,就是孔子"尚质"而损文。所谓质,就是直接凭借着亲情、感情行事。从孔子尚质的角度来讲,所谓的今文家所谓的"孔子改制"是成立的。
② [汉]郑玄注、[唐]贾公彦疏:《仪礼注疏》,第931页。
③ [汉]郑玄注、[唐]贾公彦疏:《仪礼注疏》,第946页。

圆的可能性,故母子之情尚在,或者退一步讲,母子之前恩尚在,子应该服之,不能因为父亲不服出妻,而忘母子之前恩。周何先生在处理出母、嫁母是否有服的问题上,只依据母子之情是否得以延续来判断,周先生认为:

> 出妻之子为其生母,出而在室者有服,出而改适者无服。察其差异之关键,惟在母子间恩情之得否持续,与此子之为嫡为庶无涉。又父卒母嫁者,子从则有服,不从则无服;有服无服,端在其子之从与不从。从与不从,实亦关乎母子恩情之得否持续而已。①

周先生此论,完全是站在人情的角度看待出母与嫁母的服制问题,其关键之处,就是看母子之情是否断绝。具体来说,就是将母子之情根据母改嫁而分为两段,若母未改嫁,则母子之情尚在,或者说,母子之前恩尚在;若母亲改嫁,则母与父永绝,而与子之前恩亦绝;倘若子随母而改嫁,则虽然母子前恩断绝,但是改嫁之后,嫁母又生养育之恩,故母子之恩得以延续。所以服不服嫁母、出母,全看母子之恩存在与否。周先生的这个处理,从人情的角度讲,是非常合理的,但是如果从"尊尊原则"出发,则周先生回避了上述"子为父所厌"及"以子贬母"等问题。但是东周以后"尊尊"之义淡薄,故而在看待母子关系上,基本是从亲情出发的。

有了这么一个重感情的倾向,则母亲在于丧服制度上的地位不断的提高,下面我们就来看看这个提升的过程。武则天时定"父在为母"为齐衰三年,与"父卒为母"同。理由是父母恩爱等,父尊之处,已由衰裳之异(斩衰、齐衰之异)来显现,故年数不应再异。唐玄宗时定嫁母之服为齐衰杖期,然为父后者不服嫁母。又定同母异父之兄弟之服为小功。关于同母异父之兄弟,《仪礼·丧服》是没有明文规定的,胡培翚认为应该无服:

> 同母异父之昆弟有服,乃末俗之失。郑以服大功为是,亦非也。据《礼》,父族之服,因己与同宗而制;母党之服,因母所自生而制。此继父同居者本路人,不过以其有恩于己而服之,与父族异,则不得因继父而及其子。至母既再嫁,此异父之子乃母再嫁所生,与母党异,亦不得因

---

① 周何:《礼学概论》,台北:三民书局,1998年,第147页。

嫁母而及其子。故《礼经》不为同母异父者制服也。①

可见同母异父之兄弟,既不是父党,又非母党②,故不服之。唐玄宗定同母异父之兄弟小功,则从一个侧面看到了母亲地位的提升,同时从人情上讲,同母之兄弟往往要比同父异母之兄弟要亲。

至明太祖时,终于定母服为斩衰三年,同于父。相应的,嫡母、慈母、养母、父卒祖在为祖母、妇为姑,都为斩衰。理由是"父母之恩一也,而低昂若是,不情甚矣"。同时又定庶母之服为齐衰不杖期。至此,则父母之丧服完全相同,而且慈母、养母等等,本来地位低贱,此处则仅仅因养育之恩情,亦为之服斩衰。可见后世儒家是越来越注重人情的作用,而忽视"尊尊原则"。而与"尊尊原则"相应的宗庙祭祀制度,也随着家庭规模的缩小而慢慢淡化。

五 小 结

综上,我们根据《丧服》的规定,对于父亲和母亲在服制上的差异,做了初步的分析,并且对于服制上的流变也做了粗浅的介绍,从中可以看出一条线索,就是"尊尊原则"同亲情、感情之间的张力。在"尊尊原则"原则之下,母子之情,以及母亲养育之恩,不是决定母子间关系的关键因素。母子之间服制之成立与否,关键在于父亲与母亲之间的关系。而这种尊尊原则,是由一套严格的祖宗祭祀的信仰来支撑的。并且"尊尊原则"又从家庭延伸至宗族,形成了严格的宗法制度。但是后世儒家不断强调感情的重要性,加之西周封建制度的瓦解,人们不自觉地忽视了"尊尊原则"和其背后的信仰③,可以说这种倾向延续至今。顺着这条线索,或许能够引发我们对现在的家庭关系的某种思索。现在的家庭,往往是以亲情感情来维系,父母之间的差

---

① [清]胡培翚:《仪礼正义》,第1430页。
② 由胡培翚之观点可见,母党仅仅包括外祖父母、从母、舅此四者与母亲出嫁前有直接血缘关系的人,同时又延伸一代,舅之子、从母昆弟亦为母党。而同母异父之兄弟,则不能成为母党。
③ 祖先崇拜的信仰还是存在的,但是并非如宗法制中祭祀那样,大宗的祭祀具有优先性。尚质的倾向在祭祀中亦有体现。比如说在立后问题上,严格的宗法制规定唯有大宗方能立后,而后世小宗也可立后。同时碰到多房共一子的情况,也不会绝小宗而后大宗,而是采取了兼祧的方式,来处理这个问题。从尚质这个角度讲,这些变通都是为了优待己父。

别,仅仅体现在孩子的姓氏上,同时长辈与小辈之间所应该具有的尊尊之义,似乎也在逐渐抹平。如果纯粹以感情及养育之恩来看待父子或母子之间的关系,也是可以的。但问题是怎样避免以功利的角度来看待亲情问题。我们通过考察丧服制度中的父子、母子之情,看到亲情的内涵是很丰富的①。或许这种考察,对于处理我们当下的人伦关系,有一些借鉴作用。

Discuss the Family Relationship in the Mourning System
——Focusing on the Relationship Between Mother and Son

Huang Ming

Abstract: The family relationship which the Confucian school discussed has many meanings. These meanings are embodied in mourning system. This essay tries to analyze the differences between father and mother in the mourning system. And we find that there are two principles in mourning system, one is qinqin(亲亲), the other is zunzun(尊尊) which is the reason why mother is superior to father. Furthermore the principle of zunzun is based on the worship of ancestors. However the principle of qinqin is a potent challenger, which leads to the equality of father and mother in mourning system at last.

Key words: Mourning System, zunzun, qinqin, clan system, family relationship

---

① 古代人伦关系是由丰富的意义的,大判不离亲亲、尊尊、长幼有序、男女有别这四点。而正确处理好了这几点,人伦纲纪才可重振。

《康德政治哲学讲稿》

〔美〕汉娜·阿伦特 著　曹　明　苏婉儿 译
上海：上海人民出版社，2013年11月

《心灵生活》(The Life of Mind)是阿伦特晚年筹划的鸿篇巨制，她试图在其中展现人类心灵生活的整个图景。然而阿伦特在1975年突然去世，留给我们的是此计划的前两卷，即《思维》(Thinking)与《意愿》(Willing)，以及第三卷《判断》(Judging)的一个段落。多伦多大学政治学教授罗纳德·贝纳尔通过编纂阿伦特生前讲稿，"续写"了阿伦特的研究计划——《康德政治哲学讲稿》可被视作阿伦特准备"判断"问题的资料汇编。本书中包括《思维》的后记、阿伦特在1970年秋季课程的讲稿《康德政治哲学讲稿》，以及1970年秋的研讨课笔记《想象力》。这些讲稿延续了阿伦特对现代性的深入思考，尤其突出了阿伦特消解主体主义威胁的努力。围绕着康德的《判断力批判》，阿伦特指出，康德在第三批判中展现的正是一种对抗主体主义、建构公共空间的政治哲学，康德通过考察美与崇高的主体间经验，旨在保留一个由种种判断交互构建的共享领域。当然，也如贝纳尔所说，阿伦特对康德的解释或许并不那么符合康德的本意，但这并不能掩盖阿伦特的卓越洞见。本书最后附有贝纳尔的论文《汉娜·阿伦特论判断》，全面细致地解读了阿伦特的判断理论。（韩晓）

再论关于《阴符经》的两个疑问

田智忠[*]

提　要：道家经典《阴符经》的作者和写作年代问题历来众说纷纭，可归纳为李筌作和李筌之前人所作这两大观点，后者则有成为主流观点的趋势。本文通过对这两方面的例证的逐一审查，指出虽然否定《阴符经》出自李筌之手的一方举证众多，但是没有一条例证能够确证其主张，因此还不是定论。同时，本文还指出，所谓太公等人对《阴符经》的注释，很可能出自李筌一人之手。

关键词：《阴符经》　李筌注　《阴符经》初本

道教经典《阴符经》的作者和写作年代问题历来众说纷纭，也成为近来学界关注的一个焦点：其写作年代有战国说直到唐代说等多种说法，其作者则有黄帝说直到李筌说等多种。经过前贤们的不懈努力，目前关于《阴符经》的争论已经主要集中在了李筌这个关节点上，即该书究竟是由李筌所作，还是由李筌之前的人所作。围绕着这一点，学界逐渐形成了几个疑问。本文拟就此做出一些考察。

一　《阴符经》是否出自李筌之手

目前来看，只有少数学者还在坚持《阴符经》出自战国及以前的观点（代

---

[*] 田智忠，1971年生，北京师范大学哲学与社会学学院副教授。

表者为李养正先生),学界主要争论不绝的,是《阴符经》究竟是出自李筌之手,还是李筌之前的人士之手。其中,主张《阴符经》出自李筌之手的观点以黄庭坚和朱熹为代表。黄庭坚从文体上判断,认为"《阴符经》出于唐李筌,熟读其文,知非黄帝书也……盖欲其文奇古,反诡谲不经,盖糅杂兵家语作此言"①,进而认为所谓太公和张良的注也出自李筌之手。朱熹也认为,《阴符经》"以文字气象言之,必非古书"②,乃至认为,"《阴符经》恐是唐李筌所为,是他着力去做,学他古文。何故? 只因他说起,便行于世……圣贤言语自平正,都无许多峣崎"③。我们认为,黄庭坚和朱熹对《阴符经》作者的判断,其根据并不充分。相对而言,反对《阴符经》出自李筌之手的一方则举出了极为坚强的证据:余嘉锡先生在细致审查了此前包括四库馆臣在内学界对此问题的诸多看法之后,指出:"案楼钥《攻媿集》卷七十二,有《褚河南阴符经跋》,与停云馆石刊悉合……岳珂《宝真斋法书赞》卷五,又著录有《欧阳询阴符经贴》……《随隐漫录》卷五云:常州澄清观有褚遂良《阴符经》……惟《艺文类聚》所引,实见于其卷八十八引《阴符经》曰:'火生于木,祸发必尅'……是必六朝以前相传之古本矣……李筌盖偶得旧本,遂注而传之,特故神其说,妄言遇骊山老母传授微旨耳。此虽近于臆测,而其决非筌所伪托,则可断言也。"④同时,王明先生又提出一条补充证据:"唐吴筠:《宗玄先生文集》卷中《形神可固论·守神篇》引《阴符经》,其中'火生于木,祸发必尅',两句,正见于今本《阴符经》。但是'经冬之草,复之不死,露之见伤'云云则不见,从此可知吴筠根据的是不同的本子……那么吴筠与李筌也是同时代的人。吴筠著论引《阴符经》,且有异文。则《阴符经》已经流行于当世,而且有了不同的本子。可见《阴符经》这书在李筌之前早已存在了,并非是他造的。"⑤

---

① [宋]黄庭坚:《跋翟公巽所藏石刻》,收入刘琳等点校,《黄庭坚全集》,第二册,成都:四川大学出版社,2001年,第766页。
② [宋]朱熹:《阴符经注》,载《朱子全书(修订版)》,第十三册,上海:上海古籍出版社、合肥:安徽教育出版社,2010年,第507页。
③ [宋]黎靖德编:《朱子语类》,卷一百二十五,载《朱子全书(修订版)》第十八册,第3918页、第3919页。按,《朱子全书(修订版)》此段文字点断为"何故只因他说起,便行于世",亦通。
④ 余嘉锡:《四库提要辩证》,第三册,卷十九,北京:中华书局,2009年,第1177—1183页。
⑤ 王明:《道家和道教思想研究》,北京:中国社会科学出版社,1987年,第143页。

余嘉锡和王明所举的例证颇具说服力。褚遂良和欧阳询都是初唐人士,早于自称为天宝布衣的李筌。如果他们确实手写过《阴符经》的话,《阴符经》不可能出自李筌之手。其实,余先生还漏掉了一条重要证据,就是被多种文献提到的李靖注本《阴符经》,李靖在年代上不晚于褚遂良和欧阳询,也可算作是《阴符经》出于李筌之前的一个证据。余先生的上述证据一出,得到了学界的普遍认同,成为目前学界的主流观点。其论据的说服力是显而易见的。但是笔者认为,余先生的上述论断还远没有到为此疑问下最后结论的地步。

首先,"李筌盖偶得旧本,遂注而传之,特故神其说"的前提是在李筌之前《阴符经》文本流传不广,乃至无人知晓,但是余先生的上述例证恰恰是在否定这一前提。这就在论证上不免陷入了一个非常有趣的悖论:一方面,为了解释李筌神化《阴符经》出处的合理性,只能强调《阴符经》在李筌之前流传不广;而另一方面,余先生所找到的例证恰说明《阴符经》在李筌之前流传甚广,因此李筌神化《阴符经》出处的做法纯属多余,尤其是在余先生发现的《阴符经》传本在内容上要比李筌传本多的情况下,我们很难想象李筌为什么在许多人多见到过四百字本《阴符经》的情况下,来编造一个三百字的新版本。

其实,楼钥所提到的褚遂良和欧阳询的《阴符经》写本,其真实性也未必完全没有值得怀疑之处。首先,是楼钥所提到的褚遂良手写《阴符经》本:

《阴符经》说者甚众,以文义不贯,颇费牵合,盖尝疑之。唐李筌传骊山老母之言曰:此符三百余言,百言演道,百言演法,百言演术,上有神仙抱一之道,中有富国安民之法,下有强兵战胜之术,分为三章。又有六注,谓太公、范蠡、鬼谷、张良、诸葛亮及筌也,系以正义,不言谁作,后序中谓出于骊山老母,亦间有无主名者。略计太公之言八、张良之言九、鬼谷六、诸葛五、范蠡才一见[①],而筌及正义尤详。又与世所版行注本不同,后有断章三赞。又道士希严不知何许人,作赞三十九首,可谓备矣。或总题其后云观注者粗得一二,而赞者略无仿佛,信其奥妙,不

[①] 田按,《阴符经解》中,收录太公注11条,张良注15条,鬼谷子注6条,诸葛亮注5条,范蠡注1条,伊尹注5条,太公和张良注的分量明显有所增加。

可以智知，而言说姑存之耳，诚哉是言也。比岁于都下三茅宁寿观，见褚河南真迹注本，始知上古真仙各出语一二以至三四，自愚人以天地文理圣桀按此句似有脱误字而彼不言为谁①，其间有若相应答，亦有旨意全不联属者，将由群仙之集而为之耶，抑高真荟萃而成此经耶？初有道流携以求售，索价不赀，未几羽化于观中，遂为三茅宝藏摹得其本以归，兹因徐粹中醇一为慈溪至道宫建藏手写以遗之。凡见河南所书三本，其一草书，贞观六年奉敕书五十卷；其一亦小楷，永徽五年奉旨写一百廿卷；及此，盖书百九十本矣。二者皆见石刻，惟此真迹尤为合作，字至小而楷法精妙。河南卒于显庆三年，年六十有三，书此时计四十五岁，而永徽所书则五十有九矣，岂惟笔力不可跂及，亦安得此目力耶？然三本详略亦自不同，草书本又冠以《黄帝阴符经》，要当以此本为善，仍命长子淳细书临摹于后，尚存旧本之万一云。②

楼钥所看到的褚遂良《阴符经》抄本有三：一为草书本《黄帝阴符经》，一为小楷本，第三即楼钥所作跋的小楷"褚遂良真迹注本"，抄于贞观十四年（640）。这三个版本内容"详略亦自不同"，而以第三为善。此版本的正文系由所谓注有姓名的"上古真仙"的一二语以至三四言组合而成，内容之间"其间有若相应答，亦有旨意全不联属者"。

其后，元儒黄瑞节在为朱熹《阴符经注》所作的附录中则提到：

> 按唐褚遂良得太极丹真人所注本于长孙赵国公家，以其书为非一人之言。如首二句注云"圣母、岐伯言"，次四句注云"天皇真人言"，以下皆然。间有与诸本不同者。③

> 按骊山老母注本与蔡氏本"我以时物文理哲"为书之末句，褚氏本与张氏注本其下有二十一句、百一十四字，朱子所深取者政在此内，今取褚氏本为正。④

---

① 据清人倪涛所作的《六艺之一录》所收录的此文看，这一句当作"自愚人以天地文理圣而后，不言为谁"为正。
② ［宋］楼钥：《跋褚河南阴符经》，收入《攻媿集》，第十二册，卷七十二，《丛书集成初编》第2014册，北京：商务印书馆，1936年，第974—975页。
③ ［宋］朱熹：《阴符经注》，第512页。
④ 同上书，第518页。

据黄瑞节所说,此"褚氏本"应当就是楼钥所提到的褚遂良真迹注本,四百六十字本。"褚氏本"系由太极丹真人所注,注的内容是指出正文系由"圣母、岐伯言"、"天皇真人言"等所谓"上古真仙"语组成,此抄本的源头是唐初的长孙赵国公。

关于此褚遂良抄本《阴符经》,有两点疑问。其一,其出处不清,传承不清。就书法作品而言,出于伪托的可能性比一般图书要大,更需要予以认真辨析。源头清楚、传承有序是确保其为真品的必要条件,这恰恰是此抄本所欠缺的。其二,此抄本"愚人以天地文理圣"之后的内容不再标注出处,显示出此经前后部分有明显的差距,不免令人怀疑其后半部分是由后人补充而成的。

再来看欧阳询抄本《阴符经》,南宋岳珂的《宝真斋法书赞》卷五,对此抄本有完整的记录:

> 经曰:观天之道,执天之行,尽矣。故天有五贼,见之者昌,五贼在心,施行于天,宇宙在乎手,万化生乎身。天性,人也;人心,机也,立天之道以定人也。天发杀机,移星易宿;地发杀机,龙蛇起陆;人发杀机,天地反复;天人合发,万变定基。性有巧拙,可以伏藏。九窍之邪,在乎三要,可以动静。火生于木,祸发必克;奸生于国,时动必溃;知之修练,谓之圣人。天生天杀,道之理也。天地,万物之盗也;万物,人之盗也,三盗既宜,三才既安。故曰:食其时,百骸理;动其机,万化安。人知其神之神,而不知不神之所以神也。日月有数,大小有定,圣功生焉,神明出焉。其盗,机也。天下莫不见,莫能知也。君子得之固穷,小人得之轻命。瞽者善听,聋者善视,绝利一源,用师十倍。三反昼夜,用师万倍。心生于物,死于物,机在目。天之无恩而大恩生,迅雷烈风莫不蠢然。至乐性余,至静则廉,天之至私,用之至公,禽之制在气。生者死之根,死者生之根,恩生于害,害生于恩。愚人以天地文理圣,我以时物文理哲。自然之道静,故天地万物生;天地之道浸,故阴阳胜,阴阳相推而变化顺矣。至静之道,律吕所不能契,爰有奇器,是生万象。八卦甲子,神机鬼藏。阴阳相胜之术,昭昭乎进乎象矣。《黄帝阴符经》贞观十一年丁酉岁九月□□日,书与善奴。上清大洞三景弟子内供奉道士张平

叔题。此题系隶书右唐太子率更令欧阳询字信本,《阴符经真迹》一卷,楷庄而劲,严而有法,纸古以香,态峭而绝,真欧笔也。"书与善奴",又与右军写《乐毅论》赐大令者同一体制。按,率更之子曰通,字通师,官至内史,号小欧阳,亦以能书称,淳化阁帖中,有所授笔诀,亦云付善奴,即其人也。予婿陈天泽以宝庆乙酉五月,见之中都,知予笃好,倾行橐购之以遗予,有小玺在卷后。赞曰:内史书如率令,善奴秀比官奴;千古会稽楷则,于今重见阴符。①

此抄本也是四百余字,考其出处,仅有"宝庆年间见之中都"而已,其源头和传承序列都无从而知,当然也让人难以判断其真伪。此外,此抄本题为"黄帝阴符经",而其后的褚遂良抄本却注为群仙所作,二者显有矛盾。

其实,我们更应该注意到楼钥和岳珂之前的人们对《阴符经》传本的记述。关于《阴符经》的传本,《道藏提要》提到"一本出于唐李筌,有三百字,分作三章,至'我以时文物理哲'句止(即《骊山母传阴符玄义》本)。一本出自唐张果,于三百字后多出一百余字,不分篇章"②。其中,张果传本中明显有反驳《阴符经》李筌注本的痕迹,所以在时间上要晚于李筌传本,这一点毫无疑问③。值得注意的是,唐人提到的《阴符经》,多为李筌传本,如陆龟蒙和皮日休都有诗作明确提到《阴符经》:一为陆的《读阴符经寄鹿门子》,诗中有"清晨整冠坐,朗咏三百言"云云;另一为皮的《奉和读阴符经见寄》,诗中有"三百八十言,出自伊祁氏"云云④,显然二人所见的《阴符经》,系"李筌传本"系统;再如,郑樵的《通志艺文志》中录有房山长《大丹黄帝阴符经》一卷,今不传。但是南宋陈葆光在其《三洞群仙录》四十二卷五《房逢西白》条中提到"《实宾录》:唐房山长《阴符大册经序》曰:予少好学道而慕长生,见《阴符》言'上有神仙抱一之道',后人只究以安邦治国之法,鲜知神仙至乐

---

① [宋]岳珂:《欧阳询阴符经帖》,见《宝真斋法书赞》卷五,丛书集成初编本第1628册,北京:商务印书馆,1936年,第53—54页。
② 任继愈主编:《道藏提要(修订版)》,北京:中国社会科学出版社,1995年,第28—29页。
③ 由于现存的各张果传记中都没有提到过其《阴符经注》,故也有学者对张果注说法出于唐代中期的张果持怀疑态度。
④ [唐]陆龟蒙编:《松陵集》卷二,《四库全书·集部》第1332册,第180、181页。

之术。贞观三年"①云云,貌似房山长传本出自贞观三年前后,但实际上其提到"上有神仙抱一之道"云云,则来自李筌传本无疑,则此经虽为唐本,但要在李筌传本之后。这些材料都说明,"李筌传本"在早期的影响要大于"张果传本"系统,而楼钥和岳珂提到的欧阳询和褚遂良的抄本恰恰是四百字本,与张果传本一致,这颇令人生疑。此外,欧阳修则提到有所谓柳公权书于开成二年的《唐郑澣阴符经序》,被蔡襄和欧阳修断为真品,可惜今已无从考见其具体内容了。

我们认为,黄庭坚和朱熹或者没有见到过褚遂良和欧阳询写本的《阴符经》,或者都不相信它们为真迹,否则他们不可能无视上述证据,而仍然认为《阴符经》出自李筌之手。同样,如果这两个写本在初唐已经流行的话,李筌是不大可能再费力去编造故事来神化《阴符经》的出处的。

那么,如何看待余嘉锡先生和王明先生所提到的另外两个例证?一是余嘉锡先生提到,欧阳询所编《艺文类聚》有对《阴符经》的引用:"《阴符》曰:'火生于木,祸发必尅。'"②二是王明先生提到,唐吴筠《宗玄先生文集》对《阴符经》的引用:"《阴符经》曰:经冬之草,覆之不死,露之见伤。火生于木,祸发必尅。"③我们认为,我们固然可以据此得出在李筌时代或之前,《阴符经》早已存在的结论;但我们也可以推出另外一种可能性:前一条材料表明,欧阳询曾见到某一著作,其名称含有"阴符"二字,其内容也含有"火生于木,祸发必尅"云云,但此书不一定就是我们现在所说的《阴符经》(也有可能出自《隋书·经籍志》所录的《太公阴符钤录》、《周书阴符》等书);关于后一条材料,我们注意到在《四库》本《阴符经解》的注文中有"且经冬之草,覆之而不死,露之即见伤,草木植性尚犹如此,况人万物之灵"云云,则吴筠所提到的上述文字,部分属于《阴符经》的注文,况且吴筠所见到的《阴符经》文本,在时间上未必会早于李筌传本,所以不能成为在李筌之前早有《阴符经》流传的证据。

---

① 此为吉林大学韩钢在其学位论文《唐宋〈阴符经〉注疏研究》(吉林大学硕士论文 2012 年 4 月)中首先提到,见其硕士论文,第 17 页。
② [宋]欧阳询编:《艺文类聚》卷八十八,《木部上》,北京:中华书局,1965 年,第 1507 页。
③ [唐]吴筠:《宗玄先生文集》卷中《形神可固论》,载《道藏》第二十三册,天津:天津古籍出版社,1988 年,第 664 页。

我们认为,目前所有否定《阴符经》出自李筌之手的证据都还不是确证,因此对于《阴符经》是否出自李筌之手这个问题,还无法做出确定性的判断。这一结论虽然只是一个消极的结论,但更符合实际情况。

二 《阴符经》太公等注的作者

《阴符经》的早期传本以李筌注本为主,而我们今天所见到的李筌注文又只有部分保留在所谓《阴符经》的集注本中。唐代流行的《阴符经》集注本又有十一家注、七家注和六家注之分,十一家注本今不传[①],六家注和七家注的内容则基本一致,只是七家注本明确其序的署名为诸葛亮而已。我们注意到,在这两个集注本的序中都有"故圣人藏诸名山,传之同好"云云,这显然是从出自李筌之手的《骊山母传阴符玄义》中的"李筌序"而来,这是其结集年代晚于《骊山母传阴符玄义》的确证。当前,除李筌注外的六家注均出自后人的委托,且它们只能出现在《阴符经》被认为是出自黄帝所作之后,这一点当无疑义。那么,这些注文到底出自何人之手?这个问题很难得到解答,但也有一些线索可寻。

如果我们考察的范围不限于考证,而是以历史的视角来看,就会发现其实太公和张良,甚至范蠡和诸葛亮这些人物在唐玄宗时期突然受到了关注。据文献记载,玄宗于"开元十九年,始置太公尚父庙,以留侯张良配。中春、中秋,上戊祭之牲乐之制如文宣……仍以古名将十人,为十哲配享……上元元年,尊太公为武成王,祭典与文宣王比,以历代良将为十哲象(包括范蠡、张良和诸葛亮)坐侍"(《新唐书》卷十五,俗称"武庙十哲")。显然,这个一场空前的尚武运动,改变了唐代此前只设文庙的历史,反映出了时代风气的重大变化。我们也注意到,在《阴符经集注》中,收录太公注和张良注的内容仅次于李筌注,显示二人受到了特殊的照顾,尤其是结尾部分全都是张良的注文。再者,我们也注意到,《阴符经》及其《集注》本在隋唐史书中均被列入兵家范围。据此,我们有理由将《阴符经》及其《集注》本的出现和这场尚

---

① 此处的十一家注,是出现在《新唐书》、《崇文总目》中的版本,而非明万历间绣水沈氏刊《宝颜堂秘笈》收录的题为古十一家注的《阴符经解》一卷本。

武运动联系起来(鬼谷子是传说中的人物,不可能出现在太公庙里),将此现象看成是对这场尚武运动的一个回应。这也是我们判断《集注》本出现年代的一个辅助证据①。但此中问题的关键,是这一现象究竟是说明有人在此尚武运动的刺激下,对此前早已经以单行本存在的《阴符经》注本进行一次整合呢,还是《阴符经集注》本的所有注文都是受这场运动的刺激下才被人"委托创造"出来的呢?更进一步说,这些注文究竟是出自多人之手,还是只是出自一人之手呢?其实我们也很有理由产生上述怀疑:为什么当初委托者会选定这几个人而不是别人来当《阴符经》注文的公开作者呢?此外我们还注意到一个事实:目前所有传世文献中都没有提到过以单行本形式存在过的太公、范蠡、张良等人的《阴符经》注本。这也使得我们怀疑这些委托的注文,从一开始就是以集注本的面貌存在的,即出自一人之手。

支撑上述怀疑的证据有三:一是从《四库》本《阴符经解》(即六家注本)的具体内容看,各注文之间有明显相互承接痕迹,如其对"观天之道,执天之行,尽矣。故天有五贼,见之者昌"的注文:

> 太公曰:其一贼命,其次贼物,其次贼时,其次贼功,其次贼神。贼命以一消天下,用之以味;贼物以一急天下,用之以利;贼时以一信天下,用之以反;贼功以一恩天下,用之以怨;贼神以一验天下,用之以小大。
>
> 鬼谷子曰:天之五贼,莫若贼神,此大而彼小,以小而取大,天地莫之能神,而况于人乎?
>
> 筌曰:黄帝得贼命之机,白日上升;殷周得贼神之验,以小灭大;管仲得贼时之信,九合诸侯;范蠡得贼物之急而霸南越;张良得贼功之恩而败强楚。

其中,小大问题几乎与《阴符经》原文无关,而却成为注文的共同话题。若非出自一人之手,这一现象很难让人理解。

再如,其对"五贼在心,施行于天,宇宙在乎手,万化生乎身"的注文:

---

① 此观点受卢国龙先生的提示,在此特表示感谢。我们也注意到,《阴符经》十一家注的"作者"只是多出了唐初几位早已被视为是兵家代表的人士,如李靖等。

太公曰：圣人谓之五贼，天下谓之五德，人食五味而生，食五味而死，无有怨而弃之者也，心之所味也亦然。

　　广成子曰：以为积火焚五毒，五毒即五味，五味尽，可以长生也。

　　筌曰：人因五味而生，五味而死，五味各有所主，顺之则相生，逆之则相胜。

这里，五贼本来与五味无关，但是在各注文中，其相互承接的痕迹一目了然。

　　二是，我们注意到，张果的注文主要针对的是李筌注，几乎是在逐条驳斥，而张果所根据的底本，似乎不独只有李筌注，而是属于集注的性质，因此他可以很方便的对这些不同的注文进行比较。

　　三是，《阴符经解》所收李筌注之外的各家注文异常简略，这与"李筌注"之详尽形成鲜明的对比（其实楼钥已经注意到了这一点），如："天之无恩而大恩生，迅雷烈风莫不蠢然"条，仅收录的张良、太公注文"良曰熙熙哉，太公曰诚惧致福"；"至乐性余至静性廉"条，仅收录张良注文"良曰夫机在于是也"；"禽之制在炁"条，仅有"太公曰岂以小大而相制哉？尹曰炁者天之机"，而这三条中"李筌注"则极为详尽。我们还注意到一个事实，那就是一些书名为张良注的注文与《阴符经》本文并不对应，如"故曰沉水入火，自取灭亡"条，注文为"良曰：理人自死，理军亡兵，无死则无不死，无生则无不生，故知乎死生，国家安宁"，二者之间没有关联性；又如"爰有奇器，是生万象，八卦甲子，神机鬼藏"条，注文竟然是"良曰：六癸为天藏，可以伏藏也"，注文虽然也提到"藏"字，但与《阴符经》原文无关。

　　我们据此判断，这些委托注文出自一人之手的可能性很大，该作者直接制作了以李筌注为核心、再辅以另外六人注的集注形式文本。因为，这些注文若离开"李筌注"这个主体，大多数情况下毫无疑义（比如上面列举的三例）。这不得不让我们怀疑，这些委托的注文都出自李筌本人之手，是为其神化《阴符经》为黄帝所作这一目的服务的。

结　论

　　通过对上面两个问题的讨论，就我们所知的材料判断，一是目前所有的证据都不足以否定《阴符经》出自李筌之手的观点;二是我们所见到的太公、范蠡等人的《阴符经注》,也很有可能出自李筌之手。总之,这些材料颇能说明李筌不仅只是作了《阴符经注》而已,《阴符经》本身也很可能出自他本人之手,只是我们目前还缺乏更为确凿的材料来证明这一点。

A Further Discussion on Two Questions about *Yinfujing*

Tian Zhizhong

Abstract: There are many views on the exact time and author about *Yinfujing* now, which can be reduced to it that *Yinfujing* came from Li Quan or earlier ones. However, the later view becomes more accepted. This article shows that we still don't find any convictive evidence to show that *Yinfujing* don't came from Li Quan. This paper also shows that those six Commentary on *Yinfujing* from Tai Gong, Fan Li and so on , may be written by Li Quan.

Key words: *Yinfujing*, Li Quan's Commentary on *Yinfujing*, Initial *Yinfujng*

《政治的正义性》

〔德〕奥特弗利德·赫费 著　庞学铨　李张林 译
上海：上海译文出版社,2014年2月

奥特弗利德·赫费是德国著名哲学家,曾任弗莱堡大学、图宾根大学教授。赫费在法哲学及法伦理学领域取得了突出成就,被认为是当代德语世界"最先使法学、国家理论和哲学三者重新结盟的哲学家,也是一位最富有成果的开拓者"。本书是赫费全面阐释其法哲学观点的代表作。自19世纪以后,法律和国家实证主义逐渐成为主流,它主张法和道德分离,认为道德是私人的事情,因此对法律和国家制度进行道德评价是没有意义的。更为极端的立场是无政府主义,它从根本上反对法律和国家。赫费对上述"政治教条主义"和"政治怀疑主义"进行了尖锐批评,重新赋予法律和国家道德基础。他试图在法和国家实证主义与无政府主义的对立间找到一个可调和的点,同时在基础哲学层次上建立与功利主义相反的正义的新模式。通过语义学上思考正义概念,在概念史上追根溯源,赫费逐渐明确了自己的立场:政治的正义性不是纯粹经济意义上的交换正义性,因为交换中除了物质利益外还涉及精神利益,"自由的限制换得了自由的保障,对自由的放弃回报以对自由的权利"。赫费的研究使得我们在后罗尔斯时代能够以一种新方式来理解非功利主义的正义概念。（韩骁）

佛教的法类别论与胜论派的句义论比较*

姚卫群**

提　要：古代印度宗教哲学派别中对世界和人生现象的构成问题有种种设想。佛教关于法的分类理论和胜论派关于句义的理论是这方面的两大重要思想体系。佛教中有五位七十五法及五位百法等说；胜论派中有六句义和十句义等说。两派的这类思想体系中包含了大量对于物质现象和精神现象的宝贵分析。这些思想展示出了古印度人在理论思维方面所达到的深度和广度，在今天对我们分析世间事物和人类自身仍然有重要的参考价值。

关键词：胜论派　句义　法　佛教哲学　婆罗门教哲学

佛教与胜论派都是古印度产生的重要思想流派。两派对世间各种现象提出了细致分析，对事物的类别做了较全面的划分。这方面的观念在两派各自的理论体系中占有显要地位。分析和比较这两种理论对于认识古代印度人的世界观或宇宙论有重要意义。

一　佛教关于"法"的基本类别的区分

佛教对一切事物或一切现象通常称为"法"。这一词一般认为译自梵语

---

* 本文受到北京市优秀博士学位论文指导教师人文社科项目、北大外哲所项目、国家社科基金项目支持。

** 姚卫群，1954年生，北京大学外国哲学研究所研究员，哲学系教授。

的"dharma"或巴利语的"dhamma"。音译则有"达磨"（达摩）、"昙摩"、"昙无"等。佛教文献中对这一词有一些解释。如《俱舍论》卷第一中说："能持自相，故名为法。"①按照这个解释，能持有自己特性或能有所表现的东西就是"法"。也就是说，"法"指各种事物或现象。

《成唯识论》卷第一中说："法谓轨持。"②《成唯识论述记》卷第一中对这句话的说明是："轨谓轨范，可生物解；持谓住持，不舍自相。"③按照这类说明，法有两个基本含义：一是指规范事物的根据或规则，由它能产生对事物的解释，或确定事物的含义；二是指保持自己一定特性的东西，实际也就是指有各种特性（自相）的事物或现象。具体来看，在各类佛教的文献中，所谓"法"在多数情况中是指一切事物或一切现象。有时也指理论或学说，如说"佛法"一般是指佛教的理论或学说；说"诸法"是指各种事物。

我们这里讨论的佛教关于"法"的基本类别的区分，也就是佛教对于一切事物或一切现象的基本分类。

佛教在产生时关注的重点是人生现象，但人生现象也是重要的世界现象。而且分析人生现象实际上也离不开其他世界现象。因而，严格来讲，佛教最初提出的理论中，就有对包含人生现象在内的种种法的分析。这之中较为突出的是五蕴、十二处、十八界、十二因缘等的理论。

"五蕴"中的"蕴"译自梵文"skandha"，意思是"积聚"或"和合"。"五蕴"就是五种积聚或和合。具体就是色、受、想、行、识这五种蕴。

色蕴指一切有形态、有质碍的事物，接近于现今人们所说的物质现象，如地、水、火、风及由其所构成的事物。受蕴指感受，即由感官接触外物所生之感受或情感等。想蕴指表象、观念等；行蕴指意志一类的心作用；识蕴指总的意识活动，如区别与认识事物等。阿含类经中就论及了这五蕴（五受阴）。如《杂阿含经》卷第三中说："有五受阴。何等为五？谓色受阴、受、想、行、识受阴。云何色受阴？所有色，彼一切四大及四大所造色，是名为色受阴。""云何受受阴？谓六受身。何等为六？谓眼触生受、耳、鼻、舌、身、

---

① 高楠顺次郎等编：《大正新修大藏经》第二十九卷，东京：大正一切经刊行会，大正13年（1924年），第1页。
② 高楠顺次郎等编：《大正新修大藏经》第三十一卷，第1页。
③ 高楠顺次郎等编：《大正新修大藏经》第四十三卷，第239页。

意触生受,是名受受阴。""云何想受阴?谓六想身。何等为六?谓眼触生想,乃至意触生想,是名想受阴。""云何行受阴?谓六思身。何等为六?谓眼触生思,乃至意触生思,是名行受阴。""云何识受阴?谓六识身。何等为六?谓眼识身,乃至意识身,是名识受阴。"①

"五蕴"在早期佛教中,主要指现实的人或人身心的构成。它有时也指一般的物质现象和精神现象。这一理论的提出是要表明在五蕴之外不存在独立的"我"或不变的主体,世间所谓的"我"仅是五蕴暂时的和合,它(我)实际上并不实在,而人之所以有痛苦就是因为不明白这个道理(此即无明),把五蕴认作实在的"我"或不变的主体来执着。

"十二处"中的"处"译自梵语"āyatana"。这一词义为"进来的地方"。"十二处"具体指人的六根及其相对应的六境。六根是眼、耳、鼻、舌、身、意。六境是色、声、香、味、触、法。《杂阿含经》卷第十三中说:"何等为六内入处?谓眼入处、耳入处、鼻入处、舌入处、身入处、意入处。何等为六外入处?色入处、声入处、香入处、味入处、触入处、法入处。"②

"十二处"主要是从人的身体器官入手,进一步对应地分析其作用对象的不同存在形态,从而说明多样性的世界的基本构成类别。这种分析的着眼点也是人及其与之关系紧密的外部现象。正是由于人的器官及其相应的作用,才有可能产生各种感受或认识,展示人的生命或情感活动这些世界现象。

"十八界"中的"界"译自梵语"dhātu"。这一词有"要素""种族""分界""差别""基础"等含义。具体指六根、六境以及根缘取境之后所生的六识(眼识、耳识、鼻识、舌识、身识、意识)这十八种涉及人认识的要素或基础。它们是密切相关的:人的感觉器官(六根)作用于各自的对象(六境),产生各自相应的识别或认识(六识)。《杂阿含经》卷第十六中说:"云何为种种界?谓眼界、色界、眼识界、耳界、声界、耳识界、鼻界、香界、鼻识界、舌界、味界、舌识界、身界、触界、身识界、意界、法界、意识界,是名种种界。……云何

---

① 高楠顺次郎等编:《大正新修大藏经》第二卷,第15—16页。
② 同上书,第86—87页。

种种界？谓十八界：眼界、色界、眼识界,乃至意界、法界、意识界,是名种种界。"①

十八界的理论较全面地论述了早期佛教关于人的认识形成过程中所涉及的各个要素。这种论述实际也就把"法"的基本形态展示了出来。与十二处相比,十八界增加了根取境之后所生的六识,这对认识过程的叙述就较为完整,"法"的内容自然也更为丰富。

"十二因缘"中的"缘"译自梵语"pratyaya"。这一词指使他物存在或产生的"原因",也就是"条件"。这是早期佛教提出的人生现象过程的十二个动态的因果联系的环节,它们是：无明、行、识、名色、六处、触、受、爱、取、有、生、老死。《杂阿含经》卷第十二中说："云何无明？若不知前际,不知后际,不知前后际；不知于内,不知于外,不知于内外；不知业,不知报,不知业报；不知佛,不知法,不知僧……,痴暗无明大冥,是名无明。缘无明行者,云何为行？行有三种：身行、口行、意行。缘行识者,云何为识？谓六识身：眼识身、耳识身、鼻识身、舌识身、身识身、意识身。缘识名色者,云何名？谓四无色阴：受阴、想阴、行阴、识阴。云何色？谓四大、四大所造色,是名为色。此色及前所说名,是为名色。缘名色六入处者,云何为六入处？谓六内入处：眼入处、耳入处、鼻入处、舌入处、身入处、意入处。缘六入处触者,云何为触？谓六触身：眼触身、耳触身、鼻触身、舌触身、身触身、意触身。缘触受者,云何为受？谓三受：苦受、乐受、不苦不乐受。缘受爱者,彼云何为爱？谓三爱：欲爱、色爱、无色爱。缘爱取者,云何为取？四取：欲取、见取、戒取、我取。缘取有者,云何为有？三有：欲有、色有、无色有。缘有生者,云何为生？若彼彼众生,彼彼身种类生,超越和合出生,得阴,得界,得入处,得命根,是名为生。缘生老死者,云何为老？若发白露顶,皮缓根熟……,造行艰难羸劣,是名为老。云何为死？彼彼众生,彼彼种类没……,舍阴时到,是名为死。此死及前所说老,是名老死。"②

五蕴、十二处、十八界、十二因缘这些"法"在佛教中又被称为"有为法",即处于相互联系、生灭变化中的事物。与之相对的是"无为法",即没有

---

① 高楠顺次郎等编：《大正新修大藏经》第二卷,第116页。
② 同上书,第85页。

因缘关系,不生不灭的东西,如佛教中的"涅槃"即属无为法。

早期佛教对"法"的分析构成了佛教对宇宙及人生现象的基本观念。佛教后来在这方面的分析越发细密,但早期佛教的关于"法"的种类划分理论则是基础。

部派佛教时期,佛教对于事物的分析更为细致。多数部派把"法"作了过去法、现在法和未来法的分别,犊子部把"法"分为五类:过去法、现在法、未来法、无为法、不可说法(补特伽罗),大众部把无为法分为九类:择灭、非择灭、虚空、空无边处、识无边处、无所有处、非想非非想处、缘起支性、圣道支性。说一切有部中则有"五位七十五法"的分类。

"五位七十五法"主要是《俱舍论》中的分类,是部派佛教中最有代表性的理论。

所谓"五位"指对"法"所作的五种基本分类,它们是色法、心法、心所法、心不相应行法、无为法。"七十五法"则是在五位之下进一步划分的七十五个更小的法的具体名目。

"色法"主要指物质现象。《俱舍论》卷第一中在讨论色的特性时说:"变碍名色,理得成就。"①这是指色的一般特性,即可以变化,有质碍。色法有十一种:眼、耳、鼻、舌、身、色、声、香、味、触和无表色。前十种色是身体的五种器官及其相应的作用对象,无表色则主要指不能表示出来的一种色,如产生某种结果的行为之力量或潜势力等。《俱舍论》卷第一中说:"颂曰:色者,唯五根、五境及无表。论曰:言五根者,所谓眼耳鼻舌身根。言五境者,即是眼等五根境界,所谓色声香味所触。及无表者,谓无表色。""无表虽以色业为性如有表业,而非表示令他了知,故名无表。……表业及定所生善不善色,名为无表。"②

"心法"是精神作用的主体,即心王。它只有一种。"心"与精神作用是密不可分的。《俱舍论》卷第四中说:"颂曰:心心所必俱,诸行相或得。论曰:心与心所必定俱生,随阙一时余则不起。"在《俱舍论》中,"心"与"意"及"识"这几个概念是一体的,不同的名称代表了精神作用之体的几个主要方

---

① 高楠顺次郎等编:《大正新修大藏经》第二十九卷,第3页。
② 同上书,第2—3页。

面。《俱舍论》卷第四中说:"论曰:集起故名心,思量故名意,了别故名识。复有释言:净不净界种种差别故名为心,即此为他作所依止故名为意,作能依止故名为识。故心意识三名所诠,义虽有异,而体是一。"①

"心所法"是心所具有的作用。它有四十六种。《俱舍论》卷第四中说:"诸心所法且有五品。何等为五？一大地法,二大善地法,三大烦恼地法,四大不善地法,五小烦恼地法。""如是已说五品心所,复有此余不定心所,恶作睡眠寻伺等法。"②因此,心所法在《俱舍论》中实际被分为六类。第一类是大地③法,指一般的与心相应的心的作用,它们是:受(感受)、想(想象)、思(意向或决意)、触(触觉)、欲(希求)、慧(分别简择)、念(念念不忘)、作意(警觉)、胜解(对事物产生的殊胜的理解)、三摩地(心注一处的入定);第二类是大善地法,指与一切善心相应的心的作用,它们是:信(使心澄净)、勤(使心勇悍)、舍(使心不执著,住于平等)、惭(对自己的错罪感到耻辱)、愧(对自己的错罪感到羞愧)、无贪(不贪婪)、无瞋(不憎恨)、不害(不伤害)、轻安(使心轻妙安宁)、不放逸(专注修善法);第三类是大烦恼地法,指与不善心相应或障碍道的心的作用,它们是:无明(愚痴)、放逸(不修诸善)、懈怠(懒散不勇悍)、不信(不信奉与爱乐三宝)、昏沉(心境沉郁)、掉举(心躁动不安);第四类是大不善地法,指仅与一切不善心相应的心作用,它们是:无惭(对自己的错罪不感耻辱)、无愧(对自己的错罪不感羞愧);第五类是小烦恼地法,指只与无明相应并仅能单独产生的心作用,它们是:忿(对不合己意的人或事产生忿怒)、覆(隐瞒自己的过失)、悭(吝啬财物与教法)、嫉(嫉妒)、恼(坚持己错,并生恼怒)、害(危害他人或他物)、恨(心中不快生怨)、谄(奉承)、诳(欺骗)、骄(傲慢);第六类是不定地法,指上述心作用之外的心作用,它们是:恶作(后悔所作之事)、睡眠(精神意识昏昧)、寻(粗略思考)、伺(细微伺察)、贪(贪欲)、瞋(憎恚)、慢(自负并轻慢他人)、疑(犹豫不决)。

---

① 高楠顺次郎等编:《大正新修大藏经》第二十九卷,第21页。
② 同上书,第19—20页。
③ "大地"的"地"指心作用的"行处",也就是"心"或"心王"。《俱舍论》卷第四中说:"地谓行处,若此是彼所行处,即说此为彼法地。大法地故名为大地。此中若法大地所有,名大地法,谓法恒于一切心有。"同上书,第19页。

"心不相应行法"是一种非色法、非心法、非心所法的有为法,为五蕴中的行蕴所摄。《俱舍论》卷第四中说:"颂曰:心不相应行,得非得同分,无想二定命,相名身等类。论曰:如是诸法,心不相应,非色等性,行蕴所摄,是故名心不相应行。"[1]心不相应行法有十四种:得(指获得成就,有两种:一是已失今获,二是得已不失)、非得(未得成就,有时间上的区分,如未来的非得和过去的非得)、众同分(相同性或同类性,分为有情同分和法同分两种,前者是有情众生的同类相似,后者是事物的同类相似)、无想果(在无想天中达到的灭心心所的状态,是修无想定的果报)、无想定(能使心心所灭的一种禅定,能达无想果,它是凡夫或异生所追求并获得的,但不是真涅槃)、灭尽定(在非想非非想处[2]使心心所灭尽的一种禅定,它是圣者所得,非异生所起)、命根(生命或寿命)、生(产生或生起)、住(相续或保持)、异(变异或变化)、灭(坏灭)、名身(名称或概念的复合体[3])、句身(具有完整意义的句子的复合体[4])、文身(字母的复合体[5])。

"无为法"是无生无灭的存在。《俱舍论》卷第六中说:"无为法都无有因,是故无为虽实有物,常无用,故无因无果。"[6]无为法共三种:虚空无为(事物存在的场所,不障碍万物,也不被万物所障碍[7])、择灭无为(通过智慧的拣择力来灭除烦恼,从而达到的涅槃或解脱状态[8])、非择灭无为(不由智慧的拣择力而得,而是由缺少自身产生之缘而得的毕竟不生的状态[9])。

---

[1] 高楠顺次郎等编:《大正新修大藏经》第二十九卷,第22页。
[2] "非想非非想处"即是作为无色界之第四天的有顶天。
[3] "名"指表明一定意义的事物的名称或概念,"身"有"聚集"之义。因此,"名身"指两个以上的名称或概念的复合体。《俱舍论》卷第五中说:"名身者,谓色声香等。"高楠顺次郎等编:《大正新修大藏经》第二十九卷,第29页。
[4] "句"指具有完整意思的一个句子,"句身"指两个以上的句子的复合体。《俱舍论》卷第五中说:"句身者,谓诸行无常,一切法无我,涅槃寂静等。"《大正新修大藏经》第二十九卷,第29页。
[5] "文"指单一的字母,"文身"指两个以上的字母的复合体。《俱舍论》卷第五中说:"文身者,谓迦佉伽等。"《大正新修大藏经》第二十九卷,第29页。
[6] 《大正新修大藏经》第二十九卷,第29页,第35页。
[7] 《俱舍论》卷第一中说:"虚空但以无碍为性,由无障故,色于中行。"第1页。
[8] 《俱舍论》卷第一中说:"择灭即以离系为性。诸有漏法远离系缚,证得解脱,名为择灭。择谓拣择,即慧差别,各别拣择四圣谛故,择力所得灭,名为择灭。"
[9] 《俱舍论》卷第一中说:"永碍当生,得非择灭,谓能永碍未来法生,得灭异前,名非择灭。得不因择,但由阙缘。"

《俱舍论》是有部较晚的著作。此派较早的著作还有不少,对于法的分类还有其他一些说法。

大乘佛教的经中对法的分类理论不多。但一些论中有完整体系。这里面最突出的是大乘佛教瑜伽行派的著作。其中有代表性的是世亲的《大乘百法明门论》。此论也把法分为五类,但在五位中纳入了一百种法。具体来说:

心法八种:眼识、耳识、鼻识、舌识、身识、意识、末那识、阿赖耶识。

心所有法五十一种:作意、触、受、想、思[①]、欲、胜解、念、定、慧[②]、信、精进、惭、愧、无贪、无瞋、无痴、轻安、不放逸、行舍、不害[③]、贪、瞋、慢、无明、疑、不正见[④]、忿、恨、恼、覆、诳、谄、憍、害、嫉、悭、无惭、无愧、不信、懈怠、放逸、惛沈、掉举、失念、不正知、散乱[⑤]、睡眠、恶作、寻、伺[⑥]。

色法十一种:眼、耳、鼻、舌、身、色、声、香、味、触、法处所摄色。

心不相应行法二十四种:得、命根、众同分、异生性、无想定、灭尽定、无想果、名身、句身、文身、生、老、住、无常、流转、定异、相应、势速、次第、方、时、数、和合性、不和合性。

无为法六种:虚空无为、择灭无为、非择灭无为、不动灭无为、想受灭无为、真如无为。

从结构上来看,似乎瑜伽行派的五位百法与说一切有部的五位七十五法类似,但这两种对法的分析理论存在着重要的不同。说一切有部的五位七十五法中的诸法基本上是平行的关系。而瑜伽行派诸法中的心法则是根本的,或是占主导地位的。

二 胜论派句义论中对世间现象的基本分类

胜论派是古印度著名的婆罗门教哲学派别。此派对世间现象作了极为

---

① "作意"至"思"被称为五种"遍行"。
② "欲"至"慧"被称为五种"别境"。
③ "信"至"不害"被称为十一种"善"。
④ "贪"至"不正见"被称为六种"烦恼"。
⑤ "忿"至"散乱"被称为二十种"随烦恼"。
⑥ "睡眠"至"伺"被称为四种"不定"。

细致的分析,属于典型的自然哲学的理论体系。

胜论派认为,世间事物可以分为若干种"句义"。所谓句义指与观念相对应的实在物。人们有各种观念或概念,这些观念或概念不是凭空产生的。在它们之后有作为其基础的东西,这就是所谓"句义"。胜论派提出的每个句义之下通常又有更小的分类。这些类别就体现了整个宇宙现象的基本形态。

胜论派关于句义的分类在不同文献中说法有所差别。此派最早的根本经典《胜论经》认为有六个句义。此派的另一重要文献《胜宗十句义论》则认为有十个句义。还有一些文献有其他说法。此处结合胜论派的主要文献解释此派十个句义的主要内容:十个句义是:实句义、德句义、业句义、同句义、异句义、和合句义、俱分句义、有能句义、无能句义、无说句义。

实句义指事物自身。事物的各种属性或形态都要依附于一个实体之上。这种实体就是事物自身,即实句义。实句义一共分为九种:地、水、火、风、空、时、方、我、意[1]。地、水、火、风是各种物体的物质元素[2],它们由事物的最小单位——极微构成;空在古印度的一些文献中常指空间,有时也指元素,但在胜论派中主要指一种元素,此种元素被设想为是声音的依托体[3];时指时间,人们之所以产生此时、彼时、同时、不同时、慢、快等观念,是因为存在时这一实体[4];方指空间或方位,人们之所以产生东、南、西、北、上、下等观念是由于存在方这样一个实体[5];我指个人的灵魂或意识的主体,不同的身体有不同的我,它的存在是根据身体中存在着许多生命现象(呼吸、感觉、欲望、记忆等)而被证实的[6];意是人的一种内部器官。它是我(灵魂)与外感官的联络者,当五感官与外界接触时,人有时产生认识,有时不产生认识,这就是意存在的证明[7]。意要和人的其他五感官相配合,人才能产生认识。

德句义指事物的静的特性等。事物的特性实际是依于某种事物自身

---

[1] 参见《胜论经》1,1,5。载姚卫群编译:《古印度六派哲学经典》,北京:商务印书馆,2005年,第2页。
[2] 参见《胜论经》2,1,1—17。载同上书,第6—7页。
[3] 参见《胜论经》2,1,20—31。载同上书,第8—9页。
[4] 参见《胜论经》2,2,6—9。载同上书,第10页。
[5] 参见《胜论经》2,2,10—16。载同上书,第10—11页。
[6] 参见《胜论经》3,2,4—21。载同上书,第16—19页。
[7] 参见《胜论经》3,2,1—3。载同上书,第15—16页。

的,但从概念上将这些属性分离出来,胜论派称之为德句义。德句义分为十七或二十四种。《胜论经》认为有十七种德——色、味、香、触、数、量、别体、合、离、彼体、此体、觉、乐、苦、欲、瞋、勤勇①;《摄句义法论》和《胜宗十句义论》认为有二十四种德,在上述十七种德上又加了重体、液体、润、行、法、非法、声②。

业句义指事物的动的形态,事物的动的形态实际也是依于某种事物自身的,但从概念上将这些形态分离出来,胜论派称之为业。业句义分为五种——取(向上运动)、舍(向下运动)、屈(收缩运动)、伸(伸展运动)、行(方向不定的运动)③。

同句义既指事物间相对的同的关系,又指事物的存在特性。

异句义既指事物间相对的异的关系,又指事物的最终差别④。

和合句义指事物所具有的自体与属性等的不可分的因果关系⑤。各个句义的区分主要是在概念上的,而在实际上,它们都要统一在事物自身,即实上面。产生这种自体与属性等不可分的关系的就是和合句义。

有能句义指与实、德、业三句义有内在联系,并可使它们共同或单独生出特定结果的句义⑥。

无能句义指与实、德、业三句义有内在联系,并可使它们不共同或单独生出其他结果的句义⑦。

俱分句义指相对的同与异,即把同句义限于存在性,把异句义限于最终差别性,其余的同与异另成一独立的句义。《胜论经》及《摄句义法论》认为同和异可以是相对的,它们随人看问题的角度不同而变化,一些概念在某些

---

① 参见《胜论经》1,1,6。载《古印度六派哲学经典》,第 2 页。
② 参见《摄句义法论》2,5 和《胜宗十句义论》。载同上书,第 45、358—359 页。
③ 参见《摄句义法论》2,6 和《胜宗十句义论》。载同上书,第 45、360—361 页。
④ 关于同句义和异句义的解释可参看《摄句义法论》2,7—8。载同上书,第 45—46 页。
⑤ 参见《摄句义法论》2,9。载同上书,第 46 页。
⑥ 《胜宗十句义论》中的原文为:"有能句义云何?谓实、德、业和合,共或非一造各自果决定所须,如是名为有能句义。"载同上书,第 361 页。
⑦ 《胜宗十句义论》中的原文为:"无能句义云何?谓实、德、业和合,共或非一不造余果决定所须,如是名为无能句义。"载同上书,第 361 页。

情况下被人们看作是同,在另外一些情况下被人们看作是异①。但最上位的同是"有"(存在),最下位的异是"边异"(最终差别)。《胜宗十句义论》则把原来属于同句义和异句义中的相对的同异关系独立出来,成立了俱分句义②。

无说句义指事物的非存在状态,分为五种——未生无(事物未产生前之非存在)、已灭无(事物毁灭后之非存在)、更互无(事物相互排斥之非存在)、毕竟无(过去、现在、将来都不会出现的事物之非存在)、不会无(一物中不会具有另一物的性质之非存在)③。

胜论派的句义论是此派的基本理论框架或理论体系。此派的各种具体理论观念都囊括在了这一体系之中,包含了胜论派对宇宙和人生基本成分或要素的基础性分类思想。

三 比较分析

佛教与胜论派对于事物类别的划分理论是古印度哲学的重要内容。这两种理论有不少相同处,也有一些差异点。此处做一些比较分析。

两派在这方面理论的相同处在于:

第一,二者中的主流思想多持一种多元展示的态度。

佛教中的诸法实际上是一种多元的要素。佛教不承认最高神或恒常根本之因。各种法相互作用形成事物的不同形态。从缘起的角度不能说事物是绝对的虚无,因为佛教认可各种作为缘或条件的事物要素。佛教虽然强调事物的变化或非恒常,并因而说事物空或无自性,但这都不是认为事物完全空无或绝对的非存在。从强调缘起的角度说,不少佛教分支的思想有多

---

① 如"实性"这个概念,对于句义来讲,它是异,因为它只是句义中的一种;而对于地、水、火、风等来说,它是同,因为地、水、火、风同样是实。这种相对的同异关系就称为"俱分"。
② 《胜宗十句义论》中的原文为:"俱分句义云何?谓实性、德性、业性及彼一业和合,地性、色性、取性等,如是名为俱分句义。"载《古印度六派哲学经典》,第361页。因此,在《胜宗十句义论》中,所谓俱分句义是指实性、德性、业性这样相对的同异关系。而所谓同句义仅指有(存在),所谓异句义仅指边异(最终差别性)。
③ 《胜宗十句义论》中的原文为:"无说句义云何?谓五种无,名无说句义。何者为五?一未生无,二已灭无,三更互无,四不会无,五毕竟无。是为五无。"载同上书,第361—362页。

元论的倾向。这也是佛教中出现说一切有部的原因之一。胜论派对于所提出的各种句义及其下属的内容也认为是实在的。句义论中的实句义中包含极微的概念。极微被认为是事物的最小单位,是恒常的、实有的。句义有多种,极微也有多种,因而胜论派对句义的分析在这方面与佛教对法的分析有类似处,都有多元实在的理论倾向。

第二,二者都对物质现象和精神现象作了细致分析。

在佛教对法的分析中,色法占有很大比重,心法或心所法也占有很大比重。这表明佛教对事物的物质性成分和精神性的成分都较重视。胜论派在这方面与佛教类似。胜论派对实句义的论述中有四大极微及其复合物这些物质性的成分。在对德句义的分析中,有觉、乐、苦、欲、瞋等精神性或意识性成分。两种理论的这方面内容说明古印度的主要宗教哲学派别对于事物中的物质与精神成分有着明显的区分或分别。

第三,二者都既对事物的自身和其属性作了分析,也对事物之间的关系作了分析。

在佛教对法的分析中,色法和心法,都具有事物自身或作为其他属性依附体的成分,也具有对事物的各种属性的分析的内容,如心所法中的内容、心不相应行法中的内容即是如此。在胜论派的句义论中,实句义和德句义也是对事物自身和其属性的分析。两派的这方面内容都主要属于对单独事物的分析。在这之外,两派中也对各种事物的相互关系进行了分析。如在佛教中的心不相应行法中的定异、心不相应行法中的众同分都涉及事物间的相同性或差别性。在胜论派中,同句义、异句义、俱分句义也是涉及事物间的相同性和差别性的成分。这表明两派在分析事物时,都注重将各种事物联系起来作比较。

第四,二者都对事物的运动形态作了分析。

在佛教中,心不相应行法中有生、住、异、灭、无常、流转等是涉及事物的活动变化等的概念。在胜论派中,有业句义中的取、舍、屈、伸、行以及德句义中的合、离等,都涉及事物的运动或变化。两派对事物的运动都有明显的关注。

第五,二者都对事物的时空关系作了分析。

佛教对法的分析中有涉及时空的内容,如在心不相应行法中,就有时、方的概念。胜论派在其实句义的九实中,也有时和方这两个概念。

两派在对事物类别的划分理论方面的差别点主要表现在:

第一,佛教的这方面理论是以缘起观为基础的;胜论派则是以一种积聚说为基础的。

佛教在其理论中展示了事物或法的多种类别,这些不同类别的法是一种发展形态中的因果关系。处于因果关系中的各种要素或条件的地位不是恒定的。它们在许多场合是互为因果的,各要素有时是因,有时是果。因果关系是可变的。胜论派展示的事物形态则多是单纯的聚合,或是平行的展示。这些事物的表现形态或要素之间的关系或因果关联多属于静态的或相对固定的。这与佛教诸法动态的因果关系有所不同。

第二,佛教这方面的理论有性空观念,胜论派中则没有。

佛教诸法的分类理论多基于缘起说,因而在佛教的许多分支或流派中,对各类法的性质有性空或无自性的判定,主张法体恒有的佛教部派是少数。但在胜论派的理论中,对诸事物的本性通常不做性空的判定,而认为诸句义都是实在的。这是二者的重要不同。

第三,佛教中有唯识说,胜论派中则没有。

佛教在产生之后,就对"识"的问题有不少关注。发展到大乘时期,形成了中观和瑜伽行两大派。其中的瑜伽行派对以往佛教经典中的这方面的理论做了继承和发展,提出了影响极大的唯识思想。胜论派中虽然也有关于意识或精神现象的概念或思想,但此派在对事物分类或分析时,没有唯识的思想。这也是二者的显著理论差别。

佛教的法类别划分理论与胜论派的句义论是古印度人对世界或人生现象基本形态的重要看法,是以往人类思想宝库中的珍贵遗产。现代人类对世界和人自身的许多科学见解是在古代先哲有关思想的基础上发展起来的。梳理和归纳这方面的内容,加以分析研究,对于吸收古人思想的精华,促进精神文明建设,构建现代和谐社会,具有积极意义。

A Comparison between Dharma Theory of Buddhism and Padārtha Theory of Vaiśeṣika

Yao Weiqun

Abstract: The ancient Indian religion and philosophy schools have variety of ideas about the formation of world and life phenomena. Dharma theory of Buddhism and padārtha theory of Vaiśeṣika are the two important ideological systems. In Buddhism, there are the theory of five classes and a seventy-five subclasses and the theory of five classes and a hundred subclasses. In Vaiśeṣika, there are the theory of six padārthas and the theory of ten padārthas etc. Such ideological systems in the two schools contain many valuable analysis for material and spiritual phenomena. These thoughts have shown the depth and breadth of ancient Indians in the aspect of theoretical thinking, and still have important values for our analysis of worldly things and human beings today.

Key words: Vaiśeṣika, Padārtha, Dharma, Buddhist Philosophy, Brahmanism

作为灵魂问题的理念学说
——对于《理想国》"两个世界"论述的灵魂论考察

汪 力[*]

摘 要：尽管《理想国》五卷到七卷谈论的哲人教育与第十卷涉及的诗人批判皆涉及"两个世界"之学说而展开，然而这两套论述间却存在诸多差异。本文前四部分意图指明这两套论述如何通过诉诸"哲人灵魂"之探讨而得以贯通，而五章到七部分则会指出对于"两个世界"论述进行的灵魂论解读所依旧包含的疑难，以及这些疑难如何可能通过诉诸《蒂迈欧》得以某种程度的解答。本文意图表明，对《理想国》《蒂迈欧》之灵魂学说，特别是"哲人灵魂即正义灵魂"的深入考察，对于我们更好地理解"两个世界之分离与关联"这一柏拉图对话之核心问题大有裨益。

关键词：灵魂论 "两个世界"学说 哲人 正义

对柏拉图哲学的研究——至少是中期对话之研究——无法绕开理念学说，尽管对于"理念本身"柏拉图言之甚少[①]。严格来说，中期对话频频涉及

---

[*] 汪力，1985年生，上海理工大学讲师。

[①] "相"或"形相"的翻译比起"理念"来说确实更为贴切 εἶδος/ἰδέα 的原义。对此可参考余纪元：《〈理想国〉讲演录》，北京：中国人民大学出版社，2009年，第178—181页。然而，考虑到国内学界在探讨柏拉图关于"两个世界"的论述时依旧习惯使用"理念世界"等表述，本文出于行文方便之考虑暂且保留"理念"之译名。同样对于 πολιτεία，文本也约定俗成沿用《理想国》这一中译名，而非更贴切的《政制》。如无特别说明，本文使用的中文术语皆沿用郭斌和与张竹明翻译之《理想国》与谢文郁翻译之《蒂迈欧》。

的理念学说提供的是一个关于"两个世界"的承诺——"具体事物之 X"处于生灭流变中;唯有"X 的理念"永恒不变。这一"理念—具体事物"的二分作为哲学研究之出发点始终在柏拉图对话中得以谨慎保留。即便是对于理念学说进行大肆批判的《巴门尼德》依然表示:否认恒久同一之理念,等同于毁灭一切研究哲学的能力(135b - c)①。而跻身于柏拉图最晚期对话行列的《蒂迈欧》,更是将"存在与生成"以及"知识与意见"的二分,判定为关于"宇宙大全"一切探讨的基本出发点(27d - 28c)②。显然,无论是从其重要性还是从其细节之丰富性上来看,柏拉图对话关于"两个世界"的论述都值得研究者进行深入考察。而在本文中,我将提供一个从灵魂论视角入手的研究路径。

一 关于"理念—具体事物"的两套论述

在《形而上学》1078b6 - 32 中,亚里士多德对于"理念论者"进行了一番概述:理念论者一方面继承了苏格拉底对于普遍之伦理定义之追寻,另一方面却又强调"普遍事物"必须与"具体事物"保持分离(χωρισμός)——具体事物被视作是赫拉克利特式的流变,不可能从中产生任何知识。在 1079a1 - 5 中亚里士多德进一步将与具体事物保持严格分离之理念明确为"多上之

---

① 《巴门尼德》中对于"少年苏格拉底"的批判,是否意味着柏拉图对于其中期对话理念学说的反省,大有探讨之余地。陈康在"'少年苏格拉底'的'相论'考"一文中就指出"少年苏格拉底"所描述的"理念"与"具体事物"的严格意义上的"分离"与《斐多》并不一致,"模仿"的论述也缺乏《理想国》中的关键因素"工匠"。参见陈康译注《巴曼尼得斯篇》的附录一(柏拉图:《巴曼尼得斯篇》,陈康译注,北京:商务印书馆,1982 年)。泰勒从另一角度指出"巴门尼德"在第一部分对"少年苏格拉底"作出的批判事实上代表了麦加拉(Megara)学派之观点。参考 A. E. Taylor, *Plato: The Man And His Work*, London: Methuen & Co. Ltd, 1949 (Six Edition), Chapter XIV. 《巴门尼德》是否如泰勒所说的一般整个提供了对于埃利亚学派的反讽,大可加以商榷。然而我认为泰勒正确地指出了一点:《巴门尼德》第一部分并非是否定"两个世界"的划分本身,而是否定具体事物可以通过"分有"或"模仿"与理念发生关联。

② 欧文坚持《蒂迈欧》写作于《巴门尼德》之前,其就哲学方面提供的证据,恰恰在于《蒂迈欧》充斥着中期对话关于"两个世界"的形而上学原则。参见 G. E. L. Owen, "The Place of the Timaeus in Plato's Dialogues," in *Logic, Science, and Dialectic: Collected Papers in Greek Philosophy*, New York: Cornell University Press, 1986, p. 65 ff. 对欧文的反驳可参见 H. Cherniss, "The Relation of the 'Timaeus' to Plato's Later Dialogues", The American Journal of Philology, Vol. 78, No. 3, 1957, pp. 225-266。我倾向于 Cherniss 的判断。

一"($\dot{\varepsilon}\nu$ $\dot{\varepsilon}\pi\grave{\iota}$ $\pi o\lambda\lambda\hat{\omega}\nu$)：流变中诸具体事物之存在原因，都必须追溯到一个"超越其上"($\pi\alpha\grave{\alpha}$ $\tau\grave{\alpha}\varsigma$ $o\dot{\upsilon}\sigma\acute{\iota}\alpha\varsigma$)的同名理念。而从 987a29 - b14 更为简略的概述中，我们可以发现亚里士多德将柏拉图本人判定为这样一个受赫拉克利特与苏格拉底双重影响的"理念论者"①。

我们似乎可以将《形而上学》所强调的"两个世界"的分离以及"多上之一"之关系，与《理想国》做一直接的对应，《理想国》集中论述"两个世界"之段落可以分为两处：一处从第五卷结尾延续到第七卷，我将之概括为"哲人教育"，另一处则集中于第十卷前半部分，我将之概括为"诗人批判"。（1）在第五卷的后半部分，苏格拉底通过划分意见和知识来指明"爱意见者"与"哲人/爱智者"的二分——哲人爱的不是众多美的事物，而是作为理念的"美本身"。在六七两卷中为了阐明哲人之追求，苏格拉底通过日喻、线喻与洞喻三个类比，对以"善的理念"（505a）为首的"理念世界"进行了一定程度的说明。特别在后两个类比中，哲学教育被描述为一个以"善本身"为终点的循序渐进的上升过程。可见世界与可知世界间的各种影像关系得到了集中探讨。（2）在第十卷前半部分，为了指明何为诗人的摹仿术，苏格拉底引入了"三张床"的类比：(i) 神造了唯一的"理念的床"或"床的自然"；(ii) 工匠以之为原型制作众多"具体的床"；(iii) 画家模仿工匠的作品，绘制众多"床的影子"——画作于是"与自然隔两层"（597e）。诗人的摹仿术与画家技艺类似：诗人制造"与真理隔两层"的幻相，模仿低贱的非理性部分。无论哲人教育还是诗人批判似乎都符合《形而上学》的概述：首先，两处文本都涉及"可见"(τo $\dot{o}\rho\alpha\tau\acute{o}\nu$) 与"可知"($\tau\grave{o}$ $\nu o\eta\tau\acute{o}\nu$)，或是"生成"($\gamma\acute{\varepsilon}\nu\varepsilon\sigma\iota\varsigma$)/"生灭"($\tau\acute{o}$ $\gamma\iota\gamma\nu\acute{o}\mu\varepsilon\nu o\nu$ $\tau\varepsilon$ $\kappa\alpha\grave{\iota}$ $\dot{\alpha}\pi o\lambda\lambda\acute{\upsilon}\mu\varepsilon\nu o\nu$) 与"存在"($o\dot{\upsilon}\sigma\iota\alpha$ /τo $\ddot{o}\nu$) 的明确

---

① 987a29-b14 并未直接表明"多上之一"，然而赫拉克利特与苏格拉底的双重影响毕竟清楚地被指明。在本文中我仅仅强调亚里士多德如何界定理念论者，并不涉及例如 990b8-17 或是 1079a4-13 中亚里士多德对于"多上之一"提出的批评。

对立①。其次，在两处文本中，理念似乎都被判明为与具体事物分离的"多上之一"②。

然而，若深入细节的话容易发现，《形而上学》的概述似乎无法对《理想国》两处文本之间的诸多不一致提出清晰的解释。我这样概括两处文本之间的不一致：首先，尽管两处文本皆大量使用类比，关于"理念—具体事物"的论述在类比中所起的作用却不尽相同：五卷到七卷中，灵魂如何从具体事物转向理念本身是苏格拉底亟需说明的对象。只是由于辩证法的缺席，苏格拉底才不得不借助三个著名类比来间接描述这一过程；第十卷的情况恰恰相反，"理念—具体事物"之探讨仅仅在技艺类比中出现，而苏格拉底提出"三张床"的类比最终是为了阐明诗人摹仿术的无益与危害；其次，两处文本在论述"理念—具体事物"时所使用的词语亦有不少差异：(1) 当柏拉图意图描述生灭之上之永恒存在时，"理念"(εἶδος/ἰδέα)并非他的唯一选择③。五到七卷中，柏拉图更多采取的表述是"善本身"(ἀγαθὸν αὐτό)、"美本身"(καλὸν αὐτό)、"正义本身"(δίκαιον αὐτό)等等。哲人所追求的目标并非

---

① 随着卡恩 (Kahn) 围绕希腊文 be 动词的一系列专著和论文的发表，εἰμί 的"系词用法"(Copula Use) 比其"存在用法"(Existential Use) 更为基础的观点，以及对于 εἰμί 的"断真用法"(Verdical Use) 之发掘，为学界广为认识与接受。不少学者意图从 εἰμί "断真用法"为基础重新审视柏拉图的"存在论"。在我的阅读经验中，对《理想国》"两个世界"论述所包含的存在论意涵提出最为明确反对的是法因 (Fine)。在他看来，《理想国》五到七卷谈论的"知识"与"意见"的划分根本不需要涉及存在论意义上的不同的"对象"，完全可以从"命题"真值的角度理解。参见 G. Fine "Knowledge and Belief in Republic v ~ vii", in G. Fine, ed., *Plato 1: Metaphysics and Epistemology*, Oxford: Oxford University Press, 2000. 在此我想要强调的是，εἰμί 的各种用法在柏拉图的论述中往往是混合着出现的，任何一种用法都不应全部剔除。事实上，正是这一混合本身主导了许多对话的情节走向——例如《智者》整个所谓"通种论"的探讨最终都是为了理解 τὸ οὐκ ὄντως ὄν (不真的是/存在) 如何可能。考虑到柏拉图"两个世界"的论述与赫拉克利特 (以及巴门尼德等) 与着千丝万缕的联系，εἰμί 多种用法的混用也许意味着柏拉图对于前苏格拉底自然哲学问题的有意继承。事实上，大部分关于赫拉克利特的残篇或间接引述恰恰是在"系词用法"或"断真用法"上强调"我们是又不是"，"我们踏进又不踏进同一条河流"等。相比起来，柏拉图通过强调"万物皆流"(ποταμοῦ ῥοῆι ἀπεικάζων τὰ ὄντα) 恰恰引入了从存在论角度理解赫拉克利特的维度——无论如何"存在论"都是理解柏拉图"两个世界"学说的一个不可或缺的维度，《理想国》也不例外。
② 参见《理想国》490b、507b、532a、597a 等。
③ 事实上，如其他柏拉图对话一样，《理想国》并未真正将"理念"(εἶδος/ἰδέα)作为一个严格的哲学术语来使用。εἶδος/ἰδέα 一词更常见的含义，如"种类"甚或"形状"等等，在《理想国》亦频频出现。"种类"的用法可参见 357c5 等，"形状"的用法可参见 510d5 等，不一一枚举。

具体事物中的 X,而是"X 本身"①;然而这一表述在第十卷中几近绝迹:在技艺类比中柏拉图主要谈论的是"自然的床"(κλίνη ἐν τῇ φύσει),而非"床本身"②。与"X 本身"作为灵魂追求之目标不同,"自然"被看作是一切创制活动所依据的原型;2)两处文本对于生灭世界的描述似乎亦有些许差别。在哲人教育的论述中(尤其是线喻中),柏拉图更为强调影像(εἰκών);然而诗人批判却进一步引入了作为幻相(φάντασμα)的"画家之床"③。根据《智者》的相关论述我们似乎可以在两者间作出一个区分:影像尽可能地按比例还原模型之真实,然而幻相却仅仅制造表象,意图以假乱真④。

无论是类比中位置的不同还是用词的差别,事实上都彰显出哲人教育和诗人批判在论述"两个世界"时涉及的不同背景:哲人教育探讨灵魂从变动不居的生灭世界转向永恒理念,然而诗人批判却探讨以理念为原型打造众多具体事物。《形而上学》对于"理念论者"的概述相对来说与哲人教育关联更为紧密,在对于"正义本身"或"善本身"的追求中,我们确实可以发现早期对话"苏格拉底伦理定义"的重现,以及摆脱"赫拉克利特式流变"的强烈意图⑤;然而诗人批判的论述显然无法被简单置于这一模式下:无论是为三张床各自引入"创制者",还是在理念与具体事物之外对于"幻相"的特别强调,都偏离于《形而上学》对于理念论之概述⑥。事实上,按照亚里士多

---

① 用"x 本身"来标志超越生灭之永恒存在的做法,亦可参见《斐多》65d、75c-d、、76d,《会饮》212a,等等。
② 唯一的例外可能在于 597c 中,苏格拉底表示神只造了"唯一一张的,作为本质的床"(μίαν μόνον αὐτὴν ἐκείνην ὅ ἐστιν κλίνη)。然而这里出现的 αὐτὴν 与 μίαν μόνον 一同修饰 ἐκείνην ὅ ἐστιν κλίνη,而非在反身意义上强调"床本身"。值得注意的是,"本质"(ὅ ἐστιν)被同等地用来表述"床的自然"或者"正义本身",我认为这和对"分离"之"多上之一"的强调有关。
③ 影像与幻相的区别我主要是借助于《智者》235b-236c 的划分。作为名词的"幻相"(φάντασμα)事实上在《理想国》第十卷中并未直接出现。柏拉图更多使用的是动词"显现"(φαίνω)的分词形式 φαινομένην:画家与诗人的作品"显得是"其原型——然而 φαινομένην 正是对于"幻相"含义的最好阐述。
④ 需要指出的是,由于《理想国》仅有第十卷涉及技艺类比,因此我仅仅停留于"影像"与"幻相"的区分,并不将之与《智者》所探讨的"影像术"(εἰκαστική)与"幻相术"(φανταστική)直接加以对应。
⑤ 若我们同意柏拉图早期的窘境对话更多保留了历史上的苏格拉底本人之观点的话。那么《拉凯斯》对"勇敢本身"的探索或者《游叙弗伦》对"虔敬本身"的探索就契合于亚里士多德对于苏格拉底追求某种内在伦理定义之概述。
⑥ 《巴门尼德》中的"少年苏格拉底"毫不犹疑就能接受"善的理念",然而遇到类似"人的理念"就显得犹豫不决,更毋宁说"秽物的理念"了(130b-d)。

德自己的逻辑学标准，从五卷到七卷的"正义本身"到第十卷的"床的自然"甚至包含着一个"谓述"向"主体/主词"之转变。这使得技艺类比中所谈论的"床的自然/本质"更容易被解读为亚里士多德本人在《物理学》中所提供的"形式因"，而非《形而上学》所批判的分离理念①。

当然，我并不认为《理想国》第十卷意图表达某种内在于具体事物之普遍共相——两个世界的"分离"始终是《理想国》的探讨基础②。然而这毕竟说明《理想国》关于"两个世界"的论述并无法被《形而上学》对于"理念论"之概述全部涵盖③。对于《理想国》文本本身更为细致的探究显然是必要的。在本文接下来的篇幅中，我将尝试针对这一问题展开灵魂论角度的探讨，并指明对于"正义灵魂—哲人灵魂"的探索，如何能为我们更为融贯地理解"两个世界"之论述提供启发。

二 正义灵魂与理念学说：方法论说明

考虑到对于"两个世界"学说最容易的切入方式是存在论的"生成"——"存在"或者知识论的"意见"—"知识"。在进行具体的文本分析之前，我感到有必要对本文从灵魂论角度切入的合理性作一简要说明。

从整体结构来看，《理想国》之核心并非是对于"理念—具体事物"进行的存在论探究，而是一个与每个人生活切身相关的问题：对人来说，正义是否比不正义更好？要回答这个问题，必须首先回答"何为正义"的问题——

---

① 参见《物理学》193a30-b8。在此亚里士多德针对那些认为自然是质料因的自然哲学家，将自然特别解释为在自身内具有运动根源的事物的"形式"。这一"形式"甚至也可算作是"可分离的"——虽然只是"在定义中"，相应的，由形式与质料合成的"具体事物"则被明确从"自然"中排除了出去。

② 关于柏拉图对话所体现的两个世界的"分离"，我在很大程度上参考了德弗罗（Devereux）对柏拉图理念的"分离"与"独立"进行的辩护。参看 Daniel T. Devereux, "Separation and Immanence in Plato's Theory of Forms" in G. Fine, ed., *Plato 2: Ethics, Politics, Religion, and the Soul*, Oxford: Oxford University Press, 2000。

③ 加瑟里（Guthrie）在其《希腊哲学史》中谈论过两处论述的不同——《理想国》中似乎并没有与正义本身所对应的床性（bedness），然而他仅仅满足于将第十卷关于三张床的类比见看作是对理念论的某种不严格的"例证"，并未深究。参见 W. K. C. Guthrie, *A History of Greek Philosophy*, Vol. IV, Cambridge: Cambridge University Press, 1978, p.551。

尤其是"何为灵魂之正义"的问题①。事实上,在第四卷的结尾,苏格拉底已通过诉诸同构类比对灵魂(与城邦)之正义进行了一个清晰的界定:正义灵魂就是灵魂各部分各司其职,就是理智统治欲望,而激情从事辅佐。但问题在于,同构类比对于灵魂的界定在很大程度上是非直谓的:一方面,灵魂结构必须借助城邦结构之考察才得以界定;另一方面,对城邦各阶层的描述却又必须依赖于对其成员灵魂的考察。而这就意味着同构类比仅能提供一张"关于正义的草图"(504d),并不真正带来对于正义的知识——它仅仅是为不了解辩证法的听众准备的"便捷道路"(435d)②。而要真正认识正义,必须经由一条更为艰难的"曲折道路"(504b)——通过漫长哲学教育的训练,获得对于理念世界的知识。

便捷道路并不充分的真正原因,在于同构类比仅仅指出保持理智统治与内在正义对于灵魂是善好的,然而对于其为何善好,并未给出令人满意的回答;相反,在曲折道路对于"两个世界"的论述中,苏格拉底却能进一步指明:唯有当灵魂之理智部分具备了对于"善本身"的知识,它才能判断什么才是灵魂各部分以及整体的善好,并通过保持内在正义将善好实现。在此正义灵魂就与哲人灵魂划上了等号。换句话说,《理想国》最为关注的"何为灵魂之正义"以及"为何正义对人有利",唯有通过理念学说之探索与哲人灵魂之论述才能真正阐明——正是在这个意义上,苏格拉底将关于"两个世界"的探索称为理解灵魂正义的曲折道路。

如果我对于《理想国》整体结构的这一判断是正确的,那么《理想国》对于理念学说之探讨就从未脱离灵魂论之大背景。在我看来,正是通过坚持

---

① 佩纳将前一个问题称为主要问题(main question),而后一个问题称为首要问题(prior question)。对于理念学说以及"两个世界"论述在《理想国》中所其的作用,我与佩纳的观点基本一致。参看 Terry Penner "The Forms of *Republic*" in G. Santas ed., *The Blackwell Guide to Plato's Republic*, Blackwell Publishing, 2006. 尽管我并不认为他归纳的四组文本是对于理念学说的循序递进的阐述。事实上,我将第十卷的技艺类比(也许可以加上 472b-e 所给出的画家的比喻)看作与五到七卷的哲人教育相平行。

② 苏格拉底表示我们的探讨是"假定个人在自己的灵魂里具有和城邦里发现的同样的部分"(435a-b)——这似乎是在暗示"三分灵魂"本身仅仅是同构类比的构建。康福德指明了《理想国》的灵魂三分是依据于希腊传统所进行的年龄三阶段以及城邦三阶层作出的,而非相反。参见 F. M. Cornford, "Psychology and Social Structure in the Republic of Plato", *The Classical Quarterly*, Vol. 6, No. 4, 1912, pp. 246-265。

"哲人灵魂"与"非哲人灵魂"的划分,在《理想国》那纷繁复杂的类比之下的那有关"两个世界"的图景才能真正得以彰显①。要真正表明这一点,我们需要对哲人教育与诗人批判的两套论述进行更为详细之考察。

三 哲人教育:理念与影像

哲人与非哲人之划分正是在第五卷的结尾处明确提出的。苏格拉底表示要划一条线将"哲人/爱智者"与一般"爱意见者"区分开(476a-b)——哲学家关心的并非"美的事物",而是"美本身"。由于爱意见者并不承认这一存在论划分(476e),进一步的说明必不可少:(1)灵魂具有不同的能力——"意见"与"知识"。(2)由于灵魂能力必须根据相关者和效果划分(477b-478e),就有一个建立在灵魂能力上的存在论划分:知识对象"存在",而意见对象介于"存在与不存在之间"(478a-478e),最后(3)爱意见者关注的"美的事物"事实上是既美又不美的,它就是那个"介于存在与不存在之间"的事物,反之,哲人追求的"美本身"即"存在"(479a-479e)。

这番说明至少有两点值得关注:首先,苏格拉底既未论证为何"美本身=存在=知识的对象"(对"美的事物"亦然),也未对"美本身"与"具体事物的美"之间的区分和关联作出清晰说明,在很大程度上他是基于结构相似,"把两端和两端的东西关联,中间和中间的东西关联"(478e)。而一切关联的基础在于"知识"和"意见"这一灵魂能力的划分——苏格拉底表示即便"爱意见者"并不同意在存在论上的二分,意见和知识的区别毕竟为其所接受②;其次,正是通过这一结构性关联,"美本身"才真正从苏格拉底式伦理定义转变为柏拉图中期对话所关注的,既作为"唯一知识"又作为"永恒存在"的"美的理念"。在这个意义上,正是通过明确爱智者(哲人)与爱意见者在

---

① 事实上,若忽略《理想国》探讨之灵魂论背景,我们是无法清晰辨明关于"两个世界"的存在论二分的。我们很容易因为线喻中划分了四类对象或者技艺类比给出了三张床,而尝试对于存在等级上进行四重或者三重的划分。灵魂论背景引发的二分法将在下一节中得到更多的讨论。
② 苏格拉底对于存在"X本身"的论证过程确实违背了《美诺》75d 所提出的要求,即有效的论辩必须建立在双方都接受的词项上:那些一般爱美者完全可以认为没有"美的理念",仅有许多"美的事物"。但苏格拉底的策略在于,既然爱意见者坚持自己有对于美的知识,他们最终就不得不承认具体事物的美无法充当知识的对象。在此"意见对象"和"知识对象"的分离是明确的。

灵魂类型上的区别,一个混合着"认识论"与"存在论"的,关于"两个世界"的划分才真正得以完成①。

可以发现,《理想国》关于"两个世界"学说的论述始终包含着这一混合。一方面,当苏格拉底表示理性之功能在于从"混杂"和"相似"中将"对反者"给一一析分(523a-526c;602c-603b)时,直接得到强调是"意见"与"知识"这一基于灵魂能力(δύναμις)的划分——在此完全不必要强调理念在存在论意义上的分离②。然而另一方面,灵魂从意见能力向知识能力之过渡又意味着从"可见世界"转向"可知世界"(508c,524c),而这转向同时也就意味着灵魂状态(πάθημα)之改变(特别参见511d-511e对于线喻的描述)。比起δύναμις来说,πάθημα似乎有较多的存在论指向——独立于灵魂的"可知对象"与"可见对象"分别对于灵魂施加着不同的影响。当然,《理想国》在δύναμις或者πάθημα的使用上并无十分严格的对立,然而词项的混用毕竟可以表明一点:无论是对于"两个世界"的存在论还是知识论划分,最终都落实在关于灵魂的论述中。显然,五到七卷提出"两个世界"学说最终是为了阐明哲人教育——既然作为"可知对象"的"理念"与作为"可见对象"的"具体事物"与灵魂之不同能力或状态发生关联,那么哲人教育的工作正是帮助灵魂完成从低级能力/状态向高级能力/状态的转变。

这一转变过程在日喻、线喻与洞喻中得到了较为详细的论述。在这些类比,尤其是后两个类比中,关于影像/摹本之探讨占据了核心位置——整个哲人教育(作为公民教育的最后完成)的作用都在于帮助灵魂从对低级"影像"的关心转向对最高"理念"的关注。对于εἰκών的两种可能的中译指明了其两层含义:"影像"提示灵魂关注的对象或内容处于较低的层次;而"摹本"则提示了"较低"与"较高"有相似性——灵魂的"上升"始终是有迹

---

① 可以参考 N.P. White, "Plato's Metaphysical Epistemology" in *Cambridge Companion to Plato*. ed. by R. Kraut, Cambridge: Cambridge University Press, 1992. 以及 H. Cherniss, "The Philosophical Economy of the Theory of Ideas", *The American Journal of Philology*, Vol.57, No.4, 1936, pp.445-456。

② 换句话说,如果对于"理念—具体事物"的探讨仅有知识论之向度,最终获得可能只是"多中之一"而非"多上之一"。柏拉图关于理念在存在论上的分离与独立的探讨,事实上与其对灵魂本性之探索密切关联。在《斐多》67d-e7以及78b-84b中苏格拉底指出当灵魂摆脱与身体之纠葛时,它就和理念一样成为"就其自身的自身"(αὐτὸ καθ' αὐτό)。值得注意的是,亚里士多德似乎就认为,与具体事物"分离"可以与"就其自身的自身"完全划上等号,参见《形而上学》1075a12-13。

可寻的。影像关系/摹本关系始终贯穿于三个类比:日喻通过描述视觉能力与知识能力的相似性,确立可见世界与可知世界的相似。线喻则进一步将两个世界划分为线段的四个部分,探讨了线段各个部分的影像关联。最后,洞喻将线喻落实为一个由洞穴内与洞穴外组成的世界,探讨了灵魂如何从洞壁的影子一步步上升,最后直视太阳。灵魂的"转向"(离开生灭世界)和"上升"(朝向可知世界—理念)被描述为一个循序渐进的过程:我们必须从较不真实的影像一步步转向与之"相似"的,更为真实的"原型",才可能最后升至"太阳—善的理念"。

线喻对于影像关系的表述似乎最为明确,苏格拉底告诉我们:"线段"的第一部分是第二部分的影像——影子是实物的影像;而第二部分是第三部分的影像——实物是"几何对象"的影像。然而在此有一值得注意之处:在最为关键的"第三部分"和"第四部分"之间并没有影像关系——从假定上升到原理"不像在前一部分那样使用影像,而只关涉理念本身"(510b)。这意味着,"灵魂的上升"不再能够依据"摹本之相似"来完成——苏格拉底明确表示对于辩证法的谈论不能再使用"我们用作比喻的影像了"(533a)。线喻包含的疑难似乎以某种较为含糊的方式在洞喻中再现。洞喻充满了各种影像关系——囚徒必须先从洞壁影子转向墙头木偶,然后再转向洞外"实物"。然而对于出洞者来说,从"实物"升至星辰与太阳似乎无法依靠某种相似性关联——这直接继承日喻中太阳对于万物的绝对异质。在这个意义上洞喻与线喻一样剥夺了理念(特别是善的理念)与其下事物的影像关系①。

若线喻的四个阶段(以及其在洞喻中的对应)首先意味着四种存在等级,那么影像关系之缺失最终就暗示了某种存在论断裂,而"灵魂上升"之可能性就在存在论上被彻底否决。《巴门尼德》对此有一经典概括,一方面处于生灭世界的我们无法认识理念,另一方面神对生灭世界的一切无能为力,理念与现象彼此隔离,毫无交集(133d-134a)。但这显然不是《理想国》的意思。在论述哲人教育时苏格拉底的目的并非"拯救现象"——线喻与洞喻的

---

① 在洞喻探讨中所包含的囚徒的出洞与回洞,当然有着强烈的政治哲学意涵。然而在此对于这一部分内容我将略过不谈,这么做的原因主要有两个:(1)目前为止,我仅仅关心囚徒出洞的过程与线喻四个部分的对应,并不需要涉及哲人的回洞;(2)本文对"城邦"的论述仅仅集中在同构类比划定的范围,换句话说,在本文中,一切关于城邦之论述我最终都将之还原为灵魂论问题来看待。

论述关心的并不是具体事物如何从理念中获得存在论根据,而是灵魂如何可能循序渐进地上升。事实上,无论线喻与洞喻中的等级划分如何趋向复杂,其基础始终是日喻所提供的二分,即经由意见与知识之划分所展开的"可见世界"与"可知世界",或者"生灭"与"存在"的二分,在这个意义上,线喻的四分或者洞喻中不同阶段并不导向存在等级本身的复杂化,它仅仅是对灵魂如何从意见向知识的"上升"提供更为细节化的解释①。这样一来,从灵魂角度解读线喻与洞喻中影像关系的在场与缺失显得更为合适:(1)线喻各部分间的影像关系,意味灵魂"较高"之能力/状态"依赖于"较低"之能力/状态——比如几何学研究依赖于各种可见之形状,尽管几何学并不研究可见事物(510d);(2)理念的孤立可解读为灵魂的"最高能力/状态","理性"($\nu\acute{o}\eta\sigma\iota\varsigma$),是完全独立,毫无依赖的——认识理念完全不需要依赖于任何层次上的意见,然而这并不意味着灵魂不可能从其他状态/能力转向"理性"或"知识"②。无论影像关系在场抑或缺失,灵魂上升的循序渐进和一以贯之始终为苏格拉底所强调。

当然,灵魂论角度的解释并不意味着存在论背景必须从哲人教育的论述中排除出去——正是因为"生成"与"存在"的分离,从意见向知识的跨越才显得困难重重。然而,无论这一跨越有多困难,《理想国》的苏格拉底毕竟给予了一个承诺:哲人灵魂能够完成从意见向知识之跨越,而相应的,哲人教育之目的就在于帮助灵魂克服层层阻碍,最终认识善的理念。无论是在"美的事物"与"美本身"之间进行的区分,还是通过"影像关系"所论述的"两个世界"之关联,其最终目的在于指明苏格拉底的这一承诺——尽管辩证法说明的缺席,使得那不依赖影像关系的、最后升至理念的"跳跃"始终处

---

① 在第七卷中苏拉底进一步探索了哲人教育的细节,特别是在数学与辩证法之间中,插入了平面几何、立体几何以及天文学等等学科的学习。如果说第七卷关于"科学训练"的详细探讨并不意味着我们将各门学科各自涉及的"数学—物理"对象建立为不同等级之实体,我同样看不出将线喻的四部分设定为"四重实体"的必要性。

② 对此线喻给出了一个简短提示:固然,知识能力的活动是"直接从一个理念到另一个理念",完全不依赖理智能力的成果,但知识和理智毕竟有着同样的始点——理智是灵魂"从假定下降到结论",而知识则是"从假定上升到原理"。从这段信息量极其有限的论述中我们至少获知一点:影像关系的缺席并不妨碍灵魂从理智转向知识,哲人教育依旧需要将对于理智能力的培养作为辩证法研习的基础。

于晦暗不明中。

四 哲人的统治与诗人的摹仿：理念与幻相

在转向第十卷的诗人批判前，有一点需要首先指明：一切诗人批判必须要以哲人王城邦之建立为前提——换句话说，要以哲人灵魂内部正义之达成为前提。这一点为苏格拉底本人所强调：唯有辨明了灵魂的三个部分，我们才能更好地论述拒绝摹仿术的理由（595a-b）。由于灵魂内部正义的达成要以理智部分依照对于理念之知识进行统治为前提，第十卷的诗人批判就可看作五到七卷哲人教育的一个补充说明。这意味着"三张床"类比也需要以"两个世界"之论述为基础。

乍看起来，"三张床"类比与"两个世界"之论述当然有诸多不一致：（1）"三张床"类比中的三联组并不能很好地对应于知识与意见的划分或者线喻中的四个部分——"床的影子"与"具体的床"虽然可以与线喻前两个部分相联系，然而"床的理念"的位置毕竟难以安放；（2）三张床的类比牵涉三种互相独立之"创制者"。然而在日喻、线喻和洞喻的论述中，理念世界并不需要依赖"造物神"，而是"因其自身而在"；（3）线喻与洞喻谈论的理念世界是灵魂不断攀升之目标，在三张床的类比中，理念却是那些工匠向下创造次级事物时所依据的原型。然而若进行仔细考察的话，这些细节的不一致之间还是有着某种关联的：无论是创制者的引入，还是将理念作为创制原型的做法，根本来说都与第十卷之探讨围绕"技艺活动"展开有关，甚至连三联组之划分都可以归结于此——严格来说"三张床"类比所涉及的三联组并非"床的自然—具体的床—床的影子"，而是"神创造床的自然—工匠制造具体的床—画家绘制床的影子"。

然而，第十卷转向技艺类比究竟包含何种意涵，与五到七卷的探讨又有何种关联？如果说第一个三联组对此体现地仍不够清楚，那么601d-602b所展开的第二个三联组——"使用者的技艺—制造者的技艺—模仿者的技艺"——就将之表达得更为明朗。在此苏格拉底清楚地表述了三种技艺如何加以划分：唯有使用者具备真正的知识，知道对于各种事物来说什么才是真正的善；制造者并不具备知识，然而既然他能根据使用者的要求来制作各类事物，他在某种程度上具备"真意见"；最后，摹仿者仅仅制造万物之幻相，他既不具备知识也不具备真意见。根据607b-d，我们可以进一步将这里谈论的摹仿者和制造者分别对应于诗人与工匠/公民，而那个赋予"一切人为制造与自然生成"以目的的"使用者"（601d）则指向哲人王①。在此，划分三种技艺之唯一依据在于灵魂与理念所处的不同关系：唯有"上升到理念世界"的哲人具有对善之知识，无论是工匠/公民还是诗人都不具备。然而前者由于服从哲人之统治与指导，在某种程度上拥有对于善的"真意见"，而后者则远离一切知识或真意见，与哲人完全对立。

在这个意义上，三联组之探讨可以看作是对于哲人教育所提供的"两个世界"存在体系的一个额外注解：由于哲人灵魂之达成与哲人王城邦之建立，第十卷关于技艺类比之论述就不再需要围绕灵魂在存在论—认识论的上升本身来展开，它的真正意涵在于将五到七卷阐明的理念学说运用于二卷到四卷的同构类比，对各种正义或不正义的灵魂类型进行重新界定——在此，"灵魂是否正义"不再像二到四卷那般，通过对应于特定城邦结构得以说明，而是直接通过灵魂与理念所处的关系加以判断。相应的，"三张床"的论述并不提供了一套新的关于"理念—实物—影子"的存在论体系，而是以类比的方式谈论三种类型的灵魂究竟根据"两个世界"之划分而得以定位——在"三张床"论述的背后，依然是知识对象与意见对象，是存在与生灭流变的二分。事实上在第十卷中，作为三联组中项的"制造者"是被草草带过的，"真意见"也仅仅被粗略地视作是从"意见"向"知识"之间的中间状态，并未如《泰阿泰德》一般被重点关注。第十卷的技艺类比所要重点论述的，依然是"哲人统治"与"诗人摹仿"之间的二元对立。

可以首先对于哲人统治进行一番考察：哲人王究竟如何可能凭借对于永恒理念的知识来指导城邦实践？这个问题与"何为辩证法研究"一样并未在《理想国》中得到正面回答。501b-c之论述也许可以给予一些提示：苏格拉底表示说哲人王必须"向两个方向看"，一方面关注理念，另一方面关注现实世界，"努力在人类身上描绘出正义，善和美的摹本"。考虑到在三张床的

---

① 因此我认为597e中谈论的与诗人隔两层的"王"就是实指哲人王，而并非郭斌和、张竹明先生之《理想国》中译本的相关注释中所认为的，是对于"理念"的类比。

类比中"哲人王统治"与"神制造理念的床"相对应,正义城邦之创制可看作是哲人运用对于"正义本身"的知识,将城邦打造为正义之"摹本"。在此并不需要将技艺类比所谈论的"床的理念"添加进五到七卷中的理念世界中去——完全可以将苏格拉底关于"自然的床"或"床的本质"的表述看作从另一个角度论述哲人灵魂与"正义本身"或"善本身"的关系,即哲人如何运用对理念的知识来为实践活动所提供指导①。然而,即便有足够多的证据来支持对于哲人统治的这一解读,我们依旧要指出,这个作为"正义、善和美的摹本"的哲人王城邦归根到底是一个"言辞中的城邦",即便无法实现,也无损于其完美(472b-e)。对这一著名论述有着多种角度的解读,在此我仅仅强调一点:作为同构类比的一部分,哲人为王的论述最终能够指向对于哲人灵魂—正义灵魂的说明——而唯有当灵魂具备了理念的知识,(1)哲人才能认识到什么对于灵魂各部分与整体是善好的;(2)哲人才能通过理智部分之统治,造就灵魂内部之和谐与统一。

诗人与哲人之对立同样可以从这两个方面来看。在第六卷中苏格拉底概括了一般城邦对于哲人的两个看法:哲人对于城邦或者无用、或者有害(489d-e)。然而在第十卷中可以发现,对于哲人王城邦来说"无用而有害的"恰恰是诗人:首先,诗人既不具备知识又不具备真意见,因而完全不明白什么对于灵魂来说是善好的。在对于摹仿术的第一轮批判中,苏格拉底将诗人之作品称作"与真理隔三层"——诗人之作品中不再包含任何引导上升的"影像关系/摹本关系",它描述的一切都仅是事物所显现的幻相。"幻相论"对于"影像论"的取代特别能够彰显摹仿术之性质:在技艺类比中,从事摹仿之画家对"事物本身"没有任何知识——他完全不了解实物之真实材质或结构,仅仅是通过采取适当的构图或透视法,使得笔下的画作"显得像"是

---

① 必须注意的是,城邦真正的"制造者"是工匠—公民,而非哲人。哲人之统治术和"使用者的技艺"一样是为"一切人为制造与自然生成"规定目的,换句话说,在于为一切城邦事务"立法"。正是在这个意义上,哲人创造城邦就好比神创造床的理念——正义城邦可以有多个,然而正义城邦的立法仅有唯一一种,即《理想国》提供的这套公民教育—哲人教育。另一方面,我认为关于"正义城邦"之立法仅仅是对于"正义本身"的知识的一个具体运用,这意味着"正义城邦"—"言辞中的城邦"(换句话说,"床的自然")本身并非是理念世界的一个成员。对于《理想国》并无"城邦的理念"或"正义城邦的理念"这一观点,我部分参考了 Myles Burnyeat, "Utopia and Fantasy: The Practicability of Plato's Ideally Just City," in *Plato 2*,尽管我关注的重点与之不同。

实物本身。显然,画作仅能从"创制者"(而非其"原型"那里)获得其存在论之根据。由于工匠同样缺乏对于"自然"和"本质"的知识,类比中的三张床事实上是处于互相隔绝,无法交通之局面——换句话说,与影像论之探讨不同的是,在幻相论之背景下,从"意见"或"知识"之过渡绝无可能。技艺类比所谈论的"理念的床"与"床的影子"的对立,或者说"真实"和"幻相"的对立,最终落实为哲人和诗人的对立:诗人唯一的能力是玩弄文辞,他既不能像哲人王—使用者一样用知识来为实践规定目的,又不像工匠—制作者一样用真意见来指导行动——诗人作品"与真理隔三层",诗人在哲人王城邦中是"无用的"。

其次,对于"幻相"的进一步考察还带来了驱逐诗人的另一重要原因:诗人对于哲人王城邦是"有害的"。摹仿术不仅仅无涉于知识,无助于正义灵魂—正义城邦;由于它远离追求理念的"理念部分",与"非理性部分"相纠葛,它还会破坏灵魂在获得知识的前提下所建立起的内在和谐。换句话说,诗人不仅自身无法获得知识,还会引发其他灵魂的混乱和冲突——这与哲人既能保持自身灵魂的和谐,又能通过引导其他灵魂向理念上升恰好相反。在对于摹仿术的第二轮批判中,苏格拉底将哲人和诗人与理念的不同关系进一步扩展为哲人与诗人对于灵魂之内在和谐所产生的不同影响:哲人意图通过对于理念的知识来区分对立,破除幻相,保持灵魂和谐统一。而相反的,摹仿术却总在伪装某种相似性,使得统一成为幻相。如果说画家之摹仿术仅仅造就视觉幻相,然而诗人摹仿术就会影响灵魂本身——通过激发各种互相冲突的情感和欲望,诗歌使得灵魂处于统一之幻相中。苏格拉底忧心忡忡地表示,诗人的魔力能"腐蚀最优秀的人物"(605c),诱使哲人灵魂,或至少是有哲人潜质的灵魂不再关心理念,转向欲望与情感。

总而言之,作为哲人统治之对反与颠倒,诗人之摹仿术:(1)无法给予灵魂以知识与真意见,带领其向理念上升;(2)会引发灵魂内部的冲突和混乱,破坏灵魂之正义与理智之统治,诱使哲人或至少是有哲人潜质之灵魂背离对于理念的关注。通过描述哲人统治与诗人摹仿之对立,苏格拉底成功将先前关于"两个世界"之划分与关联之论述,运用到对"正义灵魂—正义城邦"之分析中,对"何为灵魂之正义"的问题提供了某种解答。

五 哲人为王与不朽灵魂
——《理想国》之困境

可以发现,无论在哲人教育还是诗人批判的论述中,《理想国》关于"理念—具体事物"的探讨都是围绕着哲人灵魂与非哲人灵魂的关系而展开的——《理想国》无法直接提供关于理念的知识,仅能在间接意义上给予一套关于两个世界的论述;相应的,苏格拉底也必须要通过参照非哲人的灵魂,才能使其听众获得对于哲人灵魂的了解。正是在这一背景下,《理想国》关于"两个世界"的两套论述得以融贯:五到七卷描述的是一个动态过程,即非哲人如何通过"灵魂的转向与上升"成为哲人;而第十卷则是在哲人教育业已完成的前提下,指明具备知识的哲人与非哲人在灵魂模式上的静态对立。两套论述从不同侧面共同勾勒出哲人灵魂之大致轮廓:哲人既需要从具体事物之流变不居中逐步上升,最终获得关于理念之知识,又需要根据这一知识来维持灵魂之内在正义,为其在生灭世界中的活动提供目标与根据。

然而,是否这就意味着《理想国》关于"两个世界"的论述在关于哲人灵魂之探索中得到了完美解答?两套论述在灵魂论中的融贯必须依据一个前提,哲人灵魂即正义灵魂。换句话说,灵魂对于理念的知识必能保证其内在正义——理智部分"向上"认识理念同时就意味着"向下"进行统治。只有满足了这点,"曲折道路"所探讨的理念学说,才能用来阐发"便捷道路"所关注的灵魂与城邦的内在正义。这特别体现于"哲人为王"之界定中:一切有关哲人为王的论述都可以看作是从"漫长道路"向"便捷道路"的回归,在同构类比的意义上指明一个关注理念的哲人灵魂同时是一个维持内在和谐统一的正义灵魂。然而"哲人灵魂作为正义灵魂"是否能够真正成立?归根到底,关于灵魂正义的探讨以同构类比所设定的三分灵魂为基础,然而经历了"曲折道路"哲学教育之后这一隶属于"便捷道路"的探讨方式是否仍然需要保留,十分值得怀疑。这一疑问在第十卷后半关于"不朽灵魂"的论述中显得尤为尖锐:苏格拉底表示说当灵魂关注生灭世界,与身体或其他的恶混合起来时,灵魂就显现出各种矛盾和冲突;反之,当灵魂彻底摆脱身体和生灭世界,转向理念,其"真实面目"的不朽才真正得以显露(611b-612a)。

同构类比对于"三分灵魂"与"内在和谐"的强调显然以灵魂和身体的纠葛为前提——按照第十卷的说法,此时灵魂好比"沉入大海中"的"锈迹斑斑的海神像";反之,灵魂的"真实面目"唯有通过考察其"理智部分",考察其对理念之不懈追求,才能得以彰显。在此,便捷道路与曲折道路的关系似乎被建立为非本真与本真的关系:哲人的目标并非一个复合灵魂保持内在和谐的过程中获得"正义",而是单纯灵魂在认识理念的过程中获得的"不朽"。

若"哲人为王"与"不朽灵魂"根本上无法兼备,我们就面临着《理想国》灵魂论的最大困难:(1)或者我们将生灭世界与理念世界在存在论上的分离,落实为"在身灵魂"与"不朽灵魂"的二元对立。然而这就取消了"哲人为王"的可能性——哲人灵魂不可能同时是正义灵魂,《理想国》意图引入理念学说来解决正义问题整个是无效的。事实上,一切"在身灵魂"都不可能真正认识理念。更不可能依照对于理念的知识来进行统治。"三分灵魂"所能达成的正义与真正的知识毫无关联;要真正成为一个具备对理念知识的"哲人灵魂",唯有像《斐多》所谈论的那样摆脱身体之禁锢,回到其本真之单纯与不朽中去①;(2)或者我们坚持"哲人为王"之可能性,坚持在身灵魂可以获得对超越理念的知识,并依照这一知识来指导生灭世界中的实践。但这就似乎会完全取消两个世界的划分与灵魂不朽之界定,将"正义灵魂—哲人灵魂"仅仅看作灵魂在身体中达成"内在和谐"或"良好状态"——换句话说,将柏拉图式的"超越理念"解读为亚里士多德式的"内在本质"。无论如何,我们似乎都必须在"两个世界"之存在论学说与"哲人灵魂—正义灵魂"的灵魂论立场中进行取舍,但一旦我们做出取舍,这在很大程度上又表明了《理想国》意图用"理念学说"解决"灵魂正义"的整个尝试最终无法避免失败之命运。

---

① 《斐多》将魂身二元论推向极致,哲学活动在《斐多》看来也仅仅是"练习死亡",并未真正上升至理念世界。同样,在此诉诸于"回忆说"对于解决问题同样没有帮助:对于不朽灵魂之单纯性的相关探讨,强调是灵魂是否脱离身体,与理念照面,而非在身灵魂是否可能回忆起它在脱离身体时所获得的关于理念的知识。

六 灵魂作为"居间者"
——从《理想国》到《蒂迈欧》

要避免这一困境,我们必须寻求一个合理的解释,既能保留"两个世界"之分离,又能使得灵魂理智部分之向上求知与向下统治贯穿为一。值得注意的是,《理想国》关于"灵魂不朽"之论述在很大程度上是对于《斐多》亲缘性论证的简单概括——苏格拉底表示灵魂因其"无法解体",因而超越于一切变化可朽之物[①]。但问题在于,《斐多》的"亲缘性论证"事实上仅能指明灵魂区别于生灭世界之流变,并未真正证明不朽灵魂本身能够提升至理念世界。在《理想国》中我们发现,与理念被明确表述为"多上之一"不同,不朽灵魂的"真实面貌"究竟是单一的($μονοειδής$),还是复合多样的($πολυειδής$),苏格拉底始终语焉不详(612a)。换句话说,《理想国》之第十卷并未真正像《斐多》一般将"不朽灵魂"明确界定为一个仅仅关注理念世界,甚至与理念世界合一的"纯粹理智"。即便灵魂的真实面貌唯有通过脱离身体才能辨明,不朽灵魂依然可能保留一个对于生灭世界的指向[②]。于是,尽管第十卷对于"在身灵魂"与"不朽灵魂"的划分必须基于"两个世界"存在论上的分离,我们并不一定要将这一灵魂论划分等同于"生灭世界"与"理念世界"的存在论划分。我们完全可以提出另一种解释:无论是否与身体关联,灵魂之存在论身份都是一以贯之的——它始终是沟通"两个世界"的中介。与坚持"不朽灵魂"与"在身灵魂"的存在论二分造就重重矛盾不同,将灵魂设定为存在论上的"居间者"显然更能与《理想国》之整体结构契合:既然苏格拉底引入理念学说并非要强调两个世界在存在论上的分离,而是要指明唯有哲人灵魂才能通过对理念的知识来保证内在正义,那么无论是哲人教育还是诗人批判的论述,事实上都隐含着苏格拉底将灵魂表述为居间者的意图。

---

① 参考《斐多》78b—84c。事实上,在《斐多》中这一亲缘性论证并不能完全让其听众满意。西米阿斯提出了"灵魂即和谐"的观点来反驳,而齐贝则指出灵魂的单纯不分解,并不能证明其不能灭亡。

② 参看 T. M. Robinson, "Soul and Immortality in Republic X", *Phronesis*, Vol. 12, 1967, p. 147。

然而,对灵魂之居间者身份我们是否能够提供合理的存在论说明?《理想国》本身似乎并未给出任何确定回答。事实上,正是这一说明的欠缺造就了《理想国》中关于哲人灵魂的诸多语焉不详:(1)哲人教育如何使得灵魂最终完成向"知识/理性"的最终跳跃?(2)哲人如何可能运用对于理念的知识来保证灵魂与城邦的内在正义?(3)不朽灵魂究竟"是复合体,单纯体还是其他什么模样"?这些先前多少已涉及到的疑问现在可共同归结为一点:为何在"两个世界"之存在体系中可以容许一个"居间者",它既能够保持与理念世界之亲缘关系的同时,又可以造就生灭世界之和谐统一?无论如何,"向上认识理念"与"向下维持正义"都显得南辕北辙,难以贯穿为一。这一问题绝非仅仅在《理想国》中显得无比尖锐,事实上它触及了柏拉图灵魂论之核心:无论是在作为早中期对话的《斐多》《斐德诺》还是在作为晚期对话《智者》中,对于灵魂的论述最终都导向对于灵魂双重身份之揭示:灵魂既是永恒理念之认识者,又是一切生灭变化之推动者①。然而,与《理想国》一样,这些对话仅仅是揭示了灵魂与两个世界的关联,却并未在存在论上提供清楚的说明。

在这个意义上,《蒂迈欧》的论述特别值得我们参考。在其纷繁复杂的宇宙论探索中包含着对于灵魂"居间者"身份的清晰界定:首先,《蒂迈欧》明确表示对于宇宙大全(το παν)的一切探讨都必须以"两个世界"之划分——存在与生成之二分,知识与意见之二分——为基础(27d-29a)②;其

---

① 《斐多》一方面强调灵魂与理念的亲缘关系(79c-d,65a-c),另一方面又将灵魂不朽的证明与"灵魂赋予身体以生命"关联(95a-107b)。《斐德诺》中灵魂被界定为一个永恒的"自我运动者",然而这同时便意味着"关照一切没有生命之物"。三分灵魂的论述同样贯穿于《斐德诺》"灵魂马车"的神话,然而作为灵魂真正家园的"天外世界"却仅仅是"灵魂舵手"的目标(245c-256e)。同样,在《智者》中为了调和"巨人与诸神之争"中,灵魂必须同时被界定为不变之理智与变化之生命——正是这一坚持引发了《智者》关于存在、运动与静止的"通种论"探讨(248d-249d)。
② 这一关注同样隐含于《蒂迈欧》对于《理想国》的著名互文中:在17c-19b中《蒂迈欧》中苏格拉底对于《理想国》二到五卷的正义城邦进行了简要复述。这一复述并不依赖同构类比,它似乎更接近一个真实城邦,而不仅仅是"言辞中的城邦"。然而苏格拉底随即又表达了如下欲求——无论城邦是言辞中的还是实在的,他都希望看到它能"运动起来尽行发挥它们所拥有的能力",而不仅仅是"有生命却一动也不动"(19b-c)。在此,苏格拉底不仅仅是在呼唤一个"克里蒂亚"式的历史—政治描述,他同时冀求有人能够说明一个完美的"正义城邦"如何可能在生灭世界中运作——这在某种程度上恰恰与不朽灵魂如何可能同赋予身体以生命,造就生灭世界之和谐的问题一脉相承。当蒂迈欧将宇宙大全视作永恒模型的"动态摹本"(κινητὸς εἰκών)时(37d),他不但在某种程度上满足了《蒂迈欧》中苏格拉底的求知欲,我们也可以说他在某种程度上阐释了《理想国》中苏格拉底所含糊指涉的作为"中介者"的灵魂。

次，大全之受造首先意味着大全灵魂之受造（34b-c）。而在所谓"种的混合"（35a-35b）中，大全灵魂被明确地界定为"居于两种（存在）间的第三种存在形式"（τρίον ἐξ ἀμφοῖν ἐν μέσῳ...οὐσίας εἶδος）——它混合着"永恒同一的不可分存在"（τῆς ἀμερίστου καὶ ἀεὶ κατὰ ἐχούσης οὐσίας）与"身体中的可分存在"（τῆς αὖ περὶ τὰ σώματα γιγνομένης μεριστῆς）①。这可能是一切柏拉图对话中关于灵魂"居间者"身份的最为清楚的表述了。关于大全灵魂究竟在何种意义上被判定为"第三种存在形式"，蒂迈欧在接下来的论述中给予进一步说明。在 35b-36d 所谓的"数的分割"中，大全灵魂被进一步地明确为诸天体在依照恒定数学比例运动的过程中所体现出的不变秩序：一方面，如同《斐德诺》《智者》等对话强调的那样，灵魂作为万物之驱动者，必须贯穿于一切运动变化中；另一方面，有灵魂参与的运动变化必定包含一个能为理智把握的、来自于永恒理念的不变秩序。当然，就其仅仅是一个"居间者"来说，灵魂提供的秩序并不具备那仅仅为理念世界所有的，超越生灭的"永恒"——灵魂就其本性来说依然是受造的，是可毁灭的；然而，由于"宇宙/天体与时间一同受造"（38b-c），灵魂毕竟拥有贯穿于一切时间的"不朽"（37c-d）②。通过为运动变化引入不变秩序，灵魂成功完成了永恒存在与无序生成的某种混合，将宇宙大全造就为一个和谐而统一的生命。在这个意义上，蒂迈欧强调为大全灵魂所贯穿的天体运动或宇宙运行，是永恒理念的一个"动态摹本"（κινητὸς εἰκών）（37d），而"永恒理念"也在《蒂迈欧》中被特别冠以"模型"（παράδειγμα）之名。正是因为拥有理智与灵魂，宇宙大全才能够成为一个介于"永恒存在没有生成"与"生成而不存在"（27d-28a）之间的不朽生命。

特别值得注意的是，将灵魂作为"居间者"并不会破坏存在论上的二元划分：一方面，灵魂固然在自身中混合着存在与生成，然而另一方面通过充

---

① 对于这一存在论上的混合，普罗克洛（Proclus）提供了一个更容易理解的解读，由于灵魂可被界定为"可理智而生成"的，它就可以充当"可理智而非生成"的理念世界与"可感知而生成"的生灭世界之间的中介。关于大全灵魂作为"第三类"实体以及普罗克洛对此的解读，参考 F. M. Cornford, *Plato's Cosmology-The Timaeus of Plato*, Indiana: Hackett Publishing Company, Inc., 1935 (re. 1997), pp.61-66.

② 关于永恒（αἰων）与不朽（ἀθάνατος）的分别可参考 37d-38c 关于时间，以及由之引发的"时态"的探讨。大体来说，《蒂迈欧》将"永恒"赋予理念—模型，而将"不朽"赋予"诸天神"或"宇宙大全"本身。

当居间者,灵魂同样可以保证《理想国》意义上的"两个世界"在存在论上的分离。要表明这一点我们需要对蒂迈欧关于宇宙大全的第二轮论述中的一些存在论探讨给予一些简要说明。第二轮论述的重点在于引入"存在"与"生成"之外的"第三本原","空间"(χώρα)或"载体"(ὑποδοχή)。然而值得注意的是,空间—载体的引入并未改变《蒂迈欧》一开始就定下的基调,即存在与生成的二分,问题仅仅在于,蒂迈欧现在指明这一二分无法仅仅诉诸"摹本"与"模型"得到解释。关键在于,摹本之所以为"摹本",只因其在指向理念—模型之外并无自身存在,蒂迈欧强调它不该被描述为"这或那"(τὸ δε καὶ τοῦτο),只能被描述为"这样"(τὸ τοιοῦτος)——严格来说,在"火的理念"之外并无"具体的火",我们只能将具体现象称为"像火一样"(49c-50c)。要真正在理念—模型之外展开对于"摹本自身"的探讨,空间—载体就是必要的:作为 τὸ τοιοῦτος 的摹本得以可能,必须依赖一个它首先"处于"并"出于"其中的空间—载体①。摹本的这一特征在接下来的"压模类比"中体现地更为明显。蒂迈欧对于空间—载体的论述与亚里士多德式质料有一个决定性不同:空间—载体与其说是"材料",不如说是"镜子"。由于理念—模型始终与空间—载体保持分离,空间仅仅是因为摹本或影像的进进出出而"显现为"各种不同模样(φαίνεται δὲ δι' ἐκεῖνα ἄλλοτε ἀλλοῖον)(50c)。这这一压模过程中,摹本一方面保持为理念—模型的摹本,一方面又能够与空间—载体发生关联,随着其进进出出在空间中引发各种"幻相"(52c)。在此,我们完全可以将蒂迈欧关于"理念—模型"对于"载体—空间"的"压模活动"的谈论与之前关于大全灵魂之受造的联系起来:一方面,灵魂之居间者身份保证了理念—模型与载体—空间之相互分离,然而另一方面,灵魂作为永恒模式的动态摹本,使得载体—空间能够以某种方式接纳理念—模型,从而使得运动与生成能够拥有某种不变秩序。值得注意的是,"载体—空

---

① 这里对于"空间—载体"的引入并不改变《蒂迈欧》一开始定下的"存在"与"生成"之二分的观点存在着一定的争议。在此我跟随的是切尼斯与伽达默尔的解释:摹本必须既是"同和一,又是异和二",因此摹本必须"出于并处于"空间—载体中。可参考 H. Cherniss, "The Relation of the 'Timaeus' to Plato's Later Dialogues", pp. 263-265。以及 Hans-Georg Gadamer, "Idea and Reality in Plato's Timaeus" in *Dialogue and Dialectic: Eight Hermeneutical Studies On Plato*, tr. by P. C. Smith, New Haven and London: Yale University Press (1980), pp. 171-176。

间"的引入还能够指明一个在大全灵魂之受造中无法清楚表述的环节,那就是"必然因"的作用。由于理念—模型与空间—载体仅能通过"摹本的进进出出"而发生关联,理念—模型对于空间—载体的影响始终是间接的,空间—载体有其自身显现秩序的方式,它无法恒常地接纳理念—模型的摹本或影像,仅能给出各式各样的幻相①。正是出于这一原因,蒂迈欧将压模之过程解释为"理智通过说服必然……对其进行统治"($νοῦ\ δὲ\ ἀνάγκης\ ἄρχοντος\ τῷ\ πείθειν\ αὐτὴν...$)(48a)。可以发现,"理智说服必然"恰恰是中介者—灵魂的全部工作。

对于"理性说服必然"的这一解读甚至能够引发对于《理想国》"在身灵魂"与"大全灵魂"关系的一种全新理解:"说服必然"意味着灵魂必须在与"空间—载体"发生关联的过程中引发各种幻相,造就一切种类的可朽生命(41c)。然而在此过程中灵魂必须始终保持为永恒理念之动态摹本,将"宇宙大全"本身造就为一个不朽生命。一方面,由于"载体—空间"仅仅因为摹本之进出而显现为各种幻相,不朽秩序事实上无法在每一个可朽生命中直接得以贯彻,可朽生命中的灵魂秩序必然因为与身体之互相作用而遭受到某种程度的歪曲与破坏(42e-44b)。然而另一方面,由于灵魂作为动态摹本必定指向永恒模型,即便是可朽生命中的灵魂事实上都与不朽灵魂共享一套不变秩序——个体灵魂中的"不朽部分-理智"和大全灵魂以完全相同方式受造(41d)。可朽生命中的灵魂如同一个"小宇宙",其理智部分之秩序与天体运动所体现出的秩序完全一致,一旦个体灵魂遵从其不朽之理智部分的指导,它就能恢复与大全灵魂之关联,通过保持为理念—模型之动态摹本,重获原初秩序之不朽(46d-47e)。《蒂迈欧》关于个体灵魂与大全灵魂的"同源承诺"在很大程度上使得"在身灵魂"与"不朽灵魂"在存在论上的一以贯之也就得到了某种保证,尽管前者容易受到生灭世界的影响,而后者始

---

① 对于"压模活动"的论述与关于"本原三角形"的论述究竟如何关联是另一个复杂的问题,这最终将牵涉如何理解《蒂迈欧》的创世论背景,理解两次论述之间的关系,本文并不打算对此展开详细探讨。在此仅仅指明一点:53b 中蒂迈欧指出在造物者尚未介入时,空间—载体中的四大元素"仅仅是有些痕迹"($ἴχνη\ μὲν\ ἔχοντα\ αὐτῶν$),唯有当造物者引入理念和数之后,才能尽可能地摆脱原先那缺失善好的状态($ὡς\ κάλλιστα\ ἄριστά\ τε\ ἐξ\ οὐχ\ οὕτως\ ἐχόντων$)。从中我们至少可以确定,《蒂迈欧》所谈论的"必然"并非是一个完全无理智因素的"混沌",对之更恰当的描述也许是"不定因"($ἡ\ πλανωμένη\ αἰτια$,48a)。

终保持与理念世界之亲缘关系,然而在两种情况下,灵魂自身都充当着两个世界的中介,将来自永恒"理念—模型"之不朽秩序引入"载体—空间"之必然中去。

正是在这个意义上,《蒂迈欧》提供了一个比《理想国》更为清晰的,关于灵魂居间者身份的存在论说明:灵魂与理念世界保持亲缘性的唯一方式,正是保持为永恒理念之动态摹本,而这本身就意味着将不变秩序引入运动与生成,造就和谐统一的宇宙大全。一言以蔽之:作为两个世界的中介,灵魂的唯一工作在于"理智说服必然"。

七 哲人灵魂的双重向度

在 90a-d 中《蒂迈欧》对于哲学活动提供了一个说明:个体灵魂如同一株"根在天上"的倒长的树,而灵魂之理智部分,作为"我们身上的神圣部分的运动也就是宇宙的思想和运转"。在这个意义上,哲学求知活动正是将"理性部分带到理性自己的相似性"中去,恢复为灵魂原初之不朽秩序。然而在另一方面,保持与大全灵魂的同步运作并不意味着脱离身体,它恰恰意味着与大全灵魂一起将秩序赋予生灭世界,维持大全之和谐运转,这也正是灵魂"照管身体的唯一方式"。这样一来,哲学活动就是"诸神在造人时候安排的最好生活"(90d),是"诸神给予我们的最大的福气"(47b)。

通过将哲学活动界定为个体灵魂向大全灵魂的回归,《蒂迈欧》揭示了哲人灵魂的双重向度:个体灵魂向上获得对于理念世界的知识,同时就意味着向下为生灭世界引入秩序。这样一来,《理想国》关于哲人灵魂的诸多疑难就有了解答的可能:(1)在哲人教育中未曾言明的灵魂向"知识/理性"的跳跃,可以在《蒂迈欧》的意义上理解为个体灵魂"不朽部分—理智"之运作完全摆脱了生灭世界之影响,恢复为永恒模式那不朽的动态摹本[①];(2)诗人批判得以成立所需要的前提,即哲人能够运用对理念的知识进行指导生灭

---

① 大全灵魂与个体灵魂的区分并不意味着"不朽灵魂"与"在身灵魂"存在论上的二元对立,然而不可否认的是"在身灵魂"毕竟在与可朽生命中的互相作用中显现为"理智—激情—欲望"的三分结构。在这个意义上,从个体灵魂向大全灵魂的回归虽然并不意味着"两个世界的中介者"这一存在论身份的改变,但确实可以看作是牵涉一个存在论上的"跳跃"。

世界之实践,现在也能得以解释:一旦个体灵魂恢复为永恒模式之动态摹本,它就能够将原初之不朽秩序引入运动与生成,造就和谐统一;(3)综合以上两点,我们亦可对不朽灵魂究竟是复合还是单纯的疑难作出如下说明:就不朽灵魂拥有一个贯穿一切时间的不变秩序来说,它是单纯的,而就这一秩序必须用来保持宇宙大全各部分之和谐统一来说,它是复合的——正是由于哲人灵魂之双重向度是同一活动的两个不同侧显。灵魂之"真实面貌"才无法简单用"单一的"或者"复合多样的"来界定。

显然,哲人灵魂的这一双重向度对于理解"哲人灵魂作为正义灵魂"是至关重要的。归根到底,《理想国》之灵魂论困境在于哲人灵魂之"纯粹理智"与正义灵魂之"三分和谐"之间有一个未经解释的跨越。而《蒂迈欧》所强调的个体灵魂向大全灵魂之回归,则能对此给予一定说明。

事实上,《蒂迈欧》的灵魂论述同样面临"纯粹理智"与"三分和谐"的两套表述:(1)通过将《理想国》所探讨的"理智—激情—欲求"分别与"头—胸—腹"这三个身体部分相对应(69d-71a),蒂迈欧揭示了"三分灵魂"与"内在正义"之论述仅仅针对可朽生命中的个体灵魂;(2)相应的,在探讨宇宙大全—不朽生命时,蒂迈欧并不涉及任何三分灵魂之论述,大全灵魂唯一需要的是"意见—知识"能力(37b-c),这与《理想国》的哲人教育关注从意见向知识的过渡如出一辙。在 69c-69e 中可以发现,《蒂迈欧》最终意图是将对于灵魂内部"理智—激情—欲求"的三分,还原为"不朽部分"与"可朽部分"的"二分"。三分灵魂似乎仅仅是灵魂在可朽身体中所展现的幻相,而哲学活动意味着从个体灵魂向大全灵魂秩序的回归。这一主题同样与《理想国》的演进十分相似。

然而,这是否意味着在《蒂迈欧》中"内在正义"最终需要为"纯粹理智"所取代?答案显然是否定的。三分灵魂的内在正义,以及"可朽—不朽"的二元划分,完全可以在个体灵魂的活动中共存①。归根到底,理智只能尽可能地说服必然,无法完全改变必然。即便灵魂恢复为模型—理念之摹本,它依旧不能改变载体—空间自身由于摹本之进进出出而展现各种幻相的方式——即便个体灵魂之理智部分完全与大全灵魂相一致,激情与欲望依然会在个体灵魂中得到保留②。然而这并非仅仅是一个消极的结论——在《蒂迈欧》的创世论背景中,可朽生命中之和谐与秩序必须经历一个"破坏再恢复"之过程,当灵魂保持为理念—模型之摹本,它也就因为获得知识而恢复与大全灵魂之关联,并通过"理智说服必然"将和谐与秩序尽可能地引入可朽生命。在这个意义上,三分灵魂之内在正义,正是不朽灵魂在可朽生命中的最好表现形式。唯有在向上恢复不变秩序的同时向下维持三分灵魂之内在正义,个体灵魂才真正履行灵魂之职责,与大全灵魂一起充当两个世界的"居间者"。

《理想国》并未直接在宇宙论的层面展开对于个体灵魂与大全灵魂关联性的说明,然而依然可以认为《理想国》中的哲人与《蒂迈欧》中那"根在天上"的个体灵魂享有同样的命运。在这个意义上,我们同样可以说《理想国》所谈论的"成为哲人"并不意味着灵魂完全"脱离身体"或是通过保持"纯粹理智"之活动与理念世界合一;相反,哲人教育的工作正是通过对于影像与摹本关系之强调,使得"在身灵魂"通过求知活动恢复与"不朽灵魂"的一

---

① 根据康福德(Cornford)之研究,无论"不朽灵魂"与"可朽灵魂"的二分,还是"理智—激情—欲望"的三分,都与毕达哥拉斯主义对于"限定"与"无定"的混合产生数学比例的论述有关——而对于毕达哥拉斯主义来说,数学秩序既落实为自然中的和谐与比例,又导向"成为与神一样"的神秘主义追求。换句话说,从毕达哥拉斯灵魂论传统开始,灵魂之"内在和谐"不但不与灵魂之不朽与转世相矛盾,其本身就能用来理解灵魂的净化与上升。参看 F. M. Cornford, "Mysticism and Science in the Pythagorean Tradition", *The Classical Quarterly*, Vol. 16, No. 3/4, 1922, pp. 137-150。
② 然而这并不意味着我支持罗宾森(Robinson)的观点,即当个体灵魂回归到大全灵魂中时,它依然保留为"三分灵魂"。他的依据主要在于《蒂迈欧》对于"永恒"与"不朽"的划分——按照41b,不朽者依然可以是复合而可分解的。参看 James V. Robinson, "The Tripartite Soul in the *Timaeus*", *Phronesis*, Vol. 35, No. 1 (1990), pp. 103-110. 然而问题在于41b涉及的"不朽"仅仅针对大全灵魂,而《蒂迈欧》中个体灵魂确实包含着不朽理智与可朽的激情—欲望的对立。对罗宾斯的这一反驳可参考 Andrew .S. Mason, "Immortality in the *Timaeus*", *Phronesis*, Vol. 39, No. 1 (1994), pp. 90-97. 当我说激情和欲望依然得到保留时,我所强调的仅仅是:个体灵魂向大全灵魂的回归并不一定意味着不朽部分—理智在脱离可朽生命,回到其"指定的星星"中去(42b)。44b-d 以及 90a-e 指明了理智对于身体之照管本身正是个体灵魂之根本目的。换句话说,在可朽生命中个体灵魂同样可以与大全灵魂保持一致,并不需要如《斐多》那般在严格意义上"脱离身体"。

致。与此同时,不朽灵魂在存在论上的中介者身份,使得哲人灵魂在向上进行理智追求的同时能够向下保证了灵魂(与言辞中城邦)的内在正义,能够运用其对于理念世界之知识将生灭世界之幻相引向秩序与和谐。显然,双重向度任意一方的欠缺,都将使得哲人灵魂的"居间者"身份显得不完整。与《蒂迈欧》中的可朽生命一样,《理想国》中的哲人同样无法完全改变"必然",无法改变生灭世界之显现方式。哲人灵魂依旧保有欲望与激情,显现为一个"三分灵魂";相应的哲人王城邦也仅能保持三个阶层的和谐统一,无法消弭阶层本身。然而既然《蒂迈欧》阐明了在身灵魂的三分与不朽灵魂的单纯毕竟只是同一灵魂秩序在不同层面上的表达,那么在身灵魂与不朽灵魂就并不包含存在论上的对立。非但"不朽灵魂"与"哲人为王"毫无冲突,"哲人为王"还必须以灵魂恢复其"真实面貌"之"不朽"为前提①。在我看来,这正是《理想国》《蒂迈欧》对于哲学活动的最终界定。

在此可以对本文进行一番总结:《理想国》对于理念学说的两套论述——哲人教育与诗人批判——根本上都与哲人灵魂对于两个世界的沟通有关:哲人既需要向理念世界攀升,又需要在生灭世界之实践中引入正义,哲人灵魂既需要"上升",又需要"下降"。表面看来,这一双重向度的坚持在《理想国》中会最终陷入僵局:"不朽灵魂"与"哲人为王"似乎无法兼备——我们似乎无法在坚持两个世界的存在论分离的同时,又通过将哲人灵魂界定为正义灵魂来完成两个世界的贯通。然而通过诉诸《蒂迈欧》的宇宙论可以发现:由于个体灵魂与大全灵魂根源上的一致,个体灵魂的双重向度正是不朽灵魂之中介者身份在有朽生命中的体现——唯有当灵魂"向上"保持为永恒原型的不朽摹本,它才能同时"向下"赋予生灭世界以秩序。在这个意义上,哲人灵魂的"上升"与"下降","出洞"与"回洞",既不应看作灵魂在两个互不交通之世界中来回奔波,更不意味着取消两个世界的存在论

---

① 用《蒂迈欧》的宇宙学说来解读《理想国》中哲人灵魂的"上升"与"下降"的思路,参考 Allan Silverman, "Ascent and Descent: The Philosopher's Regret", *Social Philosophy & Policy*, Vol 24, 2007, pp. 40-69. 与本文主要利用《蒂迈欧》关于"不朽灵魂"的论述来解读《理想国》的哲人灵魂不同,Silverman 直接用造物神匠来对应哲人王。然而在我看来,两者并非不可调和。灵魂将秩序赋予生灭世界的活动,某种程度上继承自造物神匠运用模式—理念为载体引入秩序的创制行动,这意味着造物者和灵魂协力完成了"理智说服必然"。这一切都吸引着我们将造物神匠之创世解释成为一种更高意义上的"灵魂活动"或"理智活动"。

分离。作为居间者,灵魂在其自身活动中所展开的"理性说服必然"本身就是对于两个世界的某种沟通。通过在关注理念的同时维持着内在正义,哲人灵魂便行使了"诸神在造人时候安排的最好生活"。于是,通过对《理想国》《蒂迈欧》中那作为居间者的灵魂进行充分考察,我们不但对"作为正义灵魂的哲人灵魂"有了更为深入的认识,对于柏拉图对话所呈现的两个世界学说也有了更为全面的把握。

Theory of Forms as Psychology
—A Psychological Investigation about the "Two-World" Theory in Plato's *Republic*

Wang Li

Abstract: The "Two-World" theory was referred to twice by Plato in the *Republic* in conspicuously incoherent expositions: once in Chapter V-VII, the other time in Chapter X. In the current paper, I intent to argue, firstly, that the coherence between the two expositions could be redeemed by virtue of the discussion of the "philosophical soul", secondly, that a further scrutiny of the *Timaeus* on the "philosophical soul" offers a profounder understanding of this coherence. In short, I claim that the psychology (or the theory of soul) given by the *Republic* and the *Timaeus*, especially the statement that the philosophical soul is the just soul, could be essential in solving the traditional puzzles in Plato's metaphysics based on the "Two-World" theory.

Key words: Psychology, Two-world Theory, Philosopher, Justice

《慎子集校集注》

[清]许富宏　撰

北京：中华书局,2013年8月第1版

　　《慎子》相传为战国时思想家慎到的著作,据《汉书·艺文志》有四十二篇。此书大多亡佚,后世传本一般仅五篇。清时严可均据《群书治要》又辑出两篇,共七篇。近来上海博物馆得到的战国楚竹书中有《慎子曰恭俭》一篇,可能与《慎子》有关。亦有若干逸文,各辑本数量不一,差异较大。

　　《慎子集校集注》为中华书局《新编诸子集成续编》之一种。撰者收集今存的各种版本,综合各注家意见,作了集校、集注;又在吸收前人成果的基础上,重辑和整理了《慎子》逸文,得逸文五十条及存疑者十九条,并作集校、集注;同时,在现有整理成果的基础上对《慎子曰恭俭》一篇作了校勘、集注,附于逸文之后。本书附录有《慎子》历代著录情况、历代序跋、历代辨伪等相关资料,可供参考。（张夔）

亚里士多德《形而上学》中的 λόγος 和 ὁρισμός

葛天勤[*]

摘　要：定义理论在亚里士多德的形而上学、尤其是实体理论中具有重要地位，但是亚里士多德用以表示"定义"的两个关键词（λόγος 和 ὁρισμός）及其之间的差别并没有得到学界的充分重视。这不仅导致对这两个词语的翻译产生了混淆，更进一步影响了我们对亚里士多德的"定义"和"实体"概念的理解。本文试图从文字和义理两个方面来考察二者的关系与区别，指出它们唯有应用于"实体"之上才有等同性；而非实体的说明"是什么"的 λόγος，并不是 ὁρισμός。此外，在论及个体复合物和其他范畴时，ὁρισμός 表示首要意义上的定义，而 λόγος 并非 ὁρισμός，只是第二义上的"定义"。

关键词：亚里士多德　实体　定义　描述　公式　核心意义

亚里士多德（以下简称"亚氏"）在建构形而上学体系时，给予定义理论相当的重视。当今学界对于亚氏定义理论的研究有不少进展[①]。然而在阅

---

[*] 葛天勤，1993 年生，浙江大学哲学系本科生。
[①] 关于亚氏定义理论的研究专著，主要有 M. Deslauriers, *Aristotle on Definition*, Leiden: Koninklijke Brill NV, 2007。相关的中文研究则有王路：《亚里士多德论定义》，《学术月刊》1982 年第 8 期，第 55—59 页。此外在汪子嵩等：《希腊哲学史·第三卷》，人民出版社，2003 年，第 246—253 页，第 350—358 页和王路：《亚里士多德的逻辑学说》，中国社会科学出版社，2008 年，第 29—35 页中也有相关论述。不过中文研究多是以逻辑学为切入点，分析的对象也集中在《论题篇》、《后分析篇》和《工具论》中，而本文的焦点则是探究亚氏《形而上学》中的定义理论。

读亚氏《形而上学》的过程中,我们发现亚氏在论述他的定义理论之时,对 λόγος 和 ὁρισμός①语词的运用存在不少值得深思的地方,这在学界却并未引起足够的重视。即便有学者涉及,也大多寥寥数语,往往忽视个中的微妙差别。这一忽视导致对《形而上学》的文本翻译出现了不少问题,不利于我们对亚氏文本做出深层疏解。

本文试图对 λόγος 和 ὁρισμός 这两个关键词做一些语言辨析和义理阐释,从而为更深入探究亚氏的相关理论提供某种新的思路和铺垫。本文的基本立场在于以下两点:第一,这两个词在亚氏思想中的内涵不同,只有在应用于"实体"时它们才具有同等意义。对"是什么"的非实体性阐述的 λόγος,就不是 ὁρισμός。第二,亚氏在讨论"个体复合物"和非实体的"范畴"时,会用 λόγος 而不是 ὁρισμός 来表示"定义";在这样的语境中,λόγος 也只是第二义上的"定义"。

一 定义与公式:翻译的不一致

怎么翻译亚氏著作中的 λόγος 和 ὁρισμός,汉语学界颇为不一致。在《希腊哲学史》第三卷的"形而上学"部分,作者在论述到本体的在先性时提及了本体的"定义在先"(1028a33),并且指出"这定义原文是 logos,亚里士多德在 Z、H、Θ 卷中常用的 logos 不是一般意义上的说法或陈述,而是有确定的逻辑学含义的,一般都译为定义(definition)"②。的确,根据希腊文本③,此处的"定义在先"就是"在 λόγος 上"。然而在几页之后,作者在引用《形而上学》中的相关段落时,又说"定义即是陈述 to ti en einai 的公式"(1031a12)④。我们查阅希腊文本不难发现,这句话中的"定义"不是根据 λόγος 而来,而是据 ὁρισμός 这个词;与此同时"公式"一词却是由 λόγος 翻

---

① 由于对这两个语词的翻译无论是英文还是中文都存在诸多不统一与困难,因而在本文中给出希腊文。后文也将着重分析这两个词以及它们的翻译问题。
② 汪子嵩等:《希腊哲学史·第三卷》,第 731 页。
③ 本文所参考的希腊文本为罗斯校订的 W. D. Ross, *Aristotle's Metaphysics*, Oxford: Clarendon Press, 1924。《形而上学》中译文除特别说明之外采用李真先生的译本,但会把一些关键词还原为希腊文。而亚氏的其他著作则使用《亚里士多德全集》的译文。
④ 汪子嵩等:《希腊哲学史·第三卷》,第 738 页。

译的。如此便难免产生疑问:这两个词在表示诸如"公式""定义"的含义之时有哪些差别？它们之间具有等同性吗？

在《形而上学》现有的中译本里,这个问题依然没有得到解决。也就是说在希腊文本是 λόγος 的地方,有些中译本译作"公式",有些则是"定义"①。前文提到的1028a33,中译本都译作"在定义上";然而在隔了一行之后,吴寿彭先生的译本就出现了一定程度上的不一致:"每一事物之公式其中必有本体的公式在内；故本体亦先于定义"（1028a36）。这句话中的"公式""定义"都是指 λόγος,而李真先生和苗力田先生的译本都是把 λόγος 译作"定义"。与这句话很类似的,亚氏在 Θ 卷谈到现实的在先性时也提到过"在 λόγος 上在先"（1049b13）,然而在此处,李真先生的译本和吴寿彭先生的译本又都将 λόγος 译成"公式"（苗力田先生的译本中则使用了"原理"这个词）。由此可见,即使在亚氏使用同一个语词（λόγος）的地方,中译本也都相当不一致,而且缺少该有的注释。而且在李真译本的索引中,尽管他规定了"公式- formula - λόγος"的翻译,在后面给出的标准页码中却有不少恰恰翻译成"定义";②不过在为"定义- definition - ὁρισμός"做索引时,倒是与正文比较一致。此外在吴寿彭先生的译本的索引中也提到了 λόγος 的"定义"（definition）和"公式"（formula）的相通性,但是还是对 λόγος 和 ὁρισμός 进行了"模糊处理"。③ 综上可知, λόγος 和 ὁρισμός 这两个词在中文文献里面翻译成"定义"还是"公式"存在较大的争议。④ 由于现有的中文资料大多译自英文本,那么接下来考量英文文献中的这两个词的译法就显得很有必要。

由于译本资料取得的有限,在此只能着重对照罗斯1928年的英译本和洛布（Loeb）丛书中特里德尼克（Tredennick）的译本。我们可以发现中译本

---

① 偶尔在苗力田先生的译本中还会出现"原理""述说"等义项,参看苗力田先生译本的1030a9、1049b13等处,但是当与"公式"意思相近,故不做深入探讨。
② 参见亚里士多德:《形而上学》,李真译,上海人民出版社,2006年,第456页。比如1016a33、1028a34、1006b1等。
③ 参看亚里士多德:《形而上学》,吴寿彭译,商务印书馆,1995年,第340—341,343页。他认为 λόγος 既可以翻译成"公式"也可以翻译成"定义"。另外相较于李真先生译本的索引,该索引对这两个词条的解释稍微详细一些。
④ 此外也有把 λόγος 译成"描述"或者"陈述"的,这两个翻译的语词当从 account 而来下页注2,与"公式"（formula）区别甚小,因而本文不探讨 λόγος 翻译为"描述"、"陈述"还是"公式"更佳的问题。

的不一致很大程度上是由英译本导致的①,然而继续参照就会发现仅是这两个译本之间对 λόγος 的翻译也有许多不同的地方。为了显示两个英译本中的龃龉,在此简单对 Λ 卷中出现的 λόγος(在定义理论的范围内)的翻译简单做了一个考订。

出处	罗斯译本	特里德尼克译本
1069b34	definition	formula
1070a23	definition	formal cause
1070a30	formal cause	formula
1071a29	definition	formula
1074a36	definition	definition
1074a38	definition	formula

由此可见在六处 λόγος 当中两个版本译法相同的仅有一处,而且译者们常常在几行之间就更换译法(如 1070a23、30,1074a36、38 等)。如此看来对于 λόγος 的翻译争议依然集中在 definition 和 formula 两个词上,反而 ὁρισμός 的情况要统一得多——都是译成 definition。不过仅就翻译而言,新近的一些译本在译法的统一上已经有了很大改善。比如说劳森-坦科雷德(Hugh Lawson-Tancred)的译本就在导言中说明了在涉及亚氏的定义理论时把 λόγος 翻译成 account,而在另外的情况下则根据上下文译成"proportion"、"ratio"或者是"reason"②。此外还值得一提的是,萨克斯(Joe Sachs)的译本则将 λόγος 一词统一翻译成 articulation,并且指出定义(definition)是 articulation 的一种形式。③ 可见随着研究的推进,译词译法的统一也有了更大

---

① 比如在前文提到的 1028a33 处,两个本子都是把 λόγος 翻译成 definition;而在 1049b13 又都把 λόγος 译成 formula。
② Aristotle, *Metaphysics*, trans. by Hugh Lawson-Tancred, Penguin Books, 1998, p. lv. 此外把 λόγος 译成 account 的做法也是近来中国学界把 λόγος 译作"描述"的原因所在。尤见聂敏里的《存在与实体》(后附的《形而上学》译文也把 λόγος 的译法统一为"描述")和其选译的《20 世纪亚里士多德研究文选》(一些地方一律保留为 logos 而未做翻译,如第 398 页以下——尤其参见第 410 页以下。但是在另几篇文章中则做了区分,如第 77 页、第 379 页等)。
③ Aristotle, *Metaphysics*, trans. by Joe Sachs, Green Lion Press, 2002, pp. xlviii, li. 此外,他还认为传统的将 λόγος 译成 formula 的做法并不妥当,因为这样 formula 的含义就会过于广泛。不过萨克斯仍然没有对本文所讨论的 λόγος 和 ὁρισμός 的关系问题做出更多评论。

进步。接下来本文将通过从文字和义理两个方面对 λόγος 和 ὁρισμός 二词的考量,来探究将 λόγος 翻译成 definition 在学理上是否有合理性。

二 λόγος 和 ὁρισμός 辨析

本节将主要对 λόγος 和 ὁρισμός 两个词进行词义辨析,以指出二者的关系与区别,从而为解决对这两个词的翻译和解读上的含糊而提供一种途径。在此我们先对文字处理上稍为简单的 ὁρισμός 进行分析,然后,我们再分析希腊文中最复杂的 λόγος 这个词的含义。

ὁρισμός[①] 在《形而上学》文本中出现的次数为 68。它们都被译为 definition 和"定义",这个词的译法都是相当统一的。根据《希英大辞典》的解释,ὁρισμός 的原意是"划定界限",进而引申为"定义"[②]。此外在《古希腊哲学的历史辞典》中也有类似的解释:认为 ὁρισμός 是"划定界限的方法",并且在形而上学意义上就是定义的意思[③]。

虽然 ὁρισμός 的翻译上的处理较为简单,但是它的义理分析却要复杂得多。这一点将结合 λόγος 在本义第三部分着重讨论。现在先对 λόγος 做一番简要厘清。

作为古希腊文本中内涵丰富、意义深远的词,λόγος 是亚氏《形而上学》中出现次数最多的语词之一,总共有 376 次左右;除去前文提到的"言语"、"原理"、"理性"等与本文讨论的主旨关系不大的义项,剩下的还有"公式"(formula)、"描述"(account)和"定义"(definition)这三个义项(前两项也可并为一项,那么就只剩下两个义项)。格思里在《希腊哲学史》第一卷中并没有把两个义项分开讨论,认为 λόγος 是"definition or formula",同时还做出了"the logos(definition) of anything"的表述[④]。不过在《希英大辞典》中已经能

---

① 亚氏在使用 ὁρισμός 这个词的时候还会用一个与 ὁρισμός 的意思十分相近的相关语词 ὅρος。二者的异同参见 Gregory Salmieri, *Aristotle and the Problem of Concepts*, University of Pittsburgh, 2008, p. 221 n. 31.
② Liddell, Scott, *A Greek-English Lexicon*, Oxford: Clarendon Press, 1996, p. 1251.
③ Anthony Preus, *Historical Dictionary of Ancient Greek Philosophy*, The Scarecrow Press, 2007, p. 139.
④ W. K. C. Guthrie, *A History of Greek Philosophy* Vol. I, Cambridge University Press, 1962, p. 424.

发现 λόγος 中"公式"与"定义"(ὁρισμός)的差别,提到了"公式比定义更宽泛(wider)",但是也没有进行更多分析,只是认为二者"经常"(frequently)是等同的①。同样的,普罗伊斯(Preus)虽然主张 λόγος 是"真实定义"(a real definition),但是他也承认"the logos of the ousia"有着比定义更广泛的含义②。而 λόγος 本身就有"一组语词"(a set/group of words)的含义,因此如果译作"公式"(formula)就需要在"一组语词"的基础上有所表示和限定,而若是作"描述"(account)解就可以表示比"公式"更宽泛的"一组语词"。因此近来的译本都倾向于把 λόγος 译作"描述"(account)。在阐明 λόγος 在定义理论中最基本的含义之后,下文将通过探讨 λόγος 和 ὁρρισμός 两个词的关系来深化 λόγος 在定义理论中更具体的内涵。

寻找 λόγος 和 ὁρισμός 两个词同时出现的文段无疑是探究二者关系的好方法。然而事实上我们不难发现在罗斯的《亚里士多德的形而上学》的校释中已经能够找出二者区别之所在。他在 1037b11 处的注释中就写道:"λόγος 和 ὁρισμός 的区别到 1030a14 这里就已经指明了"③。纵观 1030a7-11 这段文本,亚氏的确是道出了 λόγος 和 ὁρισμός 的区别:"ὥστε τὸ τί ἦν εἶναί ἐστιν ὅσων ὁ λόγος ἐστὶν ὁρισμός. ὁρισμός δ' ἐστὶν ακ ἂν ὄνομα λόγῳ ταὐτὸ σημαίνῃ (πάντες γὰρ ἂν εἶεν οἱ λόγοι ὅροι: ἔσται γὰρ ὄνομα ὁτῳοῦν λόγῳ, ὥστε καὶ ἡ Ἰλιὰς ὁρισμός ἔσται), ἀλλ' ἐὰν πρώτου τινὸς ᾖ: οιαῦτα δ' ἐστὶν ὅσα λέγεται μὴ τῷ ἄλλο κατ' ἄλλου λέγεσθαι."(所以,"是其所是"[τὸ τί ἦν εἶναί,即"本质"——引者]属于那些其 λόγος 是 ὁρισμός 的东西。而只要名称像 λόγος 一样表示,它就不是 ὁρισμός[因为所有的 λόγος 就都会是 ὁρισμός 了,因为对于随便什么 λόγος 都会有一个名称,这样,甚至《伊利亚特》也将是 ὁρισμός],而是只有关于某个首要的东西,但这就是那些不按照另一个陈述另一个的方式陈述的东西。④)

---

① Liddell, Scott, *A Greek-English Lexicon*, p. 1058.
② Anthony Preus, *Historical Dictionary of Ancient Greek Philosophy*, p. 159.
③ W. D. Ross, *Aristotle's Metaphysics* Vol. 2, Oxford: Clarendon Press, 1975, p. 206.
④ 此处采用聂敏里的译文,但将本文所讨论的两个词还原为希腊文。见聂敏里:《存在与实体》,华东师范大学出版社,2011 年,第 397 页。

由此可见,亚氏认为"只有它们的 λόγος 就是一个 ὁρισμός 的东西才有 τὸ τί ἦν εἶναι",因而"内在必然联系的公式才是定义"①,即是说,表示实体(οὐσία)②本质的 λόγος 才是 ὁρισμός③,而不是任何一组有意义的词(λόγος)都是定义。这个观点十分重要,直接体现了 λόγος 和 ὁρισμός 的最显著的差别;可是,由于许多人并没有对亚氏此处的论述足够重视,他们在翻译上对两个词屡屡出现不一致。这样做是不合理的,发展到极端就是甚至出现亚氏所言的荒谬现象:把《伊利亚特》的全文都作为《伊利亚特》的定义了④。亚氏多次提到《伊利亚特》这个例子,把它作为阐述 λόγος 和 ὁρισμός 关系的典例,认为表述了"是什么"的一组语词并不一定是定义,否则"我们就全部用定义谈话了"(《后分析篇》92b33)。而罗斯进一步解释:"任何一个名称(例如外套)都可以有一个 λόγος 或是一组词,并且任何 λόγος(比如'白色的人')都能有一个与其本身同一的精确的 λόγος,但是这个 λόγος 并不是一个定义,除非作为解释的 λόγος……是首要意义上的(πρῶτον),或是纯粹的实体。"⑤我们从以上文段中不难发现 λόγος 只是一组进行说明的语词,而只有实体的 λόγος 才是 ὁρισμός。另外亚氏在《形而上学》Z 卷十二章中提到过定义的对象是属,内容就是"种加属差"⑥,并且"ὁρισμός 是一个单个的 λόγος 并且是一个实体的 λόγος"(1037b26),所以只有以"种加属差"的方式来表示实体本质的 λόγος 才能说是 ὁρισμός。至此,这两个词的区别已经在最基础和首要的意义上被澄清了。由于亚氏多次在提到实体、本质时认为 λόγος 和 ὁρισμός(下文中若无特殊需要皆用该词表示"定义")具有等同性(如 1017b23、1034b20 等),因此当提到实体的定

---

① 汪子嵩:《亚里士多德关于本体的学说》,人民出版社,1997 年,第 109 页。
② 本文中的"实体"一词指的是《形而上学》中的首要意义上的实体,也就是形式(εἶδος,关于这一点的论述参见 Z.3,解读可参考汪子嵩等:《希腊哲学史·第三卷》,第 735-737 页)和本质。
③ 同样的论述参看聂敏里:《存在与实体》,第 153,156 页。Edward C. Halper, *One and Many in Aristotle's Metaphysics: The Central Books*, Parmenides Publishing, 2005, p. xxi. 此外《形而上学》中也有多处相类似的表述,见 1012a24、1017b23、1031a12、1037b11 等。
④ 参看 Aristotle, David Bostock, *Aristotle Metaphysics Books Z and H*, Oxford: Clarendon Press, 2003, p. 90。关于亚氏《伊利亚特》例子的应用还见于 1030b9、1045a 13、《后分析篇》93b36、《诗学》1457a29 等。
⑤ W. D. Ross, *Aristotle's Metaphysics* Vol. 2, p. 170.
⑥ 本文沿用亚氏所论述的种和属的含义,也就是说种是大类,属是小类,与现代逻辑学和生物学上的用法恰恰相反。

义或是 λόγος 时，λόγος 和 ὁρισμός 这两个词才能等同使用，故在这个情况下把 λόγος 译作"定义"也有其学理根据。

综上所述，"定义"和 λόγος 在应用于实体时可以等同使用。与此同时我们还能确定亚氏认为一般意义上的既没有说明本质也没有说明"是什么"的 λόγος（比如《伊利亚特》的例子），无论应用在实体上还是非实体上，必然不是定义。但是，最重要的难题仍然存在：亚氏提到定义就是关于事物是什么（τί ἐστι）的 λόγος（《后分析篇》93b29）。那么，如果 λόγος 所表示的对象不是实体，而是其他范畴或者个体复合物；而且对象的 λόγος 没有揭示其本质（事实上唯有实体、形式才有本质，至少在最首要意义上是如此，参1029b），但同样说明了"是什么"；在这样的情形下，是否还是可以把这个对象的 λόγος 称作"定义"就是后文要阐述的问题。[1]

三　定义与核心意义

在上述的文本中，我们看到亚氏认为实体、形式是定义的对象。亚氏对定义还有其他的论述："……是某种是一的东西的 λόγος，而不是像'伊利亚特'那样由于连续性而成其为一，也不是由于诸事物被捆在一起而成其为一，而是在'一'的主要意义上成其为一"（1030b8-11）。由此可见，λόγος 除了要揭示实体本质之外，还必须满足要成为"一"这样的条件，才能是定义。亚氏没有具体说明是怎样的"主要意义"，从而给学者们在解释"定义"的种类和应用对象时留下了不少争论的空间。下文将主要通过对定义义理和"核心意义"（focal meaning）的解读来说明一条可能的解决进路。

首先是对"定义"进行义理上的考察，而这一考察是通过对它的种类的分析来推进的。尽管 ὁρισμός 这个词在翻译上基本都是一致的，但是对它的内涵考量却充满着疑难。我们不难发现，如果仅仅把以"种加属差"

---

[1] 这个问题体现在现实在 λόγος 上先于潜能（1049b13）、多在 λόγος 上先于不可分（1054a29）、数学对象的 λόγος（1077b1）和个体复合物的 λόγος 是不是"第二义"上的定义（1030b14）等方面，前三者关乎翻译，最后项则是关于"核心意义"。

的方式出现的揭示实体本质的作为"一"的 λόγος 看成是定义,那么就会产生专名词、范畴、简单的不能分析的感情词(如"痛苦"、"快乐")、简单属性的抽象名词(如"红"、"甜")等无法定义的困难[1],因为以上四种对象都很难找到它们的"种"或是"属差"。另外,对于范畴这样最大的类也不能有"种加属差"的定义[2]。因此学者们就对"定义"这个词进行了划分,把在《形而上学》中讨论最多的定义称作"本质定义"或"真实定义"(real definition);将剩下的又分成几种。于是,就可能主张有二种、三种或四种不同的"定义"。认为只有两种定义的人很少,而至于到底是三种还是四种则要看如何理解文本[3]。比如王路在《亚里士多德论定义》一文中就另外又给出"名词定义"(nominal definition)、"事因定义"、"整体定义"三种[4]。而戴斯劳瑞尔(Deslauriers)认为在《后分析篇》2.10中存在四种定义,但它们的划分原则又不同,是根据其可论证性与否和在演绎推理中的位置而进行的。作者接着还承认把其中两种归并为一种或者甚至把另外三种都归并为"名词定义",另一种是"直接定义"(immediate definition)的做法也是可行的。[5] 此外还有学者认为名词定义和真实定义其实是一种,只不过"名词定义关注语词的内涵,而真实定义则给予科学的描述"[6]。以上各种对定义含义的划分都意味着亚氏定义理论中定义对象的扩大,方法也超出了"种加属差"的范围,从而也承认了"现实"、"多"、"数学对象"作为定义适用对象的合法性。但是上述划分大多都仅在《论题篇》和《后分析篇》中出现,因此考量亚氏是否依然在《形而上学》中保持了这种定义理论,就是进一步探索该问题的途径,如果《形而上学》中定义的种类和对象也如上述著作中所言,那么认为二词的内涵一致就有其合理性,否则我们就能发现聂

---

[1] 参见 Peter Coffey, *The Science of Logic*, Vol. 1, Longmans, Green, and co., 1912, p. 96。转引自王路:《亚里士多德论定义》,第58页。
[2] 参见金岳霖:《形式逻辑》,人民出版社,1979年,第47页。
[3] 参看 Kathrin Koslicki, "Essence, necessity, and explanation", in *Contemporary Aristotelian Metaphysics*, ed. by Tuomas E. Tahko, Cambridge University Press, New York, 2012, p. 200。
[4] 王路:《亚里士多德论定义》,第58—59页。
[5] M. Deslauriers, *Aristotle on Definition*, p. 44. 所谓"直接定义"就是一个关乎是什么的无法论证的描述。
[6] 参看 Robert Bolton, "Essentialism and Semantic Theory in Aristotle: Posterior Analytics, II, 7-10", *The Philosophical Review*, Vol. 85, No. 4 (Oct. 1976), pp. 514-544, esp. p.520。

敏里所坚持的"只有关于实体之所是(即本质——引者)的描述(λόγος,下同——引者)才是定义,在其他范畴上的'是什么'的描述不是定义,而仅仅是一般意义的描述而已"①的合理性之所在。

认为其他范畴和个体复合物也可以有定义的人一般是把亚氏说过的"定义和本质在首要和简单的意义上属于实体,它们也还属于其他事物,只是不是在首要的意义上"(1030b5-6)和"从而甚至可以有'白色的人'的λόγος和定义"(1030b14)作为依据。另外也有学者根据λόγος的"一"性而认为个体复合物(如"一个白色的人")依然可以有定义和本质,他的理由是在1043b34-1044a9处亚氏把数字的加减类比于定义,而个体复合物通过增加或减少依然可以是"一"而拥有本质和定义,但是他也承认是"在稍弱的意义上"(in a lesser sense)。② 可见无论是前一种论述的"首要和简单的意义"还是后一种论述的"在稍弱的意义上"都要牵涉到对核心意义理论的考虑。

亚氏在《形而上学》Γ.2(1003a33-b5)论述"存在"(τὸ ὄν,即是"是")的多重意义时正式提到核心意义理论,此后该理论贯穿了他的实体理论。核心意义就是"指向中心含义"。事物要具有核心意义需要满足两个条件:1.可以由许多方式来述说;2.居于核心的事物的 logos 要包含在其他相关事物的 logos 中。③ 亚氏不仅认为存在具有核心意义,本质也是如此(见 Δ.7、1028a10、1030a18-35)。我们从上文中显然能发现"定义"也具有核心意义。而一个事物的"核心意义"亚氏在《形而上学》中常常被表述为"在首要意义

---

① 聂敏里:《存在与实体》,第156页。
② 参见 Edward C. Halper, *One and Many in Aristotle's Metaphysics*, pp. 66-73. 关于1043b34-1044a9的论述见 Edward C. Halper, op. cit., pp. 70-71。
③ 参阅 Michael T. Ferejohn, "Aristotle on Focal Meaning and the Unity of Science", *Phronesis*, Vol. 25, No. 2, (1980), p. 120. 但这不表示由核心意义相连的事物是同等的,参 Michael T. Ferejohn, op. cit., p. 117, 亦见于余纪元:《亚里士多德:作为存在的存在》,《中国人民大学学报》,1993年第4期,第65页。而且这些事物也并不一定是同一范畴的(如"医术"和"医生"的例子),参阅余纪元,前引文献,第65—66页("因此,'指向中心含义'即是指各种异质范畴之间的统一")。同样,也不能认为由于第二义上的事物可以最终还原为核心意义的事物,就认为第二义的事物是不存在的,只有核心意义的事物存在。亚氏无疑反对这种"消解性"的还原,参看巴恩斯等:《剑桥亚里士多德研究指南》,廖申白等译,北京师范大学出版社,2013年,第124页以下。这个论证可应用到下文所述的"定义"例子上。

上"或是"严格意义上"。毫无疑问,揭示实体本质的 λόγος 就是首要意义的和最严格的定义,即是核心意义上的定义,这一点在上文已经多次强调了。那么剩下的争论就是关于非实体的范畴和个体复合物的 λόγος 作为第二义和次要意义上的定义究竟算不算是定义。因为尽管核心意义是"真正的基础,其他一切都是围绕着它的",并且"其他多种意义正是由于趋向于、相关于这个核心意义,才取得它们各自所有的意义"①,但是"其他多种意义"能否和居于核心的事物分享同样的名称却是值得怀疑的。在《欧德谟斯伦理学》中,亚氏提到三种友爱时也提到了核心意义理论②。但他论述到"它们之被称为'友爱'不是完全依据同一个东西,也不是作为同一种下的属,亦没有完全相同的名称,因为它们只与该词原本的某一含义有关"(1236a16-19)。因此,亚氏不认为具有核心意义的一组事物就一定有相同的名称,或者是可以被还原成首要意义的事物的。那么我们也就有理由怀疑是否第二义和次要意义上的定义也会像"友爱"的案例一样被排除出定义的界域而不能被称作是"定义",即使能称作的话也是针对于包蕴在它们之中的核心意义的定义。戴斯劳瑞尔就指出亚氏在《形而上学》中仅仅涉及了一种严格意义上的"直接定义"③而排除了其他定义(尽管亚氏没有明确反对他在《后分析篇》中得出的结论)。

---

① 聂敏里,前引文献,第 100—101 页。
② 不少学者认为 1236a16 以下是亚氏完整阐述核心意义的段落,参看 Michael T. Ferejohn, "Aristotle on Focal Meaning and the Unity of Science", p. 119. 类似的观点亦参见欧文:《亚里士多德一些早期著作中的逻辑学和形而上学》,载《20 世纪亚里士多德研究文选》,聂敏里选译,华东师范大学出版社,2010 年,第 66 页。但是其他一些学者认为核心意义理论是亚氏在《形而上学》中全新提出的。而我们认为"核心意义"在《工具论》《尼各马可伦理学》《欧德谟斯伦理学》中已经发展得比较成熟。此外,有人也许会对把伦理学中"核心意义"的实例应用到形而上学的定义研究上的学理性而进行质疑。但是,我们可以采纳耶格尔的看法,认为亚氏在《欧德谟斯伦理学》中运用的研究方法相比《尼各马可伦理学》而言更具精确性,更注重概念的推理(这并不意味着我们也一定要同意耶格尔的"发展论")。所以,在类比的意义上,《欧德谟斯伦理学》中的核心意义实例是可以为《形而上学》中的相关判断提供例证的。
③ M. Deslauriers, *Aristotle on Definition*, p. 176. 严格意义的"直接定义"就是首要意义上的定义。

如果个体复合物能够有定义,那么也是首要根据其形式而得出的①。正如基尔(Mary Louise Gill)所言,个体复合物是通过其形式下定义的,其表达为"一物在他物之中"(one thing in another)。② 这就是说,个体复合物的 λόγος 还是通过其中的形式的"核心意义"定义(ὁρισμός)来得到的。③ 说明了个体复合物中偶性成分的 λόγος 必然不是定义,而即使是像"扁鼻"(σῖμος)那样只能以复合形式存在的个体事物也没有严格意义的定义。④ 而对于非实体的范畴,亚氏没有在《形而上学》中提到过对它们进行定义的可行性,因而范畴的 λόγος 还是不能和定义混为一谈的——尤其是亚氏在提到范畴时用的语词都是 λόγος 而不是 ὁρισμός。⑤

综上所述,我们经由讨论所得出的结论是:首先,唯有实体的 λόγος 才是严格意义上的定义(ὁρισμός),所以,对非实体而言,说明了其"是什么"的 λόγος 并不是定义,它与定义是有区别的;其次,就个体复合物而言,它

---

① 亚氏在 1037a26-29 否认了可通过质料下定义但是后来他又在 1033a 以下、1043a20 以下、1045a24-26、1045a29-36 等处承认定义可以包含质料。但是注意亚氏在这几处的用词还是 λόγος 而不是 ὁρισμός。而且由于在此时亚氏结合了生成论和潜能现实的理论,其质料也不是仅仅在静态意义下、与形式大相径庭并完全分离的。或者我们可以说"质料不出现在严格意义的定义之中"。参汪子嵩等:《希腊哲学史·第三卷》,第 748 页。另外,戴斯劳瑞尔认为无限定性的质料作为"种"也是定义的一部分,参见 M. Deslauriers, op. cit., pp. 138-156。但是她又承认质料包含在形式中,是形式的一种。参看 M. Deslauriers, op. cit., pp. 139, 141, 156。聂敏里则认为在 Z.7-9 中形式和质料是内在统一的,但是他同时承认形式在定义中是主导性的。参看聂敏里《存在与实体》,第 299, 316 页以及第 337 页以下。关于独立的质料和潜能的质料的更多研究资料,参阅基尔:《亚里士多德〈形而上学〉再思》,载《20 世纪亚里士多德研究文选》,第 485—489 页。亦见巴恩斯等:《剑桥亚里士多德研究指南》,第 498—500 页。
② 参见 Mary Louise Gill, *Aristotle on Substance—The Paradox of Unity*, Princeton University Press, 1989, p. 138。
③ 尽管实体和个体复合物都是一个"这某物"(τόδε τι),但是它们之间是有区别的。关于作为实体的形式和本质是不是类似于种属一般的存在的问题,学界几十年来都争论不休,各位学者之间都难以达成一致。本文限于篇幅不能对其进行涉及,而是愿意支持 R. Albritton, M. Frede, G. Patzig, R. Heinaman, C. Witt,聂敏里等人的观点,认为是个体实体,或者说排除了偶性成分的个体本身可以是实体。相关文献可参看基尔等:《亚里士多德〈形而上学〉再思》,第 480—483 页。另见巴恩斯等,前引文献,第 501—502 页。当然我们也可以通过潜能现实理论来为解决这一问题提供一种进路。参见 M.10 以及汪子嵩等:《希腊哲学史·第三卷》,第 829—833 页对此的分析。
④ 参看聂敏里:《存在与实体》,第 159—162 页。
⑤ 至少亚氏自己在提到范畴时用的都是 λόγος 而不是 ὁρισμός,尽管亚氏在引述苏格拉底和柏拉图的学说时也用过 ὁρισμός 这个词(见 987b8、1078b30)。

们形式的 λόγος 是定义;第三,亚氏尽管没有明确表示其他范畴的 λόγος 不是 ὁρισμός,但不能直接将这个语境下的 λόγος 等同于 ὁρισμός。总而言之,ὁρισμός 表示首要意义上的定义,而 λόγος 并不简单等于定义,最多也只是第二义上的"定义"。① 由此,以本文的研究作为基础,《工具论》与《形而上学》之间关于"定义"的相关论述及其内在联系就有了进一步解释的空间。

Λόγος and Ορισμός in Aristotle's *Metaphysics*

Ge Tianqin

Abstract: The theory of definition plays a significant role in Aristotle's metaphysics, especially in his substance theory, but the two main terms (λόγος and ὁρισμός) which Aristotle uses to express "definition", as well as the difference between them, have not received enough attention in academic circle. This has not only caused confusions in translation, but also affected the correct understanding of Aristotle's view about "definition" and "substance." The essay attempts to clarify the relationship and difference between the two terms, focusing on their literal meanings and philosophical insights. My basic claim is that only when they apply to substances, can the two words have equal status, while the λόγος of non-substance which states "what it is" is not ὁρισμός. In addition, when Aristotle discusses about the

---

① 参看 Hye-Kyung Kim, "Metaphysics H 6 and the Problem of Unity", *Journal of the History of Philosophy*, Vol. 46, no. 1 (2008), p. 41。因此,1028a33 的 λόγος 尽管是指实体,可以翻译成定义,但是后文中提到这个在先性是因为"实体的 λόγος 必然内在与每一个东西的 λόγος 中"(1028a36)。既然出现了"每一个东西"就不能把 λόγος 翻译成"定义";而把 1049b13 的现实"在 λόγος 上"的在先性翻译成"定义上"的在先,也是很值得商榷的。如果都要翻译成"定义",那么也该加上相关的注释。

particular composites and other categories, ὁρισμός is the definition in the strict sense, and λόγος is not ὁρισμός, but is only the definition in a looser sense.

Key words: Aristotle, substance, definition, account, formula, focal meaning

"怒观"、"治怒"与两种"不动心"[*]
——儒学与斯多亚学派修身学的一个比较研究

陈立胜[**]

提　要：儒家区别义理之怒与血气之怒，前者需要培育，后者需要对治；斯多亚学派则视"怒"为"激情"，一切忿怒（包括义愤）均应克治。无论儒家抑或斯多亚学派之治怒均富有多重精神旨趣：既追求心灵宁静与"不动心"之境界，亦注重治怒之政治哲学之意味，而"关注当下"更是两者治怒背后的共同的"时间意识"。但儒家之不动心乃是一"热"的"不动心"，热情、平和、敏感是这种不动心的基本特征；斯多亚学派之不动心乃是一"冷"的"不动心"，冷静、理性、果断是这种不动心的基本特征。两种不动心背后折射出两种不同的真己、自我观。

关键词：怒　治怒　儒家　斯多亚学派　不动心

儒家哲学是生命的学问，体证、实现生命之道乃儒家修身学、工夫论之终极旨趣。现代儒学研究一向重在形上建构与名相分析，而疏于修身工夫之阐述。长期以来，西方哲学重自然、中国哲学重精神，西方哲学重理论、中国哲学重伦理，西方哲学重理性分析、中国哲学重亲证体验，诸如此类的说法几成共识。"中国哲学"的重建大致也折射出这种"共识"的深刻影响，毕竟客观性、系统性乃现代学科建制下"知识"之基本要求，"扬长避短"亦本

---

[*]　本研究为教育部一般项目"喜怒哀乐：儒家修身学视野下的情感问题研究"（项目批准号13YJA720002）阶段性成果。

[**]　陈立胜，1965年生，中山大学哲学系教授。

是传统民族精神"跟上"时代的路径,于是传统思想之中那些关乎修道体验的论述,往往被视为"神秘体验"而归于"私人领域"、"主观性领域",而很难进入中国哲学体系建构者的法眼。哲学越来越知识化、专业化、学院化,因而亦越来越远离日常生活,远离实际的人生领域。追求人生之道本是人生第一等事,但哲学越来越远离人生,遑论第一等事。

近三十年来西方哲学界对哲学自身的"异化"现象渐起反思。福柯(M. Foucault)、阿道(P. Hadot)以及 纳斯鲍姆(Martha C. Nussbaum)对作为一种"生命之道"、"生活方式"的古典哲学精神气质之的重新认识,①已生"攻玉"之效应。儒学之修身学、工夫论面向渐次由学术之边缘而进入关注之焦点,学界认识到围绕人情事变、喜怒哀乐进行修身活动乃是中西古典哲学的共法。对待喜怒哀乐的态度不仅关涉到德性人格之培养,而且亦与价值认同、尊严意识、生存认知与感受紧密相关,是时候系统而深入地探讨儒家修身思想之中的七情问题了。

在七情之中,喜怒哀乐尤为重要,②而"治怒"("制怒")、"惩忿"③则一直是儒家修身学的重中之重。早在《论语》中,面对弟子"克伐怨欲不行焉,可以为仁矣"之问,孔子答曰:"可以为难矣,仁则吾不知也",怨(怨恨、忿恨),在夫子那里即被看作是是难以克制之对象。而《大戴礼记》载武王曾在其杖上刻铭曰:"恶乎危?于忿疐;恶乎失道?于嗜欲。"④忿怒乃"危之道",

---

① 福柯:《主体诠释学》,佘碧平译,上海人民出版社,2005 年; P. Hadot: *Philosophy as a Way of Life:Spiritual Exercises from Socrates to Foucault*, Wiley-Blackwell, 1995, *What is Ancient Philosophy*? The Belknap Press, 2002; M. C. Nussbaum: *The Therapy of Desire: Theory and Practice in Hellenistic Ethics*, Princeton University Press, 1994.
② 在中国古典文献之中,有八情、七情、六情、四情、二情之种种情感分类法,详见史华罗(Paolo Santangelo):*Sentimental Education in Chinese History: An Interdisciplinary Textual Research on Ming and Qing Sources*, 2003。
③ 先秦文献中与"怒"相关的字甚多,"忿"、"愤"、"愠"、"怨"、"懥"、"恚"、"嗔"、"悁"、"懑"、"憝",这些多系心字旁或心字底的字,均有心中不满的意思,其程度或高或低,或只是心中怨尤,或怒形于色,或怒发于声,治怒之"怒"字当涵括以上与"怒"相关诸字。惟"愤"字值得区别对待,"愤",《说文》释为"懑",亦是不满、怒之意思,但"愤"之为"怒",往往有正面的意义,如义愤、公愤,而"愤"之为"不满",则含有对之现状的不满,而立意改变的意思,《述而》篇孔子"发愤忘食,乐以忘忧",以及"不愤不启",两处"愤"字皆有因愤懑而求通之意,朱子是如此解,王龙溪撰《愤乐说》,亦是如此解。发愤之愤,即是奋发之奋,成为立志的工夫,而有"天然之勇"的含义。见《王龙溪语录》卷八,台北:广文书局,1977 年再版,第 317—319 页。
④ 王聘珍撰、王文锦点校:《大戴礼记解诂》卷六,北京:中华书局,1983 年,第 105 页。

故须铭记之。在理学家那里,"怒"与"欲"更是被公认为是"七情"之中最难以对治的现象,朱子就《易》之损卦阐发说:"惩忿如摧山,窒慾如填壑。"又说:"懲忿如救火,窒欲如防水。"朱子学的忠实追随者明代大儒薛瑄感叹道:治怒工夫之难,惟用力者知之。他是真实用力过的:"余克治用力久矣,而忽有暴发者,可不勉哉!二十年治一怒字,尚未消磨得尽,以是知克己最难。"① 儒家的修身体验是完全围绕着喜怒哀乐所展开的,这一点无论朱子抑或王阳明均有致意。朱子云:"**世间何事不系在喜怒哀乐上?如人君喜一人而赏之,而千万人劝;怒一人而罚之,而千万人惧。**"② 王阳明亦云:"居常无所见,惟当利害,经变故,遭屈辱,平时愤怒者到此能不愤怒,忧惶失措者到此能不忧惶失措,始是能有得力处,亦便是用力处。**天下事虽万变,吾所以应之,不出乎喜怒哀乐四者。此为学之要,而为政亦在其中矣。**"③

而作为西学中修身的重镇,斯多亚学派一直注重治怒对修炼之重要性,④ 斯多亚学派视哲学为"激情的治疗术",在诸激情之中,首先需要克制的,愤怒为最,治怒成为斯多亚派精神修炼的日课。奥勒留《沉思录》劈头就说:"从我的祖父维勒思,我学习到弘德和**制怒**。"⑤ 由此亦可管窥斯多亚学派对治怒之重视。

本文拟将中西两种修身之学的怒观与治怒之道加以对照,揭示其异同,进而彰显背后两种不同的理想修身主体(不动心)及其各自特色。

---

① 《读书录》卷一,薛瑄著、孙玄常等点校:《薛瑄全集》(下),太原:山西人民出版社,1990年,第1022页。
② 《朱子语类》卷六十二,朱熹撰、朱杰人等编校:《朱子全书》第16册,上海/合肥:上海古籍出版社/安徽教育出版社,2002年,第2050页。以下援引该书,只标作者、书名与页码,其他注解例此。
③ 王阳明撰、吴光,钱明等编校:《王阳明全集》(新编本)第1册,杭州:浙江古籍出版社,2010年,第167页。
④ 古希腊关于愤怒的著述甚多,据Cooper的介绍,犬儒派Bion(约前325—255年)、斯多亚派的Chrysippus、Antipater与Posidonius、塞涅卡的老师Sotion,伊壁鸠鲁学派的Philodemus of Gadara,还有普鲁塔克(Plutarch)均有讨论愤怒的著述。见Cooper为塞涅卡《道德和政治论文集》所写的导读部分,塞涅卡著、袁瑜琤译:《道德和政治论文集》,北京大学出版社,2010年,第42—43页。依照William Harris系统而又细致的古希腊罗马制怒史研究,在整个希腊罗马时期,谈论愤怒不仅是哲学、治疗术的一个主题,而且从荷马开始,"忿怒话语"就开始"弥漫"于作家的语言之中,而制怒思想则由四个阶段构成,依次为(1)控制怒言、怒行,(2)克服怒言、怒行,(3)控制怒情,(4)克服怒情(无怒)。而斯多亚派无疑是这一些制怒思想发展的高峰。见Harris: *Restraining Rage: the Ideology of Anger Control in Classical Antiquity*, Cambridge, MA, 2002, pp. 4-15。
⑤ 奥勒留著、何怀宏译:《沉思录》,北京:中国社会科学出版社,1989年,第1页。

一

在《学而》篇开章孔子就说"人不知而不愠,不亦君子乎","愠"即"怒"。孔子与门人在陈绝粮,孔子淡然自如,而从者病莫能兴,子路愠见曰:"君子亦穷乎?"夫子之境界自是子路辈所不能知的,而面对子路之"愠",夫子淡然说道:"君子固穷,小人穷斯滥矣。"(《卫灵公》)此正是人不知而不愠之绝佳示范。君子人格不会因外在的处境而变迁,其行道之初衷亦不会因一时困顿而稍改。《公冶长》篇"令尹子文三仕为令尹,无喜色,三已之,**无愠色**",孔子许以"忠"。在常人表现出怒色的时候,能够表现无怒("无愠色"),这是君子的一个重要德行。孔子还说"不怨天,不尤人"(《宪问》),人事之厄,亦是天之所命,人之遭际不外吉凶祸福、顺逆得丧,既是时命,坦然受之,而不生怨尤。① 在论及对待父母之过时,孔子的要求是,"事父母几谏,见志不从,又敬不违,劳而不怨。"(《里仁》)"不怨"即是要求不可有怨怒之心,《礼记·坊记》曰:"子云:'从命不忿,微谏不倦,劳而不怨,可谓孝矣。'"即是申明此义。

孔子还对具体如何治怒给出了建议,即以理性的慎思对待之,孔子曰:"君子有九思。视思明,听思聪,色思温,貌思恭,言思忠,事思敬,疑思问,**忿思难**,见得思义。"(《季氏》)忿思难者,当谓遭遇他人无理对待,己心虽有忿怒,但应思考发怒之后果,不能逞一时之忿,而危及家庭。思难,则忿即消矣。《颜渊》篇"一朝之忿,忘其身,以及其亲,非惑与?""惑"源于不思,忿时而思难,自不会忘身而及亲。而《卫灵公》篇"巧言乱德。小不忍,则乱大谋",依朱子解释,"忍"在此兼有"不决忍于爱、不容忍于怒"两义,则孔子亦

---

① 《孔子家语》尚载有孔子表扬弟子冉雍、子夏的"不怒"的话语,如表彰子夏"**贵之不喜,贱之不怒**"。见陈士珂辑:《孔子家语疏证·弟子行第十二》卷三,上海书店,影印版,1987 年,第 75—76 页。而在《困誓篇第二十二》孔子被围于匡之记载中,子路对夫子被围颇为愤怒,"奋戟将与战",孔子止之曰:"恶有修仁义而不免世俗之恶者乎? 夫诗书之不讲,礼乐之不习,是丘之过也,若以述先王,好古法而为咎者,则非丘之罪也,命之夫。歌,予和汝。"子路弹琴而歌,孔子和之,曲三终,匡人解甲而罢。据濮茅左,上海博物馆所藏竹简《子路初见》篇,内容与今本《孔子家语·子路初见》篇相若,则《孔子家语》的原型材料当已见于先秦。见氏著《关于上海战国竹简中"孔子"的认定》,《中华文史论丛》第 67 辑,上海:上海古籍出版社,2001 年。

提倡以"忍"治怒。① 后来理学家之忍怒功夫或可溯源至此。同篇"躬自厚而薄责于人,则远怨矣","远怨"虽是说避免招致他人的怨恨,而实际上亦是治怒之方、惩忿之道。明儒陈确对此章有精辟阐述:"所不胜忿怒者有二病:一自是,一自卑。是己则非人,故易怒;自卑则尊人,以庸众自居而以无过之君子望他人,天下安得皆无过之君子耶!则不胜其怒矣。故学者直须自尊自贵,时时以圣贤之道自责,既不敢自卑,必不敢自是。天下岂有自是之圣贤耶!故曰'躬自厚而薄责于人',固远怨之道,即惩忿之道也。"②可以说,孔子"躬自厚而薄责于人"之说,已开孟、荀"行有不得,反求诸己"之治怒法之先河。

但是在孔子这里,"怒"从不完全是一种需要取消的负面情绪,在《论语》之中,关乎"怒"最为著名的文本自然是颜子不迁怒、不贰过说法,《左传》中有"谚所谓'室于怒市于色者'"之说,③怒于室者色于市在当时已成风行的谚语,可见"迁怒"是常见的人情表现,故孔子对颜子"不迁怒"予以高度称赞。想必颜子对可怒之人、可怒之事亦有怒色,《八佾》篇载孔子"是可忍也,孰不可忍也"之斥责,其语气背后自透露出夫子义愤之情。④经孔子之手所整理的《诗经》中,对王之怒("王赫斯怒"《大雅·皇矣》)、君子之怒

---

① 《春秋左传》已有"今天子**不忍小忿**以弃郑亲"的说法。见杨伯峻编著:《春秋左传注·僖公二十四年》,北京:中华书局,1990年第2版,第424页。忍怒后来成为中国修身文化的主题之一,《史记·留侯世家第二十五》所载张良圯桥进履成为忍怒之经典故事:"有一老父,衣褐,至良所,直堕其履圯下,顾谓良曰:'孺子,下取履!'良愕然,欲殴之。为其老,**强忍**,下取履。父曰:'履我!'业已为取履,因长跪之。父以足受,笑而去。良殊大惊,随目之。父去里所,复还,曰:'孺子可教矣。后五日平明,与我会此。'良因怪之,跪曰:'诺。'五日平明,良往,父已先在,怒曰:'与老人期,后,何也?'去,曰:'后五日早会。'五日鸡鸣,良往。父又先在,复怒曰:'后,何也?'去,曰:'后五日复早来。'五日,良夜未半往。有顷,父亦来,喜曰:'当如是。'出一编书,曰:'读此则为王者师矣。后十年兴。十三年孺子见我济北,谷城山下黄石即我矣。'遂去,无他言,不复见。旦日视其书,乃《太公兵法》也。"见司马迁撰:《史记》卷五十五,北京:中华书局,1997年,第2035页。这一故事在元代被李文蔚改编为杂剧(《张子房圯桥进履》),在民间广为流传。忍怒之另一个经典故事则出自一代名臣娄师德,其弟除代州刺史,将行,师德谓曰:"吾备位宰相,汝复为州牧,荣宠过盛,人所疾也,将何以自免?"弟长跪曰:"自今虽有人唾某面,某拭之而已,庶不为兄忧。"师德愀然曰:"此所以为吾忧也!人唾汝面,怒汝也;汝拭之,乃逆其意,所以重其怒。夫唾,不拭自干,当笑而受之。"见司马光编著:《资治通鉴》卷二百五 唐纪二十一,上海古籍出版社,1987年,第1382页。

② 氏著:《治怒》,《陈确集》,北京:中华书局,1979年,第417页。

③ 杨伯峻编著:《春秋左传注·昭公十九年》,第1405页。

④ 我的学生孙占卿博士向我指出了这一点。在著名的"曾子耘瓜"故事中,知道曾参受大杖而不避后,**孔子闻之而怒**,告门弟子曰:'参来,勿内。'"见陈士珂辑:《孔子家语疏证·六本第十五》,第101页。

("君子如怒,乱庶遄沮。"《小雅·巧言》)均持正面态度。

这样,我们实可在孔子那里见出两种"怒",一是君子面对他人的不解乃至误解、面对个人遭际的困顿,并不介意,不会产生任何怒意,更不会表现出怒色;一是对于当怒之人事,君子自会怒,但不会迁怒于其他人事上面。

这两种态度在孟、荀那里都有进一步之阐发。对待个人的困顿遭际(横逆),孟子不仅没有表现出怨尤、忿恨之态,而且提出反求诸己的要求:"有人于此,其待我以横逆,则君子必**自反**也:我必不仁也,必无礼也,此物奚宜至哉?其自反而仁矣,自反而有礼矣,其横逆由是也,君子必自反也:我必不忠。自反而忠矣,其横逆由是也,君子曰:此亦妄人也已矣!如此则与禽兽奚择哉?于禽兽又何难焉?"孟子又说:"爱人不亲反其仁,治人不治反其智,礼人不答反其敬,行有不得者,皆反求诸己。其身正而天下归之。"①在这里孟子对君子的要求比孔子"人不知而不愠"更加严格,人不知,不仅不愠,而且要进一步反思自己,是不是自己的德行尚有所欠缺,在常人(小人)可怒、可愠,指向他人之际(抱怨他人),君子则不仅无怒、不愠,而且指向他自己(自我修省)。孟子的这种态度亦见于《荀子·荣辱篇第四》:"自知者不怨人,知命者不怨天,怨人者穷,怨天者无志。**失之己,反之人**,岂不迂乎哉?""失之己,反之人"之痛斥,正体现了孟子之"行有不得,皆反求诸己"之精神。值得指出的是,《荀子·法行篇第三十》引曾子云:"同游而不见爱者,吾必不仁也;交而不见敬者,吾必不长也;临财而不见信者,吾必不信也。三者在身,曷怨人?怨人者穷,怨天者无识。失之己而反诸人,岂不亦迂哉。"这样看来,孟、荀的自反治怒法均源自曾子。

另外,孟子尚有"不藏怒"之说:"仁人之于弟也,不藏怒焉,不宿怨焉,亲爱之而已矣。"②怒"气"是流动性的,可以"藏"与"积",因其可藏、可积,故亦可俟机而泄,是为"迁怒",此处"不藏怒"之说可视为对孔子"不迁怒"说之引申。《荀子·荣辱篇第四》则对孔子之"忿思难"义发挥颇详:"快快而亡者,怒也。""斗者,忘其身者也,忘其亲者也,忘其君者也。行其少顷之怒

---

① 《孟子·离娄下》、《孟子·离娄上》,焦循撰、沈文倬点校:《孟子正义》卷十七、卷十四,北京:中华书局,1987年,第595—596、492页。
② 《孟子·万章上》,焦循撰、沈文倬点校:《孟子正义》卷十八,第631页。

而丧终身之躯,然且为之,是忘其身也;室家立残,亲戚不免乎刑戮,然且为之,是忘其亲也;君上之所恶也,刑法之所大禁也,然且为之,是忘其君也。"斗怒系为血气所主宰而"忘"其血气之身躯本不是私己之个体,如能"思"其身、其亲、其君,则自能抑制其怒气,"思"与"忘"对,"思"乃是身处常人易怒的情境之际的某种高度自觉、小心谨慎的态度。"谨慎而无斗怒",是君子的重要品德。常人难免会因受辱而生气忿,荀子明确区别义辱与埶辱,①君子以身不修为耻,而不以"见污"为耻,与小人相斗,君子不屑。温温恭人,敦厚合群,宽弱容众,乃是君子与他人相处的基本德性:"故君子之度己则以绳,接人则用抴。度己以绳,故足以为天下法则矣;接人用抴,故能宽容,因求以成天下之大事矣。故君子贤而能容罢,知而能容愚,博而能容浅,粹而能容杂,夫是之谓兼术。"②荀子甚重"兼术"(兼容之法)之培育,认为"兼服天下之心":"高上尊贵不以骄人,聪明圣知不以穷人,齐给速通不争先人,刚毅勇敢不以伤人;不知则问,不能则学,虽能必让,然后为德。遇君则修臣下之义,遇乡则修长幼之义,遇长则修子弟之义,遇友则修礼节辞让之义,遇贱而少者则修告导宽容之义。无不爱也,无不敬也,无与人争也,恢然如天地之苞万物。"③

孟子从未否定"怒"本身,相反,却对文王、武王之怒大加赞赏:"《诗》云:'王赫斯怒,爰整其旅,以遏徂莒,以笃周祜,以对于天下。'此文王之勇也。文王一怒而安天下之民。《书》曰:'天降下民,作之君,作之师,惟曰其助上帝宠之,四方有罪无罪惟我在,天下曷敢有越厥志?'一人衡行于天下,武王耻之,此武王之勇也。而武王亦一怒而安天下之民。"④与孟子一样,荀子亦未否定怒本身的合理性,"生之所以然者谓之性。性之和所生,精合感

---

① "有义荣者,有势荣者;有义辱者,有势辱者。志意修,德行厚,知虑明,是荣之由中出者也,夫是之谓义荣。爵列尊,贡禄厚,形势胜,上为天子诸侯,下为卿相士大夫,是荣之从外至者也,夫是之谓势荣。流淫、汙僈,犯分、乱理,骄暴、贪利,是辱之由中出者也,夫是之谓义辱。詈侮、捽搏、捶笞、膑脚、斩、断、枯、磔、藉、靡、舌䌛,是辱之由外至者也,夫是之谓势辱。是荣辱之两端也。故君子可以有势辱,而不可以有义辱;小人可以有势荣,而不可以有义荣。有势辱无害为尧,有势荣无害为桀。义荣势荣,唯君子然后兼有之;义辱势辱,唯小人然后兼有之。是荣辱之分也。"见《荀子·正论篇第十八》,王先谦撰、沈啸寰 王星贤点校:《荀子集解》卷十二,北京:中华书局,1988年,第343页。
② 《荀子·非相篇第五》,王先谦撰、沈啸寰 王星贤点校:《荀子集解》卷三,第85—86页。
③ 《荀子·非十二子篇第六》,王先谦撰、沈啸寰 王星贤点校:《荀子集解》卷三,第99—100页。
④ 《孟子·梁惠王下》,焦循撰、沈文倬点校:《孟子正义》卷四,第114—117页。

应,不事而自然谓之性。性之好、恶、喜、怒、哀、乐谓之情。"①"怒"作为六情之一,是人性的自然表现,怒之为情,既出于自然之性,则亦可称为"天情":"天职既立,天功既成,形具而神生,好恶、喜怒、哀乐臧焉,夫是之谓天情。"②"怒"为"天情"说,在根本上确立了"怒"情绪的存在论。"背其天情"则谓"大凶","养其天情",方谓"知天"。而在荀子那里养情即是以"礼义文理"养情、节制情,使得"怒不过夺,喜不过予","好恶以节,喜怒以当。"③与孟子称赞文王、武王之怒相似,荀子对先王之怒亦有称颂:"且乐者,先王之所以饰喜也;军旅鈇钺者,先王之所以饰怒也。先王喜怒皆得其齐焉。是故喜而天下和之,怒而暴乱畏之。"④

孔、孟、荀奠定了儒家对待怒之基调,对于个人之遭际,君子不会产生怒意、表现出怒色,他只追求个己的德行的圆满,而不计他人之"知"与"不知",所谓"古之学者为己";而对于人间价值被践踏,对于触犯众怒之现象,君子自是会怒、敢怒并且敢言、敢行。后来在理学家之中通行的血气之怒与义理之怒之别,即是在这两种怒的态度上做出的。

至汉儒,怒之理解进一步上升到宇宙论层面上,当然这很难说从宇宙论层面说怒是汉儒之发明,毕竟《尚书·泰誓》中已有"皇天震怒"的说法,《论语》记载孔子"迅雷风烈必变",郑玄解释为:"敬天之怒,风疾雷为烈也",可谓的当。《诗经·大雅·板》亦有"敬天之怒,无敢戏豫"之说,而《左传》之"民有好恶、喜怒、哀乐,生于六气"⑤的说法,则明确显示出当时之人已经把人之情绪与阴阳风雨晦明之气(所谓"六气")联系在一起了。当然系统地从宇宙论论述怒气还是汉儒。

夫喜怒哀乐之发,与清暖寒暑,其实一贯也。喜气为暖而当春,怒气为清而当秋,乐气为太阳而当夏,哀气为太阴而当冬。四气者,天与人所同有也,非人所能蓄也,故可节而不可止也。节之而顺,止之而乱。

---

① 《荀子·正名篇第二十二》,王先谦撰、沈啸寰、王星贤点校:《荀子集解》卷十六,第412页。
② 《荀子·天论篇第十七》,王先谦撰、沈啸寰、王星贤点校:《荀子集解》卷十一,第309页。
③ 《荀子·礼论篇第十九》,王先谦撰、沈啸寰、王星贤点校:《荀子集解》卷十三,第355页。
④ 《荀子·乐论篇第二十》,王先谦撰、沈啸寰、王星贤点校:《荀子集解》卷十四,第380页。
⑤ 杨伯峻:《春秋左传注·昭公二十五年》,第1458页。

> 人生于天,而取化于天。喜气取诸春,乐气取诸夏,怒气取诸秋,哀气取诸冬……然则人主之好恶喜怒,乃天之暖清寒暑也,不可不审其处而出也。当暑而寒,当寒而暑,必为恶岁矣。人主当喜而怒,当怒而喜,必为乱世矣。是故人主之大守,在于谨藏而禁内,使好恶喜怒必当义乃出,若暖清寒暑之必当其时乃发也。人主掌此而无失,使乃好恶喜怒未尝差也,如春秋冬夏之未尝过也,可谓参天矣。①
>
> 喜怒当寒暑,威德当冬夏。冬夏者,威德之合也;寒暑者,喜怒之偶也。喜怒之有时而当发,寒暑亦有时而当出,其理一也。当喜而不喜,犹当暑而不暑;当怒而不怒,犹当寒而不寒也;当德而不德,犹当夏而不夏也;当威而不威,犹当冬而不冬也。喜怒威德之不可以不直处而发也,如寒暑冬夏之不可不当其时而出也。②

在董仲舒这里,天亦有喜怒之气、哀乐之心,人之好恶喜怒之气,与天之暖清寒暑之运行、春夏秋冬之节气是完全同节律的,这种节律并不是人为安排的,而是自然而然的,是理当如此,违背之,则会招致政治灾难。这里董仲舒并不否定怒,只是让怒止于所当怒者,"当怒而不怒"、"当喜而怒,当怒而喜",均违背自然之节律。"好恶喜怒必当义乃出",怒必与"义"联系在一起。需要指出的是,董仲舒从天人一致、人副天数的角度论证喜怒哀乐,其着眼点始终扣紧在"人主"、"王者"之修身施政上面,惟《循天之道第七十七》,从"养身"、"养生"、"爱气"、"贵气"论治怒,认为人之喜怒忧惧情绪均会对人之气造成伤害("怒则气高,喜则气散,忧则气狂,惧则气慑"),故须反"中和"以治之。苏舆谓此篇"多养生家言",诚不刊之论。

宋明儒学对怒不仅有一套系统的看法,而且在治怒亦有一套有效的方法。首先理学家并不提倡无怒,忿懥、恐惧、好乐、忧患,人所不能无者,它们作为"情",皆出自人之"性",是"感于外而发于中",性情关系恰如水波关系:"湛然平静如镜者,水之性也。及遇沙石,或地势不平,便有湍急;或风行

---

① 《春秋繁露·王道通三第四十四》,苏舆撰、钟哲点校:《春秋繁露义证》卷十一,北京:中华书局,1992年,第330—333页。
② 《春秋繁露·威德所生第七十九》,苏舆撰、钟哲点校:《春秋繁露义证》卷十七,第462页。

其上,便为波涛汹涌。"①朱子更是明确地说:"喜怒忧惧,都是人合有底。只是喜所当喜,怒所当怒,便得其正。若欲无这喜怒忧惧,而后可以为道,则无是理。"②可以说,宋儒在人性论上奠定了"怒"情绪之合理性。人非草木,孰能无情?怒作为人情之一自有其存在的合理性。没有任何一个理学家曾完全否定怒,即便写《无怒轩记》的清儒李绂亦坚称"怒为七情之一,人所不能无。事固有宜怒者","怒不可无而曰无怒者,矫枉者必过其正,无怒犹恐其过怒也。"③

"事固有宜怒者","怒"是对"宜怒之事"的情绪反应,因此"怒"一定与何者宜怒、以及如何怒之"处境"理解联系在一起。无名怒火则是需要完全克制的。"喜怒在事,则理之当喜怒也。"④离开宜怒之事,人心是不当有怒的。

> 问:"'不迁怒,不贰过'何也?《语录》有怒甲不迁乙之说,是否?"曰:"是。"曰:"若此,则甚易,何待颜氏而后能?"曰:"只被说得粗了,诸君便道易,此莫是最难。须是理会得因何不迁怒,如舜之诛四凶,怒在四凶,舜何与焉?盖因是人有可怒之事而怒之,**圣人之心本无怒也**。譬如明镜,好物来时,便见是好,恶物来时,便见是恶,镜何尝有好恶也?世之人固有怒于室而色于市,且如怒一人,对那人说话,能无怒色否?有能怒一人而不怒别人者,能忍得如此,已是煞知义理。若圣人,因物而未尝有怒,此莫是甚难。君子役物,小人役于物。今人见有可喜可怒之事,自家着一分陪奉他,此亦劳矣。圣人心如止水。"⑤

"圣人之心本无怒",在这里无非有三义,其一,圣人之心在未遇到可怒之事前,是完全无怒的,怒完全因遇到当怒之事而发,而不是先带怨尤之心,看任何事情都不顺眼,用《定性书》的话说:"圣人之喜以物之当喜,圣人之怒以物

---

① 《河南程氏遗书》卷第十八,程颢、程颐撰、王孝鱼点校:《二程集》,北京:中华书局,2004 年第 2 版,第 204 页。
② 《朱子语类》卷十六,朱熹撰、朱杰人等编校:《朱子全书》第 14 册,第 539 页。另参:"问人心、道心。"曰:"如喜怒,人心也,然无故而喜,喜至于过而不能禁;无故而怒,怒至于甚而不能遏,是皆为人心所使也。须是喜其所当喜,怒其所当怒,乃是道心。"《朱子语类》卷七十八,朱熹撰、朱杰人等编校:《朱子全书》第 16 册,第 2665 页。
③ 《穆堂初稿》卷三十,《续修四库全书·集部·别集类》第 1421 册,上海古籍出版社,1995 年,第 561 页。
④ 《河南程氏外书》卷第三,程颢、程颐撰、王孝鱼点校:《二程集》,第 369 页。
⑤ 《河南程氏遗书》卷第十八,程颢、程颐撰、王孝鱼点校:《二程集》,第 210—211 页。

之当怒,是圣人之喜怒不系于心,而系于物也,是则圣人岂不应于物哉!"其二,圣人当怒则怒,但决不会将此当怒之心转移到其他人物上面,"有能怒一人而不怒别人者,能忍得如此,"即此之谓也。其三,圣人之怒并不碍其心体之洒脱无累。"今人见有可喜可怒之事,自家着一分陪奉他,此亦劳矣",系指常人之喜怒,不免拖泥带水,留滞于心中,而为怒所劳累。所以二程讲圣人之怒时都会突出不为怒所累,不以怒"动其心"这一面向。

"怒"本是"心动"之表现,何以二程又说不以怒而动其心?此委实不好理解。朱子门人曾就此求教:"伊川云:'忿懥、恐惧、好乐、忧患,人所不能无者,但不以动其心。'既谓之忿懥、忧患,如何不牵动他心?"朱子的回答是:"事有当怒当忧者,但过了则休,不可常留在心。颜子未尝不怒,但不迁耳。"①在朱子的理解中,"不动心"并不是指心没有感受到怒,而是指当怒则怒,怒而中节,当怒之事过后,心之怒亦随之戛然而止,心中不留下任何余绪。倘做不到此,即是为"怒气"所动,即为"血气所动"而迁于他人。② 不为血气所动,即是孟子所谓"持其志";为血气所动,即孟子所说的"暴其气"。③依此标准,所谓不迁怒,不单是指怒甲而不迁于乙,虽怒所当怒,但或过、或不及,于怒之节有毫发偏差,皆是迁怒之表现。朱子的这种理解即便在王阳明这里也是得到认可的:"问'有所忿懥'一条。先生曰,"忿懥几件,人心怎能无得? 只是不可有所耳。凡人忿懥,着了一分意思,便怒得过当。非廓然大公之体了。故有所忿懥,便不得其正也。如今于凡忿懥等件,只是个物来顺应。不要着一分意思。便心体廓然大公,得其本体之正了。且如出外见人相斗,其不是的,我心亦怒。然虽怒,却此心廓然不曾动些子气。如今怒

---

① 《朱子语类》卷十六,朱熹撰、朱杰人等编校:《朱子全书》第 14 册,第 535—536 页。
② 《朱子语类》关于不为怒所动的个别记载易致误解,如问:"《集注》'怒不在血气则不迁',只是不为血气所动否?"曰:"固是。"因举公厅断人,而自家元不动。又曰:"只是心平。"见《朱子语类》卷三十,朱熹撰、朱杰人等编校:《朱子全书》第 15 册,第 1098 页。此处"自家元不动"当应理解为"未尝为血气所动",而"只是心平"并不是说公厅断人之际,心气不动不生怒意,而只能理解为怒中节、怒后不留余绪。此意观另一条右则显见:"喜怒哀乐固欲得其正,**然过后须平了**。且如人有喜心,若以此应物,便是不得其正。"见《朱子语类》卷十六,朱熹撰、朱杰人等编校:《朱子全书》第 14 册,第 536 页。
③ 问:"志与气如何分别?"曰:"且以喜怒言之:有一件事,这里便合当审处,是当喜,是当怒? 若当喜也,须喜;若当怒也,须怒:这便是'持其志'。若喜得过分,一向喜;怒得过分,一向怒:则气便粗暴了,便是'暴其气',志却反为所动。"见《朱子语类》卷五十二,朱熹撰、朱杰人等编校:《朱子全书》第 15 册,第 1705 页,另参同书第 1703—1706 页。

人亦得如此,方才是正。"①

值得留意的是,在对待颜子不迁怒的问题上,朱子的解释与二程的说法是有微妙区别的,后者"圣人之心本无怒也",以及"此亦劳矣"的说法,更多突显了圣人之心在当怒而怒的时刻依然空灵、洒脱的一面,而朱子则更多是强调圣人之怒的一面。我们看两则师徒对话:

> 陈后之问:"颜子'不迁怒',伊川说得太高,浑沦是个无怒了。'不贰过'又却低。"曰:"'喜怒哀乐发而皆中节','天下之达道',那里有无怒底圣人!只圣人分上着'不迁'字不得。颜子'不迁怒'便尚在夹界处,如曰'不改其乐'然。"②

> 问:"圣人恐无怒容否?"曰:"怎生无怒容?合当怒时,必亦形于色。**如要去治那人之罪**,自为笑容,则不可。"曰:"如此则恐涉忿怒之气否?"曰:"天之怒,雷霆亦震。舜诛四凶,当其时亦须怒。但当怒而怒,便中节;事过便消了,更不积。"③

无疑,这里"那里有无怒底圣人!"以及圣人"怎生无怒容?"说法,均是针对程颐"**圣人之心本无怒也**"说法而发的。

另外,尽管朱子亦说"心不可有一物",但朱子并不是从强调"无累"、"无劳"的面向,而是从突显心怒则无法应物的面向立论的:如事先存个怒心,当有怒事来时,"便成两分怒了",而喜事来时,又"减成了半分喜",何来物来顺应?"'心有所忿懥,则不得其正'。忿懥已自粗了。有事当怒,如何不怒。只是事过,便当豁然,便得其正。若只管忿怒滞留在这里,如何得心正?'心有所好乐,则不得其正'。如一个好物色到面前,真个是好,也须道是好,或留在这里。若将去了,或是不当得他底,或偶然不得他底,便休,不可只管念念着他。"④

那么,如何治怒呢?二程子给出了简明扼要的说法:"忿懥,怒也。治怒

---

① 陈荣捷著:《王阳明传习录详注集评》第 235 条,台湾学生书局,2006 年修订四版,第 308—309 页。
② 《朱子语类》卷三十,朱熹撰、朱杰人等编校:《朱子全书》第 15 册,第 1099 页。
③ 《朱子语类》卷九十五,朱熹撰、朱杰人等编校:《朱子全书》第 17 册,第 3215 页。
④ 《朱子语类》卷十六,朱熹撰、朱杰人等编校:《朱子全书》第 14 册,第 535 页。

为难,治惧亦难。**克己可以治怒**,明理可以治惧。"①就治怒而论,"克己"工夫即是让"怒"之发系于事上,事当怒则怒,而不系于个人一己的偏私与好恶,即确保"怒"一定与"义理"联系在一起,而不是出于"血气"。对于血气之怒,应极力克制,克制血气之怒被称为"忍怒"。"然人情易发而难制者惟怒为甚。克己然后可以治怒,顺理然后可以忘怒。《书》曰'必有忍乃其有济',此治怒不迁之法也。忍者,隐忍不发之称。迁者,自此迁彼之谓。能隐忍而不迁,则事必济矣。"②"忍怒"成为很多理学家治怒的主要工夫,陈白沙之《忍字箴》曰:"七情之发,惟怒为遽;众怒之加,惟忍为是;绝情实难,处逆非易。当怒火炎,以忍水制。忍之又忍,愈忍愈励。"③而"忍怒"亦有一个由"强忍"渐到"自然而然"的过程:"问'某多怒,然一过辄悔,当何如以治之?'曰:'与其既怒而悔,何如未怒而防,当怒而制,着意克治,初犹强忍,忍之既久,渐觉自然。至于当怒而怒,便是性情中事,此岂可少?'"④

关乎治怒工夫,朱子则更重视"明理"、"见得道理透"、⑤"看得道理分明",⑥确实,"忍怒"只能初步解决怒动于"血气"之问题,对于当怒则怒、怒而中节,即对于怒之时机与怒之程度,如无"明理"的工夫夹持,则总是有含混之嫌疑。门人陈淳曾问:"君子于其所当怒者,正其盛怒之时,忽有当喜事来,则如何应?将应怒了而后应喜耶?抑中间且辍怒而应喜,喜了,又结断所怒之事耶?抑当权其轻重也?"曰:"喜怒迭至,固有轻重,然皆自然而应,

---

① 《河南程氏遗书》卷第一,程颢、程颐撰、王孝鱼点校:《二程集》,第12页。
② 《先公行状》,《斐然集》卷二十五,胡寅撰、容肇祖点校:《崇正辩 斐然集》,北京:中华书局,1993年,第548页。
③ 陈献章撰、孙通海点校:《陈献章集》,北京:中华书局,1987年,第81—82页。
④ 孙奇逢撰、王惠敏点校:《夏峰先生集》,《孙奇逢集》(中),郑州:中州出版社,2003年,第1040页。
⑤ 敬之问:"'颜子不迁怒,不贰过',莫只是静后能如此否?"曰:"圣贤之意不如此。如今卒然有个可怒底事在眼前,不成说且教我去静?盖颜子只是**见得个道理透**,故怒于甲时虽欲迁于乙,亦不可得而迁也。见得道理透,则既知有过自不复然。如人错吃乌喙,才觉了,自不复吃。若守存虚静,此乃释老之谬学,**将来和怒也无了**,此成甚道理!圣贤当怒自怒,但不迁耳。**见得道理透**,自不迁不贰,所以伊川谓'颜子之学必先明诸心,知所往,然后力行以求至',盖欲见得此道理透也。"立之因问:"明道云'能于怒时遽忘其怒'而观理之是非。'又是怎生?"曰:"此是明道为学者理未甚明说阶,言于怒时且权停阁这怒而观理之是非,少间自然见得当怒不当怒。盖怒气易发难制,如水之澎涨,能权停阁这怒,则如水渐渐归港。若颜子分上,不消恁地说,只见得理明,自不迁不贰矣。"见《朱子语类》卷三十,朱熹撰、朱杰人等编校:《朱子全书》第15册,第1096页。
⑥ "颜子此处无他,**只是看得道理分明**,且如当怒而怒,到不当怒处,要迁自不得。不是处便见得,自是不会贰。"见《朱子语类》卷三十,朱熹撰、朱杰人等编校:《朱子全书》第15册,第1097页。

不暇权也。但有所养,则其所应之分数缓急不失轻重之宜耳。"①"分数缓急不失轻重之宜",自是平素长期明理(所谓"有所养")才能拿捏得准。

王阳明对于制怒工夫同样有丰富的论述,针对《论语》颜子"不迁怒"文本,阳明的解释是颜子"不为怒所迁",这充分体现了他"定者心之本体"立场。针对怒之发多与个人是非毁誉相关,故在不同场合,他均强调通过"止辩"、"自修平物"的途径对待人之是非毁誉:"人之是非毁誉,如水之湿、火之热,久之必见,岂能终掩其是?故有其事不可辩也,无其事不必辩也。无其事而辩之,是自谤也;有其事而辩之,是益增己之恶而甚人之怒,皆非所以自修而平物也。惟宜安静自处,以听其来。"②学界将阳明学称为孟子学,阳明亦反复强调"良知"不过是孟子的"是非之心",但对于孟子"自反"以"治怒",阳明却颇有微词:"孟子三自反后比妄人为禽兽,此处似尚欠细。盖横逆之来,自谤讪怒骂以至于不道之甚,无非是我实受用得力处,初不见其可憎。所谓'山河大地尽是黄金,满世界皆药物'者也。"③"初不见其可憎",这一要求显示出理学家对于治怒的态度要比先秦儒家更加严苛了。阳明本人治怒佳话即是例证。据阳明亲炙弟子朱得之所记,阳明在南都时曾见到丑诋自己的疏草,看时颇怒,遂自省曰:"此不得放过。"掩卷自反自抑,俟心平气和,再展看,又怒,又掩卷自反自抑,直到"心平气和如常时,视彼诋诬真如飘风浮霭,略无芥蒂怨尤",方作罢。

治怒,宜从怒意初起时用功,因俟忿怒爆发,则肆横而不可收拾,故须早觉,才觉即制之。由"未怒而防"、怒意未起但已在酝酿时治怒,治怒工夫转趋细密与深入,此在阳明心学一系之中尤为显眼。刘宗周说:"七情之动不胜穷,而约之为累心之物,则嗜欲忿懥居其大者。损之象曰:'君子以惩忿窒欲。'惩忿之功,正就动念时一加提醒,不使复流于过而为不善。才有不善,未尝不知之而止之,止之而复其初矣。过此以往,便有蔓不及图者。昔人云:'惩忿如推山,窒欲如填壑。'直如此难,亦为图之于其蔓故耳。学不本之慎独,则心无所主,滋为物化。虽终日惩忿,只是以忿惩忿;终日窒欲,只是

---

① 《答陈安卿》,《晦庵先生朱文公文集》卷五十七,朱熹撰、朱杰人等编校:《朱子全书》第23册,第2714页。
② 王阳明撰、吴光、钱明等编校:《王阳明全集》(新编本)第5册,第1850页,另参同书第1617、1826页诸处。
③ 王阳明撰、吴光、钱明等编校:《王阳明全集》(新编本)第5册,第1600页。

以欲窒欲。以忿惩忿,忿愈增;以欲窒欲,欲愈溃。宜其有取于推山填壑之象。"①宗周深知治怒当从根处入手,即从怒念动时当下治之,这个关节口抓不住,则怒难治矣。这个怒念动时,并不是说怒已经发动、表现的动时,而是"动而无动"的几微时刻。在《纪过格》中,刘宗周以"微过"名之,此时只是"独而离其天者",是"妄",它"藏在未起念以前",善于形容的刘宗周亦只好说此时"仿佛不可名状",是"从无过中看出过来"。此微乎其微之"过","无病痛可指","妄无面目,只一点浮气所中",但是"迁怒"之"隐过"即是由此"微过"而来,"微过之真面目于此斯见"。刘宗周从慎独入手论治怒可谓拔本塞源之论。

理学家关乎治怒之道以刘宗周弟子陈确论述最为完备。其《治怒》七条于"怒"及"治怒",沿流溯源,发潜阐幽,系统而不失精细。他首先指出日常之怒因所在,怒实系"小小不平之气所干",自古以来即是不平世界,其实"本无所谓不平"。之所以产生不平之气,或是言语未齐,或是礼数不周,或是财物未清,而此三者乃人间常情,"皆极平极常",不足介意。而于治怒,陈确给出两种对治方式,一种是应急良方:"急治良方,莫若'忍'字。凡遇事有可怒,切莫轻发,姑忍着。小者忍一二时,大者忍一二日,其气自平。虽曰强制一时,但持之既久,当渐自然。"另一种是"正治"之道:"正治莫若一'敬'字。"陈确虽于"敬"字无发明,但以"敬"作为治怒之正道,则无疑是其治怒之道之殊胜处。士人虽读书明理,亦知不当有不平之气,但仍"时不免忿怒者",显然只是知性的"明理",并不足以治怒,究其缘由,"只是失之于易也",上对下,主人对妻子、仆婢,因其位卑,又习于我,"卑则势易相加,习则心不及察,虽贤者常不免怒詈。"而我之所以不敢对父母师长加怒,亦只是因为我一直尊敬之的缘故。因此,只有"敬"才能根治怒,对任何人都持敬,如《论语》所说"出门如见大宾,使民如承大祭","用心若此,更从何处说起'怒'字!"②

大致而言,理学家治怒注重克己与明理,尤其是"隐忍",强调治怒应"早

---

① 刘宗周:《人谱续编一·证人要旨》,吴光主编:《刘宗周全集》,第 2 册,杭州:浙江古籍出版社,2007年,第 6 页。
② 氏著:《治怒》,《陈确集》,第 416—418 页。

觉",遏之于未萌、未发之际;对于当怒之人事,则当怒则怒,怒而中节,怒后不留。与先秦、两汉儒学相比,理学家制怒的工夫呈现出多样性,制怒的技艺更加丰富与细致了,而对待怒的态度也更加严苛了。

以上,我简要地勾勒出儒家源远流长的治怒之思想谱系,概言之,儒家对怒取血气之怒("私怒")与义理之怒("公怒")两分法。前者需要克治,后者需要培育。而治怒之道从大处论计有:忍怒法、忿思难法、自反治怒法、明理治怒法、克己治怒法、以敬治怒法。此种种治怒之道又可分为消极与积极两面。忍怒、忿思难均是消极的、被动的治怒法,二者均是在怒意已起时才用工克治,这种消极的治怒法在学理上无非是将"怒"对象化,一旦发怒的人意识到自己在怒,其"怒"成为自己意识关注的"对象",怒"气"、怒"意"就会减弱、延宕,渐消渐散;血气之怒、私忿之所以会酝酿、会起动,只能说明修身主体尚为习气、浮气、客气所动,其独立、自由与宽容、涵容的君子人格、大丈夫人格尚未养就,故积极的治怒之道在于"克己"、体仁、明理、以敬待人,在于"自反"而成就君子德性。

二

斯多亚哲学[1]在本质上即是一种精神"修炼",其哲学话语的主要功能在于"成长、教育、心理开导、治疗",在于"自我转化"(a transformation of the self),[2]哲学家就是慈悲为怀的医生,"他的手艺能够治疗各种各样的人类痛

---

[1] 学界通常把斯多亚学派划分为早、中、晚三期,早期代表人物有 Zeno of Citium(前335—前263)、Cleanthes of Assus(前331—232)、Chrysippus of Soli(约前280—207)、Diogenes of Babylon(约前240—前152)及其继承者 Antipater of Tarsus(?—约前129);中期有 Panaetius of Rhodes(约前185—前109)及其门人 Posidonius of Apamea(约前135—前51/50)与 Hecato of Rhodes(约公元前100);后期则有 Lucius Annaeus Seneca(约公元前4—65)、Musonius Rufus(30—100)、Epictetus(约55—135)、Marcus Aurelius(121—180)。这里斯多亚派思想家的生卒年系根据以下资料综合而成:Keith Seddon: *Epictetus' Handbook and the Tablet of Cebes: Guides to Stoic Living*, London and New York: Rouledge, 2005, pp. 211-212;石敏敏、章雪富:《斯多亚主义》(Ⅱ),附录一 斯多亚主义哲学家年表,北京:中国社会科学出版社,2009年,第367—370页;以及 Cooper 为塞涅卡《道德和政治论文集》所撰写的"全书导读"。

[2] Pierre Hadot: *What is Ancient Philosophy*, translated by Micheal Chase, Cambridge, Massachusetts: The Harvard University Press, 2002, p. 176, p. 180.

苦。他们所从事的哲学并不是一门专门为了卖弄小聪明而高高挂起的智力技巧，而是一门理处理人生悲痛的世间技艺。因此，他们专注于日常与紧迫的人生意义问题——畏死、爱与性、忿怒与攻击——这些问题往往被那些高高挂起的哲学当作烦人的私人问题避而不谈。"① 故哲学在根本上并非什么抽象的理论，更不是章句训诂之学，而是一门"生活的艺术"："它是一种具体的态度与确定的生活风格，这要涉及整个生存。哲学行为并不单单是立足于认知的层面，而是在自我与存在的层面。它是通向成全我们**存在**、让我们变得更好的一种路径……哲学首先是一种激情的治疗。"②

激情（pathos）原意即为对一个人所发生的事情，即人所遭遇的事情，因而，激情在斯多亚派看来总是针对个人遭遇而发作的情绪。它是心智处于偏执、欠缺状态下一种不当反应。故在斯多亚派那里，激情是需要完全加以克制的对象。③ 而愤怒又是所有激情中"最为可怕、最为疯狂者"，因为其他激情或许还包涵着"些许的平静和隐忍"，还可以加以"掩藏"，而愤怒则是"十足的冲动和发作"，它毫无掩饰，"眼睛要冒出火光来，脸色紫红，血脉贲张，嘴唇颤抖，牙关咬紧，毛发根根直立，呼吸嘶嘶作响，语不成句，或沉吟或咆哮，四肢僵硬，又击掌又顿足，整个身体都随时暴起，'恐怖有力仇恨的模样'，那是一个自甘堕落的、扭曲变型而狰狞骇人的脸，你简直就不知道该说它可憎呢，还是说它丑陋"。它是"一股出离人性的狂乱欲望"，它要晓以颜色，它要血债血偿，它无所顾忌但求加害，愤怒有如利刃，叫那快意复仇的人也毁灭自己。④ 愤怒附体，人就疯癫。即便是日常小小的怒气，莫名而起，莫名而散，看似无关紧要，但殊不知人之每一个习惯、每一种能力，都会因为相对应的行动而得到维持和加强。你生气了，你的坏脾气又发作了一次，而且

---

① Martha C. Nussbaum：*The Therapy of Desire: Theory and Practice in Hellenistic Ethics*，Princeton and London：Princeton University Press，1994，p. 3.

② Pierre Hadot：*Philosophy as a Way of Life: Spiritual Exercises from Socrates to Foucault*，translated by Micheal Chase，Oxford & Cambridge：Blackwell Publishers，p. 83.

③ 对"激情"在斯多亚派中的含义参：Cooper 为塞涅卡《道德和政治论文集》所写的导读部分，塞涅卡著、袁瑜琤译：《道德和政治论文集》，第33—38页；以及 *The Emotions in Hellenistic Philosophy*，edited by Juha Sihvola and Troels Engberg - Pedersen，Dordrecht/Boston/London：Kluwer Academic Publishers，1998，pp. 30-39。

④ 塞涅卡著、袁瑜琤译：《道德和政治论文集》，第46—47页。

你又一次加强了你的这个恶习,心灵的疾病由此而生,你不去有效抑制自己的心头欲火,你的心灵就会因为这种相应的表象的刺激而比以前更快地激发出这种欲火,反复出现后,心中就会有"老茧",进一步成为"恶习"。①

激情治疗的首务即是治怒。制怒得首先了解愤怒发作的机制,依斯多亚派看来,激情的产生大致由三个阶段构成。最初的阶段是不由自主的,这是激情的酝酿阶段,这个阶段大致是发怒者被他人触动的最初感受("心智上的震动"),第二个阶段即是一自愿的阶段,我感受到自己被冒犯了、被伤害了,并立意要报复,第三个阶段则是报复冲动的完全爆发。② 由此可见,愤怒固然始于被冒犯的感觉,但倘若没有心智的参与与认可,就很难形成愤怒。愤怒的爆发,"只能是基于心智的同意。先是有一个自己被冒犯的印象,继而出现报复的欲望",在此意义上不应把愤怒理解为本能性的不由自主的活动,不由自主的活动乃是出自本能,例如打冷颤,站在悬崖绝壁的边缘而感到眩晕,这些感受、反应是无法抑制的,但是愤怒是"基于授意而发作"的,是"心智自愿的过失"。③ 显然,在如何克服被冒犯的印象才是治怒的关键,在斯多亚学派看来,酝酿激情的印象、表象往往是有问题的,它有四种表现形式:第一,事物实际如此而且也如此表现,第二,事物实际并非如此而且也并非如此表现,第三,事物实际如此,却并非如此表现,第四,事物实际并非如此却如此表现。④ 哲人的职责就是要严格审查这些表象。"认清表象",此是哲人最高的职责,"未经检验的表象绝不采用"。问题当然在于,在自己被冒犯的印象之中,事物并非如此,因为那个"自己"并非真正的自己,这就涉及到爱比克泰德所说的真正的自己之所在:"通过学习我明白了,如果发生的一切都是意愿之外的东西,那么,这一切对我来说就什么都

---

① 爱比克泰德著、王文华译:《爱比客泰德论说集》,商务印书馆,2009年,第250页。
② 激情三阶段描述见塞涅卡著、袁瑜琤译:《道德和政治论文集》,第78—79页,对三阶段的分析参 Margaret R. Graver: *Stoicism and Emotion*, Chicago and London: The University of Chicago Press, 2007, pp. 125-132;对塞涅卡治怒思想的系统讨论参 William B. Irvine: *A Guide to the Good Life: the Ancient Art of Stoic Joy*, Oxford University Press, 2009, pp. 159-165;对斯多亚派的愤怒观另类分析,可参 Nancy Sherman: *Stoic Warriors: the Ancient Philosophy behind the Military Mind*, Oxford/New York: Oxford University Press, pp. 65-100.
③ 塞涅卡著、袁瑜琤译:《道德和政治论文集》,第75—76页。
④ 爱比克泰德著、王文华译:《爱比克泰德论说集》,第136—137页。

不是。"①

　　这种看法之实质即是将怒视为个人权能之内的东西,将个人的遭际视为个人权能之外的东西,而严加区别。爱比克泰德曾举例说,华丽的衣服、美貌的妻子均不是你个人权能之内的东西:"你要认识到,你自己的东西小偷和奸夫是抢不走的,他们抢走的东西都不属于你,不在你的权能范围之内。如果你能漠视这些东西,而且认为它们一文不值,你还会跟谁生气呢?可是,只要你还珍视这些东西,那么,你应该生气的是你自己,而不是小偷和奸夫。"②个人只能也只应将意愿对象限制在自己权能以内的范围,超出这个范围只能给人带来痛苦:"只要你把自己想要得到东西的意愿和想要回避东西的意愿放在贫穷和财富上,你就永远不会得到自己想得到的东西,永远不会回避开自己想要回避的东西。只要你把自己的这些意愿放在身体健康上,你就会悲惨不幸。只要你把自己这些意愿放在官位、荣誉、国家、朋友、子女上,一句话,放在一切自己权能之外的东西上,你就同样会悲惨不幸。"③只有那些真正认清自己权能之所在,并严格将自己意愿限制在这个权能范围之内的人才是生活中真正的强者:"什么样的人才是不可战胜的呢?那些不受意愿之外的事情侵扰的人。"④善就是"正确的意愿以及对表象的正确运用"。"只有接受了教育的人才是自由的",⑤因为他拥有按照我们的愿望生活的能力。"接受教育就是学习如何合乎自然地将天然认知应用到具体实践中。接受教育就是学习分清什么是在我们权能之内的,什么是不在我们权能之内的。在我们权能之内的东西是意愿和所有意愿的行为。不在我们权能之内的东西有身体、器官、财产、父母、兄弟、子女、国家。"⑥既然身体、器官、财产、父母、兄弟、子女、国家都是身外之物,不,严格说都是"心"外之物,因为身也是心外之物,则哲人就不应该受到这些本不属己的东西的影响,他只须牢记"神的律法",即"自己的东西,我们要永远保持;不是自己的

---

① 爱比克泰德著、王文华译:《爱比克泰德论说集》,第151页。
② 同上书,第100页。
③ 同上书,第245—246页。
④ 同上书,第101页。
⑤ 同上书,第166页。
⑥ 同上书,第118页。

东西,我们绝不索求","财富,健康,名誉,等等,总之一句话,除了正确运用表象以外,所有其他一切都不是我们权能之内的事。而我们正确运用表象的这种能力,它在本性上是完全自由,不受任何约束和限制的。"①

个人权能范围就是个人自由的范围,这种自由是任何人都无法加以剥夺的,舍此,则非个人意愿所能主宰,则应听之、任之:"是什么使那么多人迷惘不堪、混乱不堪的呢?是暴君和他的卫兵吗?不,当然不是。本性自由的东西出了它自己以外是不会为任何其他东西所干扰和妨碍的。干扰他的只能是他自己的认识和看法。因为,如果暴君威胁他说,'我要用镣铐把你的腿锁起来。'珍惜自己双腿的人会说,'不,饶了我吧。'而珍惜自己意愿的人会说,'如果你觉得这样对你更有利,那么就锁起来吧。'"②

在儒家的制怒思想之中,义理之怒与血气之怒是严格得到区别的,制怒仅限于血气之怒,义理之怒不可无乃是儒家的共识,但斯多亚派则全盘否定了"怒"本身,对于所谓的义理之怒(义愤),塞涅卡曾花了大量篇幅予以贬斥。常人认为愤怒可以带来勇气,义愤填膺,才能行动果敢,没有义愤,人们面临强敌或凶徒,就会畏手畏脚,而丧失行动的能力。塞涅卡则坚持认为理性无需激情的辅助,"美德不需要邪恶来帮衬;美德本身自我完满。每当需要奋勇斗志的时候,这个斗志不是在愤怒中爆发,而是要审时度势地投入到作战中,就如石弩射出了飞石,飞石的射程要由弓弩手掌控。"③况且,以愤怒对治罪恶,实在是以恶制恶、以暴易暴:"美德不会被允许它自己在遏制邪恶的同时,反而模仿邪恶。在它看来,愤怒本身是要接受惩治的。不端行为引发了愤怒,但愤怒一点儿也不比那不端行为更好,而是常常比它更糟。"④更何况,愤怒根本帮助不了理性,因为理性"只有在远离激情时才具有力量"。一旦诉诸激情(愤怒),激情就会喧宾夺主,因为愤怒一旦形成,它就会胜过试图控制它的力量,把理性席卷而走。理性一旦沾上激情,它就"可能已经丢失了自身","理性永远不会求助于那些盲目而不受拘束的冲动,它本身不

---

① 爱比克泰德著、王文华译:《爱比克泰德论说集》,第 236、263 页。
② 同上书,第 104 页。
③ 塞涅卡著、袁瑜琤译:《道德和政治论文集》,第 57 页。
④ 同上书,第 80—81 页。

能驾驭那样的冲动。"①在塞涅卡看来,愤怒在根本上就无法带来勇气,而不过是"给那也许会懒散或者懦弱的人一点儿刺激而已","没有谁会由于愤怒而勇敢,除非他缺少了愤怒压根儿就不能勇敢起来。愤怒从来就不是勇气的救助,而是代替了勇气。"②针对适度愤怒可以激励心智等说法,塞涅卡斩钉截铁地说,所谓"适度的激情",不过是"适度的邪恶"而已。

塞涅卡甚至让人可以设想这样一种情形,一个好人看到他的父亲被杀死、他的母亲被侮辱,他应不应发怒呢?"不,他不应当发作愤怒;他应当惩罚和保护。难道儿子的孝心没有愤怒就不足以投身行动吗?""好人要做好它的分内,但却不忧不惧;他要做一个好人值得做的事,而不做不应当做的事。'我的父亲就要被杀死了——我要保护他;他已经被谋害了——我要复仇;这样做不是出于我的痛苦,而是因为我应当。'"③因此,即便在"惹起众怒"的情形下,在"天怒神怨"的处境中,理性之人亦不应有丝毫之愤怒。所谓的义愤,不过是"心智脆弱的表现"。"真正得体而有尊严的做法",不是非理性地喧闹,而是想办法努力保护亲人与邻居,这是出自义务的召唤,是坚强的意志、冷静的判断与远见的体现。

因此,对罪恶的惩戒应当与愤怒划清界限。惩戒是基于理性,而不是基于愤怒。好的法官在谴责罪恶的行为之时,他是心平气和的,而不应有丝毫的愤怒。毕竟,基于憎恨、基于愤怒去惩戒,对受惩戒者来说很难做到公正,对惩戒人来说,他本身即陷入需要惩戒的激情之中,因而亦即陷入邪恶之中:"任何负有权衡、裁量此等事务责任的人,在掌握了这个需要十分审慎的事物——生杀予夺的权力——时,都必须远离激情的干扰。这是一柄剑,愤怒是一个邪恶的受托人。"④

有智慧者之最高德性乃是"不动心",冷眼向洋看世界,他对任何行为不端的人都不会感到愤怒,"面对荒谬和错误,那有智慧的人应当平静而公正:他是那些行为不端者的矫治者,而不是他们的敌人,每一天的开始他都要想一想'我就要见到许多酗酒、淫荡、忘恩负义和贪婪成性的人,还有许多因为

---

① 塞涅卡著、袁瑜琤译:《道德和政治论文集》,第57页。
② 同上书,第62页。
③ 同上书,第60页。
④ 同上书,第70页。

野心而狂躁不已的人'。他将用医生看待病人的温和眼光来看待有所这一切。"① 在斯多亚派的修身学中,修行的终极阶段就是成就一不为个人任何遭际所动的坚定不拔的人格。修身有三阶段说:第一,立志成为自由的人,放弃一切权能之外的东西,不忧亦不惧。第二,不受任何欲望、烦扰的影响,一心敬神,热爱智慧,勤于思考,明白自己对神、父母、兄弟、国家以及素不相识的人的责任。第三,坚定,永不动摇。② 有了这种人格,虽不会逢凶化吉,但却总能做到逢凶而不乱,假如在乘船过程中,突然遭遇暴风雨,船要下沉了,该如何应对呢?"我只做自己有能力做的事情。我绝不会心怀恐惧地被淹死,我绝不会痛哭流涕、怨天尤人地死去。因为我知道,万物有生必有灭。"③

斯多亚派不仅在理论上对愤怒进行彻底否定,而且在工夫上还给出了一套行之有效的制怒之道。观塞涅卡、爱比克泰德、奥勒留相关制怒工夫论述,其要大致有以下数端。

克服"冒犯"意识。愤怒往往出于被他人冒犯的表象,然而这是一种错误的"表象":"假如有人激怒了你,你要意识到这么一点,那就是,是你自己的认识和看法激怒了你。所以,首先,你应该努力不要让表象把你卷跑;因为只要你有时间缓一缓,你就比较容易地控制住自己了。"④要知道,石头不会冒犯你,植物不会冒犯你,动物也不会冒犯你,毕竟它们没有思想,对没有生命的东西、对没有思想的生命发作愤怒是愚蠢的。同样,"对小孩子以及那些并不比小孩子更明智的人发作愤怒,也是愚蠢的"。⑤ 斯多亚派还提醒那些容易被"冒犯"的人说,冒犯意识是弱者的象征,自信的人与明智的人是不会产生冒犯意识的,高贵者、强大者,宛如大自然之中的百兽之王,"面对小狗儿的吠叫无动于衷",他根本就不会产生被冒犯的意识,遑论睚眦必报

---

① 塞涅卡著、袁瑜琤译:《道德和政治论文集》,第 85 页。
② 同上书,第 246—247 页。
③ 同上书,第 179 页。
④ 爱比克泰德著、王文华译:《爱比克泰德论说集·道德手册》,第 589 页。另参:"丢开你的意见,那么你就丢开了这种抱怨:'我受到了伤害。'而丢开'我受到了伤害'的抱怨,这伤害也就消失了。"见奥勒留著、何怀宏译:《沉思录》,第 23、75 页。早在第一代的斯多亚派 Chrysippus 那里,就已经有治怒术的论述,他已经意识到怒之所以产生乃是因为构成情绪的判断出了问题,而治怒就是要形成正确的判断,这种制怒术在现代心理学家那里被称为认知疗法(cognitive therapy),见 Harris: *Restraining Rage: the Ideology of Anger Control in Classical Antiquity*, Cambridge, MA, 2002, pp. 370-371。
⑤ 塞涅卡著、袁瑜琤译:《道德和政治论文集》,第 101 页。

了,谨记"一个因为冒犯而扭曲的心智,不是强大心智。不论是谁伤害了你,他要么比你强大,要么比你弱小。如果他比较弱小,放过他;如果他比你强大,放过你自己。"①这多少有点"**忿思难**"的意味,只是这里所思之难是个人力量的强弱,而非家人之安危。

斯多亚派还建议人们要具备"**早知如此**"的心理准备与"人无完人"的"**容忍意识**",比如,每早开始,先在心中念叨一番,今日会遇到种种忘恩负义的人、傲慢无礼的人、欺诈的人、嫉妒的人,这些人都是"病人",实际上,我自己就是其中一分子,打上这种心理预防针,你的心理就有了准备,这样一天下来,你遇到任何人都不会发作愤怒。②

对于别人恶意中伤,斯多亚派建议以一种"**庆幸**"意识与**幽默感**来化解之,比如有人说你两句坏话,你就可以这样安慰自己,幸好他还没有说我三句坏话。③此种治怒法与子路闻过则喜可谓大相径庭。你还可以抱着"**同情**"逸言者的态度坦然受之,他对我说坏话,嗯,是他弄错了,受到伤害的人是他,他是错误看法的受害者。所以,"从这一点原则出发,你就要温和地对待那个辱骂你的人,因为,每当这个时候,你都要对自己说'他认为是这个样子的。'"④至于对于行政官员、父母、老师和法官的斥责,我们不仅不应该有被冒犯的感觉,而且应该欢迎,就像病人欢迎医生一样。

另外,还有一种"**且慢**"法与"**反思**"法来对治愤怒,愤怒的爆发虽然会突如其来,如恶魔附体,但总有端倪可察。因此,一旦体会到困扰来临之际,

---

① 塞涅卡著、袁瑜琤译:《道德和政治论文集》,第122页。另参:"和旗鼓相当的人冲突将是一场灾难,和那强过你的人冲突就是在发疯,而和那不如你的人冲突,你就显得狠琐呢。"见同书,第110页。
② 奥勒留著、何怀宏译:《沉思录》,第8页。这种"事先想象"的"早知如此"制怒法源自于 Philodemus,见 Harris: *Restraining Rage: the Ideology of Anger Control in Classical Antiquity*, p. 372。
③ "假如有人跟你说,某人说你的坏话呢,你不要为自己辩解,你应该这样回答:'我还有许多别的毛病他还不知道呢,要不的话,他就不会只提这些了。'"(爱比克泰德著、王文华译:《爱比克泰德论说集·道德手册》,第601—602页)利玛窦最早摘编爱氏《道德手册》,以《二十五言》为题传播中土,该段落利玛窦译为:有传于尔曰:"某訾尔指尔某过失。"尔曰:"我犹有别大罪恶,某人所未及知,使知之,何訾我止此欤?"见朱维铮主编:《利玛窦中文著译集》,上海:复旦大学出版社,2001年,第129页。
④ 爱比克泰德著、王文华译:《爱比克泰德论说集·道德手册》,第606—607页。利玛窦译文:"有毁谤尔,尔想彼以是意为其所当为也。人各有意,孰能皆与尔翕欤?然其状惟自误自妄耳,于尔无关矣……则方遇忤逆者,尔则曰:'彼以是意为其所当为',则无诧异,而不加嗔于人也。"见《利玛窦中文著译集》,第133页。

就赶紧沉默不语,让愤怒且慢一步。让愤怒且慢有很多具体的举措,比如,在自己行将愤怒的时候,马上将之"对象化",设想眼前有一面镜子,看看镜子之中那张因愤怒而被扭曲的丑陋、狰狞的面目吧,那是多么可怕的一个我啊,那扭曲变形的样子,会让你震惊。或者,在你因愤怒而举手要打孩子的那一瞬间,这时来一个"定格",想象一下自己呲牙裂嘴、气呼呼举手的丑态吧,当你反思、留意到自己愤怒的时候,愤怒就开始消失了。① 镜子息怒法、"且慢法"其实就是分散注意力法,即在愤怒发生之际,通过转移注意力而息怒。据普鲁塔克记载,Athenodorus of Tarsus 还有通过不停地唠叨字母表而息怒的方法,这个方法也是属于同一类型的息怒法。② 林则徐曾悬匾"制怒"二字于厅堂,每怒发作时,举头望之,则怒火消矣,看来,反思"怒"成为中外制怒的公法。**"且慢"**法与**"反思"**法实际上即是让理性做主宰,让表象退位为客体:"不要因为表象的强大而被击倒;面对表象,我们要说一声,'等等,表象,让我看看你是谁,你要干什么,我要先审查你。'。"其次,"用另一个表象,一个美好的表象来对付它,把这个卑鄙的表象赶走。"③

与早上出门之前的"心理准备"法对应的是,每晚则须**"省身"**检讨自己一天的制怒工夫如何,在塞涅卡时代,晚间的自我省察和检点一天所作所为,已经是一门流行的功课:"我们所有的感官都必须在忍耐中接受训练。只要心智停止对它们腐蚀,它们原本是能够忍耐的。这个心智,每天都应当召唤来为它自己**述职**。"④

---

① 塞涅卡讲了一个柏拉图的轶事,是"且慢法"的绝佳例子:有一次柏拉图对他的奴隶生了气,要亲自鞭打那个奴隶,当他举起手臂要教训那个奴隶的时候,当下意识到自己是叫愤怒附体了,于是他就高高举着手臂,保持要打人的样子,一直定格在那里,一个朋友恰巧走过来,就问高举手臂的柏拉图在干什么,柏拉图回答说:"在惩罚一个叫愤怒附体的人"。见塞涅卡著、袁瑜琤译:《道德和政治论文集》,第130页。
② 见 Harris, *Restraining Rage*: *the Ideology of Anger Control in Classical Antiquity*, p. 376。
③ 爱比克泰德著、王文华译:《爱比克泰德论说集》,第253页。
④ 塞涅卡著、袁瑜琤译:《道德和政治论文集》,第158页。爱比克泰德在其《论说集》卷二第十八章"如何与表象作斗争"中,对每日反思自己在制怒方面提出了详细建议,见爱比克泰德著、王文华译:《爱比克泰德论说集》,第250—251页。

三

中西修身学不约而同对治怒情有独钟,围绕对怒的态度以及相应的治怒之道,儒家与斯多亚派存在很多共识。

对于血气之怒,双方都认为血气之怒会干扰修身主体的理性判断,理想的修身主体乃是一明镜、止水,它对事物的判断与回应,不会加入任何个人私己的愿望、欲望,而血气之怒不仅会干扰理性的判断,而且亦会给人带来心理负担,束缚人之心灵,让人不得自由。二程强调圣人之心本无怒也,又说"今人见有可喜可怒之事,自家着一分陪奉他,此亦劳矣",诸如此类的说法均洋溢着追求心灵洒脱与自由的治怒旨趣。塞涅卡在论述智慧之人无怒时,曾着意指出,如果有智慧的人,如司法官员天天面对罪犯,倘面对罪恶而不能自制,任凭怒火中烧,则智慧者之心灵何以堪?"如果有智慧的人有义务对那不道德的行为感到愤怒,有义务对犯罪感到震惊或者沮丧,那么,还有什么比做智慧的人更麻烦吗?他整个生命都要花在坏脾气和悲伤上。"①这种见解与"自家着一分陪奉他,此亦劳矣"说毫无二致。

不只如此,血气之怒会干扰修身主体的以恰当方式待人接物,其后果轻则迁怒于无辜,重则"伏尸百万,流血千里"(所谓"天子之怒")。儒家与斯多亚派对血气之怒之政治后果均有深刻洞察,在治怒上面均表现出强烈的政治关怀。②"在执行处罚时,最要紧的是不能有丝毫的怒意。因为在愤怒的情况下执行处罚,决不能遵守那种恰如其分的中庸原则——施罚既不过重也不过轻。"③西塞罗的这一说法道出了斯多亚派治怒的政治意义。而在儒家的治怒论说之中,政治内涵更是昭然若揭,汉儒已指出孔子"不迁怒"之

---

① 塞涅卡著、袁瑜铮译:《道德和政治论文集》,第81页。
② Cooper认为斯多亚派乃至古希腊罗马时代众多哲人讨论治怒的问题,并不是因为古人的脾气比我们要坏,而是因为在古代某些人滥施淫威的可能性远远超出现代社会的人,那些掌握权力的人一旦雷霆震怒,便是灾难无边。见塞涅卡《论愤怒》"导读",塞涅卡著、袁瑜铮译:《道德与政治论文集》,第15页。关于塞涅卡公共生活之中的忿怒之阐述,可参 Martha C. Nussbaum: *The Therapy of Desire: Theory and Practice in Hellenistic Ethics*, Princeton and London: Princeton University Press, 1994, pp. 402-438。
③ 西塞罗(Cicero)著、徐奕春译:《论责任》,《西塞罗三论》,北京:商务印书馆,1998年,第131页。

赞乃是针砭鲁哀公之"滥怒",董仲舒论治怒均立足于阐发"为政之理",国君之"喜怒哀乐"与"庆赏刑罚"密切相关:"我虽有所愉而喜,必先和心以求其当,然后发庆赏以立其德。虽有所忿而怒,必先平心以求其政,然后发刑罚以立其威。"①朱子治怒论述之中,更屡见此种政治内涵:

> "忿懥、好乐、恐惧、忧患,这四者皆人之所有,不能无。然有不得其正者,只是应物之时不可夹带私心。**如有一项事可喜,自家正喜,蓦见一可怒底事来,是当怒底事,却以这喜心处之,和那怒底事也喜了,便是不得其正**。可怒事亦然。惟诚其意,真个如鉴之空,如衡之平,妍媸高下,随物定形,而我无与焉,这便是正心。"因说:"前在漳州,见属官议一事,数日不决,却是有所挟。后忽然看破了,道:'这个事不可如此。'一向判一二百字,尽皆得这意思。此是因事上见这心亲切。"②

而王阳明在论及格物时,亦曾结合"簿书讼狱"说:"问一词讼,不可因其应对无状,起个怒心。不可因他言语圆转,生个喜心。不可恶其嘱托,加意治之。不可因其请求,屈意从之。不可因自己事务繁冗,随意苟且断之。不可因旁之潜毁罗织,随人意思处之。这许多意思皆私。只尔自知。须精细省察克治。惟恐此心有一毫偏倚,枉人是非。这便是格物致知。"③

怒不仅仅是一种情绪,一种内在的心理状态,也是一种意向性行为(intentional act),它牵涉到对当下处境与事情的理解,它拥有一定的认知因素(cognitive elements)。在根本上说,怒也是人生在世一种情绪,是在与他人、天地万物互动过程之中产生的一种生存体验。故怒往往是涉他的(other-regarding)情绪,是对他人行为的不满而指向他人的一种态度。**但无论在儒家抑或在斯多亚学派的治怒体验之中,则明确要求将这种涉他的情绪指向性加以反转,而成为一种自我关涉(self-regarding),于是本来是要改变他人的一种策略之怒,现在变成了一种自我警戒、自我省察、自我转化,由对他人之不满,转成对自己之不满,而对自己的不满,那不再是"怒",而是发愤的"愤",奋起的"奋",治怒之道遂成为自我提升、自我精进之道**。治怒在根本

---

① 《春秋繁露·威德所生第七十九》,苏舆撰、钟哲点校:《春秋繁露义证》,第462页。
② 《朱子语类》卷十六,朱熹撰、朱杰人等编校:《朱子全书》第14册,第537页。
③ 陈荣捷著:《王阳明传习录详注集评》第218条,第297页。

上是为了成就一伟大人格。因此"怒"虽往往涉及他人与社会面向,但治怒最终却是为己之学。成就这种伟大人格者自亦拥有其伟大的精神境界,是为"不动心"之境界。

无论是儒家还是斯多亚学派均推崇理想的修身之境是"鉴空衡平"的"不动心"之境。彻底摆脱血气之怒的贤哲,动心忍性,他惟一所拥有的就是自由、神圣、不移不易的美德,它不可伤害,不可侮辱。① 他坚韧不拔,不忧不惧,"真正的强大,它的标志就是面对打击而无动于衷,就像是威猛的野兽,在一群猎犬的吠叫声中,懒洋洋地环顾四周;就像是巨大的岩石,岿然接受浪涛的冲击。不叫愤怒附体,就是从容承受外在的冒犯,而发作愤怒却是被打倒在地的表现"②。此与孟子"富贵不能淫,贫贱不能移,威武不能屈"的大丈夫人格自可相互辉映。"猝然临之而不惊,无故加之而不怒",可谓是中西修身智慧对强者的共同理解。

而在中西修身之学治怒的背后,更是拥有相似的"**当下时间意识**"。诚如 Hadot 指出,常惺惺之精神(the vigilance of the spirit)、"关注当下"时间取向乃是斯多亚学派的"一个基本精神态度",亦是"精神修炼的关键所在",它让我们从激情之中摆脱出来,毕竟激情或是由留滞于心的过往情节,或是由萦绕于怀的未来算计而造成的,而正是因此系于过往或未来的激情,心灵才不得自由,亦不能合理(appropriately)应物。通过这种基本时间取向意识的不断训练,最终我们会与宇宙意识合一,接纳每一个生存的当下。③ 这种时间意识同样见于理学家之对颜子"不迁怒"的理解之中:事未来之期待心,

---

① "幸福生活就是拥有一颗自由、高尚、无所畏惧和前后一贯的心灵——这样的心灵是恐惧和欲望所无法触及的,它把美德看作惟一的善(好),把卑鄙看作惟一的恶(坏);至于其他一切,就全部视为一堆无价值的东西,它们的得失丝毫也不能增减最高之'好',也不能从幸福生活中抽去任何部分,或添上半分半厘。"塞涅卡著、包利民等译:《论幸福生活》,《强者的温柔:塞涅卡伦理文选》,北京:中国社会科学出版社,2005 年,第 348—349 页。
② 塞涅卡著、袁瑜琤译:《道德和政治论文集》,第 147 页;关乎贤哲之强大与不动心,可参塞涅卡著、吴欲波译:《论心灵的宁静》,《哲学的治疗:塞涅卡伦理文选》,北京:中国社会科学出版社,2007 年,第 31—66 页,以及塞涅卡著、包利民等译:《论贤哲的坚强》,《强者的温柔:塞涅卡伦理文选》,第 301—322 页。
③ 对当下意识的关注,见爱比克泰德著、王文华译:《爱比克泰德论说集》卷四之第十二章"论全神贯注坚持不懈",第 565—569 页;奥勒留著、何怀宏译:《沉思录》,第 19、62、73 页。对斯多亚派常惺惺修炼法之阐发见 Pierre Hadot: *Philosophy as a Way of Life*: *Spiritual Exercises from Socrates to Foucault*, pp. 82-85. 关于斯多亚派时间意识,参章雪富:《斯多亚主义》(Ⅰ),北京:中国社会科学出版社,2007 年,第 129—134 页。

事已过之存留心,均是对当下之心的一种束缚、干扰,颜子之不迁怒,端在于其心无期必将迎,而做到物来顺应,应而中节,过后不留。实际上,从张载"圣人则直是无意"、二程子"圣人之心本无怒"、朱子"心不可有一物"直到王阳明所谓"无善无恶心之体",均是对本心之当下性之时间意识的某种刻画。这种聚焦于当下时间意识的精神旨趣,朱子曾有精细的阐发:

> 敬之问"心有所好乐则不得其正"章,云:"心不可有一毫偏倚。才有一毫偏倚,便是私意,便浸淫不已,私意反大似身己,所以'视而不见,听而不闻,食而不知其味。'"曰:"这下是说心不正不可以修身,与下章'身不修不可以齐家'意同,故云:'莫知其子之恶,莫知其苗之硕。'视听是就身上说。心不可有一物,外面酬酢万变,都只是随其分限应去,都不关自家心事。才系于物,心便为其所动。**其所以系于物者有三:或是事未来,而自家先有这个期待底心;或事已应去了,又却长留在胸中不能忘;或正应事之时,意有偏重,便只见那边重,这都是为物所系缚。既为物所系缚,便是有这个物事,到别事来到面前,应之便差了,这如何会得其正**。圣人之心,莹然虚明,无纤毫形迹。一看事物之来,若小若大,四方八面,莫不随物随应,此心元不曾有这个物事。"①

儒家之强调当下时间意识,其旨趣亦不外是物来顺应,让心体与天地同流。

然而,斯多亚派的治怒观在根本上是一种"无怒"观,而儒家对"义理之怒"则持正面的肯定态度,儒家之治怒不是"无怒"。血气之怒不可有,此是儒家与斯多亚派之共同主张,义理之怒不可无,怒而当理、怒而中节则是儒家异于后者之处。在儒家看来,在根本上,怒应是一种道德情感,它是"负价值"的厌恶与憎恨之情,儒家对价值的理解从不是单面的认知之把握,更不曾是悬空的抽象理则,而必涉及知、情、意三位一体的当下认肯与取舍。好即好之,恶即恶之,每一种价值的认知的**同时**就有相应的情绪、情感伴随之。义理之怒就

---

① 《朱子语类》卷十六,朱熹撰、朱杰人等编校:《朱子全书》第14册,第540页。应该指出,儒家这种当下时间意识的取向,并不必截然要否定时间之过去与未来向度:"问:'过去不能不粘滞,未来不能不将迎,此病应如何?'曰:'**不必然之粘滞,不必然之将迎,当须立断**。然亦有过去未来与当下相关者,**则过去未来皆当下也**。孔子忘食忘寝以思周公,仰而思之,夜以继日,岂дар粘滞于过去、将迎于未来者乎?惩前日之非,坚后来之是,皆从当下做起。'"见孙奇逢著:《夏峰先生集》卷十四,北京:中华书局,第571—572页。

是对负价值、对恶的一种负面感受（疾恶如仇、义愤填膺、如恶恶臭）。

值得深思的是，斯多亚派之所以要否定义愤、义理之怒，其理由不外是，即便是所谓义愤、义理之怒，亦会对理性形成干扰，那么，儒家所谓怒而当理、怒而中节，在斯多亚派那里会不会听起来有些扞格不入呢？"激情"怎么能与"理性"紧扣在一起呢？儒家讲义理之怒难道就不怕"怒"最终会把"义理"席卷而走，就像塞涅卡担心的那样？"怒"之适度（中节）究竟是依照一"理"的标准判断呢，还是怒之适度即是"理"呢？如果"怒"与"理"完全是异质的，则"怒"是否仍然需要，或者说儒家为何不取斯多亚学派无怒之主张呢？儒家肯定义理之怒仅仅是因为"怒"提供了行动的勇气、热情与活力？

这一系列的问题，在我看来，实关涉中西修身之学对情理关系之理解，倘若说斯多亚派是严格的情理二元论者，那么，儒家之理则是与"情"浑融在一起的，儒家之"理"总是会发于"情"，顺理，则情喜而不自禁；背理，则情怒而不可遏。舍此喜怒哀乐之情，则"理"总无安顿处。此是儒家与斯多亚派分歧的大节目。

有此大节目上之差异，儒家与斯多亚派在对修身所能达到的"不动心"之最高境界的理解上面，实际上也存在着微妙而又重要的差异。康德曾对斯多亚派的"不动心"赞赏有加，他说，"激情是使心灵失去自制的那种感觉的突袭，所以它是冲动的，也就是说，它使感情迅速膨胀到不可能进行思考的程度（它是不审慎的）。……头脑清醒的人所具有的这种品质是不让自己冷静思考被那种强烈的冲动所打扰"，而"**不动心原则，即哲人必须永远也不激动，甚至对他最好的朋友的不幸也无动于衷，这是斯多亚派的一个极其崇高的道德原则。因为激情（或多或少）使人盲目**"[1]。这是一种**冷心肠**的不

---

[1] 康德著、邓晓芒译：《实用人类学》，上海：上海人民出版社，2002 年，第 160—161 页。为了证成道德意向的纯粹性，康德将一切自然情感剥离于实践理性之外，尽管他并不是全然要否认自然情感的作用，但这种作用仅限于人之理性未成熟之前："大自然仍然把这种素质植入我们心中，这是大自然的智慧，要在理性还没有达到足够坚强之前，暂时地施以约束，即在内心向善的道德冲动之上，再加上活生生的生理（感性）刺激的冲动，以作为理性临时代用品。"（同上书，第 161 页）而一旦理性得以挺立，则激情在道德实践中不再有任何用场，除了使人"盲目"之外。值得指出的是，远在康德之前，斯多亚学派就小心翼翼地努力保持道德意识的意向纯粹性。见 Pierre Hadot：*Philosophy as a Way of Life: Spiritual Exercises from Socrates to Foucault*, translated by Micheal Chase, Oxford & Cambridge: Blackwell Publishers, p.207. 康德本人对道德情感的看法参李明辉：《四端与七情：关于道德情感的比较哲学探讨》，台北：台湾大学出版中心，2008 年，第 13—26 页。

动心,冷静、理性、果断是这种不动心的基本特征。而儒家之不动心是一种**热心肠**的不动心,热情、平和、敏感是这种不动心的基本特征。清儒李光地在辨析佛氏以镜喻性与二程子以谷种喻性之区别时指出:

> **程子以谷种喻性,便是,谷种里面是有的。释氏以镜喻性,便非,明镜里面是无的。谷种是热的,明镜是冷的。**以善言性,便尽天下人物,皆视为一体,痛痒相关,公其所有而己不劳,一团和乐之象。以知觉言性,便以己为明,视人为暗,自智而愚人,尊己而卑人,私其所有而欲分以度人,必有隔阂之象。……总之,圣贤仁爱是热的,佛家慈悲是冷的。如告子之"不动心"是死的,孟子之"不动心"是活的。**活的便是热的,死的便是冷的。**①

儒家之修身主体是能怒、能喜的主体,是能感动、会感动的主体,所谓"**人身八万四千毫窍,在在灵通**"。② 此怒、喜之情并不妨碍心灵之自由与洒脱,此应感而动亦能中节而不偏。此未感寂然、偶感偶应、万感万应之主体自是融情感与理性于一身之主体。

与此相关,儒家绝不会把己封闭于个人自由意志的范围,作为气化的己身,它与天地万物之身一气贯通:它扎根于血缘网络之中:根于父母、连着兄弟、带着妻子,"联属"家国天下,"统会上下古今"。这是一种纵向的世代生成性(时间)与横向的绵延扩展性(空间)所交织而成的身体,③喜怒哀乐正是对这种一气贯通的生机之生存体验:此生机畅遂则为喜乐,此生机阻塞则为怒哀。在天脉—地脉—人脉一脉相承的生存域中,温情脉脉是儒者的"生存基调"。此与斯多亚派之生存体验迥不相侔,后者将家人乃至自家身体都视为"身外之物",不,严格意义说是"心外之物",其理想之自我所最终呈现者乃是一去脉络化的、无偏无倚的实践理性之主体,一种惟义务是从的"不

---

① 李光地撰、陈祖武点校:《榕村语录》卷二十五,北京:中华书局,1995 年,第 445—446 页。对宋明儒以明镜喻心之得失,笔者曾撰《宋明儒学中的"镜喻"》加以详细考察,见陈立胜:《"身体"与"诠释":宋明儒学论集》,台北:台湾大学出版中心,2011 年,第 111—148 页。

② 黄宗羲:《孟子师说》卷二,沈善洪主编:《黄宗羲全集》第 1 册,杭州:浙江古籍出版社,2005 年,第 68 页。

③ 笔者曾通过罗近溪的身体观分析展示了这种身体的生存谱系学,见陈立胜:《"身不自身":罗近溪身体论发微》,《西北大学学报》,2012 年第 1 期。

动心"之主体,一种惟理而无情之主体。

Views of Anger, Anger Control and Two Kinds of the Undisturbed Mind
——A Comparative Study on Self-cultivation between Confucianism and Stoicism

Chen Lisheng

Abstract: Confucians make differences between the public anger and private one, of which the former should be developed and the latter should be controlled, whereas the Stoics looks all kinds of anger as passion which should be eliminated at all. There are multi-dimensional significances in the control/elimination of anger both in Confucianism and Stoicism such as pursuing peace of mind and tranquility, focusing on its meaning for political philosophy, and achieving spiritual vigilance etc.. But Confucian undisturbed mind (*bu dong xin*) is tender-minded, whereas Stoic apathy is tough-minded, which reflects the different views of the self.

Key words: anger, anger control, Confucianism, Stoicism, undisturbed mind/apathy

笛卡儿的意志概念
——理解 Cogito 的另一条线索

陈 涛[*]

提　要：笛卡儿对意志追随理智下判断的强调，使意志看起来像是一种消极被动的能力。本文试图澄清，笛卡儿的意志是一种积极主动的能力，它是自我决定的。意志构成了"我思"（Cogito）的基础性的行动。

第一沉思中，不断推进的怀疑，正是意志先于理性，积极主动地朝向有待理智检查的对象。这尤其体现在意志反转，推动理智构想魔鬼时。这在排除了一切外在实存物体，包括身体，作用于理智的可能性的同时，使理智更为清楚和分明地感知到意志行动本身，进而完全专注于心智自身，从而感知到"我"的实存。"我在"的得出既不是亨利所说的自我感受，也不是马里翁所谓的原初他者对自我的作用，而是意志对理智的作用和理智对意志的感知。这一感知所构成的经验不同于对外在物体的表象，而是一种内在的、自我同一性的直接感知。第四沉思体现的则是无限的意志，在迈向真理的过程中，借助理性，自我规定界限，避免陷入任意决断，从而落入意见之中。这也正是意志的真正自由之所在。

关键词："我思"　意志　理智　主动性　无限

---

[*] 陈涛，1986 年生，北京大学社会学系博士研究生。

一　第一沉思中的意志

在第四沉思中，笛卡儿解释了人犯错的原因。错误既非源于理智，也非源于意志，而是因为"意志的范围比理智的范围更宽阔，但我没有把它**限制**在[与理智]一样的**界限**之内，而是将其使用延伸到我并不理解的事情上。因为意志在这些情况下是无分别的（indifferens），所以它很轻易地偏离了真和善"（PW Ⅱ：40-41/AT Ⅶ：58）①。针对于此，笛卡儿建议我们，为了正确使用意志避免错误：当理智充分清楚和分明地感知到真理时，意志应该追随理智做出肯定或否定；而当理智没有清楚和分明的感知，因而意志不倾向于任何一方、对双方都无分别的情况下，意志应该避免下判断。看起来，意志倒更像是一种消极的、被动的能力，它必须让理智走在前面。但是，当我们根据第四沉思的判断结构回头来看第一沉思中意志与其他心智能力之间的关系时，却遇到了诸多困难。第一沉思中，意志的运用是追随理智做出肯定或否定，还是无分别、不做判断呢？

第一沉思中最为突出的心智行为是怀疑。在《哲学原理》中，笛卡儿指出，怀疑是意志的一种样态（PW Ⅰ：204/AT ⅧA：17）。因此，第一沉思的普遍怀疑正是意志的运用。但是，一轮一轮不断向前推进的怀疑显然不是追随理智，它**先于**理智而指向了某个继而需要理智去加以检查的对象。怀疑也不同于无分别——因为怀疑比无分别要更为积极主动地朝向某些对象。

在这一沉思中，除了一轮一轮不断向前推进的怀疑之外，还有两处明确谈及心智对意志能力的运用。它们也不单纯就是怀疑。第一处是在整个怀疑工作的开端处。沉思者"我"为了"严肃地并**自由地**（libere）把我自己投身于对我的意见的总体（generali）清除中"（PW Ⅱ：12/AT Ⅶ：18），并不需要去一一证明这些意见是错的。我只需要对那些可疑的东西，尤其是对"所有

---

① 本文中引用的笛卡儿文本依据 *The Philosophical Writings of Descartes*, ed. and tr. by John Cottingham, Robert Stoothoff, Dugald Murdoch and Anthony Kenny, Cambridge: Cambridge University Press, 1984-1991, 以下引用时简写为"PW"。个别术语的翻译上参考拉丁文本稍作修改，参考 *Oeuvres de Descartes*, publiées par Charles Adam & Paul Tannery, Paris: Léopold Cerf, 1897-1913, 以"AT"标注。

我先前信念所依靠的基本原理"（PW Ⅱ：12/AT Ⅶ：18）不做判断即可："理性现在引导我认为我应该从那些不完全确定和无疑的意见上**收回我的同意**……"（PW Ⅱ：12/AT Ⅶ：18）在《哲学原理》中，笛卡儿明确指出，我们是借助"自由决断使我们能够在可疑的事情上收回我们的同意"（PW Ⅰ：194/AT Ⅷ：6）。而在第四沉思中，自由决断（liberum arbitrium）被等同为意志，①因此收回同意的是意志。从第一沉思的这一处看，沉思者在探求真理的开端，便遵循了正确使用意志的准则，即在理智没有充分清楚和分明地感知到真理的情况下，意志应该避免下判断。不过，这加重了我们的疑惑：为何我们的怀疑或意志，当理智没有充分清楚和分明地感知到真理的情况下，不限定在不做判断或收回同意的状态，而仍然要不断向前推进，迈向对真理的探究呢？在何种意义上，这一意志的运用是允许的呢？

第二处谈及意志之时是在整个怀疑工作的最高潮处，即构想一个"具有最高权能（summe potens）和狡猾的"（PW Ⅱ：15/AT Ⅶ：22）魔鬼时。在那之前，沉思者无法确定上帝是否全能，因此也无法确定上帝是否会欺骗我，从而保证我在数学真理上不会犯错误。怀疑工作在此陷入僵局，探求真理的工作无法进一步被推进。正如笛卡儿马上指出的，在此仅仅收回同意是不够的：

> 但是仅仅已经注意到这一点是不够的，我必须努力记住它。我习惯性的意见一直被诉诸，并且它们不顾我的意愿，俘获了我的信念，作为长期占据和习俗的法则的结果在某种程度上限制我们——只要我假定它们是事实上它们所是的那样，即极为可能的意见，那么这些意见如刚指出的，尽管事实上在某种意义上是可疑的，但是相信它们仍然比否定它们更为合理。有鉴于此，我认为这是一个好计划，**把我的意志**（voluntate）**转向完全相反的方向并欺骗我自己**，假装片刻先前那些意见是彻底错的和**想象的**。我将这样做，直到先前的意见的份量被**反向平衡**并且**习惯的扭曲影响不再阻止我从正确的感知中下判断**。同时，我知道我的计划不会产生任何危险或错误，并且我不可能在我不信任的态

---

① "……nempe a facultate cognoscendi quae in me est, & a facultate eligendi, sive ab arbitrii libertate, hoc est ab intellectu & simul a voluntate……"（PW Ⅱ：39/AT Ⅶ：56）

度上走太远。这是因为手头的任务不涉及行动而仅仅涉及知识的获取。"(PW Ⅱ：15/AT Ⅶ：22)

自我幼年开始，习俗便灌输给我"大量错误"（PW Ⅱ：12/AT Ⅶ：17），以至于我养成了轻易相信从感觉而来和通过感觉而来的各种东西，这包括各种意见。在我迈向真理的**前进**过程中，这些"看起来的可能与合理"的意见不顾我的"完全拆除一切并从根基重新开始"（PW Ⅱ：12/AT Ⅶ：17）以建立一门稳定和持久的科学的意愿，一再阻碍我正确地感知事物，把我拉回到旧有意见当中。为了摆脱意见或习惯的束缚，我把自己的意志转向完全相反的方向，欺骗我自己有一个魔鬼，并且"天空、空气、大地、颜色、形状、声音和所有外在事物都仅仅是梦的错觉，是他设计来俘获我的判断的"（PW Ⅱ：15/AT Ⅶ：22）。借助这一意志的反转及其所想象出来的魔鬼和他对我的欺骗，我可以把习俗给予我的一切意见暂且**假定**为假的，而不再被它往后拉。探求真理的工作由此被进一步向前推进。直至第二沉思找到了"我在"。

这里展现出来的是我的意志与我被给予的或接受而来的意见之间的交战，是探求真理之路上向前迈进的意志与向后阻碍我的习惯之间的交战。意志将看起来合理的意见视为魔鬼的欺骗而加以拒绝、不予考虑："我将把我自己视为没有手、眼、肉、血或感觉，而是错误地相信我有所有这些东西。我将顽固和坚定地在这一沉思中坚持，并且即使认识任何真理不在我的能力之中，但我至少能做**在我能力之中**的东西，即坚决抵制去同意任何错误。因此那个欺骗者，不管他可能多么有技能和狡猾，将不能影响我哪怕一丁点儿"（PW Ⅱ：15/AT Ⅶ：22）。

这里"在我的能力之中"的这个能力，不是理智。因为去"认识任何真理不在我的能力之中"。它是意志。有《哲学原理》为证：

> 我们拥有自由决断，能够使我们在可疑的事情上收回同意并因此避免错误，但是，不管谁创造了我，他可能多么有权能和欺骗性，同时我仍然在我之中经验到某种**自由**，使我总是避免相信不完全确定和未彻底检查的东西。因此，我们能够在任何场合下，小心避免走错。（PW Ⅰ：194/AT Ⅷ:6）。

尽管未明言，但在第一沉思最末处，笛卡儿实际上已经得到了一个确定无疑的东西,那就是我的意志的自由——只有它在我的能力之中。无论是我收回同意,还是不断推进怀疑,迈向未知,甚至是把意志转向相反的方向,都是我在运用意志、在自由决断。也正是在运用意志中,我感知到自己的自由和实存。这直接关系到我们对笛卡儿的 Cogito,以及第二沉思如何得出"我在"的理解。

暂且放下这一问题,继续追问我们最初的问题。在整个怀疑的最高潮之处所呈现的这个意志的反转是那种类型的运用?是追随理智,还是无分别和不做判断?不是前者。这里理智并没有清楚分明地认识任何东西,因此意志不可能追随理智去做判断。亦非后者。因为此处的意志不仅是无分别的、不做判断,而是非常积极主动地去转向一个相反的方向,并想象出一个魔鬼。甚至它也超出了一般的怀疑。当然构想魔鬼并非意志能力本身所为。似乎是意志推动理智能力的一种样态——想象能力所为。想象广义是也是理智的一种样态(PW I: 204/AT VIIIA:17)。因此,这里似乎涉及意志对理智的推动。我们必须去澄清在笛卡儿那里意志与理智之间的关系。

二 意志的主动性

(一)中世纪思想中意志与理智的关系

在中世纪思想中,意志、理智与自由决断之间的关系一直聚讼不休。在这一问题上,研究者们习惯于区分出理性主义与意志主义两种立场,分别以托马斯和司各特为代表。我们可以把托马斯的立场扼要地概括为三点。首先,他追随亚里士多德,根据灵魂能力的对象来考察灵魂能力的等级,指出尽管理智与意志都关注善好和值得欲求的东西,但是理智的对象涉及的是它们的本性,因而更单纯、更抽象。所以,就对象本身来考虑,理智要比意志更高贵(ST.1a, 82.3)。[①]

其次,就意志意愿的对象构成了理智思考的对象而言,是意志推动理智

[①] 本文引用托马斯著作,参考 Thomas Aquinas, *The Treatise on Human Nature: Summa Theologiae* 1a 75-89, tr. by Robert Pasnau, Indianapolis/Cambridge: Hackett Publishing Company, 2002。涉及《神学大全》的其他部分,采用的是 *The Summa Theologica of St. Thomas Aquinas*, tr. by Fathers of the English Dominican Province, London: Burns Oates & Washbourne, Cincinnati: Benziger, 1914-1925。

去思考该对象,意志高于理智(ST.1a,82.3)。托马斯还区分了意志与理智相互推动的不同层级。以一次行动为例:(a)理智决定某一个别目的,推动意志朝向这一目的。(b)该意志推动下级理智去考察此目的是否在意愿者的能力之内。理智考察之后推动意志对该对象有一个**意向**(intention)。(c)倘若该目的是可欲的,意向-意志将进一步推动理智去**考虑**(counsel)适合那一目的的手段,之后,建议推动意志**同意**该手段。(d)同意进一步推动理智**判断**最好的手段。判断推动**自由决断选择**那一手段。(e)理智**命令**意志采取行动,意志最终**使用**手段,采取行动(ST.1a2ae, QQ6-21)。

最后,托马斯强调理智行为优先于意志行为。为了避免意志与理智相互推动所带来的无穷倒退,托马斯强调理智是第一位的。"因为这是必然的,即每一个意志的运动都被一个理解所先行,但并不是每一个理解都被意志的运动所先行。"(ST.1a, 82.4)

值得注意地是,在托马斯那里,自由决断(liberum arbitrium / free decision or free choice)只是意志的一个阶段。区别野兽的自然判断朝向某一个方向,人的自由决断或自由判断(ST.1a, 83.1)可以朝向不同的结果。"因为在涉及无常的(contingent)事物时,理性向对立面敞开[……]而个别的行动过程是无常的事物。所以在这种情况下,理性的判断向不同的结果敞开,而不被决定向某一个结果。"(ST.1a, 83.1)

托马斯根据人有理性能力证明人有自由判断,进而证明人有自由决断,但他仍然强调自由决断是意志行为。自由决断的特性在于选择(ST.1a, 83.3)。在选择过程中,理性是主动的一方,负责在不同的善好中做出权衡和判断,最终确定一个结果,并命令意志接收这一选择。意志是被动的一方,接收这一命令,并推动灵魂或身体的其他部分去执行它。[①] 托马斯借用形式和

---

① 这一点经常被人误解。例如加拉赫认为在自由决断中,判断的自由来自于意志的选择。参见 David Gallagher, "Free Choice and Free Judgment in Thomas Aquinas", *Archiv für Geschichte der Philosophie*, 76 (1994), p. 256。最明显的一处误解出现在 p. 264,加拉赫援引的托马斯关于理智和意志关系的论述,本意是说就对象而言,理智推动意志。然而,他却把它曲解为意志的自我推动:意志推动理智运用,理智运用提供给意志以对象,意志欲求对象,所以整个过程其实是意志自我推动。加拉赫最根本的错误在于根据理智的运用是由意志推动的这一点,而将意志置于比理性更优先的位置:"对于行动的善好或恶的判断依靠于行动者如何考虑她,而考虑处于意志的控制中。"(p. 267)托马斯明确否定这种理解,强调任何一个意志的运动都有在先的理解(82.4 ad 3; DV 24.13 ad2)。

质料之间的关系来表述理性和意志之间的这种主动和被动的关系,并最终论证自由决断是意志能力:

> 涉及灵魂的行为,我们必须观察到,一个行为本质地属于某个能力或秉性,而从一个高级能力或秉性那里接收形式或种(species),这乃是根据低级者被高级者所命令……这是明显的,理性在某种意义上优先于意志并命令意志的行为,就意志根据理性的命令而朝向其对象而言,因为理解能力提供对象给欲求。因此,意志借以朝向某个被提议给它作为善好的东西,通过被理性命令而朝向那个目的。在质料上是意志行为,在形式上是理性行为。而在这类事情上,行为的实体(substance)与高级能力所加的命令相比而言是作为质料。因此,选择在实质(substantially)上不是理性行为而是意志行为:选择的完成是在某种灵魂朝向被选择的善好的运动中完成。因此,很明显,选择是欲求能力的行为。(ST. 1a2ae, 13.1)

可见从意志与理智的关系入手讨论判断,早在笛卡儿之前便被学者们所采用。不过,不同于笛卡儿,托马斯将判断视为理性能力,而把自由决断视为意志能力。他一方面想要把自由决断划归为意志,另一方面却试图借自由决断与理性判断的关联强调其理性规定的一面。激进的意志主义者主张当理性已经认识了某个善好的情况下,意志还"可以去选择另一边"(to do otherwise),甚至是恶。托马斯不承认有这种**任意的**自由决断,或任意的意志。他强调自由决断或意志一定是以理性在先的认知为前提。也正是理性构成了选择或决断之所以是自由的根基:

> 自由的根基在于意志,它作为载体,但作为原因的根基则是理性。意志为什么能自由地被推动以朝向不同事物的原因在于理性能力能够拥有不同的善好的概念,这就是为什么哲学家们将自由决断定义为源于理性的自由判断,并把理性作为自由的原因。(ST. 1a, 17.1 ad 2)

不过,在托马斯那里,自由决断的"自由"并不基于理性对某个东西的**必然**知识,而是来自于理性向对立面敞开这一特征(ST. 1a, 83.1)。人事充满了无常,个别善好总是不够完善,而与必然的善好缺乏必然关联。但人的自由也恰恰彰显在面对这些个别的善好时所做的考虑和决断。此时理性判断向对立面敞开，具有不同的可能，而不再是必然或自然地朝向某一个事物。因此自由决断从另一个侧面透露出人事秩序与自然秩序的距离，以及人事秩序的自由裁量空间或相对自主性。① 不过，托马斯仍然把意志的自由决断限于手段的选择上。至福并不在自由决断之列，它是意志必然地、自然地所朝向的终极目的（ST. 1a, 82.2）。无论是对自由决断中理性因素的强调，还是对其范围的限定，都被随后几个世纪占据西方思想上风的激进意志主义所拒绝。司各特强调：

> 谁会否定一个行动者越少被规定、依靠、限制在它的行动和效果上，就越完善呢？……这种无常性比必然更为高贵……②

司各特明确地将意志的自由行为与自然的行为区分开。自然潜能本身被规定而朝向某个行为。理智属于自然潜能，因为，它没有理解或不理解的能力，而总是**被决定**去理解。意志则不被规定，向对立面敞开。它有能力以相反对的方式去引发专属于它的行为。而专属于意志的行为就是去意愿，但意志并未被规定去意愿这个还是那个。因此，不同于理智的被规定，意志是自我规定的。在司各特看来，意志的不受限制比自然的被规定要更完善。

通过这一简短的考察，我们可以看到理性论与唯意志论的争论焦点在于意志的选择或自由决断究竟是被理性所规定的，而是不受理性规定、自我规定的。与这一争论相伴随的则是对于自由的理解。自由究竟是在于被理性所决定，还是完全不被规定？争论从一个侧面折射出人事秩序与自然秩

---

① 正是对"理性朝向对立面"的强调，使托马斯多少背离了亚里士多德的立场。尽管后者也谈及过理性的这一特点，但却并未把它与选择联系起来。亚里士多德强调的是理性在选择中如何去确立某个正确的欲求对象，指引欲求，从而区别于儿童和低等动物的、不经过理性考虑的欲求。选择针对的是好或坏的东西（1112a3），并且我们只选择我们**知道**它为好的东西（1112a7-a8）。而托马斯却根据理性朝向对立面这一点，区分自然判断与自由决断这一对立。越是强调意志的自由，就越是突出人事有不依靠于自然秩序的独立性的危险：人的高贵不在于能够本着对自然秩序的道理（logos）的知道，来处理人事，而是在于不受限制，不被规定的自由意志。就此来说，托马斯的立场已然为唯意志论打开了方向。

② John Duns Scotus, *Questions on the Metaphysics of Aristotle*, tr. by Girard Etakorn and Allan B. Wolter, St. Bonaventure, New York: Franciscan Institute Publications, St. Bonaventure University, 1998, IX. 15. n44.

序之间的张力。理性论试图缩小这一差距,把人事秩序奠定在理性所把握的自然秩序之上。而意志论则力图把由意志主导的人事秩序与理性认识的自然秩序分离开,强调人的自由在于不依赖于理智或自然秩序的规定。不过,双方也都承认意志可以去推动理智去理解意愿的对象。

(二) 主动意志与被动理智

现在的问题是,笛卡儿如何理解意志与理智之间的关系呢?我们下面将要看到,笛卡儿尽管没有托马斯那样复杂的意志与理智相互推动的层级结构,但他的确承认意志可以去推动理智,理智可以感受到意志的推动。

在笛卡儿那里,心智的思想被划分为两类样态,其一是理智的运用,即感知。它包括了感觉、想象和纯粹理解,其二则是意愿或意志的运用,它包括了欲望、厌恶、肯定、否定和怀疑(PW I: 204/AT VIIIA:17)。欲望和厌恶涉及意志的实践或伦理功用,而肯定、否定和怀疑则是意志的思辨或知识功用。笛卡儿做这种区分的标准实际上有两个:(1)意志的无限与理智的有限;(2)意志的主动性与理智的被动性。

我们先澄清后者。在致迈斯兰德的一封信中,笛卡儿指出:

> 在我看来,接收某个观念是灵魂中的被动性,只有灵魂的意愿是主动性。灵魂接收其观念,部分从对象与感觉的接触中,部分从大脑的印象中,部分从灵魂中先前的倾向和**意志的运动**中。(A Mesland, 5/2/1644, PW III: 232/ AT IV: 113-114)

这段话令我们感兴趣的是,理智如何从意志的运动中接收观念呢?在这封信中,笛卡儿不仅向迈斯兰德澄清了他在沉思中所说的无分别如何不同于某些经院哲学家所说的无分别,而且还力图以他的无分别去重新诠释以便涵盖后者那种无分别。在中世纪思想那里,无分别通常被视为意志可以摆脱理性呈现给它的善好,选择另一个对象,乃至恶的自由。这一概念通常与自由决断概念联系在一起。自 13 世纪下半叶逐渐占据西方思想优势地位的激进意志论拒绝托马斯的理性主义立场,转而强调意志独立和高于理性的一面。这以邓·司各特和奥卡姆的威廉为代表。意志的自由决断意味着,意志可以欲求,也可以不欲求理性所认识的善好。因此,人凭借自由意志属于自由秩序,而非自然秩序。①

针对于此,笛卡儿首先重申第四沉思的基本观察,"理智之中的巨大的光,为意志中巨大的倾向所伴随,以至于如果我们非常清楚地看到一个东西对我们是好的,停止我们的欲望进程就是非常困难的,并且在我看来,只要一个人持续于同一思想,这就是不可能的。"(A Mesland, 5/2/1644, PW III: 233/ AT IV: 116)在此之上,笛卡儿又提出了另一种无分别:"只要我们的专注从对我指明这个东西对我们是好的理由上离开,我们就仅仅在记忆中保留它看来对我们是可欲的这一思想。我们能在心智之前召来某些其他理由使我们怀疑它,并因此而中止判断,或许甚至形成一个相反的判断。因此,既然你把自由不仅单纯视为无分别,而且视为**一个实在的和积极的能力去决定它自己**,我们之间的分别就仅仅是语词上的,因为我同意意志拥有这样的能力。"(PW III: 233-4/ AT IV: 116)

可以推断,迈斯兰德因为笛卡儿第四沉思对意志的论述,得到了与我们相似的印象,即笛卡儿对意志追随理智和无分别而不做判断的论述,似乎是把意志视为一种消极的、被动的能力,甚至好像是理智在决定意志。而迈斯兰德或许根据更为流行的意志论立场对笛卡儿的意志理论做出了反驳。笛卡儿在坚持意志必须追随理智做出判断的前提之上,试图重新诠释背离理性的无分别。他指出,即使是在理智有一个清楚分明的观念的情况下,意志也可以不跟随理智,即理智从清楚和分明的感知上转移开,去关注另一个理由。在这种情况下,理智原本感知到的清楚和分明的观念便被相反的理由所平衡,意志从偏向一边转向平衡,甚至相反的一边。

我们要问,究竟是谁推动理智转而去关注其他观念呢?只能是心智的主动能力,即意志。也就是说,是意志转而关注其他东西,推动理智也转而理解其他东西。不仅仅是像第四沉思所论述的那样,理智提供对象,供意志来判断。意志可以有更为积极主动的运用,它能够推动理智去理解某个观念。正因为于此,笛卡儿才紧接着说意志是一个实在的和积极的能力,能够

---

① 参见 J. Korolec, "Free Will and Free Choice", in *The Cambridge History of Later Medieval Philosophy*, eds. by Norman Kretzmann, Anthony Kenny and Jan Pinborg, Cambridge: Cambridge University Press, 1982, pp. 629-641;吉尔松:《中世纪哲学精神》,上海人民出版社,2008年,第15章。

自我决定("决定它自己"),不管是处于无分别,还是在有一个清楚分明的感知的情况下。这表明,笛卡儿承认意志在追随理智和无分别之外,还可以有更为积极主动的运用。

并且,从这里的论证可以看出,笛卡儿并不愿意把意志的这一运用称为错误,相反,他更愿意称其为"自由"。因为,在此意志通过转而关注其他东西,导致理智在选择的两个选项上达至平衡,从而致使意志从追随理智的倾向上转而处于无分别,不做判断。在此情况下,意志并未犯错,只有当意志"甚至形成一个相反的判断"时,意志才犯了错误。"自由"作为探求真理的先决条件在第一沉思怀疑工作的一开始便提出来了["严肃地并**自由地**(libere)把我自己投身于对我的意见的总体(generali)清除中"(PW Ⅱ:12/AT Ⅶ:18)]。并且,意志作为一种积极主动的能力也拥有这种自由。

通过上述考察,我们可以看到,意志远非仅仅只能消极地追随理智或处于无分别的境地。相反,意志较之于理智是一种更为积极主动的能力,它能够去推动理智。那么如何理解第四沉思中意志的消极的、被动的运用呢?实际上,在人这里,错误的存在本身就表明意志比理智更为积极主动,否则何必要强调理智去为意志设置界限呢?意志在判断之中的运用当然也是积极主动的:"我根据经验知道意志在任何方式下都不受限……"(PW Ⅱ:39/AT Ⅶ:56-7)意志不是消极被动的,被理性所决定的。更确切地说,是理智对意志做建议,意志自我决定是否追随理智。

在此,笛卡儿仅给出了意志从清楚分明的观念转而关注其他理由这一例证。而在第一沉思中,无论意志对既有意见的怀疑,还是意志反转构想魔鬼,对抗意见和习俗,都是在并不存在清楚分明观念的情况下。这同样清楚地表明,意志在这种情况下也有更为积极主动的运用,能够推动理智,去理解某个对象。问题在于,在我们探求真理的过程中,意志的这种积极主动的行动在何种意义上是被允许的或合法的,而不需要被设置界限?我们必须在此基础之上进一步探究第一沉思中意志的运用。

(三)**意志的反转**

具体到第一沉思,我们似乎可以推断,是意志推动想象去构想一个魔鬼,来供理智去感知。实际上,笛卡儿正是这样认为的。布顿迪克对笛卡儿在第一沉思对上帝所做的怀疑的合法性提出了质疑:我们可以去怀疑上帝吗？我们是否允许把某些错误的东西,比如欺骗性,归属给上帝？笛卡儿指出,在我们尚未认识到真上帝的情况下,也即在这个探求真理的开端处,**意志把怀疑上帝作为一种**"为了获得关于真理的清楚知识"（A Buitendijck,1643[？]PW III：229/ AT IV：63）的手段是允许的,把我们拥有的关于上帝的知识暂时置于心智之外也是允许的。

  把这些错误的东西作为一个**假设**归属[给上帝（God or gods）]可以是好的或是坏的,这依赖于形成这样一个假定的目的是好还是坏。因为如此被**想象**的、并假设性地归属[给上帝]的东西并不因此被**意志**肯定为真,而仅仅是提出来**供理智审查**。因此它并不包含任何严格的善或恶的本质。如果它的确涉及,这也是源于形成假设的目的。因此,考虑以下情况：某人想象了一个欺骗的上帝,甚至是真上帝,但对于他或他形成假设所为了的那些人来说,还没有被足够清楚地认识。让我假定他并未误用这一虚构来为了说服他人去信仰关于上帝的某些错误的东西这一邪恶的目的,而是使用它只为了**点亮理智**,并带给它自己和他人关于上帝本性的更大的知识。这样一个人为了即将到来的善在任何意义上都不是犯罪,他的行为也不能存在任何恶,相反他做了某个就其自身是善好的东西,没有人能指责他这样做,除非诋毁他。（A Buitendijck,1643[？]PW III：230/ AT IV：64）

意志反转,进而推动理智去构想魔鬼的经过,被笛卡儿形象地描述为"点亮理智"。也就是说,是我们的积极主动的意志,而不是上帝或亚里士多德所说的主动理智点亮了"理解能力**或**自然之光"（PW II：42/AT VII：60）。他更解释了在何种意义上,意志的这种运用是合法的（cf. A Curators, 5/4/1647）。意志尽管提供了一个欺骗性的魔鬼或上帝,但是它并未去做肯定或否定,即它并未从事判断,而仅仅只是假定。换句话说,意志知道这个假定是有待理智检查的,是可疑的。就此来说,意志的运用是合法的,因为它不是在做判断,而是在从事怀疑。

  不过,这一步意志反转,推动理智构想魔鬼的行动,依然超出了我们通常理解的怀疑。通常的怀疑仅仅是意志提供一个既有的对象供理智来审查。但是,意志的反转动作却包含了某种有意识地与习俗相对抗的倾向,而且意志还推动理智去发明一个虚构的对象。我们已经指出,这一步对于推进怀疑,迈向真理至关重要。正是借助意志反转动作,才推动理智去背离习俗或习惯,与其拉开一段距离或空间,能够对习俗或意见做观察。把意志的反转动作称为怀疑并不恰当,它远比向理智提供对象,表示怀疑要更为积极主动,也更为在先。简言之,有一个比怀疑、收回同意更为优先的意志的运用。

综上,意志积极主动的运用是 Cogito 更为基础性的行动,正是意志推动理智从意见中走出来,迈向真理,也正是意志在确证真理。无论是第四沉思判断中的意志,还是第一沉思中以怀疑样态所呈现的意志,都是意志的积极主动地运用。第四沉思展现给我们的只是后半个过程,而第一沉思则更多地展现了前半个过程。心智的思维过程是这样的:意志推动理智去理解,在理智理解或感知的基础之上,意志再做出判断,是否选择该对象。在探求真理的怀疑中,意志的积极主动的运用优先于理智的理解,更优先于判断,它率先向理智提供需要接收审查的对象,不断推动理智迈向真理。意志的运用统治着怀疑和判断。笛卡儿对判断中意志追随理智的强调,并不意味着意志本身是被动的,而只是建议意志的积极主动的运用应该追随理智对观念的在先理解。我们还发现,做反向翻转、构想魔鬼的意志更超出了仅仅向理智提供对象,包含着更为基本的积极主动的运用。

(四)先天意志与先天经验

在此基础之上,我们可以进一步去理解笛卡儿关于意志主动性和理智被动性的区分:

> 严格地说,理智是心智的被动性,而意志是它的主动性。但是因为我们不能意愿某个东西而不理解我们意愿什么,并且我们很少理解某个东西而不同时意愿某个东西,在这一情况下**我们并不容易把被动性与主动性区分开来**。(A Regius, 5/1641, PW III: 182/372)

"我们并不容易把被动性与主动性区分开来"为我们理解意志与理智之间的关系提供了一条线索。笛卡儿在他晚期最重要的文本——《灵魂的感受》中再次解释了这个问题,这一次更为清楚:

> 我们不能意愿某个东西而不因此感知到我们正在意愿它。因为尽

管意愿某个东西相对于我们的灵魂来说是行动。但对这一意愿的感知却可以被说成是灵魂中的感受。但是因为这种感知与意愿**实在地是同一个**东西,而命名总是被最高贵的东西所决定,所以我们通常不把它称为"感受",而只是称为"行动"。(PW I: 335-336/AT XI: 343)

(a)我们**在分析上**,可以看到两个行为:意志的行动和理智对意志行动的感受。不过,笛卡儿指出我们并不容易区分心智的意志行动和理智感受,或主动性和被动性。为什么会这样呢?(b)笛卡儿又特别强调它们实在地是一个东西,即意志的行动。

(a)从这里的论述可以看出,意志的意愿行动本身,可以作用于理智,使理智感受到意志行动,形成一个观念。值得注意的是,这里理智感知的是心智自身**之内**的意志行为。这一行为区别于理智对心智之外的**实存着**的东西的感知。

假定意志意愿一个外在实存的物体,心智实际上同时感知到意志的意愿和外在物体对理智的作用。① 也就是说,理智产生了两个感受行为,一个来自于意志对外在物体的意愿,它推动了理智朝向该对象。意志的行动总是与一个对象相关联。另一个则是理智在转向这个对象时所感受到的外在物体本身对理智的推动。借助于此,理智形成关于这个物体的一个观念。但是因为有理智对外在事物的感知在,所以理智对意志行动自身的感受便被混淆或模糊了。我们上述所描述的理智与意志的关系,实际上正是判断的前半个过程,即意志提出一个对象,供理智来理解。

再考虑第一沉思的意志行动。借助于魔鬼假定,我同时假定了外在的物体,包括我的身体也都不实存。此时,当意志指向一个非实存的东西时,如魔鬼,或不实存的天、地等,理智所能感知到的只有意志对该对象的意愿行动本身。这里并不存在外在对象的作用,因为魔鬼、天和地都不实存。

当我们的灵魂把自己应用于想象某个非实存的东西时,如思考一个魔宫或一个妖怪时,抑或是当它把自己应用于考虑某个纯理智的、不

---

① 我们在这里为了讨论方便,简化了这一过程。按照笛卡儿的物理学。外在物体作用于外感官,引发各种运动,经由神经作用于大脑,大脑再作用于心智,由此理智感知到外在物体(PW1: 330ff, cf. PW II: 60-61/AT VII: 87-88)。

可想象的东西时,如考虑它自己的本性时,它对于这些东西所拥有的感知主要**依靠于**使它意识到它们的**意愿**。这就是为什么我们通常把这些感知视为行动而非感受。(PW I: 336/ AT XI: 344)

借此,我们可以回答之前的困惑,即理智如何从意志的运动中接收观念(A Mesland, 5/2/1644, PW III: 232/ AT IV: 113-114)?所谓意志推动理智去想象一个魔鬼,实际上就是使理智感知到意志对魔鬼的意愿行动本身。魔鬼并不实存。理智无法从心智之外感知到魔鬼,而只能从意志对魔鬼的指向中感知到魔鬼。理智对魔鬼的感知,实际上就是对意愿魔鬼的意志行动本身的感知。

理智对外在物体或我的身体的感知与理智对意志的感知正是借助于一切物体都不实存这一假定而被分离开。借助于这一分离,理智可以更为专注,更为清楚和分明地感知到意志自身的运动,进而感知到我的实存。①"即使认识任何真理不在我的能力之中,但我至少能做**在我能力之中**的东西,即坚决抵制去同意任何错误。因此那个欺骗者,不管他可能多么有技能和狡猾,将不能影响我哪怕一丁点儿。"(PW II: 15/AT VII: 22)正是借助于魔鬼和外在物体(包括我的身体)都不实存这一假定,心智从外物和身体中解放出来,第一次专注于心智自身,并感知到心智自身的实存。正如笛卡儿在答复霍布斯时强调的,第一沉思怀疑的目的之一就是要区分开心智和身体,②以便心智能够更清楚和分明地感知到自身,而不受到外在物体和身体的混淆。而这进一步为第二沉思得出我的实存做好了准备。

通过上述澄清,我们可以看到,我的意志的积极主动的意愿行为是心智

---

① 在《哲学原理》中,笛卡儿指出"分明"就是把清楚的感知从其他感知中分离出来(I.46)。他还特别指出我们如何才能做到感知上的分明。关键就在于把心智与身体区分开,使心智专注于单纯概念(I.47, 66-68)。

② "我想要我读者的心智为了研究与理智相关的东西而准备好,并帮助他们将这些东西与形体性的东西区分开……"(PW II: 121/AT VII: 172; cf. Fifth Set of Replies, PW II: 258/AT VII: 375)。笛卡儿三轮怀疑的推进都可以看作是为了将心智从身体中区分出来,梦的例子将心智从可感物(包括我的身体)从分离出来,而上帝意见的引入则进一步将心智从想象物中分离,最后魔鬼则更为关键性地将心智从一切物体中分离出来。马里翁对笛卡儿的"形而上学抽象"做了细致的考察。Jean-Luc Marion, *On Descartes' Metaphysical Prism*, tr. by Jeffrey L. Kosky, Chicago and London: The University of Chicago Press, 1999, pp.26-31.

自身的更为基础性的行为。因此,运用意志的我乃是先验的我(ego)。当我的意志指向某个东西时,理智感知到意志的意向性行动,进而感知到运用意志的我的实存。同样,第二沉思笛卡儿达至 ego sum, ego existo 借助的也是意志不断提供对象,理智最终感知到意志。这里没有马里翁所谓的原初他者对我的作用,有的只是意志对理智的作用和理智对意志的感知。①

---

① 马里翁在解读笛卡儿第二沉思的过程中,强调在通向"我在"的过程中,一直有一个先于我的原初他者,而我正是在与这一他者的对话空间中,被这个他者所质询,所作用,才最终达至我的实存。据此,马里翁强调"我在"的得出并不是一个同一命题,而是有限的我"把自己奠基于一个原初性的他者之上"(参见 Jean-Luc Marion, "The Originary Otherness of the Ego: A Rereading of Descartes' Second Meditation", in *On the Ego and on God: Further Cartesian Questions*, tr. by Christina M. Gschwandtner, New York: Fordham University Press, 2007, p. 52)。这个匿名的、无条件的他者就是第三沉思所证明的上帝。马里翁关于笛卡儿的一系列研究中始终隐含着一个若隐若现的基本观点,即笛卡儿所开创的现代哲学或理性秩序无法自我证成。它依赖于一个超出理性秩序的上帝作为根基。在我们看来,马里翁的这一立场使他偏离了笛卡儿的文本。我们不妨也以第二沉思为例(PW II: 16-17/AT VII: 18-19),看看笛卡儿究竟是如何达至"我在"的。

(1)"我将**假定**(suppono)我看到的所有东西都是骗人的。我将**相信**(credo)我的记忆告诉我谎言。他所报告的事情没有一个曾经发生过。我没有感觉。身体、形状、广延、运动和地点都是妖怪。那么,还有什么剩下来的东西是真的? 或许仅仅是这个事实:没有什么东西是确定的。"首先,我们注意到这段话中出现的"假定""相信"等行动。这正是意志的行动。我们在上文所引用的笛卡儿致布顿迪克的信中,笛卡儿明确谈到了,做出"假定"的是意志。根据第四沉思,"相信"也是意志行动。因此,在这个开端处,我在使用意志,正如笛卡儿在摘要中指出的:"在第二沉思,心智**使用他自己的自由**(propria libertate utens)并假定所有它关于其实存能够有轻微怀疑的东西都不实存。在这样做时心智注意到在这时它本身不实存是不可能的。"(PW II: 9/AT VII: 12)这里,心智使用的正是意志的自由或自由决断来作假定。

(2)但是除了我刚才已列举过的所有东西,我怎么知道没有其他什么东西不允许哪怕最微小的机会去**怀疑**(dubitandi)? 没有一个上帝吗? 不管我叫他什么,他在我之中放了那些我现在拥有的思想吗? 但是我为什么这么想? 因为我自己也许是这些思想的作者。在那种情况下,我难道不至少是个什么东西吗?"这里意志再次意愿了一个上帝,来供理智检查,并试探性地询问了意志所假定的这个上帝也许只是意志所假定的。这一试探促使理智第一次非常**模糊**地感知到了意志的意愿行动,感知到了我。要清楚分明地感知到意志行动,必须将后者从理智对外在物体的感知中分离出来。这正是接下来要做的工作:

(3)但是我刚刚已经说过,我没有感觉和身体。这正是绊脚的地方:从这推出什么? 我难道不是如此与一个身体和感觉联结在一起,以至于没有它们我就不能实存? 但我已经**说服**(persuasi)自己世界上绝对没有任何东西。没有天、没有地、没有心智、没有身体。是否推出我也不实存? 不! 如果我**说服**(persuasi)我自己某个东西,那么我确定地实存。"理智的理解活动开始活跃起来,在排除了外在实存着的东西之后,理智指向了纯理智的、不可想象的东西,即我的本性。这一步关键性地排除了对外在实存物体的感知的干扰,使理智清楚分明地感知到了意志的行动,并感知到了那个运用意志的我。被说服的只能是意志,去说服的只能是理智。这里没有与他者的对话**空间**,这是我在心智之内对心智的感知。这段话中所新添加的心智是个棘手的问题。但考虑到这里涉及的是对意志行动的感知,而不是承载意志行动的心智。所以此处怀疑心智也是可以的。

这个先验的我并没有被排除在经验之外,成为不可把握的、未规定的东西,因为理智能够感知到我的意志的行动。但是,这种经验却不同于对外在实存物体的经验。

当我感知一个外在实存的事物时,我们说过,实际上还有一个在先的意志意愿该对象,以及理智对意志行动的感受。这二者先于理智对外在事物的感知,或我对外在事物的经验。它们构成了经验得以可以的先决条件。我可以不感知外在事物,但是当我感知外在事物时,却不能不有一个在先的意志以及对意志的感知。心智对外在事物的经验主要依靠于外在事物经由一系列运动作用于理智,以及理智对此作用的感受。理智借助表象把对外在事物的影像呈现在我心智之前,供意志来做判断。这即是对象化或表象化的思维方式。在判断过程中,"理智把某个东西**放在意志面前**供意志来肯定或否定,追逐或避免"(PW Ⅱ:40/AT Ⅶ:57)。这个影像根据笛卡儿的物理学实际上来自于外在事物经由神经在大脑中所留下的印象,以及该印象对心智的作用。

但是,我对我的感知却不是以表象或影像的方式获得的:"这个令人困惑的'我'却不能被描画在想象之中……"(PW Ⅱ:20/AT Ⅶ:29)因为这里不存在外在事物的作用,无法在我这里构成上述那种印象。所以,对于"纯理智的、不可想象的"我,理智无法对它加以表象以构成一个影像。但是,我依然可以感知到我自身的行动,即意志作用于理智,理智感知到意志。

但是我确定地看起来看到,听到,被温暖到……(At certe videre

---

(4)"但是,有一个具有最大权能和狡猾的骗子故意地并经常地欺骗我。在那种情况下,我也无疑地实存,如果他正在欺骗我的话,让他尽可能欺骗我。他永远不会导致我什么都不是。只要我思考,我就是某个东西。因此在非常彻底地考虑所有东西之后,我必须最终宣布(pronuntiatum):我存在,我实存,它必然是真的,无论它是由我提出的(profertur),还是在**心智中构想的**(concipitur)。"无论骗子如何欺骗我,我都拥有自由决断不相信他,这是在我意志能力之内的事情。借此再次确证了我的实存。请注意最后一句话:"……还是在我心智中构想的",表明沉思者是宣布"我实存",还是在心智之中默想"我实存"无关紧要。因为他涉及地都是理智对意志的感知。这更表明达至"我在"的过程中没有我与什么原初他者的对话,也没有心智的自我感受(我们下面将澄清,这是个不准确的说法),只有我的意志对理智的作用,和理智对意志的感知。即便有他者,那也是由意志来提出来有待检查的、可疑的意见,并且作为意志需要对抗、压过的他者。第一原理"我在"正是奠基在意志的积极主动的意愿行动上,而不是奠基在习俗或他者之上。

videor, audier calescere)(AT VII:29)

这里没有外在事物的实存,有的只是心智对也许并未实存的东西的一个**意愿行动**,以及理智该行动的感知。不管"看到"的东西多么假,但"看起来"这一理智对意志的感知却是真的。这段文本连同我们上面所引述的《灵魂的感受》中的相关段落,被亨利和马里翁用来反驳胡塞尔和海德格尔对笛卡儿的表象式解读。胡塞尔根据意向性结构,认为在笛卡儿那里,我对自身的经验也像我去经验外在对象一样,只能通过表象化或对象化的方式,即把我表象一个对象。在这种情况下,当先验的我要去把握自身时,它就只能把我降格为一个客体("me")来感知或经验,这不仅造成了我的分裂,而且也无法把握到先验的我。亨利和马里翁则强调在这种表象思维的背后还有一个更为基础性的心智行为,即心智的自我感受。①

不过,亨利和马里翁只看到了事情的一半。的确,此处的心智感受到自身,不同于对象化或表象的思维结构,它构成了表象思维的前提或基础,比后者更为原初和基础。我并不是被对象化,变成一个客体而被感知到的。但称其为心智的自我感受却是不准确的。首先,我们上述的分析一再指出,这里可以解析为两个行为:意志的行动和理智对意志行动的感受。正如笛卡儿所说,我们并不容易区分开心智的主动性和被动性,或意志的行动和理智的感受。也只有在这个意义上,我们可以含糊地说心智的自我感受。其次,亨利和马里翁没有尊重笛卡儿的文本。笛卡儿非常清楚地告诉我们,尽管它们"实在的是同一个东西",但是他称其为行动,而非感受。对此,笛卡儿解释得非常清楚:"它对于这些东西所拥有的感知主要依靠于使它意识到它们的意愿……"也就是说,**从分析上,意志的积极主动的行动在这里是更为原初性的、基础性的行为**,优先于理智对该行动的感受。

---

① Michel Henry, *The Genealogy of Psychoanalysis*, tr. by Douglas Brick, Stanford, Calif.: Stanford University Press, 1993, pp. 11-40. 马里翁在一篇向亨利致敬的文章中,发展了亨利的观点,参见 Jean-Luc Marion, "Does the Cogito Affect Itself? Generosity and Phenomenology: Remarks on Michel Henry's Interpretation of the Cartesian Cogito", in *Cartesian Questions: Method and Metaphysics*, Chicago: University of Chicago Press, 1999, pp. 96-117. 实际上,亨利已经注意到了笛卡儿那里意志概念的重要性。但是,由于他没有看到意志与理智之间的关系,而错误地认为是意志自我感受到了自己。无论是马里翁对亨利观点的发展,还是最终批判亨利,强调原初他者上帝对心智的作用,都忽略并背离了亨利的敏锐观察。

理智对外在对象的感知只是一种后天经验,它有赖于外在对象对我们心智的作用。而理智对意志行动的感知则仅仅依赖于我的意志和我的理智,称之为先天经验。

(b)不过,我们仍然不可回避地一个问题是,为什么笛卡儿在晚期著作中坚持认为这两个行为"实在的是同一个东西"?在第六组答辩的一开始,笛卡儿就指出:

> 这是真的,即没有人确定他正在思考或他实存,除非他知道思想是什么,实存是什么。但这并不要求反思性知识,或借助证明获得的知识,更不要说它要求关于反思知识的知识,即知道我们在知,并知道我们知道我们在知,以至无穷。这类知识不能得到任何东西。这就相当充分了,即我们借助总是**先于**反思性知识的**内在意识**知道它。这个对某个人的思想和实存的内在意识是如此**内在**于所有人,以至于尽管我们如果被先前的意见所压倒并更注意词汇而不是意思的话,就可以假装我们没有它,但是,我们不能在事实上没有它。因此当任何人注意到他正在思考,那么他就从这一点推论出他实存,即便他可能从未问过思想是什么或实存是什么,他仍不能没有关于它们的充分知识以在这方面去满足他自己[即得出他实存]。(PW II:285/AT VII:422)

理智对意志的感知以及借此对运用意志的我的感知,是心智的内在意识,是"在我内部经验到的东西"(PW III:333/AT V:147)。它与理智对外在事物的知道构成了鲜明的对比。理智对外在事物的认识总是与外在事物拉开一定**距离**或空间,对其加以对一象化或表象化。因此这种感知是外在性的表象思维方式。而理智对意志行动的感受则是内在的**直接**感受,是前反思的。

> 思想(cogitationis),我用这个术语去包括所有在我们自身之内的东西,它们以我们有**直接意识到**它们的方式而在我们这里。因此所有意志、理智和感觉的运用都是思想(cogitationes)。我说"直接"是为了排除思想的结果,例如一个意志行动,产生了思想,但本身不是思想(cogitatio)。(PW II:113/AT VII:160)

理智直接意识到的是意志的能力,一种非常积极主动的力量。理智感知之后构成一个思想产物(cogitatio),即观念,但意志行动本身不是思想,它是构成思想的源始性的、基础性的行动,是 Cogito,即思想行动。就理智能力意识到意志能力来说,这是能力意识到能力,是能力对其自身主动性的意识,是**自我同一**的"直接意识到"。① 因此它是一个东西,都是能力,都是思想能力(Cogito)(cf. PW II: 19/AT VII: 29)。所谓内在观念指的更多地是我们内在本有的这种能力,而并非什么现成的观念。"当我说一个观念内在于我们,我们并不是说它们总是在我们面前。那样将没有什么观念是内在的。我仅指我们在我们之内拥有总结观念的**官能**。"(PW II: 132/AT VII: 189)无论是上帝,还是我,都是我的内在观念,是我对意志朝向上帝,朝向我的确证的感知。它们不同于外在接收而来的观念,而是优先于并内在于外在观念。对外在观念的感知只会混淆我的内在观念或内在意识。

> ……感觉、情绪和欲求。这些可以被清楚分明地感知到,如果我们在关于它们的判断中不去包括比严格地包含在我们的感知中更多的东西,即不包含比我们拥有内在意识更多的东西。(PW I: 216/AT VI: 32)

内在意识是一种更为源始性的我思(cogito),是能力对其自身的感受。这种能力的**自我同一**避免了以表象式思维来把握我时所带来的主我与客我的分裂。正是这种感受与意志积极主动的运用一起构成了我的生命(anima)的表现,即笛卡儿所说的心智。任何人只要他在思考,就不能否认这一事实,尽管他可能难以言说它。关于第一原理是推论知识还是直观知识的争论恰好表明了言说这种内在的经验的困难。

不过,如果这种先天经验只是停留于内在意识,无法借助理智言说出来,那它就只能被淹没于在日常生活中理智对不断接踵而来的外在事物的感知中。在操劳与烦忙中被混淆、被遮蔽、被遗忘。只有通过后天的教养,我才可以借助词汇把理智对意志的内在感知言说出来,转变成**现成的**知识——"我思故我在"。

---

① 笔者在此受惠于亨利的讨论,参见 Michel Henry, *The Genealogy of Psychoanalysis*, tr. by Douglas Brick, Stanford, Calif.: Stanford University Press, 1993, p.39。但我们不同意他偏向海德格尔式的贬低理智认识的倾向。相反,我们强调,意志必须借助理智才能在心智内部被经验到,并且意志必须追随理智,自我规定,否则就是任意的。我们将在最后一部分处理这个问题。

我并未把我自己排除于经验之外。正是借助于这个现成的知识,即每个人对"我在"的共同的**理性**经验,**我们**成为可以彼此沟通的。我们不是在对外在事物的操劳中彼此沟通,那只能把他人当作为了某个目的的上手的事物来对待。我们是基于从对外在事物的操劳式的感知中解析出来的理性经验而沟通,也就是说,我们彼此作为有意志的和有理性的人而沟通。但是,我们不否认这里有某种危险,即那个变成言语和知识的东西如果不能唤起我们的内在经验,便仍然只是现成的、僵死的知识、"**哲学家们的意见**"(PW I:115/AT VI:10)。

同样,我也并未遗忘我的存在。从我宣布"我在"的那一刻开始,理智便开始从事对"我在"的规定。借助于理智的感知,我变成可规定的、具体的我。将我表述为先天经验的过程,甚至向外探究我的后天经验的过程,正是从我这个特殊存在者入手,追问我的存在的过程。而这也正是意志追随理智,自我规定的过程。由此我们转向另一个问题。

三　无限意志及其自我规定

现在是考察意志的无限与理智的有限这一区分的时候了。沉思者"我""根据经验知道意志在任何方式下都不受限"(PW II:39/AT VII:56-57)。因此在我的思想的各种能力中,没有哪一个像意志"这样完满和这样伟大"(PW II:39/AT VII:56-57):

> 只有意志或自由决断,我在我之中经验到它是如此伟大,以至于关于任何更伟大的官能的观念都超出了我的把握。因此,首先是根据意志,我理解到我自己以某种方式承载这上帝的像或相似性,尽管上帝的意志不可比拟地要比我的意志更伟大,既在伴随意志,使其更坚定和有效的知识和能力上,也在意志的对象上容纳了许多条目上,但是,当在本质和严格的意义上考虑意志时,上帝的意志看起来并不比我的意志更伟大。因为意志单纯地包含在我们做或不做某事的能力上(也就是说,肯定或否定,追逐或避免),或者它单纯地包含在这一事实中,当理智把某个东西放在前面[供意志]来肯定或否定,追逐或避免时,我们的

倾向是如此:我们并未感到被任何外在的强力所决定。(PW II: 40/AT VII: 57)

意志完满和伟大的地方,它之所以像上帝的意志的地方,不在于它朝向的那个对象有多高贵,也不在于伴随意志的理智能力能够使我认识得更清楚,而就在它本身的积极主动性上——意志不被任何外在强力所决定或限制。

相比之下,理智却是有限的,即它在许多事情上并没有清楚分明的知识,甚至有无知的时候。当理智对意志所意愿的东西没有清楚和分明的感知,并且意志也没有选择无分别不做判断,而是对该对象做了明确的肯定或者否定时,错误便发生了。也就是说,错误发生在意志选择了某个理智并没有足够知识的东西。

如果在我没有足够清楚和分明的感知到真理的情况下,我就单纯地避免去做判断,那么很清楚我是在正确地行为并避免错误。但是如果在这种情况下,我或者肯定,或者否定,那么我并没有正确地使用我的自由决断。……在这一对自由决断的**不正确使用**上可以发现构成错误本质的缺失。(PW II: 41/AT VII: 59-60)

笛卡儿对错误的解释可以归为两个要点:(a)理智能力与意志能力的不匹配,以及(b)对意志的不正确的使用,即意志能力的运用逾越了理智能力的范围。

在第五组反驳中,这一学说遭到了伽桑狄的猛烈抨击。(a)伽桑狄首先质疑为什么我们的意志是不受限制的,而理智却是受限制的。在他看来,二者应该有同等的范围。在伽桑狄看来,理智决定意志。凡是意志所意愿的,一定也是理智事先理解过的。"因为除非我们已经事先理解了那个东西,并且关于那个东西的观念已被事先感知到了并被理智放在我们面前,否则意志,或者说选择或判断就不会发生,因而我们选择追逐或避免某个东西也不会发生。"(PW II: 219/AT VII: 314)既然理智决定意志去意愿什么,那么二者就有同等的范围。(b)同样,既然理智决定意志,那么就不存在意志的不正确使用的问题。

在拒绝了笛卡儿的错误源于能力的不匹配这一理论之后,伽桑狄诉诸于传统上关于错误的解释。"看起来错误产生于当理智对某个东西的理解不符合那个东西实在所是的那个样子。"(PW Ⅱ：220/AT Ⅶ：317)因此，错误就是理智的错误。与意志的使用无关。意志选择错误，那是因为理智事先就理解错了。

实际上，笛卡儿早年在解释错误时，也把它归为理智犯错。① 很难理解，为什么他最终却要构建这么一个奇怪的学说？他难道不可以采用传统上关于错误的解释吗？

不能。传统认识学说依赖于亚里士多德主义在存在秩序与认知秩序之间所建立的自然相似关系。② 根据亚里士多德，认知乃是灵魂"**朝向秉性(hexis)和自然**的变动"(430b17)或灵魂的潜能的"运用(energeia/activity)"，它始于感觉灵魂与它所自然关联的外在可感物打交道的过程中。感觉灵魂从外在可感物那里接收可感形式，与可感物在身体当中所造成的印象一起构成了某种感受(pathos/passion)(424a17-b1，cf.450a25-b20)。③ 这

---

① 参见《指导心智的准则》第八条："［……］除了在理智之中，没有严格意义上的真或假，尽管真和假经常产生于另外两种认知的样态［即感觉和想象］"(PW Ⅰ：30/AT Ⅹ：396-397)。在准则十二笛卡儿进一步指出，错误发生由理智把单纯自然组合成复合自然时。(PW Ⅰ：46/AT Ⅹ：421)
② 本文所引《论灵魂》，由笔者参照希腊文本和英译本自译。希腊文本：*De Anima*, ed. and comm. by W. D. Ross, Oxford：Oxford University Press, 1959。英译文本：*Aristotle's De anima：books Ⅱ and Ⅲ*, tr. and comm. by D. W. Hamlyn, Oxford：Clarendon Press, 1968. *Aristotle's on the Soul*, tr. and comm. by G. Apostle, Grinnell：The Peripatetic Press, 1981.《论记忆和回忆》参考下列译本：*Aristotle's on Memory and Recollection*, text, translation, interpretation and reception in Western Scholasticism by David Bloch, Leiden：Brill, 2007.《尼各马可伦理学》参考廖申白译本，并参考下面的希腊文本：*Ethica Nicomachea*, ed. by I. Bywater, Oxford：Oxford University Press, 1894。
③ 《论灵魂》在开篇所区分的两种 pathos(英语一般译为 passion，笔者在此译为感受)，即专属于灵魂的 pathos 和灵魂和身体共同所有的 pathos，往往被研究者们所忽视。这一区分贯穿在《论灵魂》的讨论中(402a7-10, 403a2-11, 403a24-25, 413a4-9, 413b25-27, 436a6-b8, 429a25-b6)，也是《论记忆和回忆》中着重探讨的主题(450a25-b20, 450b25-27)，更构成了《尼各马可伦理学》中的主题(1095a3-10, b5-7)。在我们看来，这恰好提供了我们理解感觉中所发生的感觉灵魂"被作用"的线索。感觉潜能的运用必须借助身体，它所获得的 pathos 也与身体发生关联。思考潜能的运用不涉及身体，它所获得的 pathos 也不涉及身体。当可感形式作用于感觉灵魂时，也作用于与感觉灵魂不可分离的身体，就像印章盖了一个印。身体要能接收这个印，不能太不稳定，也不能太坚硬(450a25-b20)。可感形式与身体上的这个印一起构成了某种对应于可感物的个别的 pathos。这个 pathos 就好像某种影像，某种图画。它是对可感对象的"复制"(eikon)，因为它的形式就来自于可感形式，也正是通过这个形式，可感灵魂像那个特定的、个别的可感对象。记忆记起的就是这个与个别可感物关联的 pathos。不过，当理智来思考 pathos 时，它就剥离了可感形式与特定对象的关联关系，仅仅把它作为普遍形式来思考。也正因为仅仅思考这个 pathos 的形式，所以它是与身体分离的，即它的运用不涉及身体。

个感受就好像是那个特定可感物的影像或复制(eikon),因为它的形式就来自于可感形式。经想象、记忆,尤其是理智灵魂的运用,这个感受被剥离了它与特定可感物相关的身体印象,而成为普遍的可理智形式。由此,灵魂当中所建立的认知秩序与外在世界的存在秩序是相对应的。"灵魂在某种意义上是所有存在者。"(431b20)

笛卡儿的进路刚好相反。第一沉思中,怀疑在一开始便指向感觉。借助感觉的失误,尤其是睡梦这一例子,传统上经由感觉在存在秩序与认知秩序之间所搭建的自然关联被阻断。传统上固然也不是不知道感觉、想象等能力的不可靠性。但是,理智最终仍然可以把握到永恒的本质秩序。正是通过这一本质秩序作为根基,认知秩序最终能够与存在秩序建立起可靠的关联。偶尔的认知失误并不能从根本上动摇这一点。但是,本质秩序的确定性却被全能上帝这一意见所动摇。也许根本就没有永恒的本质秩序,2 加 3 也许根本就不等于 5。因为上帝把我造得有缺陷,使我的本性容易受骗,以为存在永恒的本质秩序。最后,意志反转所构想的魔鬼则彻底地把外在世界的存在秩序以及本质秩序悬搁起来,只剩下意志所栖身的心智或我这个东西。第二沉思,对第一沉思的再次回顾,在短暂的时间之内,意志频繁向意志提出对象,强有力地作用于理智,促使理智感知到意志的行动,以及意志所处的那个东西,即我或心智的实存或存在。"我在"构成了真理之路上的阿基米德点。自此,我通过探究我这一特殊存在者,开始从自身出发达至其他存在者,并同时探究我的存在。具体来说,是通过探究我对存在者所拥有的观念,由我向外达至外在世界的存在秩序。实现这一步的关键是从"我在"这条成功的特殊知识①总结出一条一般的真理规则:"凡是我能够非常清楚分明感知到的都是真的。"(PW II: 24/AT VII: 35)这条规则正是笛卡儿着手建立我的认识上的确定性与存在论上的实在性的凭借。因此,并不是像海德格尔所批评的那样,笛卡儿那里"我在"的存在只有认识上的确

---

① "当我们**意识**到我们是思考着的东西时,这是一个原初概念,并不是借助任何三段论演绎出来。当某个人说我正在思考,因此我在或我实存,他并不是借助三段论从思想中演绎出实存,而是借助心智的单纯直观把它认作某个自明的东西。[……]实际上他在他自己的情况下从经验获悉他思考却不实存是不可能的。我们的**心智的本性**是在我们关于特殊命题的知识的基础上,**构建一般命题**。"(PW II: 100/AT VII: 140-141, cf. PW III: 333/AT V: 147)

定性,在存在论上却是未规定的、被遗忘的,因而没有意识到存在者与存在论的区分。① 不过,的确如海德格尔所说,在探求到"我在"之时,"我在"的存在尚未规定,但是笛卡儿并没有遗忘它。笛卡儿正是从对我这个特殊存在者的探究出发,叩问存在,对存在加以规定。这一工作从第二沉思一直延续至第六沉思得到我的身体以及身心统一体。② 就此来说,第三沉思上帝实存以及上帝不是骗子的证明至关重要,因为正是这一证明保证了真理规则得以成立,保证了我可以从认识上的确定性达至存在上的实在性,可以在确定性与真或实在性之间建立起关联。借助上帝,理智的清楚分明的感知被保证是真的,而不是虚幻的。因此,理智对某个东西的清楚分明的感知或观念不可能犯错。剩下的就只有意志这一个选项——正是意志超出理智的不正确使用带来了错误。不过,我们马上将看到,这并不意味着笛卡儿是迫不得已引入意志来解释错误。

借助于对错误的分析,同时也就知道了如何避免错误。只要我小心使用意志,我们就足以保证我能够从观念达至外在实存,从认识上的确定性达至存在上的实在性。简言之,意志的正确使用与否,直接关乎我能否把握本质秩序(第五沉思),并从观念可靠地达至存在秩序(第六沉思)。它同时意味着我们不再需要时时诉诸于上帝实存和他不是骗子的证明来保证这条通路。我自己正确使用意志就足矣。

> 但是现在我已经感知到上帝的实存,同时我已经理解到其他所有东西都依赖于他,而他不是骗子,并且我已经得出结论所有我清楚分明地感知的东西都必然是真的。因此,只要我记住我清楚和分明地感知

---

① 海德格尔对笛卡儿的批判可概括为两点。首先,笛卡儿通过把"我在"还原为"我思",并把"我思"还原为"我",以存在者层面的"我"的认识上的确定性代替了存在论上的实在性。"我在"之"存在"就在根本上成为未规定的,进而存在的意义便被遗忘了。其次,笛卡儿通过认识上的确定性来把握其他在世存在者。以理论态度所认识的现成之物(Vorhandenheit)取代了更为优先和原初的以上手之物所照面的在世存在者。这就以始终持存性模糊了在上手之物中照面的存在的意义。这种把存在者把握为持存对象的方式也祸及至对"我"的把握。"我"在"我思"的对象化之下,分裂为主我和宾我。关于海德格尔对笛卡儿的批评,参见海德格尔:《存在与时间》,陈嘉映、王庆节译,北京:三联书店,2009年,第5-7节,第18节。马里翁对这一批评做了出色的评论。参见马里翁:《还原与给予》,方向红译,上海:上海译文出版社,2009年,第三章。

② 在此我们无法详细地探讨这一问题,这有待另一篇文章来专门处理。

到它,**即使我不再注意导致我判断这是真的的论据**,那也不存在可以引证的反证使我怀疑它,相反,我拥有关于它的真且确定的知识。(PW II: 48/AT VII: 70)

就此来说,引入意志来解释错误,不仅仅是不得已的选择。它意味着我自此开始,在探究真理的道路上,可以不再需要烦劳上帝或去证明上帝实存及其不是骗子来保证,而只需要正确使用意志,追随理智做正确判断。简言之,仅仅依靠我自己就能够去建立一门足够稳固和持久的科学。

我们不妨换个角度来问:如果我们错误使用意志,那会如何影响沉思者从认知秩序达至存在秩序呢?我们已经指出,在第一沉思的一开端,意志就已经未言明地在遵守第四沉思才提出来的建议,即在不完全确定或可疑的东西,收回同意,不做判断。意志推动一波一波的怀疑不断向前推进,朝向真理。尤其是在普遍怀疑的最高潮之处,正是借助于意志反转,构想一个欺骗的魔鬼,把习俗和意见都当作是魔鬼对我的欺骗手段,才使心智与意见拉开距离,从外在物体,包括身体的束缚中解放出来,感受到了自己。我们说过,这是积极主动迈向真理的意志与意见和习惯之间的斗争。但这更是意志自身的坚持。意志努力抵制自己不去**相信**那些看起来合理、却经受不住理智的怀疑的意见。

> 这是一项艰难的任务,某种懒惰带我回到惯常的生活中。我像一个囚徒,在大梦中安享着想象出来的自由。当他开始怀疑他在发梦,他便唯恐被唤醒,尽其可能地追随那令人愉悦的幻象。同样,我幸福地滑入我旧有的意见中,唯恐抖落掉它们。因为我恐惧我安宁的睡梦为清醒之际的艰苦劳作所接续,恐惧我将不是在光照之下艰难行进,而是围困于我现在所提出的难题的难以逃脱的黑暗中。(PW II: 15/AT VII: 23)

因此此时意志哪怕有片刻的懒惰和松懈,都将使我堕入回日常生活的意见世界之中,而建立一门新科学的愿望也将功亏一篑。

倘若不是由意志提出上帝假定供理智来检查,仅仅有限的、被动的理智便只会止步于对数学中的"那些最单纯和最一般的东西"(PW II: 14/AT VII: 20, cf. 25/36-37),并随时有从这一本质秩序的信念再度滑落回对外在秩序与认知秩序的自然关联的信念上,即笛卡儿所说的"自然教导"。不过,这个上帝观念难道不可能是由意志推动想象发明出来的吗,就像魔鬼观念一样?因为笛卡儿自己就承认,无论是构想魔鬼,还是思考纯理智的、不可想象的上帝,①都依赖于我的意志对它们的意愿:

> 当我们的灵魂把自己应用于想象某个非实存的东西时,如思考一个魔宫或一个妖怪时,抑或是当它把自己应用于考虑某个纯理智的、不可想象的东西时,如考虑它自己的本性时,它对于这些东西所拥有的感知主要**依靠于**使它意识到它们的**意愿**。这就是为什么我们通常把这些感知视为行动而非感受。(PW I: 336/ AT XI: 344)

我们究竟靠什么来区分开意志推动想象所虚构的东西以及真上帝呢?依靠理智。只有经过理智的检查,上帝假定才不再是处于与魔鬼假定同样的层次,而是被判定为是否是真理。未经理智审查过的意志仍然只是为怀疑所占据的意志,甚至是任意的意志。缺乏理智支撑的意志随时可能堕落回意见的牢笼中,颠覆我通过艰难努力所建立的新秩序。

第四沉思笛卡儿所要做的工作恰恰是要为意志规定界限。尽管意志积极主动的行动在推动我不断探求真理上,至关重要。但是,在这条探求真理的道路上,要借助判断获得真理,我就必须保证"理智的感知应该总是先于意志的决定"(PW II: 41/AT VII: 60)。否则意志只能处于怀疑或是任意的状态,缺乏稳固的根基和方向,有随时滑入旧有意见和习俗的危险。

不过这并不意味着是理智在决定意志。笛卡儿在第四沉思的表述太容易给人带来这样的印象。伽桑狄正是在这一点上误解了笛卡儿。他把理智先于意志的建议,误解为是理智决定意志的运用。② 因此他无法理解,既然理智永远要先于意志感知,随后决定意志去做选择,那么意志怎么还会处于无分别。即便理智只有一个模糊的感知的情况下,意志也要被决定去追随这个模糊的感知。毕竟在理智总能在模糊的感知中,找到更真一些的东西,

---

① 关于上帝作为纯理智的、不可想象的观念的讲法,可参见第三组答辩,笛卡儿就"观念"一词对霍布斯的澄清(PW II: 127-128/AT VII: 181)。
② 伽桑狄反驳道:"因为除非我们已经事先理解了那个东西,并且关于那个东西的观念已被事先感知到了并被理智放在我们面前,否则意志,或者说选择或判断就不会发生,因而我们选择追逐或避免某个东西也不会发生。"(PW II: 219/AT VII: 314)。

决定意志去选择它。笛卡儿在反驳他时,专门澄清了他并不是说理智决定意志,相反意志是自我决定的:"如果它能被它自身所决定,那么它能在此之后朝向一个理智并未驱使它朝向的对象——你否定它,而这是我们争论的唯一一点。"(PW Ⅱ: 260/AT Ⅶ: 378)毕竟,一个被动的能力怎么可能去决定一个主动的能力呢?**意志是在自我决定、自我规定**。当理智清楚分明地感知到某个东西时,意志自己决定自己是追随理智的清楚分明的感知,亦或是转译关注,模糊这一感知,最终不去选择它。再或者当理智没有清楚分明的感知的情况下,选择无分别。

不过,也正是在这里,我们面临着最大的危险。前面说过,我的伟大和完满之处,像上帝之处,正在于我的意志不被任何其他东西所决定。一个堪与上帝比肩的无限意志却要时时刻刻以有限的理智作为标尺,去约束自身。这远比第一沉思意志面对习俗和意见,仍然转向相反的方向,努力背离它更为困难。**为什么要给我们积极主动的意志去穿上一件理智的紧身衣呢**?我们能够指望意志去自我规定自己吗?

这的确困难,但我们必须如此。因为没有经过理智检查的意志只是任意的意志,看似强大,实则懒惰而充满恐惧,因为它不愿付出理智的艰辛劳作,最容易堕入意见之中;看似自由,实则满意于囚徒般的安逸,满意于"想象的自由"。这种意志不关乎"知识的获取",而只能涉及习俗世界中每日的行动。最高的自由不在于**任意的决断**之中,而在于追随理智,接受理智的审查。①

> 为了自由,我不需要倾向于两边。相反,我越是倾向于一边,我的选择越是自由。这或者是因为我清楚地理解到指向那边的真理和善好的理由,或者是因为我最内在思想的神造的倾向。(PW Ⅱ: 40/AT Ⅶ: 57-58)

不过,困难还不仅仅在于意志去约束自己,追随理智,而且还在于对理智的有限性的自知上。伽桑狄就认为理智不是有限的,"理智并不比意志更受

---

① 因此,当海德格尔片面地批判了此在的理论态度,而又拒绝了此在在上手状态的操劳中的自然态度,他所剩下的便只能诉诸于此在在意志上的决断。在我们看来,这种缺乏**根据**(Grund)的决断,并不能带来本真的自我,而只会导致虚无。

限……因为它能把自己延伸到一个无限的对象上……你能告诉我意志能延伸到某个不在理智之中的东西吗？"（PW Ⅱ：219/AT Ⅶ：315）笛卡儿答复说："答案是当我们出错的时候这就发生了。"当有限的理智无法对某个东西有一个清楚分明的观念，而意志又不满于无分别不做判断的境地，而是要强行逾越理智的有限范围，去迈向无限时，只能导向错误。在这种情况下，意志仍然是背离理智，轻信意见而没有根据。针对于伽桑狄不满意理智有限的危险，笛卡儿有意回避去谈及无限上帝，而是以再普通不过的苹果为例：尽管理智可以理解它的色、香等，但不理解它是否对我们有益，是否有毒。意志如果不满意于理智的有限的认识，而是强行去做判断苹果是有营养的。那就犯了错误。意志再次变成任意的、轻信意见的："你仅仅想要相信它，因为你**从前相信它**并且不想改变你的观点。因此我承认当我们把意志指向某个东西时，我们总是拥有对它某些方面的理解，但我否认我们的理解和我们的意志有同样的范围。给定一个对象，可能有许多东西是我们欲望的，但只有很少的东西我们对它是有知识的。"（PW Ⅱ：259/AT Ⅶ：377）理智的有限不仅仅体现在它无法把握上帝，而是就体现在再普通不过的东西上。这就意味着，在判断那些再普通不过的事物上，意志也要时时刻刻以有限的理智为根据，自我规定而不能任意决断。① 如此，意志才能够从认知的确定性通达存在的实在性，去建立起理性秩序，否则那只会堕入意见的深渊，为"运气，而不是使用理性的人的意志"（PW Ⅰ：116/AT Ⅷ：117，cf. PW Ⅱ：41/AT Ⅶ：60）所主宰。伽桑狄对理智的不受限制的看法正是危险地逼近错误的表现。

总之，在探寻真理的道路上，无限的意志必须既保持其积极主动的姿态，又不成为缺乏根据的、任意的决断。为此，它必须追随理智，以有限的理智为根据（Grund），自我规定而不强行越界，由此才能达至真正的自由。

---

① 尽管我们不同意亨利的心智的"自我感受"说，但是他对于意志的无限性与理智的有限性的讨论却非常具有启发性。"有限性是那个本质是站出（ek-stasis）的现象性的本体论结构。这是因为理解的看在被站出所开启的中心中产生它自己，因此也是有限的。"参见 Michel Henry, *The Genealogy of Psychoanalysis*, tr. by Douglas Brick, Stanford, Calif.: Stanford University Press, 1993, p. 39。

Descartes' Concept of Will
——A Reinterpretation of the *Cogito*

Chen Tao

Abstract: Descaretes' insistence that the will should follow the intellect to make a judgment makes the will appear to be a passive power. This article tries to show that the Cartesian will is an active power, and it is self-determination. In fact, the will is the foundational action of the *Cogito*.

In the First Meditation, it is the will which is prior to the intellect that directs the latter to the doubtable object. Especially, when the will turns in the opposite direction, and pushes the intellect to conceive the demon, this procedure excludes the intellect's perception of the external body, including my body, so the intellect can perceive the will's action more clearly and distinctly. Further, it can concentrates completely on the mind and perceives my existence. So, the way from *Cogito* to *sum* is neither a self-affection, nor an originary other who acts upon the ego. Rather, it is the will that acts on the reason, and at the same time the reason perceives the will. This experience is different from the representation of the external objects. For it is an immediate perception, which is innate and self-identity. Actually, in the Fourth Mediation, the infinite will restricts or determinates itself by the intellect, so that it can prevent itself from becoming arbitrary and hence being captured by the opinions. This is the true freedom of the will.

Key words: *Cogito*, will, intellect, activity, infinite

休谟历史研究中的政治科学*

尹景旺**

提　要：自马基雅维里开创近代政治科学以来，人性科学方法和历史研究方法成为政治科学的重要方法。休谟从人性科学出发探寻人性的普遍原则，将各种信念背后的人性依据在自然史研究中呈现出来，道德的人性基础由此从宗教信念的前提下释放出来；正义与非义这样的德行与恶行，不再具有自然法传统中的"自然的"人性特征，而成为"人为的"。休谟在以《英国史》为代表的历史研究中充分运用了人性科学、信念学说和人为的正义等理论，对宗教狂热、权利论和契约论进行了批判，在历史研究中为政治科学确立了效用原则。

关键词：政治科学　自然史　信念　人为的正义　效用

强化历史研究与政治科学之间的紧密关联是马基雅维里复兴古典共和传统的一个重要内容。在《佛罗伦萨史》和其他历史著述中，马基雅维里尽量避免经院哲学中对终极原因和目的论的关切，而强调去观察历史经验中人们如何行动，把政治科学建立在人性学说上，这使他成为近代政治科学的发起者。

马基雅维里的共和传统所开创的这种历史经验主义，对17世纪英国共

---

*　本文为国家社会科学基金青年项目"自然法变革与世俗伦理的兴起"（09CZX040）的阶段性研究成果。

**　尹景旺，1977年生，首都师范大学讲师。

和传统的历史观产生了重要影响。作为古典共和传统在英国的代表人物，博林布洛克（H. V. Bolingbroke）和哈林顿都强调了历史研究中的这种政治科学方法。休谟也深受古典共和传统的影响，重视通过历史研究来阐发他的政治科学，尤其是他在18世纪下半叶出版的六卷本《英国史》，真正把近代哲学认识论融入了历史科学，把人性科学和政治科学融入了历史写作当中，他也由此获得了"英国塔西佗"的美誉。

但休谟意识到，不论是马基雅维里还是博林布洛克、哈林顿，他们在将实验科学方法运用到政治科学时，或导向循环往复的历史观、神意历史观，或想通过几个原理来推导出理想政治制度，最终结果都与政治科学的实验精神相违。本文试图通过阐释休谟在人性科学、道德哲学、信念学说和正义理论方面的独特研究，揭示他如何在历史研究中运用这些学说，最后形成重视效用原则的政治科学。

一　政治科学与道德哲学

休谟在接受马基雅维里政治科学的同时也意识到，马基雅维里的政治自然中有文艺复兴晚期独特的一些范畴和假设，比如"命运"。这类与实验科学相抵牾的概念是休谟不能认同的，休谟通过他对政治科学的理解来写作历史，探寻历史中政制、法律、信念、正义以及动态的社会等对于理解政治历史进程的重要性，尽可能地缩减政治历史的不可预见性范围。

对于哈林顿强调财产的分配决定了政治权力的分配，休谟指出，哈林顿过于坚信财产与权力之间的因果必然联系。在休谟看来，这种关系是由人们的观念联结带来的，哈林顿错把偶然联系当作了必然联系。政治科学当中并不存在财产与权力之间的必然联系。如果把这种偶然联系当作实实在在的必然联系或"自然"，哈林顿的大洋国或最佳政制无疑从一开始就建立在了虚假的政治科学原理上，之后以此为基础所作的推理就有问题了。

哈林顿的上述观念背后有更深层的原因。哈林顿曾批评马基雅维里的历史研究过于经验或太倾向于历史的循环和不稳定，以致很难从其辨别出何种政府形式或政制能满足政治科学的标准，为此，哈林顿才试图以财产与权利有必然联系以及保持权力平衡等理念尝试去建立历久不衰的最佳政制。① 如何确立最佳政制,使得法律和自由得到充分保障,成为马基雅维里之后政治科学的重要内容,也是休谟所处时代讨论的一个热门政治话题。

米勒(David Miller)在详细分析了休谟的政治理念之后得出这样一个结论:尽管休谟写过一篇关于理想政制的随笔,但很难说清他心目中的最佳政制到底是什么。② 其背后原因在于,休谟在一些重要的政治观念上不同于马基雅维里和哈林顿,他的最佳政制是不可能靠某个天才去进行理性推演的,也不可能在确立"最佳"之后能像人性一样恒久不变或放之四海皆准。休谟指出:"在一般法律基础上使大国社会保持平衡,不论是对于君主制或是共和制的政府来说都是一项甚为艰巨的工作。人类中的天才,不论才识如何渊博,均不能仅靠个人的理智及思考的力量做到这点。这项工作必须综合多人的主见,必须以经验为指导,而由时间使之完善,并依据人们在实践中所感到的不满、不便,改正在初次实验中不可避免的失误。"③

如果说政治科学需要一种最佳政制,那么这种政制对休谟而言首先需要保证法律和自由能够得到保障并运行通畅。法律作为秩序和自由的缓慢成果,朝夕建成并非易事,即使建成也是需要不断在实践中完善的。君主国在这方面显然存在较大缺陷,这种政体的稳定性有赖于个体尊严、迷信和等级制,在休谟看来,如果不混合重视法律的共和制,此种君主国很容易走向崇尚专制和扼杀自由的独裁,那么,依赖推理自由的法律和政治科学都会遭到压制。

> 君主国之所以获得稳定,主要是由于人们对于僧侣和君主怀着迷信般的尊敬,因而在宗教和政治问题上,从而也在形而上学和伦理学说上剥夺了推理的自由。所有这一切都是科学的重要分支。剩下的就只有数学和自然哲学,它们的价值不如上述学科的一半。④

---

① Felix Raab, *The English Face of Machiavelli: a Changing Interpretation* 1500-1700, London: Routledge & Kegan Paul Ltd., 1964, pp.189-190.
② David Miller, *Philosophy and Ideology in Hume's Political Thought*, Oxford: Clarendon Press, 1981, Chapter.7.
③ 休谟:《休谟政治论文选》,张若衡译,北京:商务印书馆,1993年,第73页。
④ 同上书,第75页。

迷信般的服从权威，会使得真正的科学发展受到遏制。当然休谟并不是有意要贬低数学和自然哲学，而是想强调，倘若宗教、政治、伦理方面的科学得不到健全的发展，那么数学和自然哲学这类科学是无法真正在君主国中确保学术自由的。

17世纪向18世纪过渡时，英国的政治气候发生了某些重要变化，君主共和制在此时的英国已经扎下了根，剧烈的政治变革与英国18世纪政治主流肯定会不协调，休谟对此有非常清醒的认识，重新设计一个乌托邦而完全摒弃传统政制的做法，与他的认识论和政治科学也是不相符的。为此他写道，"让我们尽可能爱护、改进我们古老的政府吧，不要激发人们爱好危险的新奇东西"①。

> 政府体制与其他人造发明物性质不同，如果我们发现另一部更为精密和灵便的引擎，便可废弃旧的引擎；人造发明物还可安全地进行试验，尽管结果不一定成功。而已经建立起来的政府由于它业已建立这一重要事实就具有莫大的优势，因为人类的大多数一直受治于权力，而非受治于理性，他们决不会把权力归咎于古人未曾推崇过的任何事物。因此，一位贤明的元首决不会根据一些假设的论据和哲学干预政治事务或据以进行试验，他总是尊重那些带有时代标志的事物，虽然也可能为了公众利益尝试一些改革，却尽可能将自己的革新与古老的组织相协调，完整地保存原有体制的主体结构。②

在休谟看来，"一切假定人类生活方式要进行巨大变革的政府设计方案，显然都是幻想性的"，休谟借此委婉地批评了《理想国》和《乌托邦》。哈林顿的《大洋国》也可以说是政府设计方案之一，曾对休谟的政治思想有较大影响，但休谟仍指出了它的三个不足之处，其中一点就是，"大洋国对自由不能提供充分的保障，对冤屈不公不能充分纠正补救"。

休谟对古典共和传统中不符合实验科学的方法和范畴作出了批判，认为它虽看重人性科学，但忽视了对重建公共领域至关重要的社会，以至于用

---

① "论政府的首要建基原则"，休谟：《休谟政治论文选》，第22页。
② "关于理想共和国的设想"，休谟：《休谟政治论文选》，第157页。

静态的人性科学或恒久不变的理性推理对动态的社会削足适履。事实上 16 世纪中叶以来的英国人文主义者就已经注意到,法律尤其是普通法的动态历史需要一种不同于中世纪的动态社会观,与动态社会相协调的立法才能促进共同体内财富分配和社会公正。法律虽不是与社会相伴而生的,不是社会本身的自然属性,但可以看成是由历史经验积累的习俗在动态中构成的第二自然。休谟及他所处的苏格兰启蒙运动在继承政治科学方法的同时,对社会和文化有了一种新历史视角,法律和经济成为这种历史视角的重要维度。

人是生活在经济社会中的这一点本身就强调了商业的重要性,虽然有教养的君主治下的政体能够提供对财产和契约的保护,但这种政体依然强调的是等级和尊严,这种政体下商人不受尊重,因此也就不利于商业社会的发展。对休谟而言,商业不仅不会损害公民个人的德行,反而有助于社会正义和自由秩序,只要一种政府形式能充分发挥法律的作用,保障广泛的自由,确保对财产的获取,商业中的私人德行是能够实现社会正义和自由秩序的。[1]

因此好的政府形式首先要确立财产权,因为自由需要保持财产权,需要一种摆脱奴役的情感,有了这种保障才谈得上去培养公民德行。在亚里士多德的"城邦"里作为城邦动物的个人,其德行是无法通过城邦的各项社会活动转化成公共善好(common good)的;基督教上帝之城中的个人也不过是俗世的旅居者,所遵循着的基督教伦理是静态的,与政治社会所需的公民德行并不一致。对休谟而言,公民德行需在动态社会当中去实现的,需在对财产、法律和历史有活生生的意识当中去实现。有了商业社会的发展下带来的财富、德行和选举权,作为英国既成事实的有限君主制才可能成为好的政府形式,而地广人多的庞大共和国也才成为可能。

休谟事实上把早先强调国家、政制与个人权利的政治哲学引向了德行与社会的方向。公民社会(civil society)很大程度上是由出于商业或其他共同利益组成的团体所构成的,在这一世俗化的社会中,苏格兰启蒙运动的政

---

[1] J. G. A. Pocock, *The Machiavellian Moment: Florentine Political Thought and the Atlantic Republican Tradition*, Princeton: Princeton University Press, 1975, p.474.

治经济学家们一般都相信,自由市场能将人们根深蒂固的利己之心改造成一种"积极的自利"(positive egoism)和"文明的宽容"(civilized toleration)。随着商业社会的兴起,经济和法律逐渐开始在引导政治德行中扮演重要作用,自由并不一定需要灌输对权利的狂热追求,而等级与阶层的保存也并非需要神学理论来支撑。在经济活动和立法实践中,公民的德行意识不断提升,对道德的讨论开始成为显学。

鉴于此,从培根以来到苏格兰启蒙运动的英国哲学家们给了政治科学一个广义的学术名称:"道德哲学"(moral philosophy)。道德哲学在18世纪有着广泛的意义,不仅包括伦理内容,也涵摄了认识论、政治、宗教、历史研究等领域。对它的界定,我们可以参看苏格兰启蒙运动重要人物弗格森(Adam Ferguson)的《道德哲学原理》。弗格森明确地把自然法、历史、神学问题与道德哲学联系在一起。道德哲学是自然法中道德法则的运用,是"关于应然的知识,或者说是运用那些理应决定自由意志下的行动者之选择的规则"。在此基础上,弗格森进一步把道德哲学的基础分为两部分:人的部分与关于上帝的部分。人的部分主要是指人的历史,可分成普遍的"人类史"与个体层面上的"个体史"。[①]

休谟正是在这样一个道德哲学日益兴盛的时代中成长起来的,人性科学首先要面对的就是道德难题,道德的人性基础是"自利"(egoism)还是"合社会性"(sociability)的问题萦绕于近代自然法传统达两百年之久。不少研究休谟的专家指出,休谟的《人性论》第三卷"道德学"在写作顺序上是先于前两卷"论知性"和"论情感"的。[②] 休谟首先要让道德哲学中的人性原则从宗教背景下分离出来,然后进入认识论的研究,在人性科学中探寻观念、印象、因果关系、信念学说等,再以此人性科学来进入历史研究和建构政治科学。休谟很清楚,历史是政治科学在实践上的延伸,时间长河中人的历史理

---

① 亚当·弗格森:《道德哲学原理》,孙飞宇、田耕译,上海人民出版社,2003年,第3—5页。
② 众多研究休谟的学者都主张休谟对道德的研究先于形而上学认识论。史密斯(Norman Kemp Smith)就认为休谟的《人性论》是先写作第三卷"论道德"的;莫斯纳(Ernest Campbell Mossner)也支持史密斯的看法,"在休谟思想体系中,道德是先于形而上学的,史密斯的这一洞见是没有问题的"。Ernest Campbell Mossner, *The Life of David Hume*, Oxford : Clarendon Press, 1980, pp. 41-42.

所当然是"人的科学"的一部分。①

休谟在随笔《论历史学习》一文中赞叹马基雅维里在《佛罗伦萨史》中表现出了对德行的真正情感。在休谟看来,历史学家能公正地表达出何为德行,因为他们既不会像律师那样在判断人物时充分考虑自己的利益,而扭曲了判断;也不会像哲学家那样头脑冷静坚定,而无法感受到德与恶之分。"历史则恰恰处于这两个极端的正中,从真实的视点考察对象。史书的作家和读者对历史人物和事件的兴趣,足以使他们作出如实地褒贬判断,同时他们也绝不会怀有妨碍其判断力的私欲或私心。"②

休谟同时又承认隐藏在历史中的一些原则是不容易为人类的才智和研究发现的。即使是马基雅维里——休谟所推崇的一个历史学家,在历史研究中也犯有很多错误。因此,无论多么精巧的思辨哲学和多么睿智的教义学说,只要它们不是建立在实践和观察之上,或不从观察出发而轻易得出必然规则,其结论往往是不正确的。"长时间的经验给我们所贮存的概括的观察,可以给我们以人性的线索,可以教我们解开人性中一切错综复杂的情节。所谓借口,所谓冒充,都不能欺骗我们。"③

休谟意识到,要推进马基雅维里所开创的政治科学,不为历史假象所迷惑,不把政治兴衰背后的因果关系推诿给"命运"、"神意"或"自然"等不可知范畴,政治科学就必须先进入人性科学,而要真正做好人性科学的研究,就不只是需要擅长推理演绎的哲学睿智,更需要有溯源到历史早期的自然史研究精神,以及从浩瀚如海的公民史研究资料中进行归纳概括的耐性。

二 人性科学与自然史研究

休谟在《人性论》中用他的观念联想原则说明各种知觉怎样呈现于人心,以此来解释人类的精神现象,他把这一原则看作他本人对哲学最有独创性的贡献。《人性论》的副标题是"在精神科学中采用实验推理方法的尝

---

① Ernest Campbell Mossner, *The life of David Hume*, Oxford: Clarendon Press, 1980, p.175.
② 休谟:《休谟散文集》,肖聿译,北京:中国社会科学出版社,2006年,第237页。
③ 休谟:《人类理解研究》,吕大吉译,北京:商务印书馆,1999年,第77页。

试",休谟把自己的这种方法类比于牛顿在自然哲学中发现重力的方法,认为精神科学中首先应该引入实验方法的是道德哲学,在一封书信中他写到,

> 我开始认真考虑我应该怎样进行我的哲学研究。我发现,道德哲学是由古人传给我们的,在他们完全假想的、更多地依赖于发明而不是经验的自然哲学中,我们可以看到,他们是处在与我们一样的困境中研究的。在建立美德和幸福的理论时,他们都是诉诸各自的想象,而不是考虑每一道德推论都应建在其上的人性。因此,我决心把人性当作我的首要研究对象,并把它当作我在批判及道德中推导各项真理的源泉。①

人性科学这样的精神科学有着不同于自然科学的困难,要在精神科学中探究人,不可能把人放在实验室中,而只能在历史经验和现实生活当中来考察人性的一般规则。起源的问题现在对于休谟来说非常重要了,因为它与人性的普遍原则紧密关联在一起,在《人性论》和《人类理解研究》中,在起源之处探讨共同的人性差不多成了贯穿文本的一项基本原则。

事实上,在精神科学中探究人性并以之作为道德哲学和整个哲学研究的出发点,也是休谟创作《人性论》的原初想法,然而,他的这一主旨以及在道德哲学领域的创新,并没有被当时的评论界看清楚。当时针对《人性论》的批评主要集中在因果理论上,而休谟热情洋溢于其中的道德哲学却被解释为教条式的和利己主义的。但这并不是说,当时的学者没有注意到休谟的认识论对道德和宗教可能造成负面影响。休谟把自然主义运用到宗教上,是评论界对他的道德哲学讳莫如深的原因之一。②

所谓把自然主义运用到宗教上,其实就是休谟的自然史研究方法。休谟从人性科学推进到自然史研究并不是当时的个案。可以说,17、18世纪的人性科学普遍具有这样一个特点,即把事情追溯到其原初即自然史的研究,这种研究已经成为当时学术辩论的基础。培根就曾对自然史下过明确的定义,认为自然史既是哲学的主要内容也是哲学的养育之母,而且培根还认为

---

① 这是1743年休谟给Cheyne博士的一封信,转引自Duncan Forbes, *Hume's Philosophical Politics*, Cambridge: Cambridge University Press, 1975, p.9.
② Ernest Campbell Mossner, *The life of David Hume*, pp.132-133.

自然史研究应既包括自然的历史也包括公民的历史。① 正是因为自然史研究涵盖的领域如此之广，我们也就不难理解何以休谟的自然史研究方法在他的主要著作中均能得到体现：

> 在《论奇迹》一文中，他质疑加尔文对圣经的刻板阅读；在《宗教自然史》中，他指明了基督教乃源出于异教的多神论；在《英国史》中，他描绘了一幅古代盎格鲁——撒克逊的世界，削弱了托利党和辉格党对英格兰古代法制的论述；在《人性论》第一卷中，他指出，我们认为单是基于理性就能获辩护的信念，其实是有赖于经验的；在第二、三卷中，他认为道德不仅建在源于人性的原则上，而且建在我们与经验世界交往所形成的特征上。②

休谟的自然史研究将单凭理性建构起来的信念摆在了经验面前接受质疑，也将依人性原则而来的道德哲学与经验世界相互交融起来，这使得他能够从前人的神学框架中走出来，为道德的人性基础和信念学说找到更符合实验科学精神的因果关系。

休谟之前处在基督教语境中的自然史学家通常会认为，真理比错误更久远，宗教的历史是宗教信念及实践不可逆转的堕落。他们之中不管是诉诸理性原则的理性主义者，还是强调仁爱的感知主义者，都倾向于把人性置于宗教的基础之上。休谟对这些求助宗教的做法均作了批驳。在休谟看来，道德的人性基础既不是格劳修斯、普芬多夫那里的"合社会性"和哈奇逊基督教框架下的仁爱，也不完全是加尔文主义那里的堕落人性和霍布斯那里的自我保全或"自利"。人性对于休谟来说是对称的，既有善也有恶。休谟的这种人性观意在使道德判断的起源中性化，使道德体系建立在共同人性上，让它起源于人类生活最初的必要和习俗，而不让它依托于神学前提或自然状态。

休谟对宗教的自然史倾注了大量精力，要进一步探讨它，我们有必要先

---

① Craig Walton, "Hume's *England* as a Natural History of Morals", *Liberty in Hume's History of England*, Nicholas Capaldi and Donald W. Livingston ed., London: Kluwer Academic Publishers, 1990, pp. 26-27.

② Michael Gill, *The British Moralists on Human Nature and the Birth of Secular Ethics*, Cambridge: Cambridge University Press, 2006, p. 215.

区分"信念"和"宗教信念"。"信念"是在相信什么上的态度或情感,它们影响着人的行为,但并不是任意的。信念本身是人性的一种自然机制,宗教信念则不同;宗教信念并非源自原初的本能或自然的原始印记,而是起源于人的情感。尽管我们如果诉诸怀疑的理性能推导出宗教信念并非原初性的,但是,由于宗教信念确为历史上众多民族拥有,日常生活中的人们又多在希望与恐惧中生活,经常在寻找第一原因中迷失自己,所以就像习俗使得法律成为第二自然,宗教信念由于普遍出现在各民族和人们情感中也能成为第二自然,给人一种原初人性中就有的印象。休谟虽肯定宗教信念不是一种"本能的"信念,但并不反对宗教信念有可能成为一种自然信念。①

因此,研究宗教信念演变过程的"宗教自然史"应该有这样一个内涵:宗教信念的发展过程,具有从人性中衍生出来的一种"自然性"——从多神论(Polytheism)发展到一神论(Theism),正因为这一自然过程是由人性的因素造成的,所以,我们不应该把这种因果关系颠倒过来——从宗教推演出人性。如果从宗教推演人性原则,再由人性原则去构建道德,则由此而来的道德哲学和道德实践都是成问题的。休谟并不完全否认宗教中的伦理原则有积极性的内容,只不过在他看来,那些积极内容在实践中往往被它所带给人们的恐惧和其他不利所压倒,而最终变成有害于道德实践的。

> 包含在某些宗教体系中的一些道德原则是多么纯洁呀,而那些体系所引起的一些实践又是多么败坏呀。由坚信未来所展现出的令人舒心的看法,是引人入胜和悦人的。但是一旦它所带来的恐惧感出现,它就消失得多么快呀;而恐惧却更为牢固和持久的占据了人类的心灵。②

休谟指出,很多关于上帝的信念便是如此,即使我们能推论"上帝是宇宙的创造者"为有效且令人舒心,但并不能增添给他仁爱、理智的精确程度,也不能推论上帝能产生更加完善的结果。休谟进一步强调,"在由实践和观察得来的事实之外,没有什么新事实能从那些宗教前设中推导出来;没有可以预

---

① 加斯金对"宗教信念"和"原初本能"作了较为细致的区分,参见 J. C. A. Gaskin, *Hume's Philosophy of Religion*, 2nd edition, Oxford: Clarendon Press, 1988, pp.109-116。
② 休谟:《宗教自然史》,徐晓宏译,上海:上海人民出版社,2003年,第121页。

见或预言的事件；也没有值得期待或恐惧的奖惩"。①

在自然史研究中，休谟探寻了宗教信念的形成机制，质疑了把道德的人性基础置于宗教之上，认为这是一种本末倒置的做法，这种做法不仅仅停留在理论层面，当把这种人性作为政治科学的起点时，有关权利、契约、正义等的重要政治学说都会因为前提的一步之差而致结论的谬以千里，最终产生政治实践上的严重后果。

三 信念与人为的正义

对于宗教被种种人为因素和人为推理遮蔽了本性，休谟指出，"因此，我们也许得承认，人为的东西加重了我们这种天生的软弱和愚昧，但它决不是最早引发它们的因素。它们的根源深植于人类的心灵之中，并从人性的本质的、普遍的属性中生发出来"②。在休谟看来，公共生活中的人并不会是本能上的宗教信徒，也就是说，宗教信念的产生是由于人性与公共生活共同作用的产物，而不是人性中的本能信念。

这样的话，宗教是在社会生活中产生和演化的，它并不比正义有更多的自然性。如果用这种"自然性"尚不充足的宗教来担保道德哲学中的正义，这无疑违反了真实的自然秩序和政治科学的精神。因此，宗教作为第二自然或次级因素，不可能来担保道德哲学。但要特别注意的是，即使休谟证明了宗教不是本能的，在自然秩序上不优先于道德，它仍然可能在社会中成为一种自然信念。正是因为这种可能性，政治社会才应该认真对待它。既然它是自然信念，我们就应该规范这种信念，以满足社会利益的效用。

休谟指出，信念与情感之间有一种相互驱动的关系。"正如刺激我们的情感几乎绝对必需一个信念似的，同样，情感也很有利于信念。"③信念还借此一步一步可以走向权威，"判断与想象，也如判断与情感一样，都是互相协

---

① *Enquries Concerning the Human Understanding and Concerning the Principles of Morals*. Ed. L. A. Selby-Bigge., p.146.
② Hume, *The Natural History of Religion*. H. E. Root ed., California: Stanford University Press, 1956, p.73.
③ 休谟：《人性论》，关文运译，北京：商务印书馆，1982年，第140页。

助的;不但信念给予想象活力,而且活泼而有力的想象,在一切能力中也是最足以取得信念和权威的"①。这一点正是狂热之所以盛行和被成功利用的重要原因,而其危害性则可在休谟如下表述中显明,"生动的想象往往会堕落为疯狂和愚痴,而其作用也与疯狂或愚痴很相像;想象的作用也是以同样方式影响判断,并且也根据同样原则产生信念"②。

  宗教信念以及狂热的问题在休谟的时代成为了一个大问题。休谟将这一问题与古希腊哲学中早已有之的"自然与人为"二分法结合起来,为后一个问题的讨论提供了全新的思路。如哈耶克在《法律、立法与自由》中所言,自然与人为的二分法所导致的混乱结果一直延续到了休谟时代,直到18世纪,休谟和曼德维尔重新思考了"自然的"(natural)与"人为的"(artificial)。③

  休谟认为,"自然的"可以和"神迹的"、"罕见的"和"人为的"相对。在第一种情况下,德与恶的区别显然是"自然的",因为道德是人的行为,与"神迹的"很容易区分开来,在《宗教自然史》以及"论神迹"中休谟已经把道德与宗教划分了界线,这种区分如此容易以致在休谟看来没有什么价值;在第二种情况下,"罕见的"只是表明在经验科学或历史研究不发达的情况下,人们会把很多常见的事情当作"自然的",休谟举了"道德感"为例,把道德感当作自然的只是因为迄今为止"世界上没有任何一个国家,任何一个国家中也没有任何一个人完全没有道德感"④。但"常见的"和"迄今为止"并不能保证道德感的普遍存在,所以在这种意义上将道德感或恶与德之区别视为"自然的",并没有一个精确的标准,在什么是"自然的"问题上也是容易发生争执的。

  休谟看到,只有当"自然的"与"人为的"相对立时,道德哲学的问题才会有所不同。德与恶以及它们的区别不可能像自然法所主张的那样是"自然的",原因在于,德与恶是人们根据某种意图或意向作出的,显然是人为的,是为了应付人类环境和需要而采用的人为措施或设计,正义就属于人为

---

① 休谟:《人性论》,关文运译,北京:商务印书馆,1982年,第143页。
② 同上。
③ 哈耶克:《法律、立法与自由》,邓正来等译,北京:中国大百科全书出版社,2001年,第19页。
④ 休谟:《人性论》,第514页。

的德。

正义并没有仁爱之心作为原始动机,产生正义感的那些印象不是人类心灵自然具有的,而是发生于人为措施和人类协议。正义感不是建立在理性或永恒不变的某种观念关系之上的,使我们确立正义法则的既有自利又有效用的动机,它们都离不开我们的印象和情感。因此,如果这种印象通过社会机制的作用能够成为人们的自然信念,那么对休谟而言,人为的正义就像之前所述的宗教信念一样可以获得自然性地位。

自然使我们既不可能完全是依靠苦乐刺激印象来行动,也不是完全依靠苦乐刺激观念来判断行动,"自然选择了一条中间道路"。这条中间道路把观念与印象的绝对界限相对化了,信念成为一个联结二者的重要机制。休谟的信念理论能够解决人们在霍布斯的自然状态下如何行动的问题,以及如何在没有政府、没有对上帝或别的至上力量的恐惧下自然服从的问题,解决这一问题的信心来自于,人们理解坚守法律或习俗有助于他们的利益、欲望和野心。政治科学并不需要说明自然状态下的人性到底是自利还是合社会性,也不需要证明正义、仁爱等是"自然的"。

由此我们可以看到,休谟所诠释的"自然的"与"人为的"至少已经产生了几个大的影响:首先,人为的信念如何具有一种自然性地位。人的信念是观念向印象的一种过渡,观念本身通过反省印象这一环节而获得了印象的地位,在休谟看来,反省印象就是一种情感,因此,情感本身如何成为义务乃至道德的基础,对于回答人为的正义如何获得自然法地位是尤为必要的;其次,休谟的怀疑主义认识论最后落在了重视"人为的正义"的公共生活(common life)上,表明休谟政治社会的出发点尽管是道德哲学,但并不是以往强调"自然状态"的自然法传统中的道德哲学,而是一种在公共生活中的新道德哲学,"人为的正义"理论在这种公共生活中既能与动态社会观相协调,又不失自然法中某些道德原则的自然性地位。

休谟传记作者菲力普森这样写道,"如果有人把休谟的抱负看作严肃地运用哲学到公共生活上,那么,1740年代早期就是休谟生涯当中的分水岭。这一时期,休谟从自然史转向公民史,转向当时英国的政治"[1]。早在1741

---

[1] Nicholas Phillipson, *Hume*, New York: St. Martin's Press, 1989, p.53.

年，休谟就写作了《论历史的研究》等数篇历史随笔。在为《人性论》(1739年出版)所作的"宣传"即后来的《人类理解研究》(1748年出版)中休谟表明，他的写作注意力转向了历史问题；1751年，休谟完成了《宗教自然史》，开始写《道德原则研究》；1752年，休谟开始动手写六大卷《英国史》。这个思想履历大致反映出休谟自然史研究、道德哲学和公民史研究之间的联动。休谟"人为的正义"理论在《英国史》相关历史事件中都有阐发，这对于我们理解他对权利论和契约论的批判非常重要。

由权利论者和契约论者所引发的宗教狂热思潮很大程度上是由近代的"权利"观念激荡而生的。权利，尤其是反抗权利的过分发展，导致了欧洲社会的动荡不安。17世纪重要的政治哲学家都为消解这一难题倾注了大量的精力。霍布斯的"公共之剑"以及洛克的"神圣力量"都是为了防止"占有性的个人主义"(possessive individualism)陷入竞争紊乱而导致社会冲突。但这种推演出来的力量并不能令休谟满意，因为，它们通常无法合乎逻辑地解决篡夺、征服的合法性问题，特别是在原始契约的延续性和有效性方面。君权的神圣性以及上帝的奖惩干预，都被休谟当成了虚假信念，解除它们的力量之后，休谟更多是在为当时的政治实践作辩护。对于这一点，我们可以看看休谟在《英国史》中的具体论述。

1066年的"诺曼征服"，一直是英国历史学家表达政治哲学观点的一个重要事件。激进的辉格派解释认为，议会是长期连续的，因此君权相对于议会有着相对的短期性和非连续性。而休谟在《英国史》中则反对上述解释，为王权的合法性提供辩护。[1] 斯金纳相信，休谟的观点是受到了阿斯克姆(Anthony Ascham)的影响。对于指责诺曼征服之后的王权都不合法，阿斯克姆是这样回应的：如果在位的统治者任人们打量他们的"名"正不正的话，统治权总是值得怀疑的，在所有王国都是会引起争论的。因此，人们便开始相信，历史证据只在证明"事实问题"上是有用的，而不能证明"权利问题"。[2]

---

[1] Quentin Skinner, "History and Ideology in the English Revolution", *The History Journal*, Vol. 8, No. 2. (1965), p.155.

[2] Quentin Skinner, "History and Ideology in the English Revolution", pp. 163-168.

休谟虽然接受阿斯克姆为诺曼征服后的王权合法性提供辩护的观点，但并不赞同霍布斯对绝对王权的论证，征服者曾经拥有过的绝对权力，并不能推论出后来的君主都有这种绝对主权。在政治随笔《论原始契约》中，休谟从效忠和反抗权利对霍布斯的这种抽象教义做出了批驳，表明"人为"的效忠美德有其"自然"的一面。休谟认为，原始契约论作为合法政府的理论，在哲学上是不充分的，在实践上也是危险的，因为它过分强调了反抗的权利。休谟对合法政府的态度与以前不同，这与他的信念论是一致的。长期占领、目前占领、征服、继承以及成文基本法，这些皆有可能产生合法性。在休谟看来，这既符合人的心理学，也可以避免无休止的争端，不致让社会陷入更大的失序。与此同时，休谟也反驳了洛克的契约论。洛克的契约论虽然少了霍布斯的权利让渡之后的强制力，而是建立在"同意"的基础上；但休谟认为，洛克所谈的同意，是身处一叶扁舟上的人们在茫茫大海上不得不做出的抉择，他们生于自己的国土，接受的政治原则和风俗习惯，并非出于主动性的同意，而是因为他们在出生时是别无选择的，洛克的同意理论在休谟看来有点强词夺理。

休谟在《论原始契约》中反对契约和同意是政治义务的必然和唯一的来源。对休谟来说，合法性和义务更合理地来源于政府在社会实践中的效用（utility）。可见，休谟与契约论者的差别是非常大的。对休谟来说，对国家和政府的效忠不可能是自发的或自然的动机、情感，相反，它们是人为的，是历史上创造出的习俗之物。效忠是美德，因为政府在促进人的幸福方面是有效用的。休谟承认诺曼征服的合法性，他对这种效忠义务的认可显然是出于对社会和平和政治效用的审慎考虑。"因而，我们的叛乱的'权利'，或者说我们在反叛方面的利益，只是为我们审慎的考虑所制约，而审慎则为'一种单独的道德情感'所强化，这种道德情感鼓励臣民给予那些当权者以特殊的'权利'，并承当一种不去对抗他们的特殊义务。"[①]基于效用的审慎考虑经过道德情感的强化，使得拒绝破坏性很强的政治反抗成为一种义务。对于是否效忠诺曼征服后的英国王权，休谟在这里借效用原则清楚地表达

---

① 菲力普森和斯金纳主编：《近代英国政治话语》，潘兴明等译，上海：华东师范大学出版社，2005年，第289页。

了他的政治立场。

四 效用与政治立场

休谟在致斯密的一封信中谈到,起于詹姆士一世时期的党派之争,对他所生活的18世纪的政治事务产生了持续影响,"形成了英国史上最令人惊异、最发人深省的一段"①。休谟很清楚当时党派之争的背后其实是宗教纷争,可以说他的《英国史》很大程度上是为了回应某些热衷于党派之争的英国历史学家,这些历史学家代表了1730年代以来甚嚣尘上的辉格党人的利益。对党派的批评主要就是针对这些"政治清教徒",休谟承认他们是当时社会变革的先导,但他们肆无忌惮地诉诸反抗权利,却使得英国政治社会陷入巨大震荡,尽管他本人也支持过辉格派的一些基本立场,但宗教与政党意识形态相结合的形式却是休谟极力反对的。

理解休谟在《英国史》中的政治立场,我们绕不开他对宗教的态度。从历史研究中澄清宗教与政治的关系后,我们会发现,给休谟扣上所谓"自由主义"和"保守主义"帽子的做法,都是不合适的。休谟尽管被很多人认为是有神论的敌人,是大力支持公民自由的,然而,休谟也被看作是"反大革命"(counter-revolution)的预言家,被很多研究者列入了政治保守派的阵营。休谟在《英国史》中是持保守还是自由的立场,是站在辉格党还是托利党一边,成为研究休谟政治哲学的学者们经常争论的问题。事实上,休谟在《英国史》中对历史事件的评述遵循着他自己对政治科学的理解,我们无法将他的政治立场笼统概括为自由或保守两极中的某一极。

在叙述威克利夫改革时期时,休谟的态度是把这次宗教改革与其后的民众反叛分开来叙述。作为宗教改革先驱的威克利夫,公开怀疑当时罗马天主教的一些正统教义,否认罗马教会的至上性,声称信仰的唯一权威是圣经,教会应依附于国家,教士不应拥有地产。威克利夫的改革很快被利用为

---

① 信的内容转引自 Nicholas Phillipson, *Hume*, New York: St. Martin's Press, 1989, p.78. 菲力普森还指出,休谟在《英国史》中评价伊丽莎白时已经指出,使人民自由受限的伊丽莎白女王,是詹姆士一世鼓吹君权神授并最终酿成查理一世悲剧的"无心插柳者"(the unwitting author),参见 Nicholas Phillipson, *Hume*, New York: St. Martin's Press, 1989, p.85。

反叛的理论。休谟指出,这次反叛是那些别有用心的教士造成的,对于威克利夫本人,休谟并没有轻易给他扣上路德当年所背负的骂名;相反,休谟认为威克利夫有力地反对了迷信特征的教会。煽动叛乱的指责在叙述威克利夫的一节中始终未出现过。①

但随即休谟把笔锋转向了接踵而至的罗拉德派,认为它的蔓延壮大对教会和城市主权构成了威胁,教派热情由此被激起而形成了一个党派,其首领是科巴姆(Cobham)。科巴姆曾得到亨利四世的宠信,当时的主教提出对其激进行为进行惩罚,但亨利认为理性和规劝才是支持真理的最好方法。然而,亨利的宽容态度并没有让科巴姆改弦易辙,因此,他转而采用天主教主张的镇压手段。科巴姆在处决前逃脱,并号召跟随者拿起手中之剑对抗当局。经过四年的斗争,科巴姆最后被擒杀。

休谟在对后一事件的态度上已经明显不同于对威克利夫的态度。当科巴姆结成党派并对政治社会构成威胁时,他已经远离了威克利夫的教义。休谟的分析是,常识和沉思已经在威克利夫的影响下开始考虑改革之事,但要理智接受威克利夫的抽象教义还需时日;抽象教义若没有成熟的政治环境和合宜的民众智识,将会成为党派之争的教义。这一顾虑可以说是休谟久蓄于胸的,其近代渊源甚至可以追溯到笛卡儿。笛卡儿曾指出,理性观念会要求完全的革命,但理性观念又必须坚持一些自明的公理,不能完全排除传统的东西。因此,他坚持政治立场上的一种保守态势,而只把理性用在自然科学、数学、形而上学之上,防止它们毁灭性地渗入人的政治和道德实践。

从后来的法国大革命中我们可以看到,休谟和笛卡儿的顾虑并非杞人忧天。近代哲学有各种各样的理性诉求,譬如,霍布斯的契约论、卢梭的公意学说。从学说教义到实践性的革命并不存在难以逾越的鸿沟,有时候,一种理论经过别有用心之人的改头换面很快就能酿成实践后果。可见,语言、思想在人们公共生活中的神奇效力很像宗教中的仪式。这也就是我们后来所熟知的"意识形态"的威力所在。在18世纪这种意识形态通常与宗教相结合,其采用的手段往往是先知预言或奇迹,正是看到这些,休谟在《英国史》和其他宗教论著中努力揭露那些想要弄清神意(Providence)的荒谬。

---

① David Hume, *History of England*, v.2, London: Printed for T. Cadell, 1830, pp.276-278.

在分析斯图亚特王朝时期的革命时，休谟仍着力于揭示"形而上学原则的党派"的形成过程。从这一点来看，休谟的看法是有前瞻性的，他在柏克（其《法国革命论》写于1790年）之前就用后者分析法国大革命的方法分析了英国的内战。在内战中，新教革命把公共生活的政治秩序看成理论反思的对象，可以由另一个体系完全替换，意欲完全颠覆旧有的法律建制，这是休谟不能容忍的。休谟把新教徒看作是"被认可了的盗匪"，威胁着当时的道德和法律。

把休谟看作自由或保守一派，是与休谟对待宗教建制以及对待革命的问题相关的，而这两个立场又是可以随着历史事件本身的迁移而相互转化的。在休谟看来，教会未被腐化之前，还是一个比较合理的宗教建制，对于促进知识、艺术以及和平功不可没。他在《英国史》中多次强调了教会对于秩序的积极作用，宗教有时候也能"推进我们相似性的认同，并巩固脆弱的道德感"[1]。宗教改革也并不都被休谟视为破坏性的，适度改革有时在消除迷信中还能起到积极作用。然而，在休谟看来，从根本上动摇像罗马天主教等级制这样古老的宗教建制，就绝非是一项单纯意义上的宗教政策；它作为先例，为其他激进的改革甚至暴力充斥的大革命铺平了道路。这种改革精神的过分发展，便是把宗教完全交由私人判断。虽然这一做法为民众所接受，但随之而来的是，一方面它对主权构成了威胁，另一方面它破坏了潜在的服从，而这种服从乃是官长权威得以建立的基础。

> 宗教改革使上帝的旨意变得模糊了。把解释的权力交给无知的民众，这种做法是愚昧的、危险的，它将会掀起狂热的情感，把公民社会投入狂暴骚乱中；千万的教派定会因此兴起，它们甚至无须加以什么论证，便可以把愚妇庸商都引入邪恶原则的信仰中；如果紊乱对官长构成威胁，那么要治疗它，必须通过人民对新权威的默认；当然，倘若没有论争和深入研究，那么，奉守那些自古以来就十分可靠的建制，可能就是明智之举。[2]

---

[1] Will R. Jordan. "Religion in the Public Square: a Reconsideration of David Hume and Religious Establishment", *The Review of Politics*, Vol. 64, No. 4. (Autumn, 2002), pp. 688-691.
[2] David Hume: *History of England*, v.3, p.132.

休谟认为,宗教改革如果使得教派在没有合理论证的情况下滋生而威胁社会和平的话,还不如维持一些古代建制。宗教改革被篡改曲解之后转化成了宗教狂热,宗教狂热在找到一些貌似有理的政治主张后,又改头换面成政治改革,从而集聚政治信徒,甚至形成一个党派。

> 我们从历史中得知,英国内战期间曾有过这种**宗教**狂信者,尽管很可能这些原则的明显的**趋向**激起人类那样的恐怖,以致立即迫使那些危险的狂徒放弃或者至少隐藏他们的信条。或许主张平等分配财产的**平等派**是一种**政治**狂信者,他们来源于宗教狂信者,并比后者更公开地宣扬他们的主张;因为他们的这些主张带有一种更貌似合理的外观,似乎不仅对于他们自己来说是可行的,而且对人类社会也是有用的。①

不深入分析某些政治信念背后的宗教狂热来源,人们会误以为那些虚假政治信念对于社会是有用的,从而可能在以这些政治信念作宣传的党派之争中选边站队。这就好比研究休谟的政治科学一样,如果不对他的历史研究深度剖析,同样会对他所谓自由与保守的政治立场产生误判。

在休谟的认识论和社会秩序中,宗教是低于政治的,人可以天生是政治动物但绝不是宗教动物。宗教在公民社会中的位置是对道德的一种辅助。宗教能促进道德,但道德不是起源于宗教的。休谟对古代宗教建制的维护,很大程度上是要避免近代虚假哲学对宗教的渗入,防范宗教意识形态的形成。解除了宗教与意识形态的关联,也就把宗教的政治力量削弱了,从而抑制宗教狂热及其变形对政治社会的破坏性影响。

政治社会的发展与宗教的自然发展(从多神论走向一神论)是步调不一的,它们在自然史和公民史的叉道上终究会渐行渐远。由于这个缘故,休谟告诫我们不要在"宗教自然史"与"政治文明史"之间轻易地作类比。他那个时代,道德哲学成为人性科学的主题,而人性科学是政治科学的基础,如果把道德的人性基础建立在宗教上,由此而来的政治科学无疑会严重影响公民的道德实践及政治立场。

按休谟的政治科学来看,公民的政治立场不能受缚于某种宗教或由某

---

① 休谟:《道德原则研究》,曾晓平译,北京:商务印书馆,2001年,第45页。

种宗教教义演化出的政治意识形态,而应取决于法律、贸易等推动的社会和平与秩序。要做到这一点,就需要在政制或社会秩序中为宗教、自由等定位。宗教是人的,而人是处在政治社会中的,只要政制能够确保良好的社会秩序协调运作,那么政治秩序就不难达到。反过来,如果已有政制因为别的原因(比如战争或债务问题)遭到破坏,那么,社会的美德和文雅就会受到损害,而宗教也将会走向它的腐化形式。对此,波考克说得很清楚,"休谟追随斯威夫特和博林布鲁克,呼吁英国摈弃帝国野心并与法国和平相处,它这样做的时候秉持着这样的信念,一个债务缠身的政治将破坏政制中的平衡并重新释放出宗教狂热的力量"①。

政治科学并不寻求放之四海皆准的政制和法律,自然也就不要求政治思想家有固定的某某主义,政治科学在休谟那里转向历史,是理性本身受到限制,是对形而上学和静态的哲学准则的一种质疑。如果用某某主义来对历史削足适履,从大相径庭的历史事件中归纳出单一的政治原则,那么历史本身就可能沦为意识形态的工具,成为诸多政治困境的源头。而另一方面,当德行准则受到怀疑主义的侵袭时,其最好的归宿也是历史。因为,道德哲学或历史研究如果没有一种政治立场,那么道德学家或历史研究者很可能会迷失在浩如烟海的历史资料中,变成道德和政治的相对主义者。为解决历史研究中的这一难题,休谟为他的政治科学引入了效用原则。

> 为了确立规范所有权的法律,我们必须了解人的本性和境况,必须摒弃各种貌似有理但却可能虚妄不实的假象,必须寻求那些总体看来最有用的和有益的规则,……考察一下那些探讨自然法的作者们,你们将总是发现,不论他们从什么原则出发,它们最终都一定终止在这里,都一定将人类的便利和必须性作为他们所确立的每一条规则的终极理由。②

菲尔普斯指出,休谟在政治语言方面所做出的最大变化,就是引入了"效用",休谟的这套语汇是非基督教的,"效用而不是自然宗教被看成是道德理

---

① 斯金纳:《近代英国政治话语》,第387页。
② 休谟:《道德原则研究》,第47页。

解所赖以存在的原则;鉴赏力被视为提升我们对效用理解的一种手段。"①主体通过不断在历史中观察道德原则的效用,从而获得对政治科学来说极为重要的"道德鉴赏力"。此种道德鉴赏力不是简单地去看一时之效用,而是让人们在纷繁复杂的历史事件中读懂人性,看清错综复杂的因果关系,追溯信念如何逐步形成演化。引文中的"总体看来"和"终极理由"都表明了休谟效用原则背后深刻的认识论基础。

确立效用原则之后,在休谟的政治科学中诸如正义这样的道德不再需要依赖宗教了,效用原则便可以让人为的德行在信念的支持下获得相当于道德感的自然地位,人为的德行一旦经受住效用原则的反复检验,则人们为了公共善好会逐渐克服人性之初受眼前之利欲的诱惑,在内心激起一种义务感,并由习惯驯化出一种具有自然本能特征的道德感。可见,效用原则和道德鉴赏力使得作为历史读者的公民主动参与了政治科学,公民意识和公民德行在动态社会历史中不断提升,保障法律与自由的政府形式日趋成熟,休谟历史研究中的政治科学成为一个具有自适应自调节能力的体系。

Political Science in Hume's Historical Studies

Yin Jingwang

Abstract: Since initiated modern political science, Machiavelli provided important methods on the science of human nature and historical studies for political science. From this new science of human nature, Hume deduces some general principles and presents those contexts of human nature behind various beliefs in his studies of natural history. Hence the moral basis of human nature frees from the premise of religion belief. Virtue and vice, such

---

① 斯金纳:《近代英国政治话语》,第 290 页。

as justice and injustice, no longer bear 'natural' characteristic in the tradition of natural law, but 'artificial' in the aspect of human nature. Applying fully the science of human nature and the theory of belief and artificial justice, Hume criticizes religious fanaticism and make clear the theory of right and contract in his historical studies represented by *History of England*, and finally establishes the principle of utility for political science.

Key words: Political science, Natural history, Belief, Artificial justice, Utility

有限理性的哲学
——伽达默尔的解释学

鲁 路[*]

提 要：本文从伽达默尔代表作的三个部分中分别选取游戏概念、浪漫派思想渊源以及语言观念加以论述，最后补充对伽达默尔历史间距与视域融合等观念的论述，以期管中窥豹式地把握伽达默尔解释学思想总体。游戏概念具体而微地体现了伽达默尔解释学总体思想，是我们把握伽达默尔解释学的入手处。浪漫派是伽达默尔解释学的思想渊源，它在新的时代为解释学思想所重温。关于语言的观念构成伽达默尔解释学的核心，形成解释学思想的顶峰。而历史间距与视域融合等观念起到补充上述思想的作用，是我们完整地把握伽达默尔解释学思想所不可或缺的内容。

关键词：游戏　浪漫派　启蒙　语言

伽达默尔解释学的主题是：理解如何可能。自海德格尔开始，理解就不再是一种对象性行为，而是一种缘在（Dasein）的在世方式。这种在世方式所把握的，并非自然和社会规律，而是人自身及其与世界的关联。而要把握人自身及其与世界的关联，就不能采取传统的观念，比如不能依靠黑格尔所讲的时代精神，因为时代精神并不能覆盖个人的方方面面，且时代精神最终以绝对知识为归宿。相反，伽达默尔讲的理解是一种有限性的理性，它要在

---

[*] 鲁路，1965年生，中央编译局研究员。

同历史传承对话中始终对新的经验保持开放性,而不能湮没在绝对知识中。而同历史传承的对话意味着,理解要纳入历史传承中去。

早在伽达默尔之前,狄尔泰已经开启了一条思路,即自然需要说明,而心灵需要理解,这表明精神科学不能采取自然科学的方法。海德格尔进而讲述哲学之思同艺术之诗的邻近关系,通过艺术来讲述真理。在这些思想的启发下,伽达默尔认为,艺术、历史与语言中的真理不能靠科学手段来获得,而要靠我们深入理解之中。所谓深入理解之中,是说理解不同于我们已然理解的内容,而是意味着永远会有所不同的理解。要形成有所不同的理解,靠的是同他人对话,向他人的理解开放。由于同他人的对话是语言性的,所以理解是一种语言现象。语言是世界得以展现出来的场所,与我们能够理解的存在相一致。所以,伽达默尔提出,能够理解的存在,就是语言。

出于上述考虑,伽达默尔代表作《真理与方法》的第一部分讲述艺术经验里真理问题的展现,第二部分讲述真理问题扩大到精神科学的理解问题,第三部分讲述以语言为主线的解释学存在论转向。游戏概念、作为解释学思想渊源的浪漫派和语言问题,对于我们分别理解上述三部分论述来说,提供了重要线索。

一 游戏作为解释学的一个核心概念

伽达默尔之所以在《真理与方法》第一部分中开门见山地讲述教化概念,不仅是因为,自赫尔德以来,关于教化的思想突出了精神科学不局限于自然科学方法的意义,而且是因为,正像黑格尔讲的那样,教化意味着从个别向普遍性的提升。因而伽达默尔认为,人的精神同教化密切相关,教化让人识别出自身的精神实质。所以,哲学以教化为条件。不过,教化虽然涉及个别与普遍性的关系,却不能解决或然性、偶然性问题,而共通感可以在具体事物中将或然性、偶然性联系起来。共通感又同判断力密切相关,判断力在个别事例中运用普遍性。判断力依靠的,不是概念,而是趣味。趣味是一种认知方式,尽管这种认知方式无法论证。它并不能促成各种判断取得一致,却可以促成各种判断的彼此协调。在这一系列思想动机的推动下,伽达默尔建立了一个解释学基本概念的谱系。而这一概念谱系的建立,为伽达默尔提出游戏概念做出了准备。

(一) 游戏概念的提出

伽达默尔建立这一概念谱系,受到康德相关论述的影响,但康德主张审美的主观先验普遍性,而伽达默尔认为,讲求主观先验普遍性,便忽略了审美之物自身。审美之物所表露的,不仅是我们的内心感受,而更是历史真理。就连我们内心受到的惊讶、怀疑和震惊,也来自于陌生之物。所以,是审美之物本身带来了理解的可能性,审美不能仅凭主观性,而要注重陌生之物。正如海德格尔在《存在论:实际性的解释学》一书中讲的那样,实际性的解释学所表达的,是相遇、观看等等。所以,为了避免上述概念谱系有可能带有康德的主观先验普遍性,伽达默尔利用游戏概念来处理审美中的理解问题,将游戏视为理解的模式,并赋予游戏本身以独立存在的地位,即赋予游戏以主体的地位,从而剥夺了游戏者在游戏当中的主体地位,以及游戏的主观性。游戏的存在方式即作为艺术品、作为文本的审美之物的存在方式,它将游戏者卷入游戏当中,令游戏者自失于游戏当中,因而是一种超越主观性的存在。

伽达默尔讲的这种游戏的独立存在并非相对于主观性而言的客观性存在,而意味着海德格尔存在论意义上的存在。海德格尔关于缘在的存在论思想同时是一种实际性解释学思想,他不是将理解看作主体的行为方式,而是将理解看作缘在的存在方式。缘在始终在领悟和解释自身的存在,只是这种解释不同于尼采或弗洛伊德所说的解释,因为它不是出于权力意志或力比多而做出的解释。权力意志与力比多作为经验性、内在性概念,属于形而下的层面,而海德格尔通过缘在领悟的,是形而上的存在本身。因此,海德格尔的实际性解释学不可能像尼采那样,得出没有事实、只有解释这一结论,因为超越性存在远远不是缘在凭一己之力就可以揭示出来的,存在是自身呈现出来的。用同海德格尔思想相近的哲学家雅斯贝尔斯的话来说,人关联超越性存在,在终极意义上注定是一个失败。所以,揭示存在,是一个方面,而存在的自身显示,是另一个方面。结合这两个方面说,以缘在揭示存在为机缘,存在才得以自身呈现出来。而且存在的这种自身呈现并不是一次性的、完整性的、终极性的。

借助于海德格尔的存在论思想,伽达默尔对以往的解释学做出了转变,将解释学从认识论中转移到存在论中来。也正是出于存在论思想,伽达默尔不局限于科学地首先着手于审美经验来论述解释学思想,并以审美游戏作为论述的突破口。伽达默尔侧重的,不是审美者的内心感受,而是审美者与审美之物的共在。游戏者作为审美者,与审美对象之间不再是主客关系,而被纳入游戏的存在,并因被纳入游戏的存在而进一步实现了游戏的存在、扩充了游戏的存在。正如伽达默尔所说,理解属于被理解的东西的存在。

(二) 席勒的游戏观念

游戏概念并非伽达默尔的首创,而是由席勒最早提出的。由此就产生出一个问题:伽达默尔的游戏概念同席勒的游戏概念是怎样一种关系?

在《审美教育书简》中,席勒根据康德哲学,将人置于感性与德性、冲动与精神、自然与文化、必然与自由、质料与形式等等的矛盾之中,并致力于通过审美活动将人的这两方面协调起来,从而克服人身上的二元论现象。席勒持这种审美观念,有赖于他提出的游戏观念。席勒对游戏的界定是:"既非主观亦非客观地而是偶然的、既非内在亦非外在地而是必然的。"①所谓既非主观亦非客观,指游戏既非单纯的主观心理状态,亦非单纯的客观事实,而是说主观心理状态与客观事实已经完全融合在一起。而且游戏是突如其来的,即偶然的,不是经过事先的酝酿、有意的谋划而产生的。而这也表明,游戏是自行发生的。所谓既非内在亦非外在,是说游戏既不仅是人的主动行动,也不仅是客观条件促成的。游戏就是人的主动性与客观缘分融合在一起的结果,以至于游戏不可能不发生,即是必然的,或者说是自然而然的。游戏既是偶然的,又是必然的,说明游戏是一个事件,是超出游戏者个人之上的,不仅仅是受个人支配的。这是我们可以从席勒的游戏观中发掘出来的第一层维度。

席勒游戏概念的意义还在于,游戏冲动结合了感性冲动与理性冲动、质料冲动与形式冲动等等,令这两方面达到了平衡。而质料冲动与形式冲动的相互限定的结果是:"没有无质料的形式,没有无形式的质料。"②由于游戏

---

① Norbert Oellers: *Schiller - Elend der Geschichte, Glanz der Kunst*, Stuttgart: Philipp Reclam jun., 2005, S. 472-473.
② R. P. Janz: "Über die ästhetische Erziehung des Menschen in einer Reihe von Briefen", in: Helmut Koopmann (Hg.): *Schiller - Handbuch*, Stuttgart: Alfred Kröner Verlag, 201, SS. 656-657.

协调了人的这两个彼此矛盾的方面,人才得以克服片面性、矛盾性,在审美活动中取得自由和独立。所以,席勒在《审美教育书简》中说:"人只有在游戏时才是完整的人。"①这是席勒的游戏观中固有的另一层维度。

综合上述两个方面,席勒讲的游戏既有超越人之上这一层维度,又有落实在人身上这另一层维度。后一层维度赋予了席勒的游戏观以主观性,因为它强调游戏者的主观心理状态,在相当程度上将游戏归结到人身上去了,并因为将游戏的宗旨归结于人而具有主观性。在启蒙运动时期,席勒这种倾向是可以理解的。席勒看到人身上的矛盾无法在现实中消除,便借助于游戏来消除这种二元论式矛盾,用一种近乎审美乌托邦的观念来实现康德关于人是目的这一理想。由于席勒以审美中的完整的人为宗旨,所以他的游戏观所带有主观特点愈发突出出来。

(三) 伽达默尔的游戏观念

伽达默尔经过海德格尔的思想洗礼,因而在他那里,自由不再像席勒当年那样,是一个需要追求的目标,而毋宁说是人之为人的前提,也是任何一种哲学理论的思想出发点。所以,伽达默尔不必在意席勒游戏观的第二层维度,而可以专注于席勒游戏观的第一层维度,并对此做出进一步的发挥。他在《真理与方法》中讲述游戏时开明宗义地说:"我们联系艺术经验来谈论游戏时,游戏指的不是游戏者或欣赏者的情况或心绪,根本不是什么在游戏中印证的主体性自由,而是艺术品本身的存在方式。"②由此可见,伽达默尔淡化了席勒游戏观的第二层维度,突出了第一层维度。正因如此,伽达默尔才将游戏从游戏者中独立出来,将游戏当作一个艺术品意义上的构成物。由于艺术品的象征作用,构成物泯灭了游戏世界与实在世界的区分,使得游戏成为一个优先于游戏者的事件。所谓优先于游戏者,是说游戏既突出于游戏者之上,又不脱离游戏者。而所谓突出于游戏者之上,是说游戏本身才是主体。在主体性上,游戏者依附于游戏。所谓不脱离游戏者,是说游戏者是游戏的组成部分。游戏的本质或者说游戏的存在方式就在于被游戏者游

---

① Friedrich Schiller, Klaus Harro Hilzinger (Hg.): *Friedrich Schiller Werke und Briefe*, Band 8, Frankfurt am Main: Deutsche Klassiker Verlag, 1992, S. 614.
② Hans Georg Gadamer: *Hans-Georg Gadamer Gesammelte Werke*, Band 1, Tübingen: J. C. B. Mohr Verlag, 1990, S. 107.

戏,游戏者的作用就在于将游戏这一事件予以现实化。正像节日庆典靠的是有人来参加节日庆典那样,游戏靠的是游戏者来游戏。而游戏者参与游戏,本身就属于游戏的内容。① 游戏的关键性因素在于游戏者游戏,在于游戏(名词)得到游戏(动词)。

伽达默尔关注理解如何可能,但伽达默尔不像同样受康德影响的席勒等人那样,将理解看作主体的行为方式,而是在海德格尔的影响下将理解看作缘在的存在方式。作为缘在的存在方式,理解不是主客对象式的,而是主体间式的。游戏的作用就在于印证理解的主体间性,或者说理解的超主体性。首先,游戏者并非游戏的主体,游戏自身才是游戏的主体。其次,游戏得以游戏,靠的是游戏者的共在,而不是靠游戏者把游戏当作对象。在游戏当中,游戏者忘我地投身游戏之中,甚至变换自己的身份,扮演另外一个角色,同其他游戏者一道游戏,从而放弃了自己的主体性。而且,游戏既形成于游戏者的相互配合之中,又形成于观赏者与游戏者的相互关系之中。游戏既需要游戏者相互理解和配合,也需要游戏者与欣赏者相互理解与配合。参与游戏的,不仅有游戏者,而且有观赏者。在节日庆典中,观众也是庆典的参与者。游戏者游戏,就是展现给观赏者的。观赏者同样不是将游戏当作客观对象,而是投入了移情、共鸣等情感因素,体验了净化、升华等审美效果。伽达默尔关于悲剧的伤悲、战栗、净化等等论述表明,游戏的实在是为观赏而存在的实在。游戏者将游戏展示给观赏者,观赏者的观赏成全了游戏的完整性,观赏者的参与是游戏的意义得以完成的必要条件,游戏的意义也随着观赏者的理解而发生改变。所以,与其说游戏相对于游戏者而存在,不如说游戏相对于观赏者而存在。哪怕没有观赏者在场,游戏也是为了观赏者观赏而存在的。所以,在游戏中,观赏者占有优先地位。游戏者与观赏者共同成就了超越于游戏者与观赏者之上的游戏,即超主体的游戏。

在德语中,游戏是 Spiel,相当于英语中的 play,而不同于英语中的 game。Game 是两个人之间的游戏,正像维特根斯坦所讲的棋戏那样。而 play 意味着游戏者进入游戏这样一种存在,进入了游戏者与观赏者共同构成的境遇。所谓演出,就是给人看的游戏,Schauspiel 就是给人 Schau 的 Spiel。这里,我

---

① 参见 *Hans-Georg Gadamer Gesammelte Werke* Band 1, S. 107-133。

们不能采用属加种差这一形式逻辑式看法,似乎演出是子概念,游戏是母概念,演出是属加种差,Schauspiel 是 Spiel 加 Schau,即游戏中的一种。相反,应当说"看"突出了游戏的性质,将游戏的性质明确为演出。而演出是供欣赏者看的,这样便在演员与观众之间架起了一座主体间桥梁。从词义上说,演出就较之游戏更加突出欣赏者的作用。

按照伽达默尔的理解,游戏的关键并不在于游戏的本质,而在于游戏的存在方式。游戏超越于游戏者和欣赏者之上,因而艺术真理超越于我们之上。我们隶属于艺术真理,而不是掌握艺术真理。因此,伽达默尔持艺术模仿或者说艺术再现的观念。但这并不意味着,艺术是对现实的反映,而意味着,艺术真理是从艺术实在中提升出来的。这种认识接近海德格尔关于真理是解蔽的思想,也符合海德格尔关于艺术真理的自身流露、自身言说的思想。同时,作品为听众所理解,是作品的意义得以展现出来的必要条件,而且作品的意义有可能随着听众理解不同而发生改变,因而得到理解才是艺术的真理。没有理解,便没有艺术真理可言。艺术真理自行流露与艺术真理留待理解这两方面似乎构成一对矛盾。对这一表面上的矛盾,我们可以借助节日庆典为例来予以澄清。节日庆典是重复性的,年复一年,都是同样的日子。但每一次节日庆典都值得举行,因为节日庆典的目的是纪念,而纪念如同回忆和怀念一样,仅在形式上是重复性的,其性质却在每一次庆典之际都是一次性的、唯一性的。演奏乐曲也一样,每一次演出都有其独特之处,不会因为乐曲已为听众所熟悉,演奏就变为一成不变的重复了。杂技表演的内容是重复性的,但每一次表演都令观众捏着一把汗。所以,关键不在于它是重复性的演绎,而在于它是重复性中的非重复性演绎,即当下性的、唯一性的演绎。这样,节日庆典本身的意义流露在每一次节日庆典的举办活动中,而且是靠节日庆典参加者的"参加"流露出来的。同理,艺术真理本身的意义流露在每一次对艺术品的演绎和解释中,意义本身的流露与对意义的诠释融合在一起。艺术真理的自行流露与对艺术真理的理解并不矛盾,而是相互成全。

伽达默尔游戏概念的意义在于,它论证了游戏本身超越游戏者的主体性,或者说论证了理解与解释本身超越理解者、解释者个人的主体性。伽达默尔将文本与解释的互动关系当作一种游戏,从而将文本与解释的关系予以独立化。因此，文本是一种在理解和解释中的自我呈现，文本的自我呈现是一种现象学式显现，其显现程度因解释的程度而定，正如解释的程度同样取决于文本的显现程度，因为解释毕竟是以文本为依据，而不是纯主观性的。[①] 因此，最理想的解释并不是附加给文本的，而仿佛是文本自己诉说出来的。另外，文本虽然是文本解释的前提，但解释者所解释出来的，不是文本本身，而是文本的显现，是解释者对文本的理解。如果说伽达默尔在这一点上有柏拉图关于原型与摹本的关系的思想痕迹的话，那么可以说，伽达默尔并不像柏拉图那样认为，摹本分有原型，因而在存在上弱于原型，而是说摹本本身就具有自身的现实性，并凭借这种现实性而展现、实现了原型。而摹本可以成为进一步的摹本的原型，以至于进一步的摹本进一步实现了原型的存在的扩充。所以说，是解释实现了文本的存在。从这一点上说，摹本比原型在存在上更丰富、更强。伽达默尔实际上发挥了黑格尔关于美是理念的感性显现的观念，真理体现在丰富多彩的现象中，而真理是总念。

（四）伽达默尔游戏观的转变性意义

专注于游戏者的主观状态，是席勒游戏观的一个明显维度；赋予游戏以超越游戏者之上的含义，是席勒游戏观的一个潜在维度。伽达默尔舍弃了席勒游戏观明显的维度，进一步阐发席勒游戏观潜在的维度。这种思想取向的转变符合现代哲学思想相对于古典哲学思想的转变。在深受海德格尔影响的时代，哲学已经从存在者的理论层面上升到存在的理论层面。因此，伽达默尔发挥游戏是一个事件这一观念。其意义在于，首先，席勒倾心于审美活动中的自由的人，而伽达默尔的游戏概念不再局限于作为存在者的游戏者，而是深入到作为存在的游戏事件。其次，在海德格尔那里，存在是靠缘在去领悟的。在伽达默尔那里，游戏事件需要主体间关系中的游戏者去阐释。在海德格尔那里，理解还侧重于自我理解。而在伽达默尔那里，理解已经侧重于相互理解了。

因此，不仅游戏本身是游戏的主体，而且游戏是从主观性中解脱出来的

[①] 参见 Günter Figal: "Hermeneutik und Phänomenologie", 载于 Günter Figal: *Verstehensfragen*, Tübingen: Mohr Siebeck Verlag, 2009, SS.177-188.

活动。由此导致一个结果:在席勒那里,游戏是一种审美活动。而在伽达默尔那里,游戏是对意义的解读。审美是一种主观性活动,而解读意义则不局限于主观性活动。这是因为,意义本身并不完全取决于意义的解读者。否则的话,有什么样的解释,就有什么样的意义。而解释有可能多种多样,这样一来,意义就因随意性而失去了客观有效性,真理也就因相对性而沦落为意见。针对这种情况,伽达默尔设定了传统对人做解释的约束作用,认为人是从传统出发做解释的,传统性前见为解释确立了方向。传统在总体上是圆融一贯的,但传统中也蕴涵着冲突,这是不同解释彼此冲突的由来。所以说,传统为不同的解释留下了空间。就像游戏(名词)存在于游戏(动词)当中一样,传统也留存于对传统的解释中。由于解释是无尽的,所以传统的留存也是无尽的。从解释的角度看,确认传统、解释传统,就是游戏(及物动词)游戏(名词)。而换个角度看,即从传统的角度看,传统得以确认和解释,就是游戏(名词)本身在游戏(不及物动词)。

比较席勒对游戏的界定与伽达默尔对游戏的界定,可以看出,伽达默尔与席勒的差别,是不同时代之间的差别。如果说席勒游戏观的第二层维度体现了古典时代的思想特点,那么第一层维度则体现了现代思想特点。只是,在古典与现代的这两个维度之间,具有一种张力关系,而对席勒游戏观中这两个维度之间的张力关系问题,伽达默尔并未予以解决。在伽达默尔的时代,解释学不再关注传统美学理论所关注的审美问题,而是关注理解与解释等问题,审美上升为解释学。传统美学与解释学都需要处理作者与读者的关系问题。传统的观念侧重作者的作用,或者说侧重出自作者之手的原始文本本身的含义。现代的观念侧重读者的作用,或者说侧重读者对原始文本的理解和解释、解读和应用。按照现代观点,游戏的主体性并不能强制游戏者一味被动地接受游戏规则。也就是说,文本的权威性并不能强迫读者,一味接受作者的意图,因为文本要得到读者的解释。所以说,文本与解释组成的游戏并不一定遵从作者的意图,而毋宁说游戏是不确定的,是在具体的解释中演绎出来的。游戏的真理存在于游戏者参与的游戏中,作品的真理存在于读者根据文本做出的解释中。

伽达默尔的解释学正处于这种关注重点从作者向读者的转变过程中,或者说在很大程度上推动了这种转变。伽达默尔突出游戏者的作用,甚至突出观赏者的作用,实际上突出了读者的作用,突出了对文本的接受。其结果是,在伽达默尔那里,游戏本身的意义得到增强,而游戏者的意义相对被弱化。也就是说,作者的意义被削弱了,读者的意义则被增强了。而且,伽达默尔非常重视传统消除解释的随意性的作用,以至于他在一定程度上将传统实体化了。伽达默尔遗留下来的这些问题引发同时代人和后人做出进一步的讨论。例如,赫施提出含义与意义的区别,以及解释的有效性,目的在于限定解释的范围,从而捍卫作者的作用,即捍卫伽达默尔动摇的传统的文本观念。但是,伽达默尔起到上述推动作用,是有分寸的。在作者、读者与文本这三者构成的相互关系中,伽达默尔最为强调文本自身的地位。因此,他并不接受尧斯的接受美学思想,因为接受美学过于强调接受者的作用。同样,正是因为强调文本自身的地位,伽达默尔坚持文本自身的同一性,反对德里达对文本的解构。所以说,伽达默尔的解释学同后现代思想是有相当距离的。也许我们可以将伽达默尔的特点界定为:在传统与后现代之间。

二 浪漫主义作为解释学的思想渊源

在《真理与方法》第二部分,伽达默尔重点论述理解的前结构。这一思想固然有海德格尔的影响,但还有另外一个思想背景,这就是德国历史上浪漫派的影响。在德国历史上,浪漫派作为对通常的启蒙运动的反动,同德国特有的启蒙运动一样,深刻地影响了后世的德国学术思想。上世纪60至70年代,伽达默尔与哈贝马斯展开了一场学术争论。这场争论固然直接来自于解释学与批判理论之间的思想分歧,但也来自于解释学与批判理论各自的历史渊源之间的分歧,而这一历史渊源之间的分歧就是德国历史上浪漫派与启蒙运动之间的思想分歧。解释学更多地秉承了浪漫派的思想,而批判理论更多地秉承了启蒙的思想,因而解释学与批判理论的分歧意味着浪漫派与启蒙的分歧在今天的延续。

(一)浪漫派与启蒙的对立

德国知识界对待启蒙的态度可分为三类,一是反对启蒙,二是拥护启蒙,三是修正启蒙。① 马克思属于第二类,因为马克思拥护启蒙的进步性。批判理论属于第三类,因为霍克海默和阿多诺不但发挥启蒙消除偏见的努力,而且判定启蒙回归神话。这种修正启蒙的态度立足于历史批判:本雅明认为历史传承无助于人摆脱蒙昧,因为历史本身就是统治史;哈贝马斯认为,传统是统治与社会暴力的媒介。伽达默尔采取与批判理论不同的观点,将权威的主体从个人转变为传统,认为传统对于我们的认识和反思具有制约性,因而那些相信可以置身传统之外来批判传统的想法纯属乌托邦。而且权威并不一定意味着专制,也不一定引发盲从,而有可能带来认识。所以,置身传统之中参悟历史,才是接近真理之路。在正当的前见中接受教育,是人的一种幸运。伽达默尔还将偏见解释为前见,认为人类理性有其限度,甚至孱弱无力,无法清除全部偏见。因此,所谓清除偏见的说法,本身就是一种偏见或者说前见。对于由前见构成的传统,伽达默尔并非像历史上的启蒙与后来的批判理论那样,采取一味批判的态度,反而像历史上的浪漫派一样,采取了敬重的态度。所以,从表面上看,我们似乎可以将他归入第一类。

对于启蒙,伽达默尔倒是采取了一定程度上的批评态度,而他对启蒙的批评完全符合德国历史上包括浪漫派在内的传统看法。早在18世纪,就有德国学者声称,为了取得信念,人不仅要有明晰的概念,而且要有充足的证明和充分的权威,因为个人的理智有可能犯错误。② 这里所讲的权威,指的是"各个时代和民族中智慧而开明人士的一致认可"③,它同伽达默尔建立在共识基础上的权威观念完全一致。由此可以看出,伽达默尔关于权威的看法有其历史渊源,而这种历史渊源引发他对启蒙批判权威和传统的观念持保留意见。同样,德国浪漫派持有历史主义观点,认为历史不属于我们,而是说我们属于历史。这种历史主义观点也原汁原味地保留在伽达默尔的思想中,以至于他在一定程度上将历史性真理同非历史性科学方法对立起

---

① 参见 Peter Pütz: *Die deutsche Aufklärung*, Darmstadt: Wissenschaftliche Buchgesellschaft, 1991, S. 3。
② 参见 Karl friedrich Bahrdt: *Ueber die Preußfreyheit und deren Gränzen*, 1787, Züllichau, S. 29,转引自 Werner Schneiders: *Die wahre Aufklärung*, Freiburg/München: Verlag Karl Alber GmbH, 1974, S. 90。
③ Karl Friedrich Bahrdt: *Ueber die Preußfreyheit und deren Gränzen*, 1787, Züllichau, S. 33 f.,转引自 Werner Schneiders: *Die wahre Aufklärung*, Freiburg/München: Verlag Karl Alber GmbH, 1974, S. 91。

来。正因如此,在《真理与方法》中,伽达默尔开宗明义地大书特书教化、共通感、判断力、趣味、天才、体验等等原本属于浪漫派的审美观念,从审美经验入手而不是从科学方法入手揭示解释学真理,充分体现了他同浪漫派的思想联系,显示出迥异于哈贝马斯代表的批判理论从科学性经验分析入手处理"社会科学的逻辑"的思路。凡此种种表明,伽达默尔秉承浪漫派的观点,形成了与批判理论不同的对待启蒙的态度。

(二) 真正的启蒙

上文提到的启蒙,是泛泛意义上的欧洲启蒙。解释学对待泛泛意义上的欧洲启蒙的态度,来自于特定的德国启蒙运动。而德国启蒙运动,又联系着德国浪漫派。德国的启蒙运动有着不同于英法启蒙运动的特点。比如伴随着主张启蒙与反启蒙的思想冲突,很早就在德国产生出一个讨论的主题,即启蒙是否有益于国家。究其原因,法国的启蒙是政治运动的先声,并最终导致革命,而革命并不符合德国当时的国情,因而德国的启蒙是非政治性的。[①] 德国的启蒙始终与教化和文化紧密相连。[②] 启蒙侧重于理论方面,文化侧重于实践方面,启蒙和文化共同构成教化,启蒙成为教育的概念。[③] 伽达默尔在代表作中首先从教化入手,就体现了德国启蒙的特点。这同样表现为,由于通常的启蒙在处理信仰与理性的关系时做得失于简单,所以德国的启蒙并不反对宗教。它反而是从新教内部产生的,并自居为宗教改革的继承人,并一向对宗教留有余地。[④] 正因如此,批判理论主张复兴启蒙,更多是援引18世纪的英法启蒙,而不是德国启蒙。从这一点上说,解释学因恪守传统并更接近于德国启蒙而区别于批判理论。

这样一来,在当时的德国便形成了一种相对普遍的共识,即法国的启蒙不是真正的启蒙。[⑤]言下之意,德国的启蒙才是真正的启蒙。这便涉及真正的启蒙这一概念。所谓德国的真正的启蒙,指的是对启蒙进行启蒙。德国的启蒙从一开始就伴随着这种对启蒙的启蒙,它涉及独立性思维与自由性

[①] 参见 Werner Schneiders: *Die wahre Aufklärung*, SS. 7-11。
[②] 参见 Peter Pütz: *Die deutsche Aufklärung*, S. 28。
[③] Ibid., SS. 65-69.
[④] 参见 Werner Schneiders: *Die wahre Aufklärung*, S. 16。
[⑤] Ibid., S. 85.

思维问题、亲身性思维与权威性思维问题,因为启蒙事关客观真理,而不仅是对真理的主观探求。例如,莱布尼兹与沃尔夫主张正确的、概念明晰的思维,因为启蒙的目的不在于自由的思维,而在于正确的思维。启蒙不在于人们偶尔运用理性,而在于人们随时随地遵从理性。① 莱布尼兹与沃尔夫在理论上同传统哲学密不可分,直至康德才开启了全新的批判,康德哲学也因此而达到了启蒙的巅峰。康德主张独立的思维,因为客观真理难于获取,自由却可以获取,而自由是认识真理所必需的条件。② 因此,启蒙要确立人的自律性、克服人的他律性。关于权威与偏见等问题,当时就是在这种复杂的背景下得到讨论的。

在这一背景下,"作为一种历史现象,浪漫派可以从其历史背景中即同启蒙的对立中得以理解"③。当时,思想界的主要矛盾并不是由德国浪漫主义同古典主义以及狂飙突进运动的矛盾构成的,而是由浪漫主义同启蒙运动的矛盾构成的。这是因为,启蒙运动得益于感性和理智伴随着近代自然科学的发展而得到重视,似乎世界无非就是感性和理智向我们揭示出来的那样。而浪漫派持有机的世界观,相信只有靠幻想才能深入作为有机体的世界的内部。浪漫派将有机观同康德的物自体概念联系起来,认为感性提供的世界图像是不充分的现象,而有机性物自体仅仅呈献给想象力。"能够真正认识世界的,不是科学,而是诗学。"④诗学追求的是高于现实的真理。浪漫派依靠幻想来突破理智限制的想法实质上是一种幻想式信念,但它同康德扬弃知识以便为信念留下地盘的观念并不矛盾。

所以,西方学者认为"在最深层的意义上,德意志浪漫派是德意志精神对空洞而肤浅的西欧启蒙最终和最强有力的反叛。"⑤浪漫派对启蒙的反叛淋

---

① 参见 Werner Schneiders: *Die wahre Aufklärung*, S. 93。
② Ibid., SS. 191-194.
③ Georg v. Below: "Zum Streit um die Deutung der Romantik", in: Helmut Prang (Hg.): *Begriffsbestimmung der Romantik*, Darmstadt: Wissenschaftliche Buchgesellschaft, 1968, S. 138.
④ Hermann August Korff: "Das Wesen der Romantik", in: Helmut Prang (Hg.): *Begriffsbestimmung der Romantik*, S. 198.
⑤ Walter Linden: "Umwertung der deutschen Romantik", in: Helmut Prang (Hg.): *Begriffsbestimmung der Romantik*, S. 244.

漓尽致表现在它独特的世界观中:"浪漫派回归启蒙所怀疑的形而上学,它针对仅属理性的、清晰的认识提出直接性的、直觉性的把握,针对启蒙冷冰冰的理性宗教提出活生生的、热情奔放的宗教体验,针对单纯的推理提出富有责任意识、对生活充满热忱的对最终事物的意识。"① 可以判定,浪漫派与泛泛意义上的启蒙的对立是激情与理性的对立、浪漫与科学的对立。而浪漫派对泛泛意义上的启蒙构成的冲击有助于人们反思启蒙,消除泛泛意义上的启蒙带有的片面性,即有助于对启蒙进行启蒙,从而形成所谓德国真正的启蒙。

(三)伽达默尔对启蒙与浪漫派的态度

上面是从总体上说,解释学接近于浪漫派,而批判理论接近于启蒙。但是,具体而言,批判理论对于启蒙并非完全没有戒心。早期批判理论同样对18世纪启蒙的幼稚性做出了批判,如批判当时的启蒙对人类理性做了夸张。霍克海默和阿多诺曾在《启蒙的辩证法》中提出,启蒙本身也会变成自己所批判的神话。因此,启蒙与神话的关系是辩证的。哈贝马斯称,启蒙本身同样需要启蒙,否则文化批判就会陷入悲观主义。哈贝马斯的这种主张有其具体针对性,它针对的是早期批判理论的文化批判确实陷入悲观主义这一情况。也就是说,仅仅意识到启蒙与神话的辩证关系,是不够的,还要将对这种辩证关系的意识上升为对启蒙进行启蒙。批判理论对启蒙的这种戒心有其历史渊源。早在18世纪,就有德国学者指出,针对旧权威的反叛本身就有可能成为权威。② 因而这种戒心才不绝如缕地延续到批判理论中,以至于有的学者指出:"从民族史的角度看,启蒙是一种同'德意志实质'不相吻合、甚至相敌对的力量,是这个民族的灵魂共同体要加以防范的。"③ 同样,浪漫派对启蒙也不仅仅是一味反叛而已,因为启蒙毕竟是人类文明史上的辉煌一页,浪漫派同样起到了启蒙的作用。"如果说在社会史的意义上,启蒙在早期浪漫派那里得到继承,并且发扬光大,那么早期浪漫派便不再是对启

---

① Martin Honecker: "Die Wesenszüge der deutschen Romantik in philosophischer Sicht", in: Helmut Prang (Hg.): *Begriffsbestimmung der Romantik*, S. 225.

② 参见 Christian Daniel Erhard: *Ideen über die Ursachen und Gefahren einer eingeschränkten und falschen Aufklärung*, 1789, Leipzig, 转引自 Werner Schneiders: *Die wahre Aufklärung*, S. 133。

③ Peter Pütz: *Die deutsche Aufklärung*, S. 165.

蒙的反动,而可理解为启蒙所倾向的完善化。"①因此,解释学秉承浪漫派的思想,与其说是反对启蒙,不如说是力图修正启蒙。从这个意义上说,我们在上文将伽达默尔划归反对启蒙这一类,便有失偏颇了,毋宁说应当将伽达默尔划归力图修正启蒙的第三类。

伽达默尔的诸多解释学概念都来自于浪漫派,这里需要专门论述的,是他的偶缘性概念,因为偶缘性概念体现了伽达默尔对浪漫派思想的发挥。偶缘性原本是笛卡儿在心灵与身体之间设定的联系,用来在一定程度上回避心灵与身体之外的第三者即上帝的作用。在历史上,偶缘性指人随不同境遇而采取不同态度,因而世界成为人有所作为的机缘。这就是说,偶缘性首先指偶然性,它是对因果性、必然性观念的克服;其次指因缘相生性,即主体以被给定的客观条件为机缘,创造出既非前定又无法预见的世界。从这一点上说,"浪漫主义就是主观的偶缘性,这就是说,借助于浪漫之物,浪漫性主体将世界当作自身浪漫式创造性的缘由与机缘"②。浪漫派摒弃了古典主义的理性和严谨,脱离了赫尔德总结的那种"高贵的单纯和静穆的伟大",依靠神话和传说来宣泄一种集体无意识。正如西方人评价浪漫派的那样:"浪漫派反对启蒙的个人主义和理性主义,由此强调人对普遍性力量的依赖,强调无意识、无可解释之物、历史之物、给定之物。"③再有就是,"在政治上,浪漫派似乎要'遁入往昔',讴歌古老的、遥远的状态,并回归传统"④。但是,我们不能由此声称,浪漫派要复归蒙昧,因为回归传统并不一定意味着复归愚昧。毋宁说,浪漫派主张的,是一种特殊的启蒙,即继承传统这一前提下的启蒙。

应当说,伽达默尔所讲的历史流传物就是这样一种传统的写照,因为它是未经理性批判地流传下来的。而伽达默尔认可这样一种未经理性批判的历史流传物,意味着他漠视批判理论指出的传统的虚假性和权威的压抑性,而这一点恰恰是解释学的弱点所在。但是,伽达默尔并不是重复

---

① Peter Pütz: *Die deutsche Aufklärung*, S. 190.
② Carl Schmitt: "Romantik", in: Helmut Prang (Hg.): *Begriffsbestimmung der Romantik*, S. 89.
③ Georg v. Below: "Zum Streit um die Deutung der Romantik", in: Helmut Prang (Hg.): *Begriffsbestimmung der Romantik*, S. 138.
④ Carl Schmitt: "Romantik", in: Helmut Prang (Hg.): *Begriffsbestimmung der Romantik*, S. 81.

浪漫派的主观偶缘性,而是将其提升到客观偶缘性的高度上。按照伽达默尔的理解:"偶缘性指的是,意义在内容上依旧由指谓意义的机缘来规定,以至于意义所包含的,远过于其不含机缘的情况。"①如果说伽达默尔这番话说得略微有些令人费解的话,那么他在《语义学与解释学》一文中则讲得更加浅显易懂:"偶缘性即对一种表达的机缘的依赖性。"②还有,在《语言与理解》一文中,他举例说明偶缘性的含义:当我们讲到"此时此刻"时,肯定对自己讲这话的时刻有所意识。这就是说,"此时此刻"的意义要充实以讲话时的场合、机缘。③ 而这意味着,偶缘性是客观存在的一个组成部分,而不是主观强加的。历史流传物得以流传,这本身就属于历史流传物的偶缘性,即属于历史流传物的客观存在。这样,历史流传物不仅是一种客观存在,而更是一种客观过程,是实现在偶缘性中的过程。就像伽达默尔在《真理与方法》中以艺术品为例所讲的那样,偶缘性本身是艺术品的现时性,是艺术品的客观存在形式,是客观意义整体的一个必要组成部分。偶缘性意味着在的扩充,它是伽达默尔用来反对审美的主观性,从而将审美当作一个存在事件的。所以说,偶缘性概念不但体现了伽达默尔同浪漫派的思想联系,而且体现出,伽达默尔是通过发挥浪漫派思想来充实解释学思想的。

三 语言作为解释学思想的归宿

在《真理与方法》的第三部分,伽达默尔以语言为线索来讲述自己的解释学思想。从一般意义上说,哲学涉及认识与知识、理解与表述等问题,而认识与知识、理解与表述涉及语言问题,因而语言是哲学研究不可回避的问题。因此,语言哲学成为哲学的一个分支。就伽达默尔的解释学思想而言,它是围绕着理解与解释、语言与言说等问题而展开的,语言问题在相当程度

---

① Hans-Gerg Gadamer, *Wahrheit und Methode*, in: *Gesammelte Werke* 2, J. C. B. Mohr, Tübingen: 1986, S. 195.
② Hans-Georg Gadamer, *Semiotik und Hermeneutik*, in ders: *Gesammelte Werke* 2, S. 178.
③ 参见 Hans-Georg Gadamer: *Sprache und Verstehen*, in Hans-Georg Gadamer: *Gesammelte Werke* 8, Tübingen: Mohr Siebeck, 1993, SS. 339-340。

上占据了解释学思想的核心地位。因此,了解伽达默尔对语言问题的论述,就相当于掌握了打开解释学思想迷宫的一把钥匙。

(一)语言作为人的存在方式

伽达默尔讲,可以理解的存在就是语言。这容易给人造成一种印象,似乎他将整个世界当作语言文本,将全部存在当作语言事实。但是,伽达默尔只是认为,全部人类活动都以语言为中介。这才是他关于可以理解的存在即语言这一论断的意思。① 由于他讲的语言关涉人类活动的方方面面,而语言学涉及的语言只涉及人类方方面面活动中的一种特殊情况而已,而且解释学并未为语言成为研究对象奠定前提条件,所以解释学实质上并不是一种语言哲学。因此,我们要结合解释学而非语言哲学来谈论伽达默尔对语言的理解。②

就解释学关于语言的认识来说,由于解释学是关于解释和理解的学问,所以一般来说,应当首先给解释和理解下定义,随后据此对语言做出说明。但是,伽达默尔并未采取这样的做法,因为按照他的理解,当我们用理解和解释来说明理解和解释时,这种行动本身就置身理解和解释当中。所以,理解和解释不是方法论概念,而是存在论概念。对于存在论概念,难于像对待方法论概念那样下定义。所以,在语言同理解和解释的关系上,伽达默尔采取的,是海德格尔那样的"短途"思路。他认为,理解与解释是缘在的存在方式,而理解与解释是语言性的。正如海德格尔所说的那样:"语言是人类思维当中最为晦暗的一幕,我们的思维是如此之接近语言性,而语言性在人类思维当中是如此之不成其为对象,以至于它隐匿了自身的存在。"③正是由于语言同思维接近得隐匿了自身的存在,所以语言同思维一样,是我们的存在方式,而不可被当作脱离我们自身的对象。如果我们将语言看作对象,便脱

---

① 参见 István M. Fehér: "Zum Sprachverständnis der Hermeneutik Gadamers——Wort, Gespräch und Sache", in: Günter Figal, Jean Grodin, Dennis J. Schmidt (Hg.): *Hermeneutiseeh Wege*, Tübingen: Mohr Siebeck, 2000, S. 192。

② Ibid., S. 193。

③ Hans-Georg Gadamer, *Gesammelte Werke*, Bd. 1, *Wahrheit und Methode*, S. 383。

离了同语言的原始关系,进入扭曲的对象性关系中。① 所以,语言不是对象。②

从这种观念出发,伽达默尔不是将目光对准语言本身,而是将目光对准借助语言表达出来的缘在的存在方式。在他看来,理解一种语言,这本身就是一种生活。因而解释学的问题不在于理解语言,而在于理解发生在语言媒介中的事情。他明确地说,解释学的问题不是正确地掌握语言的问题,而是恰当地对事物形成共识的问题。至于事物,则是以语言为媒介的。③ 对于伽达默尔的这种认识,西方学者评价说,解释学代表了语言学的转向,而且是较之语言分析更为深刻的转向,因为它不是要建立一种语言描述和语言分析的新机制,而是靠语言来建构意义。所以,解释学对准的,不是事物本身,而是事物的可解释性。由于理解具有解释性,而解释又具有语言性,所以语言是理解的最终框架。④ 可以说,伽达默尔触及语言,并不是以语言本身为目的,而是以借助于语言形成理解和解释、最终达成共识为目的。在解释学当中,语言服务于达成共识这一宗旨,因为共识的达成是一个语言过程。如果共识不会受到妨碍,便不会有解释学的任务。

(二)语言作为理解性事件

伽达默尔认为,语言具有无我性。也就是说,我必须讲述他人听得懂的语言,否则我讲述的语言就不成其为语言。这意味着,语言不是私人语言,而是公共语言。而公共语言不是"我"的语言,而是"我们"的语言。而且,公共语言不是落实在我们的语言行为上,而是落实在我们的语言所表述的内容上。综合这两个方面说,语言最终落实在主体间就语言内容所达成的共识上。这样,我们才能靠语言来理解一切,包括理解我们自身。

由于语言的目的在于达成共识,所以语言不仅是言谈,而更是交流。⑤

---

① 参见 Wilhelm Anz:"Die Stellung der Sprache bei Heidegger", in: Otto Pöggeler (Hg.): *Heidegger-Perspektiven zur Deutung senes Werkes*, Weinheim: Beltz Athenäum Verlag, 1994, S. 306。
② 参见 István M. Fehér:"Zum Sprachverständnis der Hermeneutik Gadamers—Wort, Gespräch und Sache", in: Günter Figal, Jean Grodin, Dennis J. Schmidt (Hg.): *Hermeneutisceh Wege*, SS. 194-196。
③ 参见 Hans-Georg Gadamer: *Gesammelte Werke*, Bd. 1, *Wahrheit und Methode*, S. 388。
④ 参见 Emil Angehrn: *Interpretation und Destruktion - Untersuchungen zur Hermeneutik*, Velbrück Wissenschaft, 2004, Weilerswist, SS. 26-27。
⑤ 参见 Hans-Georg Gadamer: *Grenzen der Sprache*, in Hans-Georg Gadamer: *Gesammelte Werke* 8, S. 350。

但是,交流并不意味着置身他人思想之中,或设身处地地领会他人的体验,而在于在语言上同他人取得一致。这是因为,设身处地地体验他人的想法,便放弃了自我的想法。而放弃自我的想法,对话便不成其为对话,而成了与自说自话截然相反的一味倾听了。毕竟,对话不是移情体验,尽管移情体验也是对话所必需的。所以,对话与交流是在双方保持自我的前提下谋求共识的努力。只不过,这样一种共识是可遇而不可求的,因为我们置身对话当中,无法引导对话,反而要受对话的引导。而这又是因为,引导或者说支配对话,实际上就把对话变成了独白,只不过采用了虚假的对话形式。这种形式上的虚假对话、实质上的独白无法促成理解性共识,只能将一方的观念强加于另一方。所以说,语言不是用来操纵客体的工具,而是形成共识的过程。为达成真正的共识,对话双方需要接受对话本身的引导,遵循对话本身的逻辑。所以,不是对话者引导对话,而是对话引导对话者。对话中的语言有其自身的真理,最初并不为对话者所认识,而是在对话中逐渐展示出来的。由此,我们可以得出一个结论:旨在达成相互理解的对话是不可预见的,理解成功与否,都是一个理解性事件。

按照海德格尔的理解,言说是真理的自行流露,体现为天地神人组成的世界的不言之说。① 而语言是作为有死者的人的言说,是现身于世且有所领略的在世存在的自我表露。② 伽达默尔继承了这一思想,他原本给自己的代表作起的书名是"理解与发生",因为"发生"才是解释学观念的核心。③ 而这种发生就是真理自行流露出来,就是真理表露为言说。我们靠语言来表露真理,世界靠语言得以表露出来,因而世界就寓居在语言之中。海德格尔认为,事件发生于言说之中,而语言是人类尽量去接近的那种存在本身的言说。④ 这表明语言有其自身的真理,与其说语言是人的语言,不如说语言是事物的语言。所以,语言是解释学的存在论视域。

---

① 参见 Werner Marx: *Heidegger und die Tradition*, Hamburg: Felix Meiner Verlag, 1980, SS. 203-205。
② 参见 Otto Pöggeler: *Der Denkweg Martin Heideggers*, Stuttgart: Verlag Günther Neske, 1963, S. 271。
③ 参见 Damir Barbaric: "Geschehen als Übergang", in: Günter Figal, Jean Grodin, Dennis J. Schmidt (Hg.): *Hermeneutische Wege*, S. 63。
④ 参见 Joseph J. Kockelmans: "Sprache-Hegel und Heidegger", in: Edelgard Spaude (Hg.): *Große Themen Martin Heideggers*, Freiburg, Verlag Romach, 1990, S. 82。

就语言与事物的关系而言,在语言的应用中,人的概念优先于事物的概念,因为按照海德格尔的思想,事物的概念是从人的上手角度得以理解的。但是,海德格尔的思想是对古典哲学的翻转。而古典哲学设定了主体与客体的另外一种彼此相符,即主体符合客体。例如,黑格尔主张,事物印证自身。这充分体现了人服从于事物这一观念。所以,事物也是独立于人的。也就是说,事物本身也可理解为:它抵御着不符合事物本性的对人的上手性。这样来理解,则人相对于事物的优先性便颠倒过来:事物的本性意味着摆脱人的偏好,事物要求人忘我地听命于它。

但是,古典哲学引发的一个结果是,它把言辞当成了事物本身。而实际上,言辞的作用在于,对事物的理解原本是透过语言完成的。这就是说,理解建立在被经验之物的基础上,而经验首先是无言的,随后因得以命名、归类才成为反思的对象。所以说,言辞是经验用来表述自身的,言辞不可以独立化为实体。[1] 由此看来,古典哲学因将事物与言辞同一化而掩盖了一点,即事物并不是言辞本身,而是具有语言性。这种语言性可以从语言哲学的研究成果中看出来。赫尔德与洪堡开启了语言哲学的追问,认为语言的作用不在于符合事物,而在于对事物做出先行把握。心灵与世界相符,因而可以体验世界的语言性。因此,相对于对事物的对象性认识来说,这种对世界的语言性的体验是前在性的。这想必是古典哲学误将事物与言辞同一化的由来,而言辞应当归结为世界的语言性。所以,正如西方学者揭示的那样,古典哲学导致了对事物的语言性的遗忘。

(三) 语言作为可理解的存在

伽达默尔克服古典哲学的局限性,是从自己的解释学观念出发的。首先,以文字形式流传下来的一切都与后继时代是同时代的,因为文字流传物具有一种独特的作用,即它令往昔与当今并存。这是因为,通过文字固定下来的东西已经同它的起源及原作者脱离关系,向后继的关系开放,即向接受者开放。作者的意见或原读者的意见只代表一种空位,而这空位要由后继的具体理解的场合来填补。这样,伽达默尔以文字为例,强调了语言起到的

---

[1] 参见 István M. Fehér: "Zum Sprachverständnis der Hermeneutik Gadamers—Wort, Gespräch und Sache", in: Günter Figal, Jean Grodin, Dennis J. Schmidt (Hg.): *Hermeneutiseeh Wege*, S. 197。

历史延续性作用。

其次,伽达默尔强调,语言起到的延续性作用容纳有断裂性因素。语言的应用并不能确保对话与交往一定成功,因为对话与交往以信息传送为条件,而语言不能保证不会造成歧义。所以,语言体现出来的主体间性总是时断时续的。它之所以是连续的,是因为共识是可能的。理解首先是相互理解,因为理解不是个人对事物的理解,而是群体对事物的理解。只有在相互理解并达成共识的基础上,才有可能对事物形成理解。语言的主体间性之所以是断裂的,是因为语言不能充分确保有效的理解。在相互理解不成功的情况下,理解才成为问题,解释才是必要的。所以,解释学式理解与解释应用于主体间断裂之处,并以主体间的断裂为条件。所以说,语言性理解不仅基于共识,而且基于交往困难时所必需的解释。这样,学习语言,就不仅意味着能够做表述,而且意味着能够解释表述,从而构成相互理解,克服主体间的断裂。

再者,从伽达默尔的解释学观点看,主体间断裂是解释学式理解的条件。他引用《圣经》中关于巴别塔的记述,说明语言的统一性造成了人类的僭越行为,而上帝变乱人类语言,才制止了人类的僭越行为。据此,伽达默尔认为,语言的统一性意味着危险,而语言的多样性则意味着对危险的克服。[①] 参照伽达默尔的看法,理解形成于视域融合之中,语言起着融合我们的视域与他人的视域、往昔视域与当今视域这一作用。可以想象,有语言的多样性,才会有更为丰富的对话和交流、更为丰富的视域融合,以及对自我中心的克服和对陌生性的尊重。这里的陌生性来自于彼此不同的视域的彼此陌生,如我们自己的视域与他人的视域之间的彼此陌生、往昔的视域与当今视域之间的彼此陌生。因此,多样性的语言不但拓展了理解的范围,而且规定了理解的取向,即以陌生的他者为取向,而非以自我中心为取向。伽达默尔引用黑格尔的话说,所谓教化,就是能够从他人的角度出发看待事物。[②] 伽达默尔在代表作中开宗明义地大谈特谈教化,也就点明了解释学式理解

[①] 参见 Hans-Georg Gadamer: "Die Vielfalt der Sprachen und das Verstehen der Welt", in Hans-Georg Gadamer: *Gesammelte Werke* 8, SS. 339-340。

[②] Ibid., S. 349。

的这种取向。

(四)语言作为存在的家园

伽达默尔指出,语言是人的家园。在大千世界中,最令人产生家园感的,莫过于语言。在所有语言中,最令人产生家园感的,莫过于母语。而使用母语与使用外语的关系,一如居留家乡与流亡国外的关系。① 伽达默尔的这一比喻难免让人产生一丝困惑:首先,为什么伽达默尔讲流亡国外,而不讲定居国外? 流亡是被迫的,定居是自愿的。当我们去熟悉外国文化时,使用外语显然优于使用母语。所以,使用外语是我们主动的选择、自愿的定居。另外,伽达默尔讲过,我们需要通过母语来了解外语,而一旦掌握了外语,就不需要翻译了。这意味着,正像伽达默尔本人也不得不承认的那样,外语也可以成为母语。所以,如果说流亡意味着需要翻译,那么定居便意味着掌握外语。

其次,家乡是与生俱来的天然乡土,而家园是经过文化认同之后形成的精神寓居之所。因此,家园有可能游离于家乡与国外之间,即游离于母语与外语之间。这样一种家园搭建在不同视域之间,即搭建在自身视域与陌生视域之间。在顺利的情况下,伴随着原本的陌生视域变得愈发熟悉,伴随着自身视域不断扩大,自身视域与原本陌生的视域便可以叠加为家园。在自身视域与陌生视域彼此冲突的情况下,家园的安置便被代之以颠沛流离,而颠沛流离依然是我们安置家园的精神努力。这后一种情况,似乎更符合今人的心路历程。正如伽达默尔所讲:语言破碎处,无物存在。在传承一种历史的语言已然支离破碎之际,今人更有可能脱离伽达默尔所讲的那种历史传承,以哪怕更为偏激的态度对抗伽达默尔的解释学所散发出的保守气息。

我们这种认识之所以同伽达默尔的认识相去甚远,想必是因为伽达默尔侧重同一性观念和延续性观念。同一性观念将自身视域与陌生视域彼此分开,进而谋求视域融合。而伽达默尔所讲的视域融合也是从自身视域出发,不断地汲取和吸收陌生视域,从而扩大自身视域的。至于延续性观念,它理应立足于同一性观念。因此,延续性同样存在于自身视域中。陌生视

---

① 参见 Hans-Georg Gadamer: "Heimat und Sprache", in: Hans-Georg Gadamer: *Gesammelte Werke* 8, SS. 366-368。

域是逐渐为我们的自身视域所汲取的,因而相对于我们来说,它本身无所谓延续性。如果说它也有延续性含义,那么这也是就它为我们的自身视域所吸收的延续性而言的。因此,在伽达默尔那里,家园只能搭建在母语基础上,不可能游离于母语与外语之间。而这也意味着,在伽达默尔的观念中,家园即家乡。这想必是他讲流亡国外而不讲定居国外的原因。

但是,语言并不与事物完全一致,而且语言有可能言不尽意。所以,透过语言把握世界,意味着理性的有限性,语言世界始终是一个缘在。所以说,伽达默尔的解释学是有限性的哲学。为了克服有限性,伽达默尔补充说明,我们不能仅仅去理解自我同一的意义内涵,还要去理解有所不同的理解,即去理解不同的有限理性的意义视域。解释学追求的不是绝对知识,而是始终面向新的经验的开放性。正是基于伽达默尔的这种补充性认识,而且是在同一性观念与延续性观念受到冲击的前提下,关于母语与外语、关于自身视域与陌生视域相互融合的方式,我们有可能形成与伽达默尔不尽一致的认识,即对历史传承,不一定一味继承,而可以采取批判的态度。但是,这并不妨碍我们接受伽达默尔的观念,即语言是存在的家园。因为是无论母语还是外语,都是成就解释学式理解的语言。无论是自身视域通过吸收陌生视域来扩大自身视域,还是自身视域与陌生视域通过相互汲取来汇合成更大的视域,都殊途同归地靠语言融合了不同的视域。关键是,我们寓居在语言的视域中,无论是寓居在母语的视域中,还是寓居在已成为母语的外语的视域中。可以理解的存在就是语言,可以寓居的存在就是语言。

四 在文本与解释之间

论述游戏、浪漫派、语言问题,可以提纲挈领地展示《真理与方法》三个部分各自的实质内容,但要掌握伽达默尔的整体思想,还要旁及文本与解释、历史间距与视域融合、历史的延续性与完全性前把握这些问题,以便将伽达默尔各方面思想彼此交织成一个相对完整的总体。

(一) 文本与解释

伽达默尔的解释学思想是围绕着文本与解释的关系展开的,他认为解释既不是对文本的被动性反映,也不是对文本的随意性表现,而是说文本与解释彼此间是一种相互中介的关系。伽达默尔关于文本与解释的观点涉及他关于理解与解释相互关系的观点。按照传统的看法,解释是理解的工具,所以先有解释,后有理解。海德格尔颠倒了对理解与解释的传统性认识,认为先有理解,后有解释。理解是缘在之忧,形成于缘在的被抛状态之中,是缘在用来把握自身的,因而实际上是一种前理解。解释形成于前理解之后,是对前理解的加工,用于澄清前理解的结构,完成理解的完整过程。① 海德格尔的这种观点为伽达默尔论述自己关于文本与解释的观点打下了基础。

伽达默尔认为,文本本身尚不是现实的作品,文本需要经过解释,才成其为现实的作品。例如,曲谱本身尚不是乐曲,只有将其演奏出来,才有现实的乐曲。而演奏作品,也就是解释作品。演奏者演奏乐曲,为演奏者理解乐谱提供了机缘。所以说,没有解释,就没有理解。反过来说,演奏者不能理解乐谱,便没有能力演奏乐曲。所以说,没有理解,也就没有解释。综合这两个方面来说,理解与解释这两重因素互为表里,是将作品予以现实化的过程。而经过演奏的乐谱,或者说经过理解与解释的文本,也就成为现实的乐曲。

这样,伽达默尔阐发了自己对文本的独特认识。通常,文本是文本,读者是读者。虽然说文本需要读者阅读,而且不同读者对同一文本的解释有可能千差万别,但解释毕竟在文本的概念之外,是读者进一步阐发出来,追加给文本的。而文本本身独立于读者,因为它已然是由作者完成了的。伽达默尔将解释纳入文本的概念,从而将文本从一个现成、完整而封闭的概念发展成一个未完成的、开放性的概念,从一个静态的存在物发展成一个动态的过程。文本存在于解释之中,或者说解释是文本的现实存在方式。至于通常意义上的文本,在伽达默尔那里只是一个潜在的文本。只有容纳了解释因素的文本,才是真正的、现实的文本。解释将潜在的文本予以现实化,解释的程度决定了文本得以现实化的程度。

我们可以这样来理解:文本不但具有可解释性,而且具有待解释性。无论是由于文本属于遥远的时代而在今天难于理解,还是由于文本言不尽意,

---

① 参见 Jean Grondin, *Einführung in die philosophische Hermeneutik*, Darmstadt: Wissenschaftliche Buchgesellschaft, 2001, SS. 134—137。

文本都有待于解释。而文本的待解释性决定了，解释不是附加给文本的，它本身就从属于文本。解释衔接文本的待解释性，最终成全了文本。任何解释都隶属于留待解释的文本的框架，文本的可解释性就呈现在这种框架之中。文本是解释的游戏空间，而文本的游戏空间则有赖于解释来填补。由此可得出两方面的结论：一方面，解释具有无尽的可能性，因而任何一种解释都无法完全覆盖某一文本。对同一份文本，有可能产生千差万别的种种解释，从而造成解释的差别与冲突。例如，对同一份文本，历史学家的解读不同于语文学家的解读。对于这些差别与冲突，早就流传着种种老生常谈的说法，如有一千个读者，就有一千个哈姆雷特。这意味着，解释既附着于文本，又相对游离于文本之外。正因如此，文本得以现实化，具有无尽可能性。读者解释文本时，既要依据前在的文本，又要阐明自己对文本的解读，不但要解读得与前在的文本有所不同，而且要解读出比前在的文本更多的内容。文本不是单义的，而是以其多义性供读者解读的。文本愈是层次复杂，它对读者的解释愈没有约束力。留待解释的文本不可一劳永逸地解释完，而允许无尽的解释。① 解释者解释文本时，不仅面对文本，而且面对其他可能的解释，是解释给其他解释者看的。解释者依据文本做出的解释，又为其他解释者依据文本和此前的解释做出新解释提供了依据或者说参照。

另一方面，各种解释彼此不同，却因关联同一文本而彼此联系。只不过，这并不意味着，有什么本原的解释，而只意味着，任何解释都关联前在的解释，以前在的解释为依据。这样，原始文本与经解释的文本衍生为互文，作者与解释者衍生为交互性主体。这反而表明，文本不是固定不变的，解释也不可能是向作者意图的回归，反而有可能离作者的意图越来越远，正所谓解释者有可能比文本的作者更了解文本。也正因如此，文本与解释作为解释学经验的两重因素，虽然彼此密切相关，却并不相互重叠，这样才能为无尽的解释留下无尽的空间。历史上的解释学大多讲求趋同，而如今的解释学哲学则反对趋同，因为趋同以特定目标和规范为前提，而这些特定目标和规范实际上只具有主观效用。因此，文本的待解释性意味着开放性，它为潜

---

① 参见 Günter Figal: "Die Komlpexität philosophischer Hermeneutik", 载于 Günter Figal: *Der Sinn des Verstehens*, Stuttgart: Philipp Reclamjun. GmbH, 1996, SS. 12-16。

在的文本显现为现实的文本留下了广阔空间。文本与解释是解释学经验中的两极,这两极不能彼此融合,却可相互补充。所谓理解,就是从解释角度把握文本,并从文本角度把握解释。解释学的理解形成于文本与解释之间,形成于文本与解释这两极之间的互动关系。

(二) 历史间距与视域融合

伽达默尔关于文本与解释的观点,关联着他关于视域融合的观念。而视域融合的观念属于他最富创建性的思想之一。视域融合以历史间距为前提,通常说来,间距存在于作者原意与文本表述之间、能指与所指之间、文本与读者之间、作者与读者之间,等等。我们可以根据书写与接受这两条线索把上述方方面面的间距划分为两大类,即作者原意与文本表述之间的间距以及文本与读者之间的间距。能指与所指之间的间距可以同作者原意与文本表述之间的间距归并为一类,因为作者原意已经在意指所指,只是要通过能指来意指所指,而能指也就是文本表述的意思,从作者原意经文本表述即能指到所指,构成一个书写的过程。而作者与读者之间的间距可以同文本与读者之间的间距归并为一类,因为读者是透过文本把握作者原意的,从读者经文本到作者,构成一个理解的过程。伽达默尔的解释学思想关注的,主要是文本与读者之间的间距,因为它关注的,主要是文本产生时代与读者所处时代之间的时间间距、待理解的文本意义与解释之间的间距,并致力于沟通表述与理解、在一定语境中对意义的接受。至于作者意图与文本表述之间的间距,则是利科的解释学的主题了,因为利科致力于揭示作者的误指。[1]

按照通常的看法,文本与解释者之间的历史间距给解释造成了障碍,因为它令解释者对文本感到陌生。解释者如何能够克服由历史间距造成的陌生性,表达文本蕴涵的真理?伽达默尔采取了这样一条思路:文本的意义并不来自于作者及原初的读者,而来自于受历史境遇影响的种种解释。历史事件及其影响融合在一起,而历史影响无法脱离解释。所以,单纯的历史事件是不完整的,后发影响是用来确定先发事件的。没有解释,便难于确定历

---

[1] 参见 Emil Angehrn: *Interpretation und Dekonstruktion—Untersuchungen zur Hermeneutik*, Weilerswist: Velbrück Wissenschaft Verlag, 2004, SS. 71-72。

史事件。[1]所以,历史距离并不意味着空洞的时间间距,它是由历史传承所填充的。历史传承为理解奠定了条件,因而恰恰是历史距离使得理解成为可能。一方面,审美距离使得观赏者能够将一个事件从它的连续性中抽取出来,与观赏者自身相同时。在历史传承中,随着审美者自失于审美对象,往昔与当下才结合在一起,非时间性的现时才成为可能。另一方面,历史间距使得仅仅具有局部性而不具有普遍性的种种解释统统失效,并突出了具有普遍性意义、从而能够跨越历史间距的解释。例如,古典文化的意义就在于,它持存于一切时代的历史性追忆之中。因此,当今的解释者之所以能够解释文本,原因恰恰在于历史间距!历史间距固然存在于理解性主体与历史对象之间,但理解性主体并不与历史对象直接相遇,而是从经过历史中介的立场出发的,因而作为文本的历史对象要经过种种解释起中介作用。因此,理解文本,并不是要置身作者内心,而是要置身令人有所理解的那片视域。把握了对方的视域,即使不见得认可对方的视域,也可理解对方。

在历史间距观念的基础上,伽达默尔展开了视域融合的观念。所谓视域融合,即我们对文本的理解与文本与我们的境遇的关系彼此整合,以至于文本的原始意义无法同为我们的意义相互区别开来。解释学区别于自然科学,没有独立于我们的对象,对象的意义就是解释者的观点与对象相融合的意义。由于我们只能理解自身从属的世界,不能置身自身所属世界之外地去理解,所以我们只能在与自身境遇的关系中理解文本,却不能把文本放到原始关联中恢复其意义,而要保持文本视域与解释者视域的开放性,将解释者的视域同陌生的视域融合在一起。理解不是从一个视域跳入另一个视域,而是将熟悉的视域与陌生的视域融合起来。解释的领域存在于陌生性与熟悉性之间,因为我们完全熟悉的,无须解释,而我们完全陌生的,无法解释。恰恰是居于陌生性与熟悉性之间,才为解释者依据自己所熟悉的去把握自己所陌生的、不断扩大自己熟悉的视域创造了条件。过去的视域不是封闭性的,当今的视域同样不是封闭性的。我们从当今出发看待往昔的目光,是伴随着当今视域的延伸而延伸、拓展而拓展的。过去的视域是从当今

---

[1] 参见 Habermas: "A Review of Gademaers *Truth and Method*", in: Fred R. Dallmayr and Thomas A. McCarthy (ed.): *Understanding and Social Inquiry*, Indiana: University of Notre Dame Press, 1977, p. II.

视域出发向过去的投射,过去的视域要一再为当今的视域所替代。所以,视域融合既伴随着过去的视域,又消解着过去的视域。①

伽达默尔论述翻译,主要是将翻译当作语言作用的实例,说明翻译并非简单地将一种语言转换成另外一种语言,而毋宁说是在吸收外语,发展自身的语言系统。但是,翻译同样可以用来说明视域融合克服主体间断裂的作用。翻译既出现在不同世代的人之间,也出现在不同语言之间,将陌生的语言视域纳入我们熟悉的语言视域,视域拓展即一种语言吸收另外一种语言的过程。

一方面,当今的视域消解着过去的视域,另一方面,历史视域不同于我们的视域,因而我们的视域要融入历史的视域,以至于我们的视域成为历史的视域的一个视角。这一历史视域不是我们可以外在地加以认识、客观地驾驭批判的,毋宁说我们将其当作一个历史之你来接纳。历史之你的陌生性带来不同的理解,与其说向我们提供了固有的意义,不如说向我们透露了隐藏的意义。这种透露既是文本的应用过程,又属于文本的效应史。伽达默尔在理解和解释之外提出应用概念,以及效应史概念,便突出了一点:同我们的视域向历史视域的运动相反,还有一个从历史视域向我们的视域的运动。因此,理解不仅仅是我们的视域的单向扩大过程,同时是历史向我们迎面而来的过程。视域融合是我们的视域同历史传承的双向运动。

(三) 历史的延续性与完全性前把握

视域融合之所以可能,有赖于伽达默尔将历史理解为一种延续性。我们可以将伽达默尔对待历史的态度分为三个层次:在第一个层次上,即在表面的层次上,伽达默尔对待传统很"友善",因为他承认历史存在物可以流传下来,因而应当主张历史的延续性。在第二个层次上,即在更深一个层次上,伽达默尔认为,在过去与当今、传统与现代性之间是一种张力关系。从这一意义上说,他应当主张历史的断裂性。在第三个层次上,即在最深的层次上,伽达默尔的历史间距与视域融合等观念最为明确地说明,历史的延续

---

① 参见 Günter Figal: "Fremdheit und Entferntheit",载于 Günter Figal: *Verstehensfragen*, Tübingen: Mohr Siebeck Verlag, 2009, SS. 223-231。

性要历经断裂性,历史是断裂性中的延续性,因为是历史的延续性沟通了解释与文本之间的间距。为了有所理解,人需要不同的、陌生的东西,而这不同的、陌生的东西来自于历史的断裂性。人隶属于历史传承,同历史传承的关系相当于我与你的关系。在我与你的关系中,我与你本应彼此开放。但是,像黑格尔那样,将我与你的关系当作一种反思关系,这样一种内在性倾向会窒息原本的相互开放性。因此,伽达默尔声称,解释学对立于自我意识地保持着他者的他在性。同时,不同的要化为自己的,陌生的要化为熟悉的,历史存在物才能流传下来,延续性才能贯穿于断裂性之中。所以说,解释学的真理存在于贯穿断裂性之中的延续性之中。

视域融合之所以可能,还有赖于伽达默尔将文本的视域与解释的视域纳入一个共同的历史过程。理解性主体既靠历史来理解对象,本身又从属于历史。历史的持续性既包括解释性主体的活动,又包括对历史对象的中介性作用。因此,理解属于历史自身的运动,解释者的活动从属于历史实体。正如伽达默尔本人所说:历史并不属于我们,毋宁说我们属于历史。① 所以,真正的历史对象并不是客观对象,而是历史对象自身与他者的统一体,或一种关系,在这种统一体或关系中,历史这一实在与历史性理解这一实在两相对照。而这就是伽达默尔所讲的效应史的含义:理解不是主观意识,而是历史实在,或者说理解是一种效应史事件。解释学之所以并不建构封闭的主体体系,而是把自我当作解释,就是为了保持解释的开放性,发挥效应史的作用。因此,理解就是传承与当下的调和,而这不是理解者的作为,而是效应史发挥作用的方式。② 理解是超主体的,是过去与现在的调解和转化,它超越了人为的有意识控制。正因如此,理解是理解者所无法控制的事件,理解性主体从属于它理解的文本。

伽达默尔关于文本与解释的观点还有一个思想前提,这就是关于完全性前把握的观念。所谓完全性前把握,指我们阅读文本时认定,文本具有内容和形式上的完整性,文本的意义是融贯一致的。这样我们才能对文本做

---

① 参见汉斯·格奥尔格—伽达默尔:《真理与方法》,洪汉鼎译,上海:译文出版社,2004年,第281页。
② 参见 Claus v. Bormann, Die Zweideutigkeit der hermeneutischen Erfahrung, in: *Hermeneutik und Ideologiekritik*, Suhrkamp Verlag, 1971, Frankfurt am Main, SS.91-92。

出合乎文本逻辑的解释。当文本的意义成为问题时,即当文本的叙述令我们感到陌生时,我们会借助于完全性的假设来修补文本的意义,因为只有文本的规范性才能确保解释的非随意性。另外,文本的意义是主体间性的,作者肯定希望得到读者的理解,读者应当明白作者的意思。因此,就要确信或者说假设作者所说的是真的。这样才能将作者的信念与表述联系起来,将文本与事实联系起来。相反,认定作者的表述是错误的,就无法建立起统一的意义。所以,认定作者表述为真,是文本实际为真的前提条件。就完全性先把握而言,形式性假设是内容性假设的条件。只不过,留待理解的文本无须意义完全统一,而只需要意义充分即可,因为解释者并不怀有明确认识,而毋宁说只是怀有一种意义预期,而且解释者需要不断修正自己的假设,以符合这一预期。再有,从视域融合的角度说,预期也不是一种主观活动,而是由解释和文本共同决定的。

这样,完全性前把握在文本与解释之间悬设了一种共识。但是,有所共识,并不意味着文本与解释分享完全一致的真理,否则我们只能理解与我们完全一致的东西。只不过,解释与文本之间的分歧是以基本共识为前提的。这样,解释者也才能同作者瞄准同一对象,并通过视域融合,同作者互为主体地分享同一文本世界。文本与读者的关系是我与你的对话关系,文本的视域与解释者的视域融为一体,而文本的意义是一种超越主体或者说主体间的理想性存在。如果一味拘泥于作者原意,势必错失文本的意义。所以,伽达默尔认为,必须抛弃作者意识,因为发言的不是作者,而是文本。

阅读文本时,一方面我们抱有对意义的期待,另一方面,阅读又纠正我们的期待。这样,文本相对于我们的他在性才得以演绎出来。这就是说,不是我们决定文本的阅读结构,而是文本决定我们如何理解文本的意义。这样,我们才能把握实际性真理,而不是随意做解释。解释者从总体出发理解局部,就是以完全性的前把握为条件的。它预设了文本意义的统一性,并以对意义的预期来指导阅读活动。只有在文本的具体内容并不符合意义预期这一前提下,读者才会质疑历史流传,进而从局部出发理解整体。而这一过程也是区分正当前见与不正当前见的过程。伽达默尔将解释学的理解建立在文本与解释的互动关系上,同时指明,这种无尽的互动关系有其有限性。伽达默尔之所以使用视域这一概念,就是因为这一概念适用于有限的理性。

视域固然可以通过视域融合而不断扩大,但视域在流动中总有其边界,意味着理解始终有其界限。

The Philosophy of Limited Reason
——Gadamer's Hermeneutics

Lu Lu

Abstract: The present Text selects the concept of play, romanticism and language respectively from three parts of Gadamer's masterpiece for discussion on hermeneutics, while it supplements this discussion with the idea of historical distance and of fusion of horizons etc too. For understanding hermeneutics as a whole works the concept of play as the entrance, romanticism as the origin and language as the crown of his theory, just as necessary for this understanding is the idea of historical distance and fusion of horizons etc.

Key words: play, romanticism, enlightenment, language

《宋元学案补遗》

[清] 王梓材　冯云濠 编撰

北京：中华书局,2012 年 1 月第一版

《宋元学案补遗》为清代学者王梓材（1791—1851）、冯云濠（1807—1855）为补《宋元学案》所作，正文 100 卷，卷目与《学案》一一对应，另附《宋儒博考》二卷、《元儒博考》一卷。

黄宗羲、黄百家、全祖望相续编撰《宋元学案》但终未完稿。王梓材、冯云濠得到书稿后将其最终整理完成，并于道光十四年（1834）刊刻出版。王梓材、冯云濠结集《学案》中未录的大量正史、方志、文集材料，求全求备，另作《补遗》，于道光二十一年（1841）完成。《补遗》书稿完成后并未刊刻，后张寿镛（1876—1945）得到原稿，经四载整理校录，又撰序、跋、序录，于是《补遗》于 1937 年收入《四明丛书》第五集，首次出版。本次出版的十册《宋元学案补遗》乃以《四明丛书》本为底本整理排印，并含一册索引。（张夔）

正义社会的民族性:米勒论罗尔斯
——基于《论民族性》[*]

姚选民[**]

提　要:在《论民族性》中,戴维·米勒教授有力地展现了一种基于民族性原则的政治学理论视镜。在对罗尔斯正义理论的征引和解读中,米勒教授一方面基于其民族性理论视镜让我们有幸获得了他对罗尔斯教授所说之"正义社会的性质是什么"这一问题的个殊性回答,即罗尔斯教授的正义社会具有民族性;进而另一方面,他还为我们理解罗尔斯万民法主导下的国际政治秩序观提供了一个米勒版参照,即基于民族性原则的国际政治秩序观。不过,米勒教授对罗尔斯正义理论的解读也存有一些问题,比如将罗尔斯理论视为一种应对现实问题的具体政治理论、未能理解罗尔斯教授国内和国际正义理论之间的跳跃性或连贯性等。

关键词:民族性　正义社会　米勒　罗尔斯

---

[*] 衷心感谢复旦大学社会科学高等研究院顾肃教授、华东师范大学人文社会科学学院吴冠军教授为本文提出的宝贵意见,同时感谢匿名审稿人为本文的进一步完善所提出的宝贵修改意见。基金项目:湖南省社会科学院青年科研基金资助项目(2013Qnkt1);湖南省美国问题研究中心课题委托一般项目(13MGWTYB18)。

[**] 姚选民,1980年生,湖南省社会科学院政治与公共管理研究所助理研究员。

一 引 言

英国牛津大学社会和政治理论教授戴维·米勒(David Miller)注意到:"常常有人说,民族(nations)和民族国家(nation-states)的时代正趋向终结,[更确切地讲,]可能不是每个地方的人都这么说,但至少在西方自由主义社会中的人是这么说的。"[①]针对 20 世纪下半叶民族认同正在消解的政治主张[②],米勒教授在《论民族性》一书中捍卫了民族性(nationality)原则,认为民族认同是个人认同的合法源泉,及时并富有挑战性地对民族性的命运提供了一种有说服力的辩护。[③] 然而,民族性原则又不仅仅是一种具体的政治理论,而且还是一种看待世界的方式或应对民族问题的思维方式。在《论民族性》一书中,米勒教授在论述其民族性思想时不时地牵涉到他对罗尔斯(John Rawls,1921—2002)理论的理解和解读,因而,缘于民族性原则的理论品格,这一原则在一定程度上也构成了米勒教授解读或看待罗尔斯理论的一种学术视角。因为这种缘故,很自然地,尽管解读或评论《论民族性》一书的方法可能有多种、侧重的主题可能有多样,但本篇评论所聚焦的主题主要限定在该书里米勒教授眼中的罗尔斯理论。由于米勒教授在《论民族性》一书中对罗尔斯正义理论的解读集中在他对"罗尔斯教授所言之社会(即正义社会)的性质为何"这一问题的回答上,因而,如果要求给本文主题一个精练的表述,那便是:米勒论罗尔斯正义社会的民族性。

二 正义社会之性质:米勒的解读

米勒教授在《论民族性》中共有四处明确提及或参考了罗尔斯教授的理论。不过,这四处又不仅仅是米勒教授对罗尔斯理论的纯粹参考或引用,而更是在很大程度上展现了米勒教授对罗尔斯相关理论的解读。

[①] David Miller, *On Nationality*, Oxford: Clarendon Press, 1995, p. 155.
[②] 参见〔英〕戴维·米勒:《论民族性与民族认同》,赵庆杰、刘宣译,载《马克思主义与现实(双月刊)》2010 年第 2 期,第 110 页。
[③] 参见〔英〕戴维·米勒:《论民族性》,刘曙辉译,南京:译林出版社 2010 年版,前扉页。

(一)解读Ⅰ:社会正义原则实施的环境与正义社会的民族性

在第1处[①],米勒教授说:"在一民族国家中,这个民族国家能够形成和调控一套罗尔斯业已称之为社会基本结构的制度,这些制度以人民/民族(people)之社会正义观所要求的方式一起为人们分配各种权利和义务。"[②]接着,米勒教授指出,这一引用中的判断只是一个假设,"不可能保证这一情形(即在一民族国家中,该民族国家能够形成和调控一套以人民/民族之社会正义观所要求的方式一起为人们分配各种权利和义务的制度)会出现"[③]。这些征引表明,米勒教授认为,罗尔斯教授预设其社会正义观得以实施的正义社会是一种民族国家。

不过,米勒教授的论断还不止于此,他还有进一步更明确的判断。具体说来,在当下国际社会中,这样一种状况是很常见的:一个国家中有多个民族,或者民族国家之外的他国也有与该民族国家相同的民族。因为这种缘故,罗尔斯教授的社会正义观在有多个民族的国家里很难取得一种社会认同,并且,罗尔斯的社会正义观在这种社会环境中实施起来也很难达至罗尔斯教授所想要达到的正义目的,因而,米勒教授进一步的判断是:罗尔斯社会正义观得以实施的正义社会须具有民族性。

一般而言,实现了社会凝聚的国家不一定具有民族性,也就是说,民族国家实现社会凝聚可以使用国家暴力。但是,在具有民族性的民族国家社会中,社会凝聚的力量不仅仅是国家暴力,并且,罗尔斯教授的社会正义观在具有民族性的民族国家社会中,相较于仅仅凭借国家暴力实现社会凝聚之国家社会而言,更易于得到实现。在这种意义上讲,前述这一情况为"民族自决"(political self-determination)提供了一种理论根据。也就是说,具有民族性的民族国家必然会要求实现民族自决,一如米勒教授所言:"如果我们接受社会正义的理想,并承认这些社会正义理想主要以民族共同体为载体,那么,我们便有充分的理由需要这样的政治制度,这些政治制度能够实现这些社会正义理想跟民族边界相一致。"[④]

---

① 参见〔英〕戴维·米勒:《论民族性》,刘曙辉译,南京:译林出版社2010年版,第83—84页。
② David Miller, *On Nationality*, Oxford: Clarendon Press, 1995, p.83.
③ Ibid.
④ Ibid., p.85.

所谓民族性原则是米勒所考察并捍卫的一种主张,它主要包括三方面的内涵:首先,就民族认同方面而言,人们属于这个民族群体或那个民族群体恰好或许是人们各自民族认同的一部分。其次,就伦理方面而言,民族都是伦理共同体,它们在伦理层面上都应受到同样的尊重。最后,就政治方面而言,在特定地域组成民族共同体的人们可以正当地主张民族自决,应当将一种制度结构放在适当位置,该制度结构使人们能够集体决定主要涉及他们自身共同体的事务。① 在这里,米勒所说的民族自决不局限于国际法上殖民地创建新的国家这种国际法行为,一如《经济、社会和文化权利国际公约》(International Covenant on Economic, Social and Cultural Rights)第一条第一款所说:"所有人民都有自决权。他们凭这种权利自由决定他们的政治地位,并自由谋求他们的经济、社会和文化的发展"②,这种民族自决还可以是一种民族自我治理方式。如果是这样的话,那么,这种自治方式既可以是主权国家的形式,也可以是有限的民族自治的形式,比如当下中国的民族区域自治。在这种意义上讲,一个民族采取何种民族自决方式要看该民族所处的特定国内外环境及其在该环境中所处的政治地位。③

(二)解读 II:政治共同体与正义社会的民族性

在第 2 处④,米勒引用道:"罗尔斯说,原初状态中各方的任务'是就社会之基本结构的原则达成一致,在该社会中,假定人们将会主导他们自己的生活……人与地方、社团与共同体,以及文化纽带之间的联系太牢固而难以割舍,并且,这种事实是无可叹悔的'。"⑤接着,米勒指出:"罗尔斯说:'我假定这些[正义]制度的边界是由自足的民族共同体这一观念所设定的'。"⑥

基于罗尔斯的这些论述,米勒的初步判断是:尽管罗尔斯没有关注其自己所刻画之政治共同体的民族特征,但是,须注意的是,罗尔斯认为正义问题产生于成员身份被认为固定和既定的社会当中。米勒进而推论:"除非我

---

① Cf. David Miller, *On Nationality*, Oxford: Clarendon Press, 1995, pp.10-11.
② 参见刘海年主编:《〈经济、社会和文化权利国际公约〉研究——中国挪威经社文权利国际公约研讨会文集》,北京:中国法制出版社 2000 年版,第 302 页。
③ 参见〔英〕戴维·米勒:《论民族性》,刘曙辉译,南京:译林出版社 2010 年版,第 11—12 页。
④ 参见〔英〕戴维·米勒:《论民族性》,刘曙辉译,南京:译林出版社 2010 年版,第 93—95 页。
⑤ David Miller, *On Nationality*, Oxford: Clarendon Press, 1995, p.93.
⑥ 参见〔英〕戴维·米勒:《论民族性》,刘曙辉译,南京:译林出版社 2010 年版,第 93 页脚注③。

们假定[原初状态中]各方共享着一种共同的民族性,否则,[罗尔斯的]这些假设很难得到证明。"① 换言之,捍卫要求再分配之正义原则、偏爱社会中最不利者的政治哲学家们(例如罗尔斯)心照不宣地假定,这些要求再分配的正义原则将在一种共同体的情境中起作用,该共同体为其成员承认为一束团结纽带。因而,米勒认为,罗尔斯社会正义原则得以适用的正义社会必然地具有民族性。

针对米勒的这一判断,有学者可能会认为,不存在将依赖于共同民族认同的国家,与社会正义的再分配体制这二者联系起来的有力证据,共享民族认同看上去对于沿着罗尔斯的社会正义实践或类似路线的社会正义实践既非必要,也不充分;也就是说,实施主张再分配体制之社会正义的正义社会不必然具有民族性。针对这一反驳,米勒的辩护是:一方面,从正义社会的民族性来看,我们关注的不仅仅是民族认同的强度,而且还有民族认同的性质。也就是说,民族认同不仅包括方向相同的认同,比如从团结的方向看待自身的认同(即一般意义上的民族认同),而且也包括方向相异的认同,比如从个人主义的方向看待自身的认同(即不像一般意义上之民族认同的民族认同)。另一方面,即使在那些似乎不顾及共同体间区分(communal divisions)而支持再分配政策的国家中也还是存在立基于多民族之国家的民族性的,且不论该国家对其共同体间区分不予指明,还是对共同体之间进行严格的区分。

在这种意义上讲,米勒的自我辩解表明,在实施主张再分配体制之社会正义原则的正义社会中至少存在着一种弱度的民族性。

(三)解读Ⅲ:差别原则的适用范围与正义社会的民族性

在第3处②,米勒对罗尔斯正义理论的主要征引是:"尊重其他民族的自主性(autonomy)亦包括将这些民族视为对他们自己可能做出的一些决定负责(这些决定的内容涉及资源利用、经济增长、环境保护等)。这些决定的结果则是不同国家的生活水准可能大为不同,然而,诸国家却不能通过诉诸诸如罗尔斯式差别原则(Rawlsian difference principle)这类平等主义正义原则

---

① David Miller, *On Nationality*, Oxford: Clarendon Press, 1995, p. 93.
② 参见〔英〕戴维·米勒:《论民族性》,刘曙辉译,南京:译林出版社2010年版,第107—108页。

来证明[国际]再分配为正当。"① 这一征引意味着,米勒教授认为,将罗尔斯教授的差别原则应用到国际社会是不正当的。

原因是,米勒教授所勾画的国际正义图景描绘了一个世界,在这一世界中,民族国家各自是自决的,并且,通过不干涉义务和某些情形中的援助义务来尊重其他民族的自决权利。进而,在米勒教授所勾画的国际正义图景中,不存在帮助较穷国家的一般义务(即像一国政府帮助国内穷困人口的那种义务),尽管也存在人道主义或基于其他理由的帮助情形。这些论述表明,米勒认为,实施罗尔斯差别原则的正义社会具有民族性,并且,该差别原则只能适用于具有民族性的社会而不能适用于由具有民族性之社会所构成的、无民族性的国际社会。至于米勒认为罗尔斯的差别原则不适用国际社会的理由将在下一部分中有详细的论述。

以上分析表明,在一定程度上讲,民族性原则不仅仅表征着作为国际社会成员之[正义]社会的性质,而且也表征着米勒的一种国际政治秩序观,抑或更确切地说表征着一种立基于民族性原则的国际政治秩序观。

(四)解读 IV:个人自然天赋的分配与正义社会的民族性

在第 4 处②,米勒说:"作为团结性社会中集体忠诚的主要焦点——民族性服务于我业已在前面几章概述的目的:……民族性提供了能够追求社会正义理念的背景,在这些社会正义理念中,尤其追求的是这样一些社会正义理念,它们要求我们在一定程度上将我们的个人天赋(individual talents)视为一种'共同资产'(common asset,用罗尔斯的话来说)……"③

就该处米勒对罗尔斯理论的征引而言,首先须指出的是,米勒犯了一个文本错误。具体来讲,罗尔斯前述观点的正确表述是:"差别原则实际上表达了一种同意:同意把自然天赋(natural talents)的分配看作是一种共同资产,并且同意分享一种利益,该种利益是由自然天赋分配(该种自然天赋分配不知道会[给不同的人]带来什么样的结果)所产生的"④。罗尔斯的这一

---

① David Miller, *On Nationality*, Oxford: Clarendon Press, 1995, p.108.
② 参见〔英〕戴维·米勒:《论民族性》,刘曙辉译,南京:译林出版社 2010 年版,第 188 页。
③ David Miller, *On Nationality*, Oxford: Clarendon Press, 1995, pp.184—185.
④ John Rawls, *A Theory of Justice*, Cambridge, Mass.: the Belknap Press of Harvard Universtiy Press, 1971, p.101.

观点表明差别原则中存有这样一种预设，即个人自然天赋的分配是一种共同资产，因为罗尔斯认为，尽管所有人的自然天赋都不是各人自己应得的，且个人对自然天赋的获得不符合我们通常关于获得的道德观念，即应得观念，然而，所有人又都对其各自身上的自然天赋都具有自然法上的、不容置疑的合法权利。① 如果是这样的话，那么，基于对罗尔斯教授这种论证逻辑的揣摩，罗尔斯这是从反面或间接地论证了"个人自然天赋的分配是一种共同资产"这一判断，否则，罗尔斯如果从正面论证这一判断则要预设正义社会具有较强的同质性，比如较强的民族性，而这与罗尔斯于其理论中倾向于采用一种不诉诸任何真理性前提之反基础主义论证方式的初衷是不相符合的。

然而，米勒在其文本中为何会出现这种明显的"错误"②呢？我们又该如何解释其中的缘由呢？其实，一如罗尔斯的逻辑，在罗尔斯看来，个人自然天赋的存在现状是一个事实问题，即无所谓正义不正义的问题。打个比方说，我们不能说"姚明具有打篮球的身高天赋"这一事实是不正义的。因为这样的事实我们基本上无法控制，因而，在这一事实上无所谓正义不正义问题。而"如何对待个人自然天赋的分配"这一问题则是一个正义问题。沿用前面的例子，换一种表达，即"只有具有姚明的身高才能打篮球"；这一规范性表达则牵涉到正义问题。具言之，我们知道，正义意指是一种价值观念，这种价值观念不是一般的价值观念，而是具有某种价值判断标准地位的价值观念，也就是说，正义概念不仅仅意味着一种价值观念，还意味着一种价值观念金字塔体系，正义概念或正义概念中的价值观念则居于该金字塔体系的顶端，③而关于"只有具有姚明的身高才能打篮球"的规定是一种人为的社会制度规定，牵涉到价值判断问题，正好落入了正义领域，从而成为了一个关乎正义的问题。

---

① 参见〔美〕约翰·罗尔斯：《作为公平的正义——正义新论》，姚大志译，上海：上海三联书店2002年版，第116—119页。
② 参见〔美〕约翰·罗尔斯：《缅怀我的同事——伯顿·德雷本》，姚选民译，载邓正来主编：《复旦政治哲学评论》（第4辑），上海：上海人民出版社2013年版，第269—270页。
③ 参见姚选民：《罗尔斯政治秩序观问题：一种以中国为根据的问题化理论处理》（博士论文），上海：复旦大学2012年，第8—9页。

然而,且不论"将个人自然天赋视为共同资产"不是罗尔斯社会正义理念的正确转述,但米勒的第4处引用却表明,米勒是将民族性作为追求社会正义理念之正义社会的性质,因为在米勒看来,在民族性所笼罩下之社会中实现社会正义的理念相比较而言较为可行,并且,在这种罗尔斯的正义社会里,将个人自然天赋视为共同资产才是正当的。缘于这种判断,米勒还暗地里指责罗尔斯:"政治哲学家将仅仅从关于社会或政治共同体应该如何组织自身的论述(例如该社会或政治共同体应该遵循何种平等原则)开始,而不关注一些假设,这些政治哲学家正是就这些平等原则将应用于其中之共同体的性质提出了这些假设。"[1] 在这里,米勒认为,罗尔斯所不关注的假设就是罗尔斯所言之正义社会的民族性这一性质。

并且,在米勒看来,如果忽略了罗尔斯所说的社会中人们被假设成一个秩序良好之民族国家中理性公民这一点,那么,我们将罗尔斯社会正义理念的适用加以扩展就会出现不合理的后果,[2] 比如如果将罗尔斯的正义原则适用于激进版文化多元主义(radical multiculturalism)所主导下的民族国家,或者适用于全球社会或国际社会,就会出现可以预见的不合理后果。[3] 具言之,就民族国家的国内社会而言,假如罗尔斯的社会正义原则得不到一种公共认同,那么,如果要将罗尔斯的社会正义原则强行实施,那么,这自然会出现文化压制的威权主义或极权主义政治状态;而就国际社会而言,强行实施罗尔斯的社会正义原则则会消解主权国家的民族性。

因而,米勒一方面直接指出以罗尔斯为代表的政治哲学家们无视正义社会的社会性质,即民族性,另一方面指出学界学者在运用罗尔斯理论的过程中忽视正义社会之民族性所会产生的不利后果。这从正反两方面表明,米勒认为实施罗尔斯社会正义理念的正义社会具有民族性;如果无视这一点,罗尔斯的社会正义理念就会失效。所谓激进文化多元主义是指将国家看成一个竞技场,国家允许不同的个人和群体共存共荣,不仅应该宽容而且应该平等承认每一种认同。[4]

---

[1] David Miller, *On Nationality*, Oxford: Clarendon Press, 1995, p.185.
[2] 参见〔英〕戴维·米勒:《论民族性》,刘曙辉译,南京:译林出版社2010年版,第188页。
[3] 参见〔英〕戴维·米勒:《论民族性》,刘曙辉译,南京:译林出版社2010年版,第188页脚注①。
[4] 参见〔英〕戴维·米勒:《论民族性》,刘曙辉译,南京:译林出版社2010年版,第120页。

三　米勒解读之检视

基于上一部分四处对米勒引用罗尔斯论述的分析,我们大体上可以将米勒的解读划为不同的两个部分。笔者拟将第 1、2、4 处米勒对罗尔斯理论的解读归为"第一部分解读",而将第 3 处米勒对罗尔斯理论的解读归为"第二部分解读"。

(一)"第一部分解读"检视:罗尔斯正义理论是一种具体的政治理论、一种政治哲学思想方式,抑或兼而有之?

在第 1 处中,米勒认为,社会正义原则要成为正义社会的公共认同,即得到正义社会中人们的接纳,那么,该正义社会必须具有民族性,否则,这些社会正义原则的正义性就会受到质疑。在第 2 处中,米勒认为,罗尔斯的有些理论论述(比如政治共同体具有共同的民族性)就直接假定了正义社会具有共同的民族性。在第 4 处中,米勒认为,"罗尔斯将个人自然天赋的分配视为一种共同资产"这一观点就预设了正义社会具有民族性,否则,如果从正面论证,那么,罗尔斯就很难解释他的共同资产论观点。由此可见,就"第一部分解读"整体而言,第 1、2 和 4 处米勒的引用主要表明,如果罗尔斯社会正义理念要得以实现,那么,实施这些社会正义理念的正义社会需要具有民族性。

这些具体分析表明,在米勒看来,罗尔斯在其正义理论中预设他践履社会正义理念的正义社会具有民族性。就这一论断的论证而言,米勒对其论断的具体论证分为两个方面:一方面,米勒从社会正义原则得以实施应当具有的环境和背景来归纳和总结出罗尔斯之正义社会的民族性这一性质;另一方面,米勒从罗尔斯的相关理论论述中推断或"误断"出来罗尔斯的正义社会具有民族性:"推断"源自于罗尔斯关于政治共同体具有共同民族性的论述;而"误断"则源自于米勒的"罗尔斯将个人的自然天赋视为一种共同资产"这一观点。

尽管如此,然而,基于对第一部分解读中米勒对罗尔斯正义理论之解读的分析,在米勒看来,罗尔斯所言的"社会"(societies)、"政治社会"(political societies)、"政治共同体"(political communities)等表达都是在现实世界中具体存在的社会样态。因为这种缘故,米勒将罗尔斯的社会、政治社会、政治共同体等这些类似表达实指化了,并使之与现实生活的种种样态相对应。然而,事实如米勒教授所认为的吗?

其实,在大量或反复阅读罗尔斯的作品以后,我们会发现,罗尔斯所说的社会、政治社会、政治共同体等都是罗尔斯认为不需要再加以考察或审视的思想前提;在这种意义上讲,罗尔斯诸种关于社会的表达在相当程度上表明,罗尔斯所说的[正义]社会其实是一种韦伯式"理想型"[①]概念。如果是这样的话,那么,米勒将罗尔斯[正义]社会实指化和具体化的这种推理逻辑表明,米勒预设了罗尔斯社会正义理念在现实社会中的有效性和可操作性。很明显,这与罗尔斯偏好纯哲学思考的理论旨趣及其政治哲学研究的理论品格是格格不入的,或者形成强烈的反差。

因而,米勒关于罗尔斯正义理论的第一部分解读表明,米勒将罗尔斯教授看成了一个仅仅给西方社会现实政治问题给出具体理论"诊方"的政治学家,而他同时视而不见的是,罗尔斯也是一位公认的政治哲学家。在这种意义上讲,以社会正义理念为表征的罗尔斯理论不仅仅是一种具体的政治理论,而且更是蕴涵着一种看待世界或思考问题的哲学思想方式,抑或更确切地说蕴涵着一种政治哲学的思想方式。

(二)"第二部分解读"检视:差别原则不适用国际社会的米勒版解读

在第 3 处中,米勒认为,罗尔斯的差别原则不适用国际社会,原因是差别原则不能居于民族性原则之上,并且,差别原则只能是罗尔斯正义社会中的差别原则,而非所谓由诸正义社会所构成之国际社会中的差别原则。这些论断似乎会逆推出这样一个条件或前提:米勒认为,罗尔斯社会正义原则(尤其是差别原则)所适用的正义社会具有民族性。因为一如米勒的逻辑,如果社会正义原则(尤其是差别原则)所适用的正义社会不具有民族性,那么,为什么该差别原则不能适用于国际社会呢?

因而,就第二部分解读整体而言,第 3 处米勒的引用主要表明,一如笔

---

① Cf. Eugene Kamenka, "Totalitarianism", in Robert E. Goodin, Philip Pettit and Thomas Pogge (eds.), *A Companion to Contemporary Political Philosophy* (2nd Edition), Volume II, Massachusetts: Blackwell Publishing Ltd, 2007, pp. 823—824.

者在前文所说的,米勒的民族性原则不仅仅是用来解决政治学界源于20世纪下半叶世界民族政治现实所产生之民族问题的一种理论主张,米勒的民族性原则还表征着米勒的一种国际政治秩序观:米勒教授戴着他的"民族性"学术眼镜所看到的世界是一个由具有民族性之[正义]社会所构成的国际社会,并且,这种国际政治秩序具有基于民族性的正当性。这似乎为"罗尔斯的差别原则不适用国际社会"这一情形提供了一种米勒版论证:

具体来讲,因为罗尔斯社会正义原则所赖以为基的[正义]社会具有民族性,因而,如果罗尔斯的社会正义原则(尤其是差别原则)扩展适用于国际社会,那么,一方面,这些正义原则的预设无法支撑它们扩展适用后的适用范围,比如说这些正义原则只能适用于具有民族性的、自由民主的政治社会,而如果我们将罗尔斯的社会正义原则扩展适用,那么,这无疑是预设罗尔斯万民法上之法外国家(outlaw states)也具有罗尔斯所言的正义社会性质,抑或预设国际社会中社会这一类诸成员在社会性质上具有同质性。然而,这些预设情况在现实国际社会中是显然不存在的和不成立的!另一方面,这些社会正义原则由于其在国际社会里的强制扩展适用会不尊重其他种类人民/民族的民族自决,从而会消解其他社会的民族性。也就是说,缘于罗尔斯差别原则这一社会正义原则的强制扩展适用,主权国家之间的民族性防线会被不断消弥,整个国际社会演化为一个具有民族性的、同质性较强的社会,即世界社会。

以上分析表明,米勒立基于民族性原则的说理逻辑在论证"罗尔斯的差别原则不适用国际社会"这一情形上显然是有道理的。虽然如此,他却可能将罗尔斯的理论扁平化,尽管米勒在论述他自己的民族性原则时,既将其民族性原则视为一种具体的政治理论,也将其民族性原则视为一种具有一定开放性的、看待世界或思考问题的方式。所谓米勒对罗尔斯理论的扁平化是指,米勒关于"差别原则不适用国际社会"这一情形的论理逻辑(即米勒版论证)预设着,罗尔斯的正义理论只是具体的,而没有思维方式上的意蕴;也就是说,米勒认为罗尔斯的正义理论不具有开放性,即罗尔斯用来考虑国内正义问题的思维方式必须被严格遵守来思考国际正义问题。

然而,罗尔斯是这样来思考国际正义问题的吗?我们应该这样来看待罗尔斯处理国内、国际正义问题方式之间的关系或联系吗？答案是否定的。其实，罗尔斯将其正义理论扩展于国际社会不仅仅是具体正义观点的扩展，而且更是他政治哲学思维方式的扩展。

具体说来，罗尔斯也给出了他关于"差别原则不适用于国际社会"这一情形的解释：首先，正义二原则主要是解决国内秩序问题，针对的对象是自由平等的个人；万民法解决的是国际秩序的问题，① 针对的对象是人民/民族（比如自由民主的人民/民族、正派的人民/民族等②）。也就是说，罗尔斯教授国内和国际正义理论的"坐标原点"不同，罗尔斯审视国内正义问题的坐标原点是自由平等的个人，而他审视国际正义问题的坐标原点则是人民/民族。

其次，要注意试图解决国际政治秩序问题之罗尔斯万民法的理论诉求或目的。罗尔斯认为："万民法（the Law of Peoples）假定这样一点，即每一社会在其人口方面有一种对人类能力的充分安排，也就是说，每一社会都有充分的人口数量从而使得这些社会有足够的人力资源来实现种种正义制度。"③这一征引表明，在罗尔斯看来，在国际社会中，实现国际正义的援助义务既有目标，也存在中止点。援助义务的目标是谋求帮助世界上的处于极度不利处境的人民/民族，直到这些人民/民族中的人们可以成为合理自由社会中的自由平等公民，或成为合宜等级制社会中的成员；而援助义务的中止点是，对每一个承受负担的社会（即人民/民族）而言，一旦援助义务的目标实现，援助义务即中止。④ 援助义务的最终目的乃是确保政治自主，包括两方面：一方面是国内自由平等公民的政治自主；另一方面是人民社会（即国际社会）中奉行自由平等的自由/正派之人民/民族的政治自主。⑤ 然而，很明显，虽然罗尔斯差别原则向人民社会或国际社会的扩展适用能够改善

---

① 参见李小科：《"现实的乌托邦"释义》，载《开放时代》2003 年第 4 期，第 31 页。
② 参见〔美〕约翰·罗尔斯：《万民法》，李国维等译，台北：联经出版事业股份有限公司 2005 年版，第 5 页。
③ John Rawls, *The Law of Peoples*, Cambridge, Mass.: Harvard University Press, 1999, P. 119.
④ 参见〔美〕约翰·罗尔斯：《万民法》，李国维等译，台北：联经出版事业股份有限公司 2005 年版，第 149—155 页。
⑤ 参见〔美〕约翰·罗尔斯：《万民法》，李国维等译，台北：联经出版事业股份有限公司 2005 年版，第 155—156 页。

处于不利境况的人民/民族的处境,从而在一定程度上能有效实现国内社会范围/层面之自由平等公民的政治自主,但是,人民社会范围或层面中自由平等人民/民族间的政治自主则较难予以充分或完全实现,因为一旦将差别原则适用于人民社会,那么,人民社会中之自由平等人民/民族的政治自主极有可能会受到限制,以迁就非自由平等的人民/民族。

因而,在米勒看来,罗尔斯的差别原则之所以不能适用于国际社会,是因为罗尔斯教授的国内正义理论预设罗尔斯所言的正义社会具有民族性,而国际社会不具有民族性,因而,罗尔斯的差别原则这一社会正义原则不能适用于国际社会,或者适用之后会产生极度不可欲的严重后果。

诚言之,米勒通过对罗尔斯关于差别原则适用于国际社会可能后果之论述的考察的确看到了罗尔斯所言正义社会具有强烈的预设性,即罗尔斯的正义社会是以西方宪政民主社会为原型的,但是,他却没有认识到罗尔斯国内正义理论和国际正义理论的跳跃性,并且只是片面地看待罗尔斯国内正义理论和国际正义理论的连贯性:

就罗尔斯国内正义理论和国际正义理论的连贯性而言,米勒跟许多其他罗尔斯理论审视者一样认为,罗尔斯国内正义理论逻辑的应用应当一以贯之;然而,就罗尔斯国内正义理论和国际正义理论的连贯性而言,米勒跟许多其他罗尔斯理论审视者不同的是,米勒注意到了罗尔斯国内正义理论适用的条件性,比如罗尔斯的差别原则由于罗尔斯国内正义理论预设的限制而不能适用于国际社会,而其他一些罗尔斯理论审视者则认为罗尔斯国内正义理论的观点(比如正义二原则)也应当严格地适用于国际社会;这是包括米勒在内的罗尔斯理论审视者看待罗尔斯国内正义理论和国际正义理论之间连贯性的一个方面,另一方面,这些审视者却未意识到罗尔斯国内正义理论与国际正义理论之间的跳跃性中也蕴涵着一种连贯性。

具言之,一如前面所说,罗尔斯国内正义理论和国际正义理论之间的跳跃性最明显地展现在罗尔斯正义理论坐标原点的转换上:罗尔斯审视国内正义问题的坐标原点是个人,而他审视国际正义问题的坐标原点是人民/民族。尽管如此,不过,罗尔斯国内和国际正义理论的理论诉求并没有变,都想实现一种良好秩序,即正义状态,不论是在国内社会,还是在国际社会。当然,虽然罗尔斯在思考国内社会和国际社会的政治秩序问题时是当它们为两个层面的问题,但是,罗尔斯的思考模式是一样的,都充分利用了原初状态设置。然而,由于罗尔斯本人的现实关怀及其正义理论的现实主义乌托邦性质,即现实的理想主义,因而,罗尔斯在将他的差别原则"扩展适用"于国际社会时将其差别原则弱化了,即弱化成为了一种援助义务,但是,这种援助义务还是展现出了罗尔斯差别原则的气质,并且同时照顾到了国际社会的政治现实。

四 结语:米勒的知识贡献

可以说,基于对20世纪下半叶世界民族主义问题的思考,米勒形成了一种关于处理民族问题之民族性原则的政治理论。与此同时,我们知道,尽管迈克尔·桑德尔(Michael J. Sandel)让我们意识到了罗尔斯所说之正义社会的性质问题,比如桑德尔认为,罗尔斯的正义社会是一种共同体,但是,他却没有给出关于"这种社会或共同体之性质为何"这一问题的答案。① 基于民族性这种处理民族问题的原则,米勒教授让我们有幸获得了他对"罗尔斯教授所说之正义社会的性质是什么"这样一个问题的特殊性回答,即罗尔斯教授的正义社会具有民族性。这是米勒教授于文本中的一个知识贡献。无独有偶,在我们看来,米勒于文本中的第二个知识贡献则是,他还为我们理解罗尔斯万民法主导下的国际政治秩序观提供了一个米勒版参照,即基于民族性原则的国际政治秩序观。尽管就国际政治秩序问题而言,米勒的民族性原则有一丝国家主权原则②的意蕴,但是,米勒立基于民族性原则的理论思考却更为基础,并且更具有文化道德内涵。在这种意义上讲,米勒关于民族性原则的论述为现代国际法基本原则(即国家主权原则)的有效性提供了又一种颇具新意的学理解释。

---

① 参见〔美〕迈克尔·桑德尔:《自由主义与正义的局限》,万俊人等译,南京:译林出版社2001年版,第221—222页。
② 参见姚礼明:《台湾主权漫议》,载《学术界》2001年第2期,第205—210页。

On the Nationality of Justice Society: Miller's Remarks about Rawls' Theory
——Based on *On Nationality* by David Miller

Yao Xuanmin

Abstract: In the book of *On Nationality*, professor Miller forms perfectly the perspective of political theory which is based on the principle of nationality. And in his citation and interpretation of Rawls's theory of justice, he lets us know that justice society in Rawls's theory is of nationality. In the meanwhile, he provides a reference for us to understand the international political order view based on Rawls's theory of the Law of Peoples, the reference that is of the international political order view based on the principle of nationality. However, there are some problems of Miller's interpretation of Rawls's theory of justice, for example, he thinks that Rawls's theory of justice is a kind of specific political theory delt with practical issues; he failes to understand the jump or coherence between Rawls's dometic theory of justice and Rawls's international theory of justice, and so on.

Keywords: nationality, justice society, David Miller, John Rawls

Fine 有穷公理化定理的一个注记

裘江杰**

摘 要：K. Fine 证明 S4.3 的所有正规扩张都是可有穷公理化的。证明中使用了列表（list）方法，其中的关键是 Kruskal 定理的一个简化版本，Fine 使用归纳法证明它，稍欠直观，本文给出一个纯组合证明。

关键词：列表方法 S4.3 有穷公理化

K. Fine 在给出 Bull 定理的模型论证明的同时，也给出了有穷公理化结果：S4.3 的所有的正规扩张都是可有穷公理化的。证明中使用了列表（list）方法，其中的关键是 Kruskal 定理的一个简化版本，它是无穷组合学中的一个结果。不过，不管是在 Fine 原来的证明中[1]，还是在 Blackburn 等人所编写的书中所给出的[2]，其中的关键步骤[3]都使用了某种归纳论证，稍欠直观；

---

* 本文为中国人民大学科学研究基金（中央高校基本科研业务费专项资金资助）项目 10XNF094 的成果。审稿人提出了许多有用的意见与建议，特此感谢。
** 裘江杰，1978 年生，中国人民大学哲学院讲师。
[1] K. Fine, "the logics containing S4.3", *Mathematical Logic Quarterly*, 1971, 17(1)：374-375. 定理 5 及其推论，即本文中命题 10、命题 11。
[2] P. Blackburn, M. Rijke, and Y. Venema：*Modal Logic*, Cambridge University Press, 2001, p.253. 定理 4.99，其中一部分即本文中命题 12。
[3] 前者为本文中命题 10，后者为命题 12。

而在 Kracht 的书里则直接使用了 Kruskal 定理①。在本文中,我们给出 Kruskal 定理的这一简化版本的一个纯组合的证明。

首先给出要用到的概念与结果。我们的讨论基于基本的模态语言 L。L 有可数无穷多个变元符号,联结词¬、→和模态词□。⊤、⊥、∨、∧、↔、◇作为被定义符号引入。L 公式定义如常。L 的命题变元集和公式集分别记为 Var$L$ 和 For$L$。依定义有 Var$L$ ⊆ For$L$。语法符号 p、q、r 等表示任意的 L 命题变元,φ、ψ 等表示任意的 L 公式。在以下使用中均简称 L 命题变元为变元,L 公式为公式。

定义 1　设 Λ 是 For$L$ 的任意子集。称 Λ 是一个**正规模态逻辑**(下面简称为**正规逻辑**),若它含有所有的重言式、公式□$(p \to q) \to (\Box p \to \Box q)$,并且满足下述的封闭规则:

(MP)　　若 $\varphi \to \psi \in \Lambda$ 并且 $\varphi \in \Lambda$,则 $\psi \in \Lambda$;

(N)　　若 $\varphi \in \Lambda$,则 $\Box \psi \in \Lambda$;

(SUB)　　若 $\varphi \in \Lambda$,$(\varphi)^\sigma \in \Lambda$,这里 σ 表示对公式的代入,是递归得到的 For$L$ 到其自身的映射,它满足,(1) 对变元 p,$(p)^\sigma$ 为给定的公式;(2) $(\neg \varphi)^\sigma = \neg (\varphi)^\sigma$;$(\varphi \to \psi)^\sigma = (\varphi)^\sigma \to (\psi)^\sigma$;$(\Box \varphi)^\sigma = \Box(\varphi)^\sigma$

以 K 表示最小的正规逻辑。设 Λ 是任意的正规逻辑,Σ 是任意的公式集,包含 Λ 以及 Σ 的最小正规逻辑记作 $\Lambda \oplus \Sigma$,称 Σ 中的公式为新公理,若 Σ 还为有穷集,则称 $\Lambda \oplus \Sigma$ 相对于 Λ 可有穷公理化。对于一个正规逻辑 Λ,若有有穷的公式集 Σ,使得 $\Lambda = K \oplus \Sigma$,则称 Λ 可有穷公理化。易见,若 Λ 相对于 Λ' 可有穷公理化,且 Λ' 可有穷公理化,则 Λ 亦然。

命题 2　一个正规逻辑 Λ 不可有穷公理化,当且仅当有无穷长的严格升的正规逻辑序列,$\Lambda_1 \subset \Lambda_2 \subset \cdots$,使得 $\Lambda = \bigcup_{n=1}^{\infty}(\Lambda_n)$。

证明请参看 A. Chagrov 与 M. Zakharyaschev② 的著作中的定理4.12。∎

定义 3　二元组 $\mathcal{F} = \langle W, R \rangle$ 是一个 *Kripke* 框架(简称框架),当且仅当,

---

① M. Kracht: *Tools and Techniques in Modal Logic*, Elseviser Science, 1999, p.439. 定理 8.7.1。
② A. Chagrov, and M. Zakharyaschev: *Modal Logic*, Claredon Press, 1997。

$W \neq \emptyset$、$R \subseteq W \times W$;称 R 是**自返**的,若对每个 $u \in W$,uRu;称 R 是**传递**的,若对任意的 w、u、$v \in W$,如果 wRu 且 uRv,则 wRv;设 $\mathcal{F} = \langle W, R \rangle$ 是任意框架,令 V 是从 For L 到 $\wp(W)$ 的映射,称 V 是 $\mathcal{F}$ 上**赋值**,如果它满足:$V(\neg \varphi) = W - V(\varphi)$;$V(\varphi \to \psi) = (W - V(\varphi)) \cup V(\psi)$;$V(\Box \varphi) = \{w: 若 wRu 则 u \in V(\varphi)\}$,其中 φ,ψ 是任意的公式。$\langle W, R, V \rangle$ 是一个**模型**,当且仅当,$\mathcal{F}$ 是一个框架,V 是 $\mathcal{F}$ 上的赋值;称 $\mathcal{F}$ 是**有穷**的,若 W 是有穷集;称 W 的一个子集 X 是一个**团**,若 R 限制在 X 上是一个全通关系,并且不存在 X 的真扩集,使得 R 在其上的限制仍然为全通关系;在一个有穷框架上,若任意两个不同团之间,有团中的元素有 R 通达关系,则称 $\mathcal{F}$ 上的团形成了一个**线序**。

定义 4 设 φ 是任意公式,$\mathcal{F} = \langle W, R \rangle$ 是任意框架,V 是 $\mathcal{F}$ 上的任意赋值。

(1) 设 $\mathcal{M} = \langle W, R, V \rangle$,$w \in \mathcal{M}$(即 $w \in W$)。称 φ 在 w 上**真**,记为 $\mathcal{M}, w \Vdash \varphi$ 若 $w \in V(\varphi)$;称 φ 在 w 上**有效**,记为 $\mathcal{F}, w \Vdash \varphi$ 若对 $\mathcal{F}$ 上任意的赋值 V,$\langle \mathcal{F}, V \rangle, w \Vdash \varphi$。

(2) 称 φ 在框架 $\mathcal{F}$ 上**有效**,记为 $\mathcal{F} \Vdash \varphi$,若对任意的 $w \in \mathcal{F}$(即 $w \in W$),φ 在 w 上有效。

(3) 称 $\mathcal{F}$ 是一个**逻辑 Λ 的框架**,若 Λ 中的每个定理都在 $\mathcal{F}$ 上有效。

定义 5 设 $\mathcal{F} = \langle W, R \rangle$,$\mathcal{G} = \langle X, S \rangle$ 为两个框架,称 W 到 X 的映射 f 为 $\mathcal{F}$ 到 $\mathcal{G}$ **有界态射**,如果它满足:

(1) 对 w、$u \in W$,若 wRu,那么 $f(w) S f(u)$;

(2) 对 $w \in W$、$u' \in X$,若 $f(w) S u'$,那么有 $u \in W$,使得 wRu 并且 $f(u) = u'$。

这时若 f 还为满射,则称 $\mathcal{G}$ 为 $\mathcal{F}$ 的**有界态射像**。

命题 6 若 $\mathcal{G}$ 为 $\mathcal{F}$ 的有界态射像,那么对任意的公式 φ,若 $\mathcal{F} \Vdash \varphi$,则 $\mathcal{G} \Vdash \varphi$。

证明请见 P. Blackburn 等的著作中的定理3.14。 ∎

定义 7 S4.3 是 K 的正规扩张,其新公理为

(T) $\quad\quad p \to \Diamond p$;

(4) $\quad\quad \Diamond \Diamond p \to \Diamond p$;

(.3) $\quad\quad \Diamond p_1 \wedge \Diamond p_2 \to \Diamond(\Diamond p_1 \wedge p_2) \vee \Diamond(p_1 \wedge \Diamond p_2) \vee \Diamond(p_1 \wedge p_2)$

(T)、(4) 与 (.3) 分别对应于自返、传递以及右不分叉。

命题 8　每个有穷有根的 S4.3 框架都是有穷团的有穷线序。

证：任取 $\mathcal{F}=\langle W,R\rangle$ 为有穷有根的 S4.3 框架，设 r 为其根。易见 R 是自返、传递的，下面说明 R 是右不分叉的。反证，假设有 $u、v\in W, u\neq v$ 并且两者不相互通达。这样作 $\mathcal{F}$ 上的赋值 $\mathcal{V}$ 使 $\mathcal{V}(p_1)=\{u\}$，$\mathcal{V}(p_2)=\{v\}$。那么由 r 通达到 $u、v$ 可得 $\Diamond p_1\wedge\Diamond p_2$ 在 r 上真，由于 $\mathcal{F}$ 为 S4.3 框架，因此进而可得 $\Diamond(\Diamond p_1\wedge p_2)\vee\Diamond(p_1\wedge\Diamond p_2)\vee\Diamond(p_1\wedge p_2)$ 在 r 上也真，但是根据 $\mathcal{V}$ 的取法，不会有 r 通达的点使 $\Diamond p_1\wedge p_2$ 或者 $p_1\wedge\Diamond p_2$ 或者 $p_1\wedge p_2$ 在其上真，从而矛盾。

由于 $\mathcal{F}$ 是有穷的框架，因此其上只有有穷个团。任取 $X、Y$ 为 $\mathcal{F}$ 上两个不同的团，取定 $u\in X, v\in Y$，那么它们都为根 r 所通达，由于 R 是右不分叉的，因此有 uRv 或者 uRu，这说明 $\mathcal{F}$ 上的团构成了一条线序。∎

这样就可以用正整数的有穷序列来表示 S4.3 的有穷有根的框架，例如用 $n_1\cdots n_m$ 表示 m 长的线序，并且第 i 个团中有 n_i 个元素。把非空的正整数的有穷序列称为**列表**。

定义 9　(1) s 为一个列表，称它的第一项为**头**，记为 $h(s)$；除去头剩下的部分称为它的**尾**，记为 $t(s)$。s 的长度记为 $ln(s)$，对 $i\leq ln(s)$，s 中第 i 位上的元素记为 $s(i)$。

(2) $s、t$ 为列表，称 s **包含** t，如果 s 中有子列 s' 与 t 同长，并且对任意的 $i\leq ln(t)$，$s'(i)\geq t(i)$；称 s **覆盖** t，如果 s 包含 t 并且 $s(ln(s))\geq t(ln(t))$。

(3) $(t_i, i\in I)$ 为列表的序列，I 为某个自然数，或者 I 为自然数集 $\mathbb{N}$，称它为一个**链**(Chain)，如果对任意的 $i,j\in I$，若 $i<j$，那么 t_j 覆盖 t_i。

例如，$\langle 3,5,15,75\rangle$ 是一个长为 4 的列表，其中 3 是它的头，$\langle 5,15,75\rangle$ 是它的尾；$\langle 5,74\rangle$ 是另外一个列表，被 $\langle 3,5,15,75\rangle$ 所覆盖。

命题 10　[①]若 $(t_i, i\in\omega)$ 是一个列表的序列，那么其中有一个无穷长的子序列 $(t_{j_i}, i\in\omega)$，使得对所有的 $l>m, t_{j_l}$ 包含 t_{j_m}。

证：若在原来的序列里，每个列表都包含在其后的某个列表中，那么定理平凡成立。因此只需考虑另一种情况，即序列中有列表使得其后的每一

[①] K. Fine, "the logics containing S4.3", *Mathematical Logic Quarterly*, 1971, 17(1): 374. 定理 5，证明的表述中某几处稍微有些改动，但不失原意。

个列表都不包含它,不失一般的,不妨就设这个列表为 t_1。

令 m 为 t_1 中出现的最大的数,设 $ln(t_1) = l$,下面对 (l,m) 归纳来证,归纳的路线是这样的:当 $l > 1$ 时,在不增大 m 的前提下减小 l;当 $l = 1$ 时,减小 m,不过这时可能增大 l,归纳基础是 $l = 1, m = 2$。

(1) 基础步骤,$l = 1, m = 2$,这时对每个 $i > 1$,列表 t_i 中每位元素都是 1,可以在这这些列表中选取,构得到长度不减的无穷长的子序列。

(2) 归纳步骤,分为两种情况讨论。

(2).1 考虑 $l > 1$ 情况,设 $t_1 = r_1 x_1$,这里 x_1 是 t_1 中的最后一个元素,也分为两种情况讨论。

(2).1.1 对每个 i,都有 $j > i$ 使得 t_j 包含 r_1。不失一般,不妨设对所有的 $j \geq 1$ 都有 t_j 包含 r_1。对 $i > 1$,设 $t_i = r_i x_i \mathcal{S}_i$,其中 r_i① 是 t_i 中包含 $r_1$② 的最短的前段,x_i 是一个数,而 $\mathcal{S}_i$ 是 t_i 中后面剩下的部分。对序列 $r_1, r_2, r_3, \cdots$,由于在不增大 m 的前提下减小了长度 l,因此可以据归纳假设得到一个无穷的升序列 $r_{k_1}, r_{k_2}, r_{k_3}, \cdots$,对 $x_{k_1}, x_{k_2}, x_{k_3}, \cdots$ 也使用归纳假设得到无穷的升序列 $x_{l_1}, x_{l_2}, x_{l_3}, \cdots$,最后对 $x_{l_1}, \mathcal{S}_{l_2}, \mathcal{S}_{l_3}, \cdots$ 使用归纳假设得到无穷的升序列,设相应的下标为 $m_1, m_2, \cdots$,那么 $t_{m_1}, t_{m_2}, \cdots$ 即为一个满足要求的序列。

(2).1.2 有某 i 使得对所有的 $j \geq i$,t_j 都不包含 r_1,这时对序列 $r_1, t_i, t_{i+1}, \cdots$ 可以使用归纳假设,因为在不增大 m 的前提下减小了长度,这时 r_1 的长度为 $l - 1$。

(2).2 再考虑 $l = 1$ 情况,同样,我们可以假设有某个 $i > 1$,t_i 不包含在其后的列表中,若不然,在后面的列表中可以抽取出满足要求的序列。由于 t_i 不包含 $t_1 = m$,因此其中的最大元素小于 m,这样可以对 $t_i, t_{i+1}, \cdots$ 使用归纳假设得到满足要求的序列。∎

命题 11 ③ $(t_i, i \in \omega)$ 为无穷长的列表的序列,那么其中有无穷长的链。

证:令 $t_i = r_i x_i$,其中 x_i 是 t_i 的最后一项元素。对 $x_1, x_2, x_3, \cdots$ 使用定理

---

① 原文为 $r_i x_i$,疑误。

② 原文为 $r_i x_i$,疑误。

③ K. Fine, "the logics containing S4.3", *Mathematical Logic Quarterly*, 1971, 17(1): 375 推论。

10 得到一个无穷长的升链 $x_{l_1}, x_{l_2}, x_{l_3}, \cdots$，然后对 $r_{l_1}, r_{l_2}, r_{l_3}, \cdots$ 再次使用定理 10 得到无穷长的序列，设相应的下标为 $m_1, m_2, \cdots$，那么 $t_{m_1}, t_{m_2}, \cdots$ 即为一个无穷长的链。■

在 P. Blackburn, M. Rijke, and Y. Venema：该书中重新证明了命题 11，并称之为 Kruskal 定理，这个称呼不太准确，我们在后面的注记 13 里会做相应的说明。我们把该书中对命题 11 的证明中的关键部分抽取出来单列为下面的命题 12，该书，中对它的证明也使用了归纳论证①，笔者给出了命题 12 的纯组合证明。下面先介绍该书中对命题 12 的证法，然后借助命题 12 证明命题 11，最后给出我们的组合论证。

命题 12 ② $(t_i, i \in \omega)$ 为无穷长的列表的序列，那么其中有长度为 2 的链。

证：不失一般的，不妨设 $(t_i, i \in \omega)$ 中不包含无穷多个长度为 1 的列表，若不然，可以直接从中抽取出无穷长的链，而不仅仅是长为 2 的链：设 $(s_i, i \in I), I \subseteq \omega$ 是其中长度为 1 的列表组成的子序列。令 $m_0 = \min(s_i, i \in I)$，若 m_0 出现无穷多次，则已得无穷长的链，否则有 $k_0 \in I$，使得 $t_{k_0} = m_0$，并且对所有的 $k_0 < k \in I, t_k > m_0$。那么序列 $(s_k, k_0 < k \in I)$ 仍然无穷长，取其中的最小者，记为 m_1，同样若 m_1 出现无穷多次，则已得无穷长的链，否则继续可以往后取 $m_2、m_3 \cdots$，这个过程要么在取到某个出现无穷多次的 m_i 而终止，要么一直继续下去而得到无穷长的升链 $m_0, m_1, m_2 \cdots$，不管哪种情况，最后得到满足条件的链③。

接下来考虑不含无穷多个长度为 1 的列表，不妨设其中不出现长度为 1 的列表，因为如果只是有穷次出现，可以把相应的前段删去，得到的仍然是无穷长的序列。

下面反证，假设命题不成立，即有这样的序列，其中无长为 2 的链。取

---

① 其中使用了"极小的"概念：可以定义两个序列 $(t_i, i \in \omega)$ 与 $(s_i, i \in \omega)$ 之间的小于关系 $\leqslant$，称 $(t_i, i \in \omega) \leqslant (s_i, i \in \omega)$，若有 $j \in \omega$，使得对任意的 $j \geqslant j$，列表 t_i 中各元素之和小于等于相应的 s_i 中各元素之和。$\leqslant$ 关系是良基的，尽管它非线序，那么正如通常的数学归纳的一种极小版证法，命题 12 的接下来的证明中使用的"极小性"也是一种归纳证明。

② P. Blackburn 等的著作。

③ 我们对一般情况的组合证明本质上与此同理，只不过更加复杂一点。

$(t_i, i \in \omega)$ 为一个极小的这样的序列，极小是意思是，不存在 $n \in \omega$，使得有序列 $t'_n, t'_{n+1}, \cdots$ 使 $t_0, t_1, \cdots, t_{n-1}, t'_n, t'_{n+1}, \cdots$ 中无长度为 2 的链，并且 t'_n 中各项的和小于 t_n 中各项的和。分别取 $(n_i, i \in \omega)$，$(s_i, i \in \omega)$ 为 $(t_i, i \in \omega)$ 中各列表的头与尾组成的序列。对 $(n_i, i \in \omega)$ 使用上面所述的方法，从中抽取出一个无穷长的链 $(n_{k_i}, i \in \omega)$。

最后说明 $(s_{k_i}, i \in \omega)$ 中有长为 2 的链。同样的道理，不妨设其中不出现长度为 1 的列表。考虑序列 $t_0, t_1, \cdots, t_{k_0-1}, s_{k_0}, s_{k_1}, \cdots$，由于 $(t_i, i \in \omega)$ 的取法——其是极小的，因此这个序列中有长为 2 的链，它们只可能出现在 $(s_{k_i}, i \in \omega)$ 中。

设取出的列表分别为 s_{k_l} 与 s_{k_m}，但是这样就将导致矛盾，因为 n_{k_l} 小于 n_{k_m}，那么 $t_{k_m} = n_{k_m} s_{k_m}$ 就覆盖了 $t_{k_l} = n_{k_l} s_{k_l}$，两者构成了一个长为 2 的链。∎

下面利用命题 12 证命题 11。

证：首先无穷次使用命题 12，递归得到 $(t_i, i \in \omega)$ 的无穷多对长为 2 的链：利用命题 12 得到 $(t_i, i \in \omega)$ 的一个长为 2 的链设为 t_{s_0} 与 t_{s_1}，它们处在 $(t_i, i \in \omega)$ 的有穷前段，那么 $(t_i, i > s_1)$ 依然是无穷长列表序列，利用命题 12 得到第二对长为 2 的链 t_{s_2} 与 t_{s_3}，它们依然处于 $(t_i, i > s_1)$ 的有穷前段，如此重复进行，那么可以得到 $(t_i, i \in \omega)$ 的无穷多对长为 2 的链，整个工作在 ZFC 的框架内可以完成。

在这得到 $(t_i, i \in \omega)$ 的无穷多对长为 2 的链中可以抽取出列表以组成一条无穷长的链。

反证，若不然，那么从任意一组两链出发向后拼接总在有穷步后终止，把最后形成的链的最后一个列表称为右不可扩展的，即不存在其后面的两链，能覆盖它。这样会有无穷多个右不可扩展的列表。但是这将导致矛盾，因为把它们放在一起又是一个无穷长的列表序列，那么由命题 11 其中有长为 2 的链。∎

命题 12 的证明不同于 K. Fine 的论文，"the logics containing S4.3" 中给出的，但是证明中使用了"极小的"序列这个概念，如前所述，其中暗含了归纳的思想，也不够直观，接下来我们给出相对直接的组合证明。

证： 如果 $(t_i, i \in \omega)$ 中有无穷个长为 1 的列表，那么如在命题 12 中所述，从中可以抽取出长皆为 1 的链。

不妨设序列中的列表长都大于 1，令 $(n_i, i \in \omega)$、$(u_i, i \in \omega)$ 分别为相应 t_i 的头与尾。

下面先在 $(n_i, i \in \omega)$ 中抽取出一个无穷长的链。

令 $m_0 = \min(n_i, i \in \omega)$，若 m_0 出现无穷多次，则已得无穷长的链，它由无穷个 m_0 组成；否则有 $k_0 < \omega$，使得 $n_{k_0} = m_0$，但是对任意的 $k > k_0, n_k > m_0$。这时 $(n_i, k_0 < i < \omega)$ 依然是无穷的序列，令 $m_1 = \min(n_i, k_0 < i < \omega)$，同样的，如果 m_1 出现无穷多次，则已抽取出一个无穷长的链；否则有 $k_1 < \omega$，使得 $n_{k_1} = m_1$，但是对任意的 $k > k_1, n_k > m_1$，在 $(n_i, k_0 < i < \omega)$ 中把 n_{k_1} 之前元素删去后依然是无穷序列，从而可重复同样的操作。这样，要么在某个 j，使得 m_j 出现无穷多次，要么得到一个无穷长的严格增的序列 $(m_i, i \in \omega)$。

在 $(u_i, i \in \omega)$ 取出 $(m_i, i \in \omega)$ 相对应的尾，不妨仍然记为 $(u_i, i \in \omega)$，把它看成为列表的序列，再分成头序列与尾序列，对头序列用上面的方法同样处理。

由于列表都是有穷长的正整数序列，因此在有限步后，会有一个列表的最后一位被放入到某个链中。设此列表为 t_{s_1}，但是它后面仍然有无穷多个列表仍然在处理中，把这些表里的最后一位抽取出来，仍然形成一个无穷长的正整数序列，头一个 t_s 的最后一位为 $t_{s_1}(ln(t_{s_1}))$，如果这个序列中有数大于等于 $t_{s_1}(ln(t_{s_1}))$，则完成任务；否则，对后面的序列继续上面的操作，但是肯定在有穷步终止，因为若否，那么将会形成一个无穷的下降链 $t_{s_1}(ln(t_{s_1})) > t_{s_2}(ln(t_{s_2})) > \cdots > t_{s_n}(ln(t_{s_n})) > \cdots$，但是这是不可能的。因此最终总可以取到某个 t_{s_m}，由它的最后一位 $t_{s_m}(ln(t_{s_m}))$ 为首元的序列中有数大于等于 $t_{s_m}(ln(t_{s_m}))$，这样就得到了长为 2 的链。∎

注记 13 (1) Joseph Kruskal 在 1960 年发表的论文 "Well-Quasi-Ordering, The Tree Theorem, and Vazsonyi's Conjecture"[①] 中给出了树定理（Kruskal's tree theorm）：其节点取于良的拟序（well-quasi-ordered）集的有穷树的无穷集中总存在着两棵不同的树，使得其中一棵树同态嵌入到另外一棵树中，其中拟序是指自返、传递的序，良的拟序集是指一个带某拟序 ≤ 的集合，并且对

---

① J. Kruskal, "Well-Quasi-Ordering, The Tree Theorem, and Vazsonyi's Conjecture", Trans. Amer. Math. Soc., 1960, 95:210 - 225.

任意的元素的可数无穷序列 $x_0, x_1, \cdots$，有 $i<j$，使得 $x_j \leqslant x_j$。显然命题12才是树定理的简化版本，一方面，每棵有穷树退化到只有一条枝的树，另一方面，树上的节点取于 $\langle \mathbb{N}, \leqslant \rangle$，后者几乎是最简单的良的拟序集。在 P. Blackburn 等的 *Modal Logic* 中把命题11称为 Kruskal 定理，我们现在清楚，这并不准确。

（2）在 K. Fine 的论文，"the logics containing S4.3"中，Fine 使用归纳法证明了命题 11；而 P. Blackburn 等的著作则首先证明了其中的关键步骤，即命题12，使用它可以先对直观地得到命题11，但是命题12的证明依赖于"极小"序列的概念，这种"极小性"建立于序列之间相应序关系的良基性之上，因此命题12的证明也是一个归纳证明。一般说来，归纳证法是适用较广的方法，但是它可能会掩盖所解问题之可解的直觉，因此有时会显得不够清晰。

（3）命题12是无穷组合中一个非常微小的结果，无穷组合中许多结果的成立依赖于有穷与无穷之间的张力，在 K. Fine 的论文"与 P. Blackburn 等的著作所给的证明中也体现了这一点，笔者的小改进只是多利用一点了这个张力，得以绕过归纳论证，或许因此可以显示更加清晰的直观。

最后，我们要说明，K. Fine 的论文"与 P. Blackburn 等的著作中都给出了命题11，但是它们在有穷公理化定理的证明中实际上都只用到了命题12，下面把这一事实明确表述出来。

命题 14 设 $\mathcal{F}_1$、$\mathcal{F}_2$ 为 S4.3 框架，t_1、t_2 为相应的列表，若 t_1 覆盖 t_2 则 $\mathcal{F}_2$ 为 $\mathcal{F}_1$ 的有界态射像。

证：设与 t_2 相应的 t_1 的子序列为 t'_1，如下作从 $\mathcal{F}_1$ 到 $\mathcal{F}_2$ 的映射 f：对每个 $i \leqslant ln(\&)$，设 $t'_1(i)$ 对应的 $\mathcal{F}_1$ 的团为 X，设 $t_2(i)$ 对应的 $\mathcal{F}_2$ 的团为 Y，那么 X 中有更多的元素，因此可以作合适的配对，使得 $f[X]=Y$。

注意到 t_1 覆盖 t_2，因此 $\mathcal{F}_1$ 中最末端的团在上述的步骤里已被处理，因此对 $\mathcal{F}_1$ 中任意的其他团 X，X 之后有 t'_1 中的数所对应的团，取其中第一个 Z，在 $f[Z]$ 中取一个元素 ω，把它与 X 中的元素配对，使得 $f[X]=\{\omega\}$。

由于 $\mathcal{F}_1$ 中每个元素都在且只在一个团中，那么上面的处理保证 f 是映射，f 为满的也易见，至于有界态射的两个条件，尽管需要分情况的讨论不少，但是也都易验证，因此不再赘述。∎

命题 15 S4.3 的每个正规扩张都可有穷公理化。

证：反证，设 Λ 为 S4.3 的正规扩张，但是它不可有穷公理化。那么由命题 1，有无穷公理集 Σ，使得 $\Lambda = $ S4.3 $\oplus \Sigma$，并且可以枚举 Σ 为 $\varphi_i, i < \omega$，使得对任意的 $i \geq 1$, S4.3 $\oplus \{\varphi_j | j < i\} \not\Vdash \varphi_i$。因此据 Bull 定理有有穷有根的 S4.3 框架 $\mathcal{F}_i$，使得 $\mathcal{F}_i \Vdash$ S4.3 $\oplus \{\varphi_j | j < i\}$ 并且 $\mathcal{F}_i \not\Vdash \varphi_i$。设这些框架相应的列表为 $t_i, i \geq 1$。那么由命题 12 得其中有长为 2 的链，因此有 $j > i \geq 1, t_j$ 覆盖 t_i，那么由命题 14 得 $\mathcal{F}_i$ 为 $\mathcal{F}_j$ 的有界态射像，但是这时 $\mathcal{F}_j \Vdash \varphi_i$，最后由命题 6 得 $\mathcal{F}_i \Vdash \varphi_i$，矛盾。∎

A Note on Fine's Finite Axiomatizability Theorem

Qiu Jiangjie

Abstract：Kit Fine proved that every normal extension of S4.3 is finitely axiomatizable. The technique of lists had been applied in this proof, whose key point is a simplified version of Kruskal's theorem： every countably infinite sequence of lists contains a chain of length 2. The proofs of this result, whether provided by Fine or from the textbook Modal Logic by Blackburn et al. , are both less intuitive. They all involve some kind of induction. In this paper, we give a direct combinatorial proof.

Key words：technique of lists, S4.3, finite axiomatizability

章启群:《星空与帝国
——秦汉思想史与占星学》

北京:商务印书馆,2013年

学界对中国古代占星学的研究历来甚少,凡涉及者或偏向天文,或偏向术数。前者多从科技史的角度介绍中国古代天文观测、计算及其观测仪器、计算法则等内容的历史演变和优秀成果,并多与历法演进、数学思想的发展相关,从天文学的角度描述或论证中国古代的科学智慧与辉煌成就;后者则在中国古代占星学说的基本原则上,配合易数占卜,从星命学角度梳理天象变化及各种测算人间灾异、个人祸福的原则方法。涉及占星学本身思想内涵的,则大多只在专门的研究著作中略有提及,或作为思想史发展的一环而被介绍,或作为文章论述的举例和旁证出现,少有系统而全面的理论专著对其思想体系进行阐释说明。然而占星学在中国文化思想上意义重大,完全可以单独成史,单纯的科技思想或占卜原则并不能道出它的全部,相反其只在占星学思想内核的外围游弋,在进入之前止步。章启群教授《星空与帝国》一书即从思想史的角度系统地考察了秦汉之际中国古代占星学的发展脉络及其对政治历史、文化传统的深刻影响,初步弥补了学界对这一思想理论研究的一个空缺。

通览全书,作者在内容上考察了中国上古天文学向占星学的历史转折,界定了占星学的特定含义和基本特征,并对这一转折的历史原因、转折过程及其影响作了一系列的文本考察和思想梳理,基本上清晰地再现了占星学作为一项具有特定内涵的理论学说其前身、兴起、繁荣、对峙与转化的完整过程,并对占星学在秦汉特定历史时空下所产生的重大影响作了合理而深刻的评估。在方法上,回归文本,尊重史实,运用思想史自身的发展逻辑在复杂的文本材料中进行合理推演是作者一以贯之的思想工具。立足原始史料本身,全书每一章节都深入相关典籍内部,在不同文本的关系中展开,紧扣占星学的研究主题,从秦汉思想演进的角度——破解占星学在其中的参与程度和地位价值,并内在梳理了与之密切相关的"天人关系"这一古老又新颖的哲学课题在具体思想背景中的来龙去脉,还原了它的真实面貌。两条线索一显一隐,共同构成了全书的理论骨架。

一 古代天文学向占星学的转折

作为论述秦汉之际占星学发展形态的专门论著,对占星学的界定显然是该书最为首要和根本的任务。作者将占星学界定为春秋战国以来,在邹衍学派影响和改造下,以阴阳五行天人互感为解释模型来观测天象、指示人事的占星系统,其中阴阳五行学说正是其核心特征所在。作者对占星学的界定是从占星学与古代天文学、原始巫术的区分入手的。发源于农耕文明的中国古代天文学以观象授时为基本性质,这种观测将日月星辰的运行与气象物候、农业耕作、社会生活等联系在一起,用以表示季节推移、时序变换,指导人们的生产生活,更接于近一种记时之法,而几乎不掺杂人主观心理的比附和验证。

作者在对具有代表性的《夏小正》与《诗经·豳风·七月》进行梳理之后,得出二者并没有占星学内容的基本结论,历史文献记载的有关夏代的两条天文记录,也都是纯粹的天象观测,古人对于壮丽星聚的感叹和对日食的惶恐,以及与原始巫术一贯的禳救之法,都与占星学有着本质的区别。同样,整个《楚辞》《山海经》以及《论语》《墨子》《老子》《庄子》等文本亦均未出现占星学思想。那么占星学思想是从何时开始流行起来的呢?作者在《国语·周语下》与利簋铭文对武王伐纣这一相同历史事件的不同记载方式中,即"岁星"还是"岁祭"的考量中得出:《国语》中这部分内容的记述属于后世占星学家对上古史实的篡改和虚构,而这种篡改和虚构的行为显然发生在占星学流行之后。进一步缩小范围,对比《国语》与《左传》各自涉及占星学内容的条目,比如对流行用语"天事恒象""天事必象"等的考察,可以初步断定:公元前7世纪占星学才会流行,而到了公元前6世纪占星学的观念已经非常盛行,故而早于这个时间的其他关于占星学的说法,基本可以认为皆是后人附会而为。这是全书最为重要的一个论断,也是全书结构在逻辑上得以成立的根本。

既已辨认出思想史上古代天文学向占星学的这一转折,接下来的逻辑就很清楚了——找出促成这一转折的思想因素,以及这一思想因素在公元前7—前6世纪得以流行起来的历史因缘。

考察当时的历史现实与流传文本,可以看到,几乎所有的历史与文本证据全部将这一转向的关键指向了邹衍学派与《管子》。如作者在书中写道:"中国古代天文学在战国时期出现向占星学的转折,与当时出现的邹衍学说构成一种共生的现象","从思想史的发展逻辑来说,中古古代天文学向占星学实现转折的最重大意义,是阴阳五行学说与占星学的结合。而把阴阳五行说与占星学结合起来的思想理论,只能来自邹衍及其学派。"①虽然《管子》的作者无明确记载,但《管子》作为第一次以哲学形态表述阴阳五行学说与占星学相结合的理论著作,邹衍作为当时历史上公认的阴阳家大师与占星学大师,其二者间的密切关系是不言而喻的。"即便这些篇章成文在邹衍之前,我们用邹衍学派称之,也丝毫不影响思想史的描述与表达。"②因为"在文献资料尚无确证的情况下,从思想史的发展来推论这几篇的作者,甚至更能展示其内在逻辑和确定性。"③在对《管子》相关篇目的集中论述中,作者逐步揭开了《管子》与阴阳五行学说及与占星学的互相关系,其中的重要篇目《幼官》《四时》《五行》《轻重己》《水地》明显表现出阴阳五行占星学说哲学化的系统性表述,这不仅拓宽和加深了我们对邹衍及其学派学说思想的了解,另一方面也利于我们重新认识与定位《管子》在中国思想史上的价值与地位。

至于这一转折出现的原因,可以在《史记·历书》中找到相关线索:"幽、厉之后,周世微,陪臣执政,史不记时,君不告朔,故畴人子弟分散,或在诸

---

① 章启群:《星空与帝国——秦汉思想史与占星学》,北京:商务印书馆,2013年,第85页。
② 同上书,第100页。
③ 同上书,第96页。

夏,或在夷狄……"《汉书》记载与此类似。就是说东周以来,天文历算者大多从周王室分散外流,而各国诸侯因为争夺称霸招揽人才,原先被王室垄断的天文学观测与研究借此时机又在各诸侯国中蓬勃发展起来。与此同时,原始巫术、占卜、祭祀、禳救等古老习俗仍然在世俗生活中活跃,二者在阴阳五行学说的结构中巧妙结合,经过"畴人子弟"的整理与阐发,逐渐形成了独具特色的占星学,对当时的政治、社会、思想产生了巨大的影响。《史记·孟荀列传》中称:"(邹衍)乃深观阴阳消息而作怪迂之变,《终始》《大圣》之篇十余万言。其语闳大不经,必先验小物,推而大之,至于无垠。……称引天地剖判以来,五德转移,治各有宜,而符验若兹。……王公大人初见其术,惧然顾化……"作者解释说:"占星学运用阴阳五行观念解释天象,占星学由于阴阳五行学说而获得一种哲学理论的品质;同时,由于运用天文的观测与计算,占星学对于天象的解释,部分具有科学的性质,因此,阴阳五行学说由于得到占星学的观测证明,也使它成为可证明的理论,即'符验若兹'。"①可以说正是这种全新的方法一改当时儒墨道法的道德说教,而将世界秩序、社会伦理等全部置于可以推演和求证的地步,同时不可否认,这种可以验证的关联和比附满足了人自身本能的宗教性心理,尤其是将"天命"变为了可以及时求证的存在,使邹衍学说能够征服当时的诸子百家、王公大人和君主帝王,在社会、政治、学术思想中产生广泛而深刻的影响。

二 阴阳五行结构的庞大展开

在邹衍学派占星学—阴阳五行的基础上,《月令》首先整合出一种新的天人关系。

作为一种历法式的存在,《月令》与《夏小正》《诗经·七月》之间固然具有一种思想传承的关系,但它并不是简单的历法,而是以十二律为经,五行为纬构成的一种天人模式,《月令》在思想上可谓《管子》阴阳五行占星学的集大成之作,其中将四时、五方、五帝、五佐、五神、五兽、五色、五味、五器、五臭、五音、十日、五数、五事、五政、五德、五常、五严、五社、五脏等可以互相关

---

① 章启群:《星空与帝国——秦汉思想史与占星学》,第111页。

联的事项全部完备包含在了这一文本之中,阴阳五行思想在其中得到了非常充分而成熟的表现。作者于是将《月令》的出现作为思想史特定发展阶段一个标志性的事件加以强调,认为:"它标志着纯粹代表上古农耕社会宇宙观和意识形态的终结,标志着中国上古天文学向占星学的转折,同时还体现了农耕思想与阴阳五行学说和占星学思想的结合。《汉书·律历志·次度》把《月令》《夏小正》、十二次和二十四节气的内容结合一起,这应该不是偶然的,揭示了思想史的一种真实。"①

占星学—阴阳五行体系虽然更多是一种出于人为主观的比附之说,但阴阳五行的框架一旦确定,便实际上客观了许多关系。阴阳五行就如同一个客观的公式,可以在天象、四时、物候、人体、政制、赏罚等具体内容上进行解释和套用,在这个过程中,它不断扩充着自己的容量,最终达到至大无外,至小无内的境地,宇宙万物都可被囊括在这个互相牵涉制约的体系之中。在占星学—阴阳五行学说的强势影响下,两汉的各种学说都在这一思想框架的基础上进行了重构,阴阳五行结构在其自身所能达到的范围内获得了庞大的展开。

就两汉经学来说,《易传》对《易经》这一原始卜筮之书中"象"与"数"的内涵与关联作了占星学的改造与扩充,其中的阴阳含义也附上了明堂月令之说的理论框架,使这一原始的巫术理论转化为一种试图解释宇宙世界和人类社会的形而上学;《尚书大传》中在天为星在地为官、阴阳五行相生相克、三正三统、天地感应、四方时中等占星学思想均得到了非常明确的表述;齐、鲁、韩三家今文诗学尤其是《齐诗传》也受到占星学明显的改造,相比古文《毛诗》则没有占星学的内容,《诗经》中涉及天象的诗句则大多只是一种起兴的手法或对日月星空朴素的描述;小戴《礼记》中《礼运》《乐记》《中庸》《郊特牲》《乡饮酒》等篇含有明显的占星学思想,尤其《乐记》篇"乐由天作,礼以地制","大乐与天地同和,大礼与天地同节"的核心思想,实质是运用占星学理论对传统儒家礼乐思想的重构和置换;《春秋公羊传》频记灾异以证明天人感应,更是占星学思想的成熟运用,董仲舒《春秋繁露》正是对这一文本和思想的直接阐发。所以可以看到,两汉经学与占星学思想有着密不可

---

① 章启群:《星空与帝国——秦汉思想史与占星学》,第 141 页。

分的关系,是否明显经过占星学思想的改造就此也可成为今古文区别的重要证据。

董仲舒紧承邹衍学派而将占星学—阴阳五行思想的发展推向了高潮,其《春秋》大一统思想、三统三正理论、天人互感宇宙模式以及灾异谴告说作为完整的哲学体系,作为汉帝国意识形态的呈现,是那个时代思想的结晶,也是邹衍学派占星学思想的完美总结和精致表达。而到了《黄帝内经》,董仲舒的"天人感应"理论更为精致和细化地反映在了人体的内部构造和经脉运化上,"《黄帝内经》最后把占星学—阴阳五行说在人的微观肉身之中落实下来,是这场接力跑的最后一棒。汉代思想家们有理由相信,自己从此看到的是这个世界和宇宙的真相:人体的血脉、经络、五脏等内在运动,与宇宙天体、外界自然、以及人类社会,都是和谐一致的;人生活的整个世界,从社会制度(礼)到精神情感(乐),从外在世界到内在身体,都是相通一体的"①。这一和谐一体的天人范式最终在《汉书·律历志》中被"律吕"的核心原则所统摄,在这个无所不包的动态结构中,音乐成为了整体跃动的准则。

作者不仅就占星学的发展轨迹考察了它的缘起和繁荣,同时注意到了历史上对这一思想的质疑和批判。如果说邹衍—董仲舒一脉将占星学思想融入各种理论成为当时学术思想的主流,那么荀子—王充对占星学的批判则构成了该时代思想史发展的另一条路径。荀子《天论篇》首先否定了这种不切实际的联想和比附,其后作为思想家和天文学家的王充在《论衡》中根据自己元气论理论和"证验"的新方法对整个虚妄的汉代经学及谶纬神学进行了彻底的清算。"他真正把天文学与哲学,以及政治伦理学说切割开来,复原了作为科学的天文学原型,这比近代西方科学家把天文学从占星学分离出来约早 1500 多年,完成了那个时代作为一个科学家和思想家能够完成的崇高使命。"②从这个意义上说,王充在中国思想史发展进程中意义非凡。

使之成者使之终,以天文学的发展作为科学基础的占星学理论曾经风靡整个社会,但随着人们对于天体运行及其规律认识的不断深入,邹衍学派必然走向衰落。然而其阴阳五行的核心思想并没有随之沉没,反而日渐深

---

① 章启群:《星空与帝国——秦汉思想史与占星学》,第 309 页。
② 同上书,第 378 页。

化,渗透到哲学、宗教、艺术、科学、政治以及社会生活的方方面面,成为"中国思想的核心密码"。占星学—阴阳五行学说的出现直接导致了秦汉之际思想史上的一场剧变,也正是在这一理论基础上,"天人合一"的古老观念在秦汉思想中获得了独具特色的哲学内涵。经过占星学透视的天人关系经过《月令》《易传》等文本的系统表达,最终在董仲舒那里定格为一种标志性的天人模式,在思想史中占有比较重要的一席之地,后世思想家或因其充斥阴阳五行学说而将其划为儒家思想发展的异类,或因透过阴阳五行看到它背后依然是对儒家社会伦理的论证而将其与思孟连成一贯。无论如何,占星学都是这个时代思想的标志,并且对后世产生了深远的影响。这是全书力图论证和揭示的主要内容,也是对目前中国古代占星学研究领域最具启发意义的部分。

  作者从思想史的脉络梳理了秦汉之际占星学的介入对整个国家政治、学术、思想等方面的重大影响,全书脉络清晰,方法统一,是中国思想史研究或古代占星学研究领域中难得的理论著作。但某些章节如论述天文学向占星学的转折原因部分亦略显薄弱,可进一步寻找相关史料证据的支持。另外,作者虽然梳理了占星学在秦汉思想史发展上的大致走向,但这一工作尚未完成,还欠缺对很多重要的秦汉思想家的思想和哲学文本在这一思想向度上的深入分析和结构关联,在此书的启发下,有待更多学者的研究和建树。

(贾祯祯,北京大学哲学系2013级硕士研究生,100871)

彭国翔:《儒家传统的诠释与思辨——从先秦儒学、宋明理学到现代新儒学》

武汉:武汉大学出版社,2012年

  该书是武汉大学出版社"中青年哲学家文库"丛书系列的一本。顾名思义,这套丛书的特点是遴选当今哲学界有代表性的中青年学者,将其作品结集出版。彭国翔虽然是"中青年学者",从各篇深入透辟的文字却不难看出,其功力已经十分老道。这固然与作者的勤奋不无关系,更是其长期致力于这一领域,真积力久,掘井及泉,"溥博渊泉,而时出之"的结果。早在80年代后期进入南京大学读本科时,作者就开始有意识地系统阅读儒家文化的相关书籍。若以最早发表的文字《儒家思想是否精英文化》(1992年发表于台湾《中国文化月刊》)算起,作者进入中国哲学史的研究领域,迄今已逾20年。

正如序言中所交代的,本书是作者既有研究成果的一个自选集。选题"诠释与思辨",意味所收录的论文,均是采取哲学和哲学史的研究取径,也就是在哲学史研究的基础上,对"哲学问题"的"辨名析理"。副标题"从先秦儒学、宋明理学到现代新儒学",表明本书对于儒家传统的考察涵盖了"先秦儒学"、"宋明理学"以及"现代新儒学"这三个历史阶段。

儒学三期的说法始于沈有鼎,由牟宗三赋予了明确的意涵。三阶段主题的划分,显然是基于作者对牟宗三儒学三期说的认同。作者对三阶段的一贯性有自觉的把握,其中《从出土文献看宋明理学与先秦儒学的连贯——郭店与上博儒家文献的启示》一文,就运用了最新出土文献,对儒学三期说加以补充和推进,强化了宋明儒学与先秦儒学一贯性的论证。《作为身心修炼的礼仪实践——以〈论语·乡党〉篇为例的考察》,从工夫论的视角发覆,指出身心修炼的工夫实践是儒家传统的一贯之道,同样揭示了先秦儒学与宋明儒学的连续与连贯。

构成全书每个部分的文字,都是集中于专人、专书、专题的个案性的深入研究,并没有大而无当、浮泛而谈的"宏大叙事"。这是现代学术的要求,也是作者的自觉。在每一历史阶段下,各有若干专题考察。其中尤以宋明理学的分量为重,六篇论文占了全书一半左右的篇幅。先秦和现代新儒学部分则各有三章。具体来说,先秦部分包括三篇文字:《作为身心修炼的礼仪实践——以〈论语·乡党〉篇为例的考察》《儒家的万物一体观——孟子〈万物皆备于我〉章释义》《从出土文献看宋明理学与先秦儒学的连贯——郭店与上博儒家文献的启示》。宋明理学部分涉及张载《西铭》的诠释、朱子读书法,韩国阳明学者郑霞谷的思想特质,王畿四无论的哲学诠释,以王龙溪为核心展开中晚阳明学重要问题讨论。分别是:《儒家宗教性人文主义的特质——以〈西铭〉为中心的考察》《身心修炼——朱子读书法的宗教学意涵》、《本体与工夫——郑霞谷与王龙溪合论》《王龙溪的四无论》《中晚明的现成良知之辨》《中晚明阳明学的知识之辨》。最后现代新儒学的部分,则围绕新儒家重镇唐君毅与牟宗三展开,分别是:《唐君毅论宗教精神》《唐君毅与印度哲学》《牟宗三论"自由"与"自由主义"》。虽然近年来牟宗三的研究成果已经不少,作者从"自由主义"这个重要而又人多忽略的角度入手,却是独有创获。唐君毅的研究较为薄弱,其论"宗教精神"和"印度哲学"更是时流措意无多。这三篇文字可谓发人所未发之覆。

该书的一个特点是文献扎实,言必有据。虽然历史的考察和思想观念本身的辨析,在对象和方法上有着明确的区分,各有其独立的价值,但二者并非截然两途,"老死不相往来"。事实上,史实的考证是哲学史研究开展的前提和基础。思想观念本身的辨析必须建立在实证的基础上,才可能避免过度诠释或作者的想象。中国哲学从来就不是"从概念到概念"演绎出来的体系。中国哲学史研究的特点,要求哲学与史学相须并进,义理和文献不可偏废。正是在这个意义上,余英时先生特别提醒哲学史研究者加以警惕:"在哲学起飞之前,研究者必须以最严肃的态度对待他的历史文本,其中任何一个字都不能轻易放过。"[①]

作者虽然不是历史专业出身,却很早就注意到研究中国哲学的文献途径,自觉吸收史学研究成果,学习史学研究方法。1987年《士与中国文化》甫一出版,作者就已经细致读罢,阅读大陆初版的巴蜀书社《朱子新学案》则更早。其后师承陈来先生,更是学习和继承了注重文献的传统,从而兼具哲学和史学素养。

扎实的文献功底,使得作者在文献材料的掌握和运用方面取得了突出的成绩。本书关于明代理学的四篇论文,都是依据研究对象本人的文集、文录等第一手文献展开的,将"辨名析理"建立在细致爬梳文献的基础之上。只是这个重要的工作,在本书"诠释与思辨"的选题下退隐幕后而已。例如,本书宋明理学部分的第三、四、五、六章,都是围绕王龙溪思想展开的。作者

---

① 余英时:《〈近世儒学史的辨正与钩沉〉序》,载彭国翔:《近世儒学史的辨正与钩沉》,台北:允晨文化实业股份有限公司,2013年,《序》第7页。

对王龙溪相关的文献材料,有着极为充分的掌握。早在 1996 年,作者就编纂了《王龙溪先生年谱》(刊于《中国文哲研究通讯》第七卷第四期,1997 年 12 月)。1997 年又完成了《明刊〈龙溪会语〉及王龙溪文集佚文——王龙溪文集明刊本略考》(刊于《中国哲学》第十九辑,长沙:岳麓书社,1998 年 9 月)。在作者发现该本之前,中文世界的学者似乎并不知道它的存在,日本学者也对其措意不够。作者与其他 8 种明刻本进行了仔细比较,并辑出了七十二条佚文,为研究王龙溪思想提供了崭新的第一手材料。

不仅如此,对于与王龙溪相关的重要人物,作者也自觉地进行了深入和充分的研究,为全幅呈现王龙溪思想,提供了必要的支援材料。例如,在荒木见悟《明末清初的思想与佛教》中译本《译后记》中,译者廖肇亨回忆自己拜谒荒木见悟先生道颜后,星夜读周海门,心想:"老兄,举世可能只有荒木见悟先生与小弟我同情你。"事实上,就在约略同时的 1996 年,本书的作者正在阅读周海门的《东越证学录》,并且开始对《明儒学案》中周海门的学派归属产生疑问。后来充分搜集了相关史料,写出《周海门的学派归属与〈明儒学案〉相关问题之检讨》,纠正了从黄宗羲以来的沿袭之谬。成文之后,得到了荒木见悟先生及海内外学界的充分肯定。

除了运用自己考索发现的史料之外,对于人人触手可得,却常常被忽略的文献材料,作者也能有所发覆,做出创造性的诠释。该书开篇的《作为身心修炼的礼仪实践——以〈论语·乡党〉篇为例的考察》,就是从工夫论角度探讨《乡党》篇的义理蕴涵。揭示出礼仪实践作为身心修炼的工夫的面相,补充了历代注疏和现代诠释长期忽略所产生的理解上的不足。而且,对于当下"显学""聚焦"的文献,作者同样善加运用,开拓出新的视域。郭店简和上博简问世后,吸引了考古、文献、文字、思想史、哲学史等学科的广泛关注,一时间可谓"显学"。作者充分意识到以往思想史和哲学史的相关研究,主要限于先秦思想与简帛文献的关系方面,因而另辟蹊径以为补充。《从出土文献看宋明理学与先秦儒学的连贯——郭店与上博儒家文献的启示》借助史学领域的文献整理成果,考察"性""情""无"三个重要观念从先秦儒学到宋明理学间的连续和一贯,从哲学角度揭示出新材料与其他时段思想观念的内在关联。

其次,本书选题广泛,辨析深入细致。不论是标题中的"儒家传统",还是副标题"从先秦儒学、宋明理学到现代新儒学",都要求所选文字必须具有广泛的代表性,能够用有限的文字展示出三期儒学的某些特质。先秦儒学以孔孟荀为首出,本书于孔孟各有专论,又有"郭店简"和"上博简"中先秦儒家文献的考察。当代新儒学则集中于最具代表性唐君毅、牟宗三。再看宋明理学部分,本书对宋明的主要人物和思想都有涉及。《西铭》是理学最经典的文本之一,其阐发的"万物一体"的观念也是北宋理学甚至整个儒家传统最重要的思想元素,同时张载思想的研究又相对薄弱。宋明部分的第一章就是通过考察《西铭》本文,提示了儒家人文主义的基本特征。宋明理学的两大典范和主要组成部分是朱子学和阳明学。《身心修炼——朱子读书法的宗教学意涵》篇幅相当大,据笔者所知,已经译为英文发表。阳明学部分以阳明高弟王龙溪为核心,并且通过讨论"现成良知之辨"和"知识之辨",将众多阳明后学的关键人物和思想纳入考察范围。《本体与工夫——郑霞谷与王龙溪合论》,更是以比较的方式揭示出韩国阳明学者郑霞谷思想的某些方面。

本书"辨名析理"的工作也较为细致和深入。作者在繁复的史料考证基础上,从第一手的原始资料出发,紧扣文献展开深度诠释,将史学的文献考证与哲学的义理辨析有机结合。例如先秦部分第二章先解析"我"、"物"与"备"的含义,再诠释"反身而诚"和"强恕而行"的意义,最后使向来难以索解的"万物皆备于我"章,呈现出完整的义理结构。第三章考察"性"、"情"、"无"三个重要观念,得出这些观念在宋明理学与先秦儒学不同脉络中的连贯意涵,强化了先秦与宋明儒学"一以贯之"的论证。再如宋明部分第四章对"无心之心"、"无意之意"、"无知之知"和"无物之物"四个概念的分析,指出从存有论和境界论两个不同的层次来理解"四无"。其他章节亦复如是。可以说,作者对义理内涵的分析做到了细致入微,鞭辟入里,信而有征,于理有据,同时也提出了不少创新的观点。

此外,作者具有开阔的国际视野,对全球视域中的相关研究成果有较为充分的了解,并能取其精华,择要吸收。例如,从本书宋明部分的文字就不难看出,作者对东亚和西方世界宋明理学的研究成果有相当深入的了解和消化吸收。

作者能够自觉吸收其他学科领域的成果,作为儒学诠释的援军,也能运用比较的方法"双向互诠"。现代学术研究日益分化和深入,学者抱守"一事不知,儒者之耻"的旧观念,疲于奔命也绝无实现的可能。在自己当行的领域之外,借鉴西方一流学者的相关著作,不失为一个明智的选择。因此,作者系统、深入地吸收了西方哲学、宗教学的相关理论,并将其作为一种自觉的方法论。例如《身心修炼——朱子读书法的宗教学意涵》就是将朱子读书法的诠释置于中西哲学、宗教学的比较视域中展开。再如对"万物皆备于我"章的分析,广泛引用了宗教哲学家马丁·布伯的思想,作为诠释孟子万物一体观的理论资源。不难看出,一些西方哲学、宗教学思想已经融为作者研究的有机组成部分。

比较的视野和研究方法,是本书的显著特点。书中既有跨越地域的人物思想对比,又有不同学科领域的比较研究。前者有《郑霞谷与王龙溪合论》,后者如《身心修炼——朱子读书法的宗教学意涵》。必须注意的是,引用任何西方观念都只是助缘,只是为了更好地呈现中国哲学史中的固有意蕴和脉络,不能舍己从人,丧失中国哲学的主体性。作者对这一点有充分的自觉[1],能够在西方哲学、宗教学中寻找合适的理论资源进行诠释研究,又始终"立定脚跟",内在于中国哲学自身的问题意识和义理纲维而"思不出其位"(《论语·宪问》)。这一点也得到了西方学术界同行的认可。

最后需要说明的是,作者虽以学术思想的专题研究见长,却不是躲在象牙塔中"独与天地精神相往来",同时也对中国文化有着强烈的现实关怀。明儒史玉池有云:"范文正以天下为己任、司马公以天下是非为己任、明道先生以兴起斯文为己任。"[2]这里"以兴起斯文为己任",即程伊川《明道先生行状》所谓"孟子没而圣学不传,(明道)以兴起斯文为己任"[3]。在作者这些学术性的专论背后,有统宗会元的一贯之旨,有跃动不已的"中国情怀"。对传统的研究也就是呈现儒家的原貌,呈现"中国文化之精神价值"。"返本"是为了"开新",为中国文化的现代意义提供依据,是为了"人文精神之重建",

---

[1] 参见彭国翔:《合法性、视域与主体性——当前中国哲学研究的反省与前瞻》、《中国哲学研究的三个自觉——以〈有无之境〉为例》,载彭国翔:《儒家传统与中国哲学:新世纪的回顾与前瞻》,石家庄:河北人民出版社,2009年。
[2] 见高攀龙:《〈答史玉池〉引文》,载高攀龙:《高子遗书》卷八上,明崇祯五年刻本,第56页。
[3] 程颐:《明道先生行状》,载程颢、程颐:《二程集》,北京:中华书局,2004年,第638页。

期盼"人文与理性的中国",也可以说是"以兴起斯文为己任"的义理担当。作者这方面的批判性思考,在最近出版的《重建斯文——儒学与当今世界》(北京:北京大学出版社,2013年)中得到了集中的反映。

(李卓,清华大学哲学系2011级博士研究生,100084)

张文良:《"批判佛教"的批判》

北京:人民出版社,2013年

日本的"批判佛教"肇始于上世纪80年代,其代表人物有日本驹泽大学的松本史朗、袴谷宪昭和伊藤隆寿等。他们在立论上标新立异,宣称"如来藏思想不是佛教"等结论;在研究方法上,虽立足于新"佛教学"对传统"宗学"的变革,却带有强烈的价值倾向性。由于立论的挑战性和研究方法的争议性,"批判佛教"在日本佛教界、中国佛教界乃至欧美佛教界都引起了相当大的反响,只不过反响的时间和程度略有不同。

在最初阶段,日本学界对"批判佛教"的反应是冷淡的。直到20世纪90年代中期后,这一情况才有所改变:"批判佛教"作为一种思潮或运动,在学理层面和社会层面都开始产生重要影响。但令人惊讶的是,"'批判佛教'在进入日本主流学界的视野之前,首先在大洋彼岸的美国引起关注"[①]。1993年,美国宗教学会年会专门设立了"批判佛教"分会,并就此展开激烈讨论。1997年,杰米·霍巴德和保罗·史万森编辑出版了《修建菩提树》一书,反映了论争双方的主要立场。相对于日本与美国对"批判佛教"运动的重视,国内的反应则显得较为迟缓。虽然吕澂早在20世纪30年代对中国佛学所做的批判与"批判佛教"在问题意识和结论上有一定的相近之处,但却没有

---

① 张文良:《"批判佛教"的批判》,北京:人民出版社,2013年,第32页。

引起国人对"批判佛教"的重视与研究。总的来看,围绕"批判佛教"的争论至今仍在持续。只不过,与之前的酝酿、成立和回应、辩护不同,现阶段对"批判佛教"的研究更多侧重于反思和总结。

这方面的工作进入 21 世纪以来便一直在进行,也取得了一定的成效。如林镇国的《空性与现代性》和唐忠毛的《佛教本觉思想论争的现代性考察》等,都有一定的篇幅对"批判佛教"进行研究和分析。然而,他们并不尝试对"批判佛教"作全面细致分析和梳理,而是选取特定视角切入,以此来照看"批判佛教"的某些侧面。这个特定视角就是"现代性"。如林镇国认为,"批判佛教"之所以如此受到重视,"乃是在新的历史脉络来重新诠释传统论题,并触及了理论与实践的核心问题"①。唐忠毛则更明确指出,"这个'现代性语境',既涉及西方的现代性思潮的影响,也涉及中国和日本的各自面临的独特的'现代性'处境"②。

该书的作者张文良先生,显然也认识到了这一点。他一方面汲取前人的研究成果,立足"现代性"的视角进行评判和分析,另一方面则更全面而详尽地对"批判佛教"运动的来龙去脉和论辩争锋进行梳理与总结。这样的梳理有不小的困难,前人也鲜有尝试。其理由,一方面是由于"批判佛教"运动自身的复杂性;另一方面则是由于相关的日文原始资料浩博,解读有一定难度。

张文良先生的求学和研究经历,为研究提供了方便和助益。他长期留学日本,并在东京大学获得博士学位。多年来,他致力于华严宗、禅宗和日本佛教的研究,与日本佛教学术界有密切的交流和联系。这样的经历,一方面使得他对资料的掌握、解读和运用有独到的优势;另一方面,也如方立天教授在本书序言中所评价的,能够"对日本佛教的历史和现状有比较真切的了解,对日本佛教学术界的研究方法和研究成果有比较全面的把握"。③

除了继承以往的研究成果外,本书更有自己的侧重点和独到分析。总的来说,因"批判佛教"所涉内容过于广泛,故作者将所研究的对象主要集中

---

① 林镇国:《空性与现代性:从京都学派、新儒家到多音的佛教诠释学》,台北:立绪文化事业有限公司,1999 年,第 23 页。
② 唐忠毛:《佛教本觉思想论争的现代性考察》,上海:上海古籍出版社,2006 年,第 79 页。
③ 张文良:《"批判佛教"的批判》,《序》第 4 页。

于日本文化语境,对围绕中国佛教所展开的批判性考察叙述较为简略。具体而言,在背景和缘起的分析中,作者在坚持"现代性"视角的同时,分析了包括日本主义与日本佛教、场所哲学与批判哲学以及宗学和佛学等多方面内容;在内容上,作者虽只立足于日本文化语境,但却尽可能做到全面和系统,对根本佛教、如来藏思想、禅宗、本觉思想、日本佛教和社会层面等多方面议题都做了详尽分析。

在批判"批判佛教"的同时,作者还敏锐把握到论争中,以"空"、"有"为进路的两种佛教再构筑理论尝试。这也使得本书不仅仅是对"批判佛教"运动中的"破",也看到其中积极建构的"立"。虽然"批判佛教"的诸多论点难以为人接受,但其出现的意义、所意识到的问题,以及在讨论中对佛教义理的深化等,却仍值得我们考察和深思。所以作者也感叹"他们所提出的问题比他们实际解决的问题意义更为深远",并希望通过持续关注"批判佛教"思潮的发展,来为中国学界思考相关问题提供信息和线索。

虽然"批判佛教"的研究不是一个新话题,但可以中肯地说,《"批判佛教"的批判》一书,是目前就"批判佛教"运动本身的研究中,介绍最全面,梳理最清晰,解读也最详尽的一部著作。对于人们了解"批判佛教"运动的历史渊源,来龙去脉和论证交锋有极大帮助。

一 源流与经纬
——"批判佛教"背景的历史解说

本书写作的目的在于立足于日本文化语境,对"批判佛教"进行全面梳理和批判性考察。要完成这一任务,首先要明确的便是研究的对象,即"批判佛教"到底是什么。作者吸收以往研究的成果,给出了详细的定义。在作者看来,"批判佛教"实际上包含"批判的佛教"和"佛教的批判"两个方面。前者即认为佛教的根本特质就是批判,从而拒斥任何未经审查的实体论和绝对性存在,后者则立足于佛教的批判特质,对佛教思想史和社会史做批判性的考察。而所谓"佛教的批判"又有广、狭之别,狭义的即指佛教自身特别是如来藏思想的批判,广义的则涵盖了整个佛教的哲学和社会批判。①

知其所是,明其所由。既然明确了研究对象的意涵,那么对其源流背景的分析,便顺其自然。正如之前所提及的,这样的分析是立足于"现代性"视角之下的。只不过,这一"现代性"问题,既表现为现代性的困境,即后现代性问题,也表现为现代性的缺失,即前现代性问题。一者力求对现代性问题的超越,一者却力求对前现代性问题的解决。这两者间既相互矛盾,又存在着内在的张力。在这样的视角下,作者以日本主义与日本佛教、场所哲学和批判哲学、宗学和佛教学这三方面内容为线索,来考察"批判佛教"的背景。以往的研究对前两者虽多有涉及,但对后者却多有忽视。作者意识到问题之所在,故其在对前两者更具脉络性和连贯性分析的基础上,细致地分析了宗学和佛教学方面的内容。在作者看来,如果说前两者是刺激"批判佛教"出现的外部要素,那么后者则是就佛教学术传统而言的内部要素。更确切地说,"从佛教内部的学术传统来看,'批判佛教'是日本传统的佛教研究范式与近代以来的实证主义研究范式之间相互冲突、相互激荡的产物,是两大佛教研究潮流相互交汇而形成的思想旋涡"②。这三条线索,不仅贯穿在背景的分析中,还贯穿了整个"批判佛教"思潮论争的始终。

对于"批判佛教"论争和发展的轨迹,作者有详细的分期。这既方便了对"批判佛教"时间脉络的把握,也能更好地对"批判佛教"每一发展阶段的性质予以定位。在作者看来,"批判佛教"可以分为三个时期。第一时期是20世纪80年代到90年代初期,是"批判佛教"的酝酿和成立时期;第二时期是20世纪90年代,是"批判佛教"思想的发展和回应时期;第三时期是21世纪以来,是对"批判佛教"的反思和总结时期。很显然,作者对本书的写作也是基于反思和总结的立场的。有所差别的是,许多反思和总结的研究成果,也成为作者的研究对象。毕竟,在作者看来,"批判佛教"不是已经成为过去的思想,而是仍在进行中的思想运动。

---

① 张文良:《"批判佛教"的批判》,《前言》第 1 页。
② 张文良:《"批判佛教"的批判》,第 19 页。

二 批判的佛教与佛教的批判
——"批判佛教"的批判考察

该书以"'批判佛教'的批判"为名是极有意味的。在笔者看来,这一安排既表明了作者的立场,即实现对"批判佛教"的批判,也揭示出作者在考察批判佛教运动时,是以批判佛教与其反批判之间的关系和张力为线索来进行的。后者全书的重点所在。在论述这一重点时,作者带有强烈的问题意识。这一点在本书第一章中就有体现,即作者在分析"批判佛教"思潮的经纬时,就列举了"批判佛教"论争中的几个重要问题并加以说明,其中包括:如来藏思想、"基体说"、佛教中"有"的逻辑、本觉思想和研究方法问题。但有趣的是,作者并未机械的按照这样的划分来安排章节,而是只挑选出其中最重要的两个问题(如来藏思想和本觉思想)独立成章来讨论,其余的几个问题则散落在各个章节的讨论之中。以下,笔者将对诸章逐一介绍。

作者首先分析了"批判佛教"对原始佛教的批判。之所以以此为始,可能是考虑到其与"根本佛教"的追求有关。因为"批判佛教"在斥责其他思想非佛教之时,首先得明白什么才算是真正的佛教。在松本史朗看来,佛陀所觉悟的内容是时间性的"十二缘起"。这里的时间性与上座部建构"三世两重因果"的立意不同,它是建立在"人无我"和"法无我"基础上的"宗教性的时间"。基于这一立场,松本史朗提出"基体说"来斥责"解脱"与"涅槃"等概念的"我"论和非佛教本质。这一结论的得出,与松本史朗对《经集》的研究是分不开的。然而,正如作者所指出的,松本史朗的观点,在理论上是将"佛陀之教"与历史上的"佛教"混为一谈,在方法上则选择性地忽视了"缘起说"的历史内容。甚至其所提出的"宗教性时间"这一概念的公共性也是值得怀疑的。当然,作者也认识到松本的研究在一定程度上有利于我们深化原始佛教的思想背景和认识佛教思想的复杂性格,甚至当作者以"缘起"、"解脱"和"涅槃"等概念梳理论争时,也帮我们厘清了原始佛教的许多概念和教义。

如来藏思想与大乘佛教息息相关,因此对如来藏思想的批判也就涉及整个大乘佛教运动的价值判定和思想定位,这是"批判佛教"最富争议的部分，也是它最主要的内容。正如作者所说，狭义的"佛教的批判"就是指如来藏思想的批判。在对"批判佛教"关于如来藏思想的批判的论述中，作者分为两章来论述，即第三章"如来藏不是佛教吗"和第四章"禅宗与如来藏思想"。

在第三章中，作者以松本史朗和袴谷宪昭对《胜鬘经》（"一乘"）、《般若经》（"空"）、《维摩诘所说经》（"真如"）和《大乘起信论》（"真如"、"一心"）的批判性研究为线索，揭示出"批判佛教"关于"如来藏思想不是佛教"的具体内涵，并尝试对这一观点进行批判分析，给出正确看待包括如来藏思想在内的大乘佛教的可能进路。在"批判佛教"看来，如来藏思想具有强烈的"我"论倾向，因而与佛教本质相违背。然而如来藏思想却偏偏广泛存在于大乘经典中，甚至"真如"和"空性"等概念也与如来藏思想纠缠在一起，而具有实体论倾向。但是，作者认为这样的论断是不成立的。在作者看来，如来藏思想并不能简单等同于"我"论，而松本史朗所提出的"基体说"模型，无论在模型的有效性上还是对实体"我"论的论证上都值得怀疑。般若空观和唯识思想，在发展的过程中虽然与如来藏有一定的联系，但也并不像"批判佛教"所宣称的那样，滑入"我"论的泥淖。事实上，"批判佛教"之所以会得出这样的结论，很大程度上是由于其研究方法的缺陷。在作者看来，"批判佛教"的研究方法因其背后强烈的价值倾向性，一方面使得其主观色彩过浓而客观不足，另一方面则导致其批判性有余而建构性不足。这一点在袴谷宪昭与高崎直道关于学问观的争论中也能体现。

在第四章中，作者以松本史朗为例，考察了"批判佛教"关于禅思想的批判性研究。虽然松本史朗关于"禅思想"的定义笼统而模糊，但作者所研究的对象却明显地框定在中国禅宗和日本禅宗。在松本史朗看来，传统的禅思想研究未考虑到与印度禅的联系，没有将印度禅与中国禅放在统一脉络中考察。于是他从印度禅入手，认为印度禅是思考的止息，与耆那教和"我"论密切相关。而中国禅宗，无论南宗神会的"不作意"还是北宗摩诃衍的"离妄想"，在本质上也都是否定性思考，因而也需要加以批判。此外，他还以临济宗的"无位真人"为分析对象，认为这一思想来源于《大日经》等密教经典，并且是典型的如来藏思想。当然，这些观点同样受到很多质疑。作者通过分析相关论争认为，一方面，松本史朗混淆了中国禅宗之"禅"与印度禅定之"禅";另一方面,禅只是否认分别性的思维活动,也并不意味着"思维停止"。至于"无位真人"的观点,作者也引入矢义高的分析对其加以批判。总的来说,这一章的论述贯穿于印度与中国,出入于汉传与藏传,具有较宽广的视野,在方法论上也值得讨论。如作者单列一节来讨论禅研究的方法论问题,认为"批判佛教"的跨文化的比较研究方法能促使我们反省禅宗研究的方法,但无论如何,这样的研究应建立在文献与思想史的分析基础之上,而非如"批判佛教"论者那样预设立场,价值先行。

除了如来藏思想批判之外,"批判佛教"的另一个重点是对本觉思想的批判,该内容见于书中第五章"本觉思想和日本佛教"。从题目便可看出,作者是以本觉思想在日本佛教的发展为线索,来呈现"批判佛教"对本觉思想的批判,并分析其中存在的问题。如袴谷宪昭从社会歧视问题入手,对天台本觉思想进行分析和批判。他对本觉思想有独特的定义,认为天台本觉思想是一种非佛教的"基体说"。因此,他将一切与日本本土信仰相融合的佛教思想都归入本觉思想中,并在此基础上对日本佛教予以全面批判。这些内容可详见其对道元和法然的研究中。作者敏锐地注意到,"批判佛教"阵营在该问题上存在较大的歧义,松本史朗对袴谷宪昭的许多观点也多有批评。在明白上述理路后,作者对袴谷宪昭进行了批判。这一批判不仅是针对立论上的反驳,更是对其研究方法论的批评。作者为此单列一节来讨论,认为袴谷宪昭以自己某种认识和理念作为绝对标准,依此来臧否人物,评定是非的做法是缺乏自我反省和自我批判的,这样的方法与其说是对传统宗学的变革,不如说是一种新的宗学。真正的佛教学术要以客观的立场、逻辑的思路来分析每一思想之所是,每一观点之所由,而非主观随意地对其做出价值上的判断。

如果说以上的章节都只是侧重于思想上的论述,那么在第六章中作者则集中分析了"批判佛教"中社会批判的思想内涵、价值意义和局限性。"批判佛教"的社会批判是立足于佛教的批判性而言的,也是"批判佛教"内容的重要组成部分,它包括社会歧视现象、日本主义和战争等方面。在作者看来,"批判佛教"的社会批判表现出较强的社会责任感和社会参与意识,但是它在论证和批判上却较为随意,缺乏说服力。这一问题主要体现在关于"平等"与"和"的讨论上。作者认为,佛教学意义上的"平等"与社会意义上的

"平等"是两个概念,不能混为一谈,而与佛教思想相关联的"和"也并不是泯灭差别、掩盖矛盾和无原则的妥协,而是有抉择、有坚守、有批判的。"批判佛教"的问题恰恰是将这两个层面的内容混淆了。

三 空、有之间
——佛教再构筑理论尝试的论争分析

"批判佛教"思潮的展开始终伴随着思想的论辩与交锋,这在相对比较保守的日本佛学界并不多见。在这些思想交锋中,松本史朗与津田真一的论辩具有一定代表性,这也是作者单列一章来予以讨论的原因。虽然作者并未直接言明,这一论辩代表性究竟在哪里,但从其后续行文中,大致可以看出一些端倪。如这场论辩最终引发了日本佛教学术界少见的思想的直接交锋和相互批判,如双方都围绕"缘起"、"法"、"空"、"有"、"觉悟"、"修行"等佛教的根本概念和根本教义而立论,而论辩的结果使得这些根本主题在认识上得到深化。如果联系该章节的标题("佛教再构筑的理论尝试")来看,那该论辩的代表性还在于论辩的双方都尝试对佛教理论予以体系性的再构筑,只不过所走的路径截然相反,一者"空",一者"有"。这一推测,从论辩双方争论的某些话题中也可以看出。如作者归纳的解脱证悟的方式问题(是禅定主义还是主知主义),佛教史观问题(佛教发展的历程是不断堕落和背离还是不断开放和丰富),佛教与神学问题(佛教是否可以是神学)等,都可以被认为是对佛教理论再构筑的尝试回应。

以这样的进路来研究,笔者尚未曾见。而之所以有这部分内容的安排,笔者认为也体现了作者在关注"批判佛教"的"破"之余,也注意到整个思潮中内在建构尝试中的"立"。这一点难能可贵,既完善了"批判佛教"的内涵,也更好地体现了"批判"一词在"弃"之外的"扬"。当然,这一点在作者之前对"批判佛教"分析的各篇章中也多有可见。

对于这一论辩的梳理,作者首先交代了争论的由来与过程。在这一阶段,作者不仅按照论辩发展的脉络作了细致而系统的整理,而且也揭示了该论辩中学术理论的争论与意气用事相糅杂的复杂一面。在明白了论辩的来龙去脉后,作者以问题为线索对双方的论辩做了比较分析,具体包括对"缘起"、"主知主义"与"禅定主义"、佛教史观与佛教与神学这四个方面。

在作者看来,松本史朗与津田真一论述缘起问题的根本资料是一样的,都来自《律藏》"大品"的"因缘经",关键的分歧在于如何理解"诸法"的性质。这也就涉及对"缘起"概念的理解,再具体点,即对"无明"的认识。松本史朗从缘起空的角度认为"无明"是"具因之法",而津田真一则从"有"的角度肯定了"无明"的根源性和实体性。这一结论的得出又与双方对"界"概念的不同理解有关,松本史朗认为"界"是一种关于"诸法"与"基体"关系的单一的、静态的、舍弃了具体内容的东西,而津田真一则极力强调"界"具有多重规定性、动态性,是具有实践内容的概念。

基本概念和教义争论的背后,其实隐藏着对佛教某些根本问题的思考,如佛教特别是原始佛教是建立在理性基础上,还是修行体验上?基于这两种理解的差别,松本史朗的"批判佛教"论者将佛教学分为"主知主义"和"禅定主义"。按照作者的分析,松本史朗的解释显然是按照"主知主义"进行的,他认为从"无明"到"觉悟"的过程是人利用理性思维不断认识佛教义理的过程,而津田真一则相反,他强调禅定修行在其中的作用,故而偏向"禅定主义"。

这些观点上的差异,很大程度上在于两者对佛教教义理解的根本差异。这一点,在双方对佛教史的认识上也有体现。松本史朗认为佛教史的历程是从"无我"不断向"我"论的变化,是不断堕落和不断背离的;而津田真一则提出"开放系的佛教",认为佛教的发展是不断丰富和不断展开的。

很显然,松本史朗和津田真一是以不同的进路来建构各自的佛教理论,前者立足于"空",后者侧重于"有"。基于这样的理解,津田真一明确从"有"的佛教学出发,建构"神"的佛教学,而松本史朗则从"内在主义"的"我论"出发认为,虽然对自我的否定暗含了对"神"的期盼,但这在历史事实中并不如此,而且"缘起说"所代表的虚无主义也使得所谓的"神"失去了存在的余地。

总体而言,日本佛教界对"批判佛教"的反应多是无视或批评,但正如越来越多的人所发现的那样:比之"批判佛教"的结论,批判佛教所提出的问题本身更为重要。末木文美士就从日本现代思想史的角度出发,强调"批判佛教"的积极意义,认为它是"迟来的现代主义"、"迟来的左翼"。当然,这一点主要是立足于现代性问题,以及佛教与社会的关系层面而言的,但是,它在学术层面上同样有巨大的价值。如对于原本似乎已成为定论的佛教问题,在"批判佛教"的影响下,都得到了重新的关注和讨论;又如在佛教研究方法上,"批判佛教"强烈的价值倾向性虽然存在不少问题,却使得我们也开始反思客观主义学问论存在的局限,以及如何在学术研究中把握客观性与主体性的平衡,如何看待"宗学"方法论到新"佛教学"方法论的研究等。

可以说,"批判佛教"所带来的价值和意义是巨大的。这一方面意味着对它在现代性上、在理论与社会的关切上、在研究方法上有许多值得吸收和借鉴之处;另一方面也意味着对于该运动的反思和总结,还有很大的空间。

《"批判佛教"的批判》一书就为我们做出了这样的尝试,它通过对"批判佛教"运动本身的详细梳理,以相关论题为中心,细致分析了相互间的讨论和论争。虽然作者强调该书的写作目的仅是着眼于日本文化语境中的"批判佛教",但无论是这个问题本身,还是对这个问题的分析,都是整个东亚佛教所共通的,不可绕过。因此,对日本佛学界相关讨论的整理、吸收和借鉴,对国内佛学界也有莫大助益。

本书让人思考的地方还在于对同行研究成果的梳理、反思和借鉴。"批判佛教"的研究有一个重要特点,它不同于既往单纯对思想史的梳理和发明,而是针对当代同行研究的整理和反思。"批判佛教"运动中,无论是持论方,还是批评方,都是相关问题的研究学者,对于他们已取得的成果,所要做的不是想当然的忽视,而是尽可能的梳理和反思。学术问题的深入和推进,很大程度上仰赖于对既有研究的借鉴与批评,而非散兵游勇式的独立作战。这一点,在当下学界尤为重要,也值得我们予以反思。

(杨祖荣,北京大学哲学系 2012 级硕士研究生,100871)

徐龙飞:《形上之路——基督宗教的哲学建构方法研究》

北京:北京大学出版社,2013年

人们常常惊诧,基督宗教何以在短短几百年的时间里就从诞生之初一个仅拥有少数信众的信仰派别,迅速发展成一个遍及罗马世界的成熟的制度化宗教,并最终成为了影响整个西方文明进程的思想资源。古往今来,多少学者都试图去描述这一复杂过程的历史肌理,探究其内在的思想成因。然而,无论那些政治的、经济的、社会的、乃至军事上的因素在这一过程中扮演着多么重要的角色,不可否认的是,在最初的几个世纪里,早期基督宗教信仰与它置身其中的希腊哲学、希伯来宗教思想与罗马国家的意识形态之间在观念和思维方式上的相互影响,是决定着这一进程走向的关键要素之一。这也是为什么这段思想史在西方基督宗教的研究中有着如此重要的分量,因为它不是一系列抽象的"纯粹事实",也不是历史陈列柜中光鲜的展品,而是基督宗教信仰生活——乃至整个西方文明社会生活的基本构成。从根本上说,这段思想史在基督宗教世界观的整体框架中拥有着核心性的地位。

有鉴于早期基督宗教思想史的重要性,国内学界近年来在这方面的研究亦发展迅速,特别是对教父哲学的关注日益频仍。越来越多的原始资料和相关的海外研究资料得以被翻译、引介到国内学界,个别教父的基督宗教哲学思想也已得到较为深入的探讨。然而,从整体上来看,国内学界依然缺乏对这一时期基督宗教信仰与哲学思想之互动关系的总体研究,缺乏对基督宗教核心教义形成过程的细致探讨,特别是缺乏对希腊教会的思想及其与拉丁教会之关联的具体讨论。

徐龙飞博士的《形上之路——基督宗教的哲学建构方法研究》着眼于早期基督宗教思想的形成过程。在方法上,作者强调对基督宗教的哲学基础进行方法论的反思,为国内基督宗教的研究增加了哲学建构方法的思想维度;在内容上,作者以深厚的古典语言功底向读者们展示了作为基督宗教之核心教义的基督论与三位一体的上帝论在希腊教会与拉丁教会中的不同意蕴,从而丰富、深化了国内学界对教父哲学的原创研究;在形式上,作者打破了以往"正统与异端"这一二元区分的描述方式,从信仰与理性在这一历史时期的相互角力出发,意在构建一幅基督宗教哲学形成与建立的历史图景。在这个意义上,《形上之路——基督宗教的哲学建构方法研究》堪称是近年来国内早期基督宗教哲学研究领域内的上乘之作。

一

《形上之路——基督宗教的哲学建构方法研究》共包括"引论篇"、"方法篇"、"概念篇(上、中、下)"、"思想篇(上、下)"和"结语篇"五个部分。在"引论篇"中,作者首先阐释了基督宗教哲学的可能性与正当性;继而在"方法篇"中,从新旧约文本以及诸教父著作中的观点出发,围绕着基督宗教的核心教义——基督论和三位一体的上帝论,阐释了为什么本体论和形上学能够作为建构基督宗教哲学的一种可供选择的方法。

那么,何为"基督宗教哲学"呢?早期基督宗教思想史之所以成为基督宗教世界观构成中的关键要素,很大程度上可归因于在这一历史阶段所发生的信仰与哲学的相互渗透,这个渗透的过程不仅是基督宗教的希腊化,同时也可被理解为是哲学的基督宗教化[①]。一方面,哲学——包括希伯来宗教哲学、古希腊哲学以及罗马国家的意识形态体系——构成了基督宗教自诞生之日起就必须时时处处面对的社会文化语境。当宗教信仰进入到人们的日常生活之中时,就不可避免的要与这种哲学语境发生互动。另一方面,哲学本身作为一种寻求真实认知的思维活动,它不仅能够提供思维的可能性,而且还能够论证这种可能性。可以说,基督宗教与哲学的相遇,就是把自身解释为真理的哲学。最后,哲学与信仰的这种相遇与互动的后果并不是单一的:要么认为基督宗教享有真理,而完全否认世俗哲学;要么认为基督宗

---

① 徐龙飞:《形上之路——基督宗教的哲学建构方法研究》,北京:北京大学出版社,2013年,第9页。

教以启示带来了真正的哲学;要么在信仰之外也承认哲学,把宗教与哲学看成是相互竞争的真理构成。由此可见,"基督宗教哲学"是以希伯来宗教哲学、希腊哲学以及罗马国家政治体系思维为基础而建立起来的,以基督宗教信仰为论述内容的一种形上哲学的思维方式①。

需要注意的是,作者还特别从希腊哲学中的对"言"的理解出发阐释了基督宗教中关于"圣言"的信仰内容。他强调"言",不仅是由语言所表征的,而且也是在灵魂中生活着的语词;这意味着,理性不仅定义对象、表述对象,而且还建构着这一判断的前提,换言之,语词出自理性,并总是处在生机盎然的思维过程之中。对作者而言,这种对语言的希腊哲学式的理解,是阐释基督论与上帝论的一个基础性的思想资源。在基督宗教信仰中,圣子作为"圣言"进入人类历史"肉身化"并实现拯救的过程,一方面表明了圣言与上帝(圣父)的同体同性,因为言始终在思维的过程之中,所以父作为存在的真理也就表明了子的真理性;另一方面也表达了圣子独立于父的运作权能,正因为言可以由语言所表征,圣言也凸显了子表现外向的方面。②

从这个角度出发,作者把"基督宗教哲学"的内涵定义为"道成肉身":"道成肉身意味着一个真理成为可以触摸的事实"③。正如人的理性(逻各斯)在人的现实存在中表达着人的存在,上帝的圣言(逻各斯)也在上帝的现实存在中表达了上帝的存在。恰恰是在希腊哲学对"语言"真理的理解中,基督宗教哲学建构了对上帝存在的探讨。可以说,希腊哲学对理性思维的考量在基督宗教哲学中得到了进一步的展开,并且由于基督宗教信仰总是与认信个体/群体的现实生命紧密相关,就使得希腊哲学中对真理的理性思考成为具体生命的内涵与形式,从而获得了更加强大而持续的活力。正是在这个意义上,作者把基督宗教哲学理解为"道成肉身",旨在强调基督宗教哲学不仅是一种以信仰为内容的思维方式,同时也是一种以真理(言、逻各斯)为形式的生活方式。正是在这双方面的内涵上,基督宗教哲学诞生与发展的这段历史才会在基督宗教价值观的整体框架中有着如此重要的地位。

---

① 参见徐龙飞:《形上之路——基督宗教的哲学建构方法研究》,第16页。
② 同上书,第12—14页。作者由此认为《约翰福音》1:1中的"起初有道"更恰当的译法应为"起初已有圣言"。
③ 同上书,第11页。

据此，作者进一步围绕着基督论与上帝论中的语言问题展开论述，并提醒读者信仰与理性的关系问题是在理解基督宗教哲学过程中不可被忽视的重要方面。

二

在"概念篇（上、中、下）"中，作者着重考察了建构基督宗教哲学过程中几个相互关联的重要概念，即 hypostasis, ousia, persona (prosopon) 和 caritas (agapea)。在这一部分，作者不仅条分缕析地梳理了教父们对这些概念的不同理解，而且特别突出了希腊教会与拉丁教会围绕着对这些概念的阐释所出现的不同理解，深入而详尽地描绘了东西方教会在理解基督宗教之核心概念上的异同。据此，作者在"思想篇（上、下）"中进一步阐释了以奥古斯丁和伪狄奥尼修斯为代表的东西方教会建构基督宗教哲学的不同路径。

如何恰当地描述圣父、圣子和圣灵的关系，这是构建基督论与三位一体上帝观的关键。公元325年，君士坦丁皇帝为了干预多纳徒分裂派的问题，召开了尼西亚主教会议。在这次会议上，出于罗马皇帝的指令，形成了一份信仰宣言。这一信经中最核心的部分是对圣子的神性做出了描述："即由父的质而生和从真神出来的真神，受生的，不是被造的，与父同质[homoousios]。"如何理解尼西亚信经中的"同质"一词，这在东方教会中引起了巨大的争议，教父们围绕着"质"（ousia）与"体"（hypostasis）的含义来讨论父与子的关系问题。与此同时，在西方教会已经形成了以"位格"（persona/prosopon）来说明父、子、灵个性的一套明确而固定的术语。而拉丁文的 persona 无法翻译为能够与它的含义完全贴切的希腊术语，这进一步造成了东西方教会之间的分歧。

从根本上讲，论述父、子及圣灵关系的术语上的混乱，是人们在描述上帝的尝试中所面对的最大障碍。到了四世纪下半叶，当迦帕多西亚三杰（Three Great Cappadocians）重新梳理基督论与上帝论的用语时，他们就已经揭示了这场在东方教会内部以及东西方教会之间所发生的旷日持久的争论的症结：上帝的存在是一个本质（ousia）三个实体（hypostases），这意味着当人们谈到父、子、灵时不应把它们理解为三个不同的名词（none），而应把它们看作是上帝的三个名字(name),具有各自不同的特征。① 这意味着,当人们从名词的角度来试图"定义"上帝的存在时,必然会走到人类语言的极限,从而发生混乱;相反,人们所能做的仅仅是用语言来"描述"上帝的存在,而这时便会看到存在的无限多样性。可以说,语言的限制一方面标识了人之存在的不完美性,而另一方面也展示了上帝如何作为一种改变性的力量进入人类生活。《形上之路——基督宗教的哲学建构方法研究》的作者在"概念篇"和"思想篇"中详细地介绍了教父时期人们在基督宗教语言方面的探索与实践,并且更加深入地展示了基督宗教哲学作为一种反思的力量是如何成为以真理为形式的生活方式的,从而凸显了其"道成肉身"的特质。

特别值得一提的是,在这部分的讨论中,作者充分展示了他在古典语言方面的深厚造诣。作者不仅阐释了基督宗教教义中核心性的希腊与拉丁术语的含义,而且详细地解释了这些术语在希腊罗马文化背景中的传统意义。难能可贵的是书中对希腊、拉丁原文的引用,这符合国际学术研究的惯例,同时又对国内读者理解基督宗教哲学展开的语境提供了一个珍贵的契机,生动地展现了教父时期思想世界的原貌。

三

通过条分缕析地梳理在教父哲学内部各种概念、各种思想倾向的形成过程以及它们之间的相互联系,《形上之路——基督宗教的哲学建构方法研究》在"结语篇"中从基督宗教哲学建构的层面上探讨了信仰与理性相互胶着的历史,进而勾勒了一幅信仰与理性之关系的整体画卷。

事实上,自基督宗教诞生之初,就一直面临着信仰与理性关系的问题。在新约中,使徒保罗曾告诫提摩太,卖弄知识的人,就偏离了信仰(提前6:21);同时,他又在《罗马书》中谈到"用理智敬奉上帝"(罗12:1)。如何能够将启示的真理和思维的真理统一起来,这一直是早期教父们在希腊罗马文化的语境中宣讲信仰时不得不面对的一个问题。信仰与理性始终在特定的张力中相互关联着。一方面,基督宗教的信仰内容借助理性而得到

---

① 参见 Gregory of Nyssa, *Theological Orations*, 29.2, 39.11.12。

形上学的解释;另一方面,信仰又是由上帝自身的启示以及使徒传统而被确立和奠定的。① 在《形上之路——基督宗教的哲学建构方法研究》中,作者没有囿于个体的感受与情感来谈及信仰,而是更关注信仰权威与自治理性之间的关系。作者把奥古斯丁视为第一位对信仰与理解、权威与理性关系问题提出质询的基督宗教哲学家;并认为他在这一问题上最重要的贡献在于:和希腊亚历山大传统认为信仰唯有借助理性才能被认知而达于完美、罗马拉丁传统注重信仰的纯洁性而强调正统权威性都不相同,奥古斯丁既反对单纯的唯理主义,也不赞同纯粹的信仰主义,而是把信仰与理性视为相互依存、相辅相成的关系。在奥古斯丁处理信仰与理性关系的基本思路中,信仰与理性同为认识上帝的可能性开端,对于大多数人而言借助权威的信仰之路是认识真理的捷径,而对于少数有学养的人而言理性的艰难之路也能达于对上帝的认知。但无论选择了哪一条路,信仰作为具有历史维度的事实,都会自然地寻求理性这一超越时间的逻辑的支持;而理性作为人类思维限度无法认知超越的上帝的存在,也必然需要信仰的沁润。沿着对这一问题的探讨,在涉及信仰与理性的动力问题时,奥古斯丁就来到了自由意志与恩典关系的讨论中。

通过梳理奥古斯丁的这一思路,该书的作者向我们展示了"信仰与理性"的关系问题是如何贯穿于整个早期基督宗教哲学,并最终将之引向经院哲学之路的。作者打破了以往研究中"正统与异端"的这一二元划分,以信仰与理性的关系问题为基本着眼点,重新梳理了教父时期那些纷繁复杂的思想流派。更重要的是,这样的思路使得读者能够从一个全新的视角来重新考量早期基督宗教历史中的基本问题,以及基督宗教哲学的形成与发展的动因。

四

从总体上看,《形上之路——基督宗教的哲学建构方法研究》一书最大的贡献在于,它一定程度上纠正了以往早期基督教思想史研究中的简化论

---

① 徐龙飞:《形上之路——基督宗教的哲学建构方法研究》,第491页。

倾向,以及过于注重拉丁(西方)教会的偏视,向我们展现了一个更为丰富、更为全面、也更为真实的古典世界。

事实上,当我们回顾基督宗教思想的发展历史就会发现,那些具有重大意义的思想突破往往发生在一些边缘性的或长期被人忽视的地方,而非传统中为人所关注的中心地带。[①] 在新约时代,基督宗教信仰的迸发开始于使徒保罗传教的"外邦"而不是耶路撒冷;在罗马世界中,教父哲学活动的中心在北非而不是罗马;新教思想的问世是在一所名叫维登堡的名不见经传的新建学府;而现代神学研究的突破也是由于放弃了传统中罪与恩典的议题以及基督教与犹太教的划分,而在圣经经文中常常受到忽视的"问安感恩"与"致谢"的部分找到了灵感。从这个角度讲,《形上之路——基督宗教的哲学建构方法研究》以"基督宗教哲学"架构为视角,呈现出了整体研究的宏大气象,这有助于诱发和培养基督宗教哲学研究中的新的洞察力,为国内学者们重新思考基督宗教信仰形成与发展的历史肌理提供了新的可能的视角。

当然,这本书专注于早期基督宗教的思想史,对这段历史中其他因素的考量则不在该书的视野之中,读者不必要也不可能以百科全书式的态度来对此做要求,倒不妨把它视为一个走向这段历史的窗口。另外,该书所使用的圣经版本、历史事件、地点和人物的译名遵循了天主教的传统,这对于那些更熟悉新教译名传统的读者而言,在阅读时或许会略感不适。最后要说的是,这本书不仅对那些有志于深入探究基督宗教思想史的专业研究者有所助益,而且也为那些想要了解早期基督宗教发展脉络的读者提供了平台。

(王梓,中国社会科学院世界宗教研究所博士后,100732)

[①] 冈察雷斯:《基督教思想史》,陈泽民等译,南京:译林出版社,2008年,《序言》第1页。

朱清华:《回到源初的生存现象》

北京:首都师范大学出版社,2009 年

马丁·海德格尔(Mertin Heidegger,1889—1976)是 20 世纪享有世界声誉的现代德国哲学家,他的代表作《存在与时间》(*Sein und Zeit*)被认为是 20 世纪最重要的哲学著作之一,也是 20 世纪后半叶在我国哲学和思想文化界影响最大的哲学著作。在这部前期著作中,他集中于"存在/是(to on, Sein)"这一西方哲学史上的核心问题,提出要源始地解决存在的意义问题,必须从一个完全新颖的角度,即此在(Dasein)的角度出发,也就是从人的存在的意义出发。他创造性地运用了现象学方法,更独创了许多十分新颖的哲学词汇,对哲学史上许多重要的概念都进行了极具个人特色的诠释,因此这部著作具有很强的反传统特色,令人耳目一新,甚至让许多研究者难以寻觅其思想的根本来源。然而,作为造诣很深的古希腊语专家,而且对亚里士多德哲学又潜心研究十多年的亚里士多德专家,当我们意识到亚里士多德是西方哲学史上同样对这个问题进行了深入探讨的前辈哲学家时,两人的哲学关系就成了一个非常吸引人的大问题。他要彻底扭转形而上学问题的动机和目标是什么呢?亚里士多德对他的影响究竟表现在哪里呢?遗憾的是,对于二者关系的实质却从未有人给出详细明确的解释。有些研究者认为海德格尔是在与亚里士多德思想的对峙中发展出自己的思想的,也有人认为亚里士多德智慧活动的内容是海德格尔的批判对象。朱清华博士的《回到源初的生存现象》一书通过细致的文本和思想解读,明确指出,前期海德格尔对亚里士多德的继承远远大于批评,并在书中具体阐释了前期海德格尔思想的核心概念如何由亚里士多德哲学中的概念"转化"而来,令人信服地揭示了二者哲学方法和思想上的关联性。实际上,海德格尔也正是由于对哲学现状的不满,才从亚里士多德那里发现了对人的生存现象的源始

描述,也正是从这里出发,海德格尔开始了对人的存在问题的追问和存在意义的回答,真正开始了自己的哲学探索。

作者通过具体的文本解读,清楚而明确地勾勒出前期海德格尔《存在与时间》中是如何从亚里士多德《尼各马可伦理学》获得灵感,在对亚里士多德进行存在论化的诠释基础上,一一"转化"为自己的哲学语言的:他由亚里士多德的"实践(praktike, praxis)"概念得出人的存在结构是"在—世界—中—存在(In-der-Welt-Sein)",由"实践智慧(phronesis)"得出"绽出的时间性(temporality)"这一海德格尔前期的重要概念,它是重新解释存在问题的视域,同时也是人本真的个体化存在的前提;由实践行动的境域性、时机性(kairos)得出源始的时间性,进而得出融将来、过去和现在于一体的绽出的当下;由"智慧(sophia)"概念得出"在场(Anwesenheit)"概念;从而最终指出存在就是在源始的时间性中绽出的在场,因此源始的生存结构才能得以呈现。本文还对海德格尔的其他几个重要的哲学概念进行了讨论,如"认识"、"真理(aletheia)"、"逻各斯(logos)"和"现象(phainomena)"等如何与传统的理解不同,并解释了"Dasein"(此在)这一海德格尔重要概念的内涵,从而消除了近代以来的主客体对立的壁垒。至此,通过对海德格尔前期思想中几个核心概念的具体的文本分析,并对照亚里士多德文本所呈现出来的意义,作者给我们提供了一个清晰的思想发展图景,把二人思想关系的渊源与区别明确地展现了出来,从而为二人思想关系的实质给出了一个令人信服的回答。作者同时指出,海德格尔对亚里士多德存在概念中的源始理解的部分和引起传统的存在论问题的部分是分别对待的,这也是理解二人思想关系的关键。

具体来说,本书首先指出,促使海德格尔回到亚里士多德在于二人在方法上的一致性:现象学方法。正是二者在现象学方法上的互通,成为海德格尔回到亚里士多德的一个基础因素。亚里士多德的方法是拯救现象,被称为源始的现象学家,他强调我们研究任何一门学科,都应该先摆出现象,然后对其中呈现的问题进行分析。他认为现象指的就是实际生活和体验着的人的感觉或意见,就是对人显现出来的现象,因此哲学就是对生活现象的更深层的揭示。而海德格尔的现象学诠释学也秉承现象学的根本原则——回到事情自身,就是要回到人的实际的生存自身,领会人在实际生活中的生存活动。作者认为,海德格尔从亚里士多德的 aletheia(真理,海德格尔解释为去蔽)概念切入了人的存在乃至存在自身的意义中,通过现象学方法,即通过揭示真理的方式来呈现事情本身,赢获了此在的基础存在论结构。而此在对事物最基本的领会方式是解释,因此现象学就其本质来说就是诠释学(Hermeneutics)。但是,海德格尔也指出,亚里士多德对人的生存的实际性的描述是一种存在者(ontisch)层次上的阐述,他保存了人生存的源始结构,现象学结构要回到的就是亚里士多德的这种描述,但是后者没有在存在论(ontologisch)层次上保持自己的源始领会,而是走到一种僵化了的存在解释的形而上学的路上去了。所以海德格尔自己的基础存在论的任务就是重新在存在论层次上解释此在的生存结构。

不仅如此,作者认为还在于亚里士多德实践哲学与海德格尔基础存在论的内在渊源,从亚里士多德实践活动的目的关联揭示出此在生存的因缘关联。海德格尔肯定亚里士多德哲学达到了古代哲学的顶点,因为他正是从人生存的实际性(Faktizitaet),也就是从人的源始的生存现象的描述出发的。海德格尔通过对亚里士多德《尼各马可伦理学》中对人的生存的源始的描述中来把握其实际性,也即,通过对亚里士多德的实践概念的诠释,揭示出人的此在的本质。亚里士多德说人的生活就是实践的(zoe praktike),据此,海德格尔认为,这个定义肯定了人的生命最基础的可能性是生存(Existenz),因为生存就是人的一系列的实践活动,也就是人的操劳(Besorgen)。实践活动都有目的(telos),操劳也是,此在所操劳的用具都有为了作(um-zu)的特征,或者说人的活动总是具有意向性,而人的此在自身是最终目的。于是,在亚里士多德那里被描述为人的实践活动的有层次的目的关联整体,在海德格尔那里就是一个意义整体,也就是意蕴(Bedeutsamkeit),因此此在的存在就是"在—世界—中—存在"。同时,海德格尔从亚里士多德对人的本质特征——人具有逻各斯的说明,揭示出人的认识源始的发生,不是主体对客体的认识,而是通过语言对生存现象的实际呈现。真理也首先不是指命题,而是一种对现象的揭示和去除遮蔽。

海德格尔通过对亚里士多德的实践智慧概念的存在论化,获得了源始的时间性。因为此在的生存境域总是具体的、一次性的,因此在行动中对与总在变化的事物的瞬间(Augenblick)的把握就十分重要,在亚里士多德那里,这种时机性被称为 kairos。海德格尔对实践智慧的存在论阐释就落脚到这个概念之上。在具体的境域中行动的时机总是稍纵即逝,必须在此刻对行动做出选择和决断。只有一种良好的深思才能有对行动的本真的决断,这就是实践智慧,这种德性的实质是,把握恰当的时机进行行动的决断。本真的时间性就是在这种行动的时机性中定义的,因为时间性是对将来、过去、现在完整的包容。正是从亚里士多德描述的人的实践行动的境域性和与之相伴的行动的时机性概念中,海德格尔解释了源始的时间性——融将来、过去和现在于一体的绽出(ekstasis)的当下。在这个瞬间,此在揭示出自己行动的处境,将自己的世界保存在视域中,从而听从"良知"而做出本真的选择和决断。

在亚里士多德那里,智慧(sophia)是与制作、社会和道德活动关系不大的沉思,也就是说智慧就是对存在/是(to on)问题的思考,并认为智慧活动是人生存中最高的活动方式。通过诠释亚里士多德的智慧活动现象,海德格尔认为,智慧实际上就是对存在的领会——在场。他认为,亚里士多德所说的人特有的功能就是按照逻各斯的灵魂的实现活动。在存在论上说,人对生存的思考完全指向存在的意义自身,即人的此在有多大的可能性可以永存,希腊人从世界的存在中获得了存在作为绝对的在场(Anwesendsein)的意义。亚里士多德用潜能和现实来规定存在自身(ousia),而最终的存在是现实。海德格尔用上手性(Zuhandenheit)和预备性(Bereitheit)表示在手的存在(Vorhandenheit),它们都是在场的样式,也就是存在的在场。在智慧这种人生存的最高可能性活动中,人真正获得了自己的现实性,人作为人的存在充分地在场。因此,古代的存在论的错误在于脱离了人生存的实际性并遗忘了源始时间性。

该书力图揭示出,正是在对亚里士多德进行了存在化的诠释基础上,在从亚里士多德那里揭示出的源始时间性和生存体验基础上,给出了他对存在问题以及人的存在问题的前期解答。人的此在作为境域性的"在—世界—中—存在",其主体性是要通过本真的决断实现。人的能在虽然在将来,却回溯到过去性的时间状态并一起在当下被遭遇。存在就被理解为在这个当下的瞬间中绽出性的在场。同时作者指出,海德格尔并没有把智慧活动作为非本真的生存方式,也没有把智慧活动对存在的理解仅仅作为拒斥的对象，这种存在理解反而被海德格尔从亚里士多德那里源始地继承了下来。海德格尔前期对人的存在问题的解答具有重要意义，人的存在作为此在是对传统的二元论的主体论的批判和瓦解。他对存在自身的源始的思考是对哲学自身的可能性和发展方向的一次重新展示。

本书作者基于对《存在与时间》以及《尼各马可伦理学》的精深研究和准确把握，在大量研究文献的基础上，细致地刻画了海德格尔如何从亚里士多德哲学那里得到启示，从而进行了创造性发挥，同时也深刻地指出前者对后者的批判，也即后者只在存在者层次上坚持了源始的描述，在存在论层次上却把此在的存在当作了一般存在者的存在，从而开创了影响后世2000多年的应该批判的形而上学。当然，因为海德格尔思想本身的反传统性，对于他所理解的亚里士多德哲学究竟和后者的哲学本身究竟是更贴近还是更疏远，或者说我们接受不接受海德格尔所介绍的亚里士多德的思想，这是另外的问题，因为那是理解亚里士多德思想所要思考的内容。而海德格尔的亚里士多德恐怕就是本书所呈现的，而这也是理解海德格尔哲学所必需的。

本书能够深入到哲学家的思想理论背景来做文本的详细探讨，能直接从古希腊和德文原著出发来准确地理解哲学家的思想，实属难能可贵。作者能进行准备地表述和严密的分析，因此这部研究著作的质量也属上乘。对于研究早期海德格尔思想的学者来说，这也是中文领域里值得推荐的研究文献之一。要说这本书的瑕疵，在笔者看来，这部著作的最后一章似乎与前文的主题不协调，既然要讨论其前期思想与亚里士多德思想的相互关系，完全可以不必顾及后期思想与后者的关系，有画蛇添足之嫌疑，建议在再版时删减。

(吕纯山，天津外国语大学欧美文化哲学研究所，300204)

《哲学门》稿约

为了不断提高我国哲学研究的水准、完善我国的哲学学科建设、促进海内外哲学同行的交流,北京大学哲学系创办立足全国、面向世界的哲学学术刊物《哲学门》,每年出版一卷二册(每册约30万字)。自2000年以来,本刊深受国内外哲学界瞩目,颇受读者好评。

《哲学门》的宗旨,是倡导对哲学问题的原创性研究,注重对当代中国哲学的"批评性"评论。发表范围包括哲学的各个门类,马克思主义哲学、中国哲学、西方哲学、东方哲学、宗教哲学、美学、伦理学、科学哲学、逻辑学等领域,追求学科之间的交叉整合,还原论文写作务求创见的本意。目前,《哲学门》下设三个主要栏目:论文,字数不限,通常为1—2万字;评论,主要就某一思潮、哲学问题或观点、某类著作展开深入的批评与探讨,允许有较长的篇幅;书评,主要是介绍某部重要的哲学著作,并有相当分量的扼要评价(决不允许有过度的溢美之词)。

为保证学术水平,《哲学门》实行国际通行的双盲审稿制度。在您惠赐大作之时,务必了解以下有关技术规定:

1. <u>本刊原则上只接受电子投稿</u>,投稿者请通过电子信箱发来稿件的电子版。个别无法电子化的汉字、符号、图表,请同时投寄纸本。
2. 电子版请采用Word格式,正文5号字,注释引文一律脚注。
3. 正文之前务请附上文章的<u>英文标题、关键词、摘要、英文摘要和作者简介</u>。
4. 通过电邮的投稿,收到后即回电邮确认,3个月内通报初审情况。其他形式的投稿,3个月内未接回信者可自行处理。

在您的大作发表以后,我们即付稿酬;同时,版权归属北京大学出版社所有。我们欢迎其他出版物转载,但是必须得到我们的书面授权,否则视为侵权。

《哲学门》参考文献的格式规范

第 1 条 正文中引用参考文献,一律用页脚注。对正文的注释性文字说明,也一律用页脚注,但请尽量简短,过长的注文会给排版带来麻烦。为了查考的需要,外文文献不要译成中文。

第 2 条 参考文献的书写格式分**完全格式**和**简略格式**两种。

第 3 条 **完全格式**的构成,举例如下(方括号[ ]中的项为可替换项):

著作:作者、著作名、出版者及出版年、页码

吴国盛:《科学的历程》,湖南科学技术出版社,1995 年,第 100 页[第 1—10 页]。

R. Poidevin, *The Philosophy of Time*, Oxford University Press, 1985, p. 100[pp. 1-10].

译作:作者、著作名、译者、出版者及出版年、页码

柯林武德:《自然的观念》,吴国盛等译,华夏出版社,1990 年,第 100 页。

Martin Heidegger, *Being and Time*, trans. by John Macquarrie & Edward Robinson, Harper & Row, 1962, p. 100[pp. 1-10].

载于期刊的论文(译文参照译作格式在译文题目后加译者):

吴国盛:《希腊人的空间概念》,《哲学研究》,1992 年第 11 期。

A. H. Maslow, "The Fusion of Facts and Value", *American Journal of Psychoanalysis*, 23(1963).

载于书籍的论文(译文参照译作格式在译文题目后加译者):

吴国盛:《自然哲学的复兴》,载《自然哲学》(第 1 辑),吴国盛主编,中国社会科学出版社,1994 年。

T. Kuhn, "The History of Science", in *International Encyclopedia of the Social Sciences*, ed. by D. L. Sills, Macmillan, 1968.

说明与注意事项:

1. 无论中外文注释,结尾必须有句号。中文是圆圈,西文是圆点。
2. 外文页码标符用小写 p. ,页码起止用小写 pp. 。
3. 外文的句点有两种用途,一种用做句号,一种用做单词或人名等的简

写（如 tr. 和 ed.），在后一种用途时，句点后可以接任何其他必需的标点符号。

4. 书名和期刊名，中文用书名号，外文则用斜体（手写时用加底线表示）；论文名无论中外一律用正体加引号。

5. 引文出自著（译）作的必须标页码，出自论（译）文的则不标页码。

6. 中文文献作者名后用冒号（：），外文文献作者名后用逗号（,）。

7. 中文文献的版本或期号的写法从中文习惯，与外文略有不同。

第 4 条　**简略格式**有如下三种：

第一种　只写作者、书（文）名、页码（文章无此项），这几项的写法同完全格式，如：

吴国盛：《科学的历程》，第 100 页。

Martin Heidegger, *Being and Time*, p. 100.

吴国盛：《自然哲学的复兴》。

T. Kuhn, "The History of Science".

第二种　用"前引文献"（英文用 op. cit.）字样代替第一种简略格式中的书名或文章名（此时中文作者名后不再用冒号而改用逗号），如：

吴国盛，前引文献，第 100 页。

吴国盛，前引文献。

Martin Heidegger, op. cit., p. 100.

T. Kuhn, op. cit..

第三种　中文只写"同上。"字样，西文只写"ibid."字样。

第 5 条　完全格式与简略格式的使用规定：

说明与注意事项：

1. 参考文献在文章中第一次出现时必须用完全格式。

2. 只有在同一页紧挨着两次完全一样的征引的情况下，其中的第二次可以用第三种简略格式，这意味着第三种简略格式不可能出现在每页的第一个注中。

3. 在同一页对同一作者同一文献（同一版本）的多次引用（不必是紧挨着）的情况下，第一次出现时用第一种简略格式，以后出现时用第二种简略格式。下面是假想的某一页的脚注：

① 吴国盛:《科学的历程》,第 100 页。
② M. Heidegger, *Being and Time*, p. 100.
③ 吴国盛,前引文献,第 200 页。
④ 同上。
⑤ M. Heidegger, op. cit., p. 200.
⑥ T. Kuhn, "The History of Science".
⑦ Ibid.

4. 在同一页出现对同一作者不同文献(或同一文献的不同版本)的多次引用时,禁止对该文献使用第二种简略格式。

编辑部联系方式:
电子信箱:pkuphilosophy@gmail.com
通信地址:100871　北京大学哲学系《哲学门》编辑部
传真:010-62751671

北京大学哲学系
北京大学出版社